제 5 판

무역영어

강원진 저

傳 英 社

제 5 판을 내면서

그동안 이 책을 애독하여 주신 학생 및 일반 독자 여러분 그리고 대학의 교과서로 활용하여 주신 여러 교수님께 감사를 드린다.

이 책 제4판이 간행된 후 신용장통일규칙 및 전자적 제시를 위한 신용장 통일규칙 추록이 개정 및 보완되어 새로운 관행이 2007년 7월 1일부터 적용되고 있다.

따라서 이와 같은 국제상관습의 변화에 부응하고 부분적 업데이트를 위하여 이 책을 개정하여야 할 필요성이 있었다.

이 책의 제5판에서 반영된 주요 내용은 다음과 같다.

첫째, 제7장의 2. 발행된 신용장의 통지 부분에서 신용장 서식 및 기재내용은 스위프트(SWIFT) 메시지 형식으로 통일하여 최근의 국제무역결제관행을 반영시켰다.

둘째, 제12장 국제상거래 관련법규의 주요 개념 중 화환신용장통일규칙 및 관례를 새로운 UCP 600 내용으로 반영하였다. 또한 전자적 제시를 위한 UCP의 추록(eUCP) 부분도 2007년 eUCP 버전 1.1로 반영하였다.

셋째, 이 책의 일부 내용을 부분적으로 업데이트하고 발견된 오류 및 표현상의 자구들도 수정하였다.

이 책의 제5판 출간을 위하여 편집에 수고하신 편집부 우석진 차장님께 깊은 감사를 드린다.

2008년 1월 20일

저　　자

제 4 판을 내면서

그간 이 책의 개정 및 증보판을 거듭하여 내놓을 수 있도록 애독하여 주신 독자 여러분과 대학교재로 활용하여 주신 여러 교수님들께 깊은 감사를 드리고 싶다.

최근 무역통신문의 관행 및 활용도 등을 고려하여 이 책 일부의 장 삭제와 부분적으로 보완하여야 할 필요성이 있어 이 책의 제4판을 간행하게 되었다.

이번에 반영된 주요 내용들은 다음과 같다.

첫째, 제2장 무역통신문의 구성에서 구성요소의 표현내용을 보완하고, 제3장 무역통신문 작성의 기본원칙에서 관련 예문 및 관용어구를 추가하였다.

둘째, 무역거래의 개요에서 수출입철차 해설을 국문에서 영문으로 대체시켰다.

셋째, 제3부 전송에 의한 무역통신문에서 기존의 제10장 국제텔렉스 부분을 삭제하였다. 그 이유는 현재의 무역통신문은 전자우편 및 종이기반 서신에 의하여 주로 이루어지고 있고 경우에 따라 경조사의 경우 국제전보가 활용되고 있는 실정으로, 국제텔렉스는 무역통신 수단에서 퇴조되고 있기 때문이다.

넷째, 마지막 장의 기타 서신에서 회사안내, 축하, 취직, 추천서 등 기존의 내용에서 관련 서신들을 보충하였다.

다섯째, 무역통신문 사례 등의 편집체계를 변형시켜 읽고 참조하기에 보다 편리하도록 하였다.

끝으로 이 책의 편집을 위하여 수고와 정성을 다하여 주신 박영사 편집부 우석진 차장님께 감사를 드린다.

2005년 7월 20일

저　　자

제 3 판을 내면서

이 책이 세상에 나온 후 그간 여러 대학에서 교과서로 활용하여 주시고 또한 많은 일반 독자 여러분의 애독과 성원을 보내어 주신데 대하여 충심으로 감사를 드리고 싶다.

이 책의 개정판과 중판이 간행된 이후 국제무역거래의 주요한 결제관습인 현행 신용장통일규칙(UCP 500)이 국제상업회의소에 의하여 "전자적 제시를 위한 UCP 500의 추록-버전 1.0"이 제정되어 2002년 4월 1일부터 범세계적으로 적용되고 있다. 또한 최근의 전자상거래의 확산으로 전자무역거래시대 도래에 따라 전통적인 종이 기반하의 이른바 오프라인 환경과 병행하여 인터넷을 이용한 온라인 환경에서도 거래선과의 청약 및 계약과 관련된 의사표시가 보편화되고 있다. 따라서 이러한 추세들을 반영하여 이 책을 보완하여야 할 필요성이 있었다.

이 책의 제3판에서 추가 및 보완되는 내용은 다음과 같다.

첫째, 제3부 전송에 의한 무역통신문에서 인터넷 전자우편 부분을 1개장으로 추가하여 인터넷을 통한 무역통신문, 전자우편을 이용한 오퍼의 예, 그리고 인터넷을 이용한 무역통신문의 유용한 표현들을 추가하였다.

둘째, 국제상거래 관련법규에서 현행 신용장통일규칙과 병행하여 활용될 "전자적 제시를 위한 UCP 500의 추록-버전 1.0" 전문을 추가하여 그 개념을 연구할 수 있도록 하였다.

셋째, 부록에는 무역영어 기출문제는 인터넷 등을 이용하여 손쉽게 구하여 볼 수 있으므로 이를 삭제하고, 그 대신 무역거래에 자주 등장하는 영문 국제무역용어를 최대한 수록하여 평소에 그 개념을 익힐 수 있도록 하였다. 이 부분은 각종 무역영어 관련 자격시험에 응시하려는 학생들에게도 많은 도움을 줄 수 있을 것이다.

끝으로 이 책의 제3판 간행을 위하여 편집에 수고하여 주시고 정성을 다하여 주신 박영사 우석진 차장님께 재삼 감사를 드린다.

2003년 1월 3일

저 자

개정판을 내면서

그 동안 이 책을 애독하여 주신 여러분께 깊은 감사를 드린다.

이 책이 출간된 이후 국제상관습으로 널리 인정되고 있는 인코텀즈가 개정되어 2000년부터 새로 적용되고 있다. 무역영어는 국제상관습의 변화를 고려하여 이에 부합되는 용어와 표현을 사용하여야 한다.

따라서 이 책도 기존 내용의 일부를 개정하여야 할 필요성이 있었다.

이 책의 개정판에서는 제12장의 무역거래조건의 해석에 관한 국제규칙 내용을 모두 대체시키기로 하였다. 차제에 무역영어를 시험과목으로 하는 각종 자격시험 안내와 기출 문제도 최근의 것으로 대체시켰다. 또한 모든 서신 및 무역 서식도 2000년대로 맞추고 자구도 부분적으로 수정하였다.

이 책을 개정하면서 오자 수정에 도움을 준 하충룡 교수와 이천수 박사에게 고마움을 전하며, 또한 정성을 다하여 편집하여 주신 박영사 편집부 우석진 과장님께 깊은 감사를 드린다.

2000년 2월 23일
저　자

머 리 말

무역영어는 무역거래를 수행하기 위한 통신수단으로서 필요불가결한 도구이다. 무역영어, 즉 무역통신문 연구의 선결과제는 무역거래의 실제상황을 잘 파악하는 일이다. 다시 말하면 무역통신문은 무역상무에 대한 선행연구를 통하여 관용적으로 쓰이는 무역용어를 잘 선택하여 일반영어의 어법에 맞게 효과적으로 작성하여야 한다. 무역통신문은 거래의 성격에 따라 서신에 의하거나 텔렉스, 전보 등 전송에 의하여 이루어지고 있기 때문에 그 통신방법에 따라 각기 특유한 표현방법을 연구하여야 한다.

따라서 이 책은 이와 같은 요구에 부응하기 위하여 다음과 같은 점에 특징을 두어 만들어졌다.

첫째, 무역거래의 흐름과 상황에 대한 예비적 이해를 위하여 단계별로 국제상무의 기본적 개념을 정리하고 해당 통신문 작성시의 구성내용이 무엇인가에 대하여 살펴보았다.

둘째, 무역거래관계의 개설에서부터 클레임 및 조정에 이르기까지 무역거래의 전 과정에 모델이 되는 통신문 사례를 수출과 수입상황의 경우를 고려하여 일관성 있게 제시하였고 다양한 표현을 습득하기 위해 유사한 상황의 통신문 사례를 추가하였다.

셋째, 무역통신문 작성시에 서두 · 본문 · 결미에 사용되는 유용한 영문표현을 매 단계마다 종합 · 정리하였다.

넷째, 무역경영활동의 다각화와 국제화에 따라 특허 및 기술도입계약이나 합작투자계약 등 관련서약서의 작성 사례와 국제상관습 또는 국제무역법규상의 주요 개념을 파악할 수 있도록 별도의 부를 설정하여 예시하였다.

다섯째, 무역통신문을 작성할 경우 또는 무역거래시에 자주 사용되는 무역용어, 즉 약어 및 전문용어를 최대한 정리하여 이 책의 부록편에 수록하여 쉽게 찾아볼 수 있도록 하였다.

또한 이 책의 구성은 다음과 같이 하였다.

제 1 부에서는 무역통신문의 일반적 구성요소와 구성요소의 실제 표현방법에 대하여 살펴보았다. 제 2 부에서는 서신에 의한 무역통신문의 작성 사례를 거래단계별로 고찰하고, 무역결제서류의 작성 사례에 대하여 살펴보았다.

제 3 부에서는 국제텔렉스 및 국제전보 등 전송에 의한 무역통신문의 작성 사례를 거래단계별로 살펴보았다. 제 4 부에서는 국제거래의 특수계약 사례와 국제무역법규에 규정하고 있는 주요 개념을 살펴보고, 또한 무역업무중에 부수적으로 필요한 각종 서신에 대하여도 고찰하였다. 부록에서는 무역영어를 시험과목으로 하는 각종 자격(검정)시험안내와 기출문제를 소개하였고 주요 무역용어를 수록하였다.

참고로 이 책을 가지고 대학에서 강의할 경우에는 다음과 같이 강의의 범위를 설정하여도 좋을 것이다. 무역영어과목을 한 학기의 강의로 다루어야 할 경우에는 제 1 부와 제 2 부를 중심으로 하고 제 3 부의 국제텔렉스와 국제전보를 개괄적으로 다루되 제 4 부는 생략하여도 될 것이다. 만일 두 학기의 강의로 다룰 경우에는 제 1 부와 제 2 부를 한 학기에, 제 3 부와 제 4 부를 그 다음 학기에 다루면 될 것이다. 이는 어디까지나 담당교수의 재량으로 수강대상에 따라 얼마든지 탄력적으로 적절하게 조정할 수 있는 사항이다.

이 책을 쓰는 과정에 저자는 국내외 여러 학자들의 무역통신문에 대한 선행 연구자료와 무역업계에서 실제 사용되고 있는 자료 등에 힘입은 바가 컸다. 그러나 저자의 역부족으로 이 책의 내용 중에는 미흡한 부분이 적지 않으리라 생각된다. 아무쪼록 이 책을 읽는 분들의 기탄없는 충고를 기대한다. 저자도 이와 같은 충고를 수용하고 계속적인 연구을 통하여 더 좋은 책이 될 수 있도록 보완하여 나가는 데 최선을 다하고자 한다.

이 책이 완성되기까지는 많은 분들의 도움이 있었다. 추운 날씨에 원고의 교정을 보아 준 부산대학교 대학원 박사학위과정의 이천수 · 이상훈 · 손성문 석사에게 고마움을 표하며, 항상 연구에 전념할 수 있도록 격려를 아끼지 않은 나의 가족에게도 고마움을 전한다. 또한 이 책을 출간할 수 있도록 배려하여 주신 박영사의 안종만 사장님과 황인욱 부장님 그리고 이 책을 만드는 데 애를 쓰고 정성을 다하여 주신 편집부 심재경 선생님과 관계임직원 여러분께 깊은 감사를 드린다.

1996년 1월 20일

저 자

차　례

제 1 부　무역영어의 기본

제 2 부 서신에 의한 무역통신문

제3부 전송에 의한 무역통신문

제4부 국제상거래에서의 특수계약 및 기타서신

제11장 국제상거래를 위한 특수계약

제12장 국제상거래 관련법규의 주요 개념

제 1 부

무역영어의 기본

제 1 장
무역영어의 의의와 연구대상

제 2 장
무역통신문의 구성

제 3 장
무역통신문 작성의 기본원칙

제 1 장

무역영어의 의의와 연구대상

1. 무역영어의 의의

무역영어(International Trade English)란 무역거래에 사용되는 영어를 말한다. 영국이나 미국과 같은 나라에서는 국내거래나 국제간의 무역거래에서 모두 영어를 사용하고 있기 때문에 특별히 무역영어라고 표현할 필요가 없으므로 영국에서는 "Commercial English," 미국에서는 "Business English"라 하고 있다. 또한 "Business Correspondence" 또는 "Business Communication"으로 표현하기도 한다.

한국과 같은 비영어권 국가의 무역상사들은 외국과의 상거래시 특별한 경우를 제외하고는 국제적 공용어라고 할 수 있는 영어로 의사를 표시하고 회신을 받고 있기 때문에 무역거래를 위한 영어, 즉 무역영어를 통하여 무역거래를 수행할 수밖에 없다. 따라서 무역영어는 무역거래를 원활하게 수행하는 데 있어서 반드시 사용하여야 하는 도구가 되는 것이다. 무역영어는 일반영어와는 달리 무역거래상 전문적이고 관용적인 용어가 일반영어에 포함되어 사용되고 있다.

2. 무역영어의 연구대상

무역영어는 국제상거래의 장(場)에서 사용되기 때문에 효과적인 영문통신문을 작성하기 위해서는 다음과 같은 내용을 선행적으로 또는 병행하여 연구하여야 한다.

첫째, 국제상무에 대한 전문적 지식을 가져야 한다.

거래관계가 개설된 후 무역계약의 성립 · 이행 · 종료되는 과정에 사용되는 전문적 · 관용적 용어 및 개념을 확실하게 이해하여야 한다.

둘째, 상업적 통찰력과 협상능력을 갖추어야 한다.

무역영어는 일부 정형화된 서식이용을 제외하고는 거래당사자간의 영문통신에 의하여 이루어지므로 상대국의 상관습과 상대방의 전략에 대하여 상업적 감각과 통찰력을 가지고 작성하여야 한다.

셋째, 어학능력을 배양하여야 한다.

거래는 의사소통에 의하여 성립된다. 특히 비영어권 국가의 외국무역은 영어라는 수단을 가지고 행하여지기 때문에 어법, 어휘 그리고 상황에 적합한 표현능력은 필수적이라고 할 수 있다.

또한 무역영어는 통신수단에 따라 다음과 같은 내용을 연구하여야 한다.

첫째, 서신에 의한 무역통신문을 효과적으로 작성할 수 있어야 한다.

무역통신문을 보다 세련되고 간결하게 그리고 정확하고 격식에 맞게 서신을 작성하는 훈련이 필요하다.

둘째, 전송에 의한 무역통신문을 작성하고 활용할 수 있어야 한다.

무역통신문의 최근 경향은 격식을 갖출 필요성이 있는 경우 이외에는 전자우편(E-mail)이 선호되고 있는 실정이다. 또한 경조사의 경우에는 전보(cable)를 이용하므로 이에 대한 연구도 병행되어야 한다.

셋째, 무역서류와 기타 특수서식의 작성방법을 습득하여야 한다.

무역계약 · 운송계약 · 적화보험계약과 관련된 서류의 작성은 물론 무역대금결제서류를 신용장조건과 상관습에 부합되게 정확히 작성할 수 있어야 한다. 특히 무역거래와 관련된 소개장, 추천서 등 특수한 서식작성방법에 대해서도 연구하여야 한다.

제 2 장

무역통신문의 구성

1. 무역통신문의 구성과 배열

1.1 무역통신문의 구성요소

무역통신문의 구성은 관습적으로 내려오는 일정한 형식을 갖추고 있다. 즉 통신문에 반드시 기재하여야 할 기본요소(basic parts)와 경우에 따라 기재하는 보조요소(supplementary parts)가 있다.

1) 기본요소

① 통신문 서두(Letterhead)
② 일자(Date)
③ 수신인 주소(Inside Address)
④ 서두인사(Salutation)
⑤ 본문(Body of the Letter)
⑥ 결미인사(Complimentary Close)
⑦ 서명(Signature)

2) 보조요소

① 참조번호(Reference Number)
② 참조인(Attention)
③ 제목(Subject)
④ 식별기호(Identification Marks)
⑤ 동봉물(Enclosure)
⑥ 사본배부처(Carbon Copy Notation)
⑦ 추신(Postscript)

1.2 무역통신문 구성요소 배열 및 작성 사례

무역통신문 구성요소의 기본요소와 보조요소를 "Semi-Block Style"로 서신에 배열하여 보면 다음과 같다.

(1) 서신의 구성요소와 배열

① Letterhead(서두)

② Reference Number(참조번호)

③ Date(일자)

④ Inside Address(수신인 주소)

⑤ Attention(참조인)

⑥ Salutation(서두인사)

⑦ Subject(제목)

⑧ Body of the Letter(본문) *first paragraph*

Body of the Letter(본문) *second paragraph*

Body of the Letter(본문) *third paragraph*

⑨ Complimentary Close(결미인사)

⑩ Signature(서명)

⑪ Identification Marks(식별기호)

⑫ Enclosure(동봉물)

⑬ Carbon Copy Notation(사본배부처)

⑭ Postscript(추신)

주: 실선 박스 표시 : 기본요소
점선 박스 표시 : 보조요소

(2) 서신의 작성 사례

① *Letterhead*	SEOUL TRADING CO., LTD. 15, 1-ga, Sogong-dong Chung-gu, Seoul 100, Korea C.P.O. Box 777, Seoul, Korea Tel. No. 82-2-753-1234~9 Fax. No. 82-2-753-1240 E-mail. stc@hanmail.net Cable Add. SELTRA SEOUL
② *Reference Number*	Your Ref. No. 7, Our Ref. No. 15
③ *Date*	March 15, 20___
④ *Inside Address*	America International Co., Inc. 350 Fifth Avenue, New York NY10018, U.S.A.
⑤ *Attention*	Attention of Mr. John F. Dolan
⑥ *Salutation*	Gentlemen :
⑦ *Subject*	<u>Leather Jackets</u>
⑧ *Body of the Letter*	Thank you for your letter of March 5 concerning the inquiry of our Leather Jackets. We are enclosing our illustrated catalog together with Price List so that you decide the order. We assure you that the prices and quality will be satisfactory. If you want to obtain any additional information, please do not hesitate to contact us.
⑨ *Complimentary Close*	Yours very truly,
⑩ *Signature*	Seoul Trading Co., Ltd. *Kilman Park* Kil-man Park President
⑪ *Identification Marks*	KMP/mh
⑫ *Enclosure*	Encls. Catalog & Price List
⑬ *Carbon Copy Notation*	C.C. Seoul Trading Co., Ltd. New York Branch
⑭ *Postscript*	P.S. We are sending you sample No. 123 by airmail.

2. 무역통신문의 형식

무역통신문의 형식(style)은 각 행(行; line)의 첫머리의 시작, 행 끝의 구두점(punctuation)표기 여부 등 통신문 구성요소[1)]의 배열모양에 따라 다음과 같이 분류할 수 있다. 또한 통신문의 배열은 좌우 또는 상하로 너무 치우치지 않고 균형이 잡히도록 보기 좋게 작성하여야 한다.

2.1 수직식(Block Style)

수직식이란 통신문 구성요소의 첫 행의 머리를 수직으로 가지런히 맞춘 형식이다. 본문(body of the letter)과 결미인사(complementary close)를 제외하고는 "open punctuation," 즉 구두점을 표시하지 않는다. "open punctuation"은 구성요소의 행 끝에 쉼표(comma)나 마침표(period)를 생략하는 형태를 말한다.

수직식은 후술하는 완전수직식과 더불어 미국에서 즐겨 쓰고 있다.

2.2 반수직식(Semi-Block Style)

반수직식이란 본문의 첫 행에 몇 자의 공란(space)을 두고 시작하는 형식(사선식)을 제외하고는 수직식과 같은 형식이다. 반수직은 수직식과 사선식(Indented Style)을 절충한 형식으로 "Modified Style" 또는 "Mixed Style"이라고도 한다.

오늘날 대부분의 무역통신문은 반수직을 가장 많이 쓰고 있다.

2.3 완전수직식(Full-Block Style)

완전수직식이란 통신문 구성요소를 완전수직으로 하여 왼편에 가지런히 일치시킨 형식이다. 타자수의 입장에서는 매우 편리하나 경직된 느낌을 주게 된다. 완전수직식은 본문을 제외하고는 "open punctuation"을 사용하며 "Complete Block Style" 또는 "Extreme Block Style"이라고도 한다.

2.4 사선식(Indented Style)

사선식(斜線式)이란 통신문의 수신인 주소(inside address), 서명(signa-

1) 인터넷을 이용한 무역통신문의 경우에는 제9장 전자우편의 구성내용을 참조 바람.

ture)부분은 첫자를 기준으로 행이 바꾸어질 때 톱니모양과 같이 각각 5 자, 10자, 15자의 공란을 두는 형식이다. 본문을 제외한 서두(letterhead), 수신인 주소, 결미인사(complementary close), 서명란에는 "closed punctuation," 즉 구두점을 표시한다.

"closed puctuation"은 구성요소의 행 끝에 쉼표나 마침표를 찍는 형태로 수신인 주소 및 결미인사 뒤에는 쉼표를, 서두인사(salutation) 뒤에는 쌍점(colon)을 그리고 일자, 참조인, 제목 및 제일 마지막 행에는 마침표를 표시하는 형태를 말한다. 오늘날의 무역통신문은 일자, 수신인 주소 뒤에는 구두점을 찍지 않는다. 또한 서두인사, 결미인사 뒤에는 쉼표를 찍는 이른바 "mixed punctuation"을 많이 사용하고 있다.

사선식은 보통 "closed punctuation"형태를 취하며 영연방에서 전통적으로 사용되어 온 형식이다.

2.5 간이식(Simplified Style)

간이식이란 완전수직식을 더욱 간소화시킨 것으로 통신문요소의 첫인사와 끝인사를 생략한 형식이다.

2.6 현수식(Overhanging Style)

현수식(懸垂式)이란 판매촉진과 같은 특수목적에 사용되는 형식이다. 수직식에 바탕을 두어 본문의 "paragraph"의 첫 행에 비해 2 행 이하부터는 첫머리를 5 자 정도 안으로 넣어 타자를 하여 배열시킴으로써 광고문안에 주의를 집중시키기 위한 목적으로 사용되기도 한다.

Letter Styles

(1) Block Style(mixed punctuation)

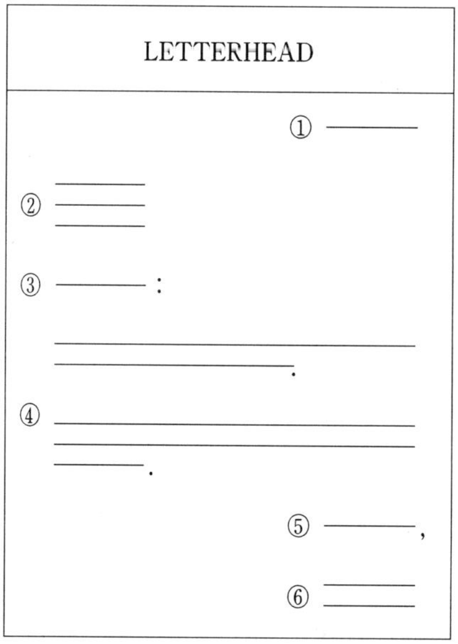

(2) Semi-Block Style(mixed Punctuation)

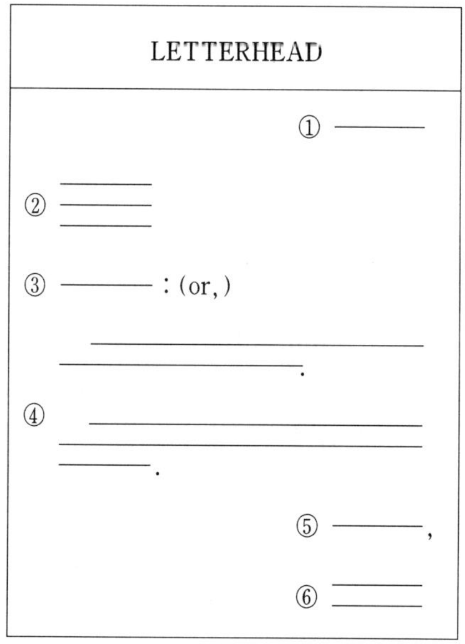

(3) Full-Block Style(open punctuation)

(4) Indented Style(closed punctuation)

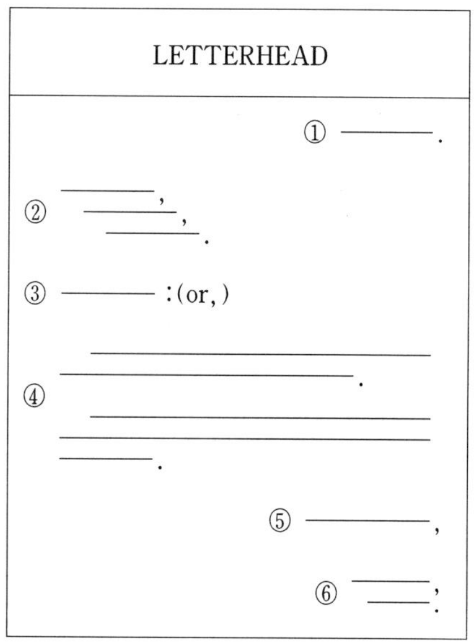

(5) Simplified Style(open punctuation)

(6) Overhanging Style(mixed punctuation)

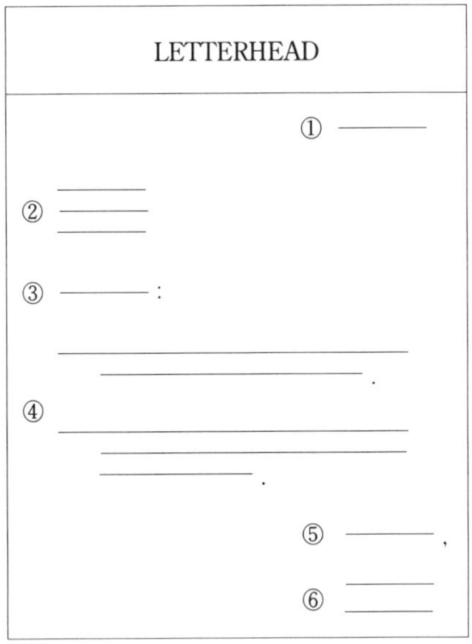

주: ① Date　② Inside Address　③ Salutation　④ Body of the Letter
⑤ Complimentary Close　⑥ Signature

3. 무역통신문 구성요소의 표현

3.1 기본요소

(1) Letterhead

Letterhead란 통신문의 서두(書頭), 즉 통신문 용지의 상단에 보통 인쇄하여 두고 있는 부분이다. Letterhead에는 발신자의 상호, 주소, 전화번

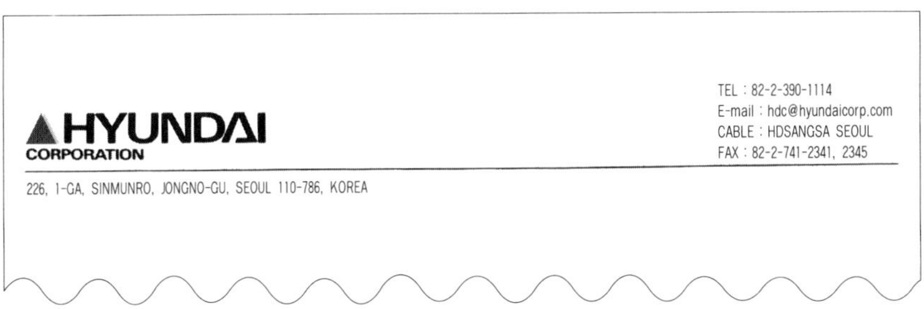
HYUNDAI
CORPORATION
TEL : 82-2-390-1114
E-mail : hdc@hyundaicorp.com
CABLE : HDSANGSA SEOUL
FAX : 82-2-741-2341, 2345
226, 1-GA, SINMUNRO, JONGNO-GU, SEOUL 110-786, KOREA

The Tidemar Corporation

510B INDUSTRIAL AVENUE
TETERBRO, NEW JERSEY / 07608-1087
TEL : (201) 896-0606
FAX : (201) 896-0048
E-mail : tide@hotmail.com

® BEST COATING SYSTEMS (HONG KONG) LIMITED
1904 Tung Wah Mansion, 199-203 Hennessy Road, Hong Kong.
Tel : 511 8662, 511 3269 Fax : 507 5334 E-mail : bcs@mail.yahoo.com

호, 전자우편주소, 팩스번호, 영업종목, 지점(支店) 등이 기재된다. Letterhead는 회사에 따라 개성 있는 도안과 활자로 융통성 있게 작성하고 있는데 최근에는 비교적 간결하게 인쇄하여 사용하고 있다.

(2) Date

Date란 통신문의 발신일자로 그 기재방법은 미국식과 영국식이 다르다. 두 방식은 모두 연도 앞에 쉼표(comma)를 표시하여야 하지만 미국식은 월·일·년의 순으로, 영국식은 일·월·년의 순으로 쓰고 있다. 또한 일자 다음에 미국식은 서수(ordinal number)를 표시하지 않는 데 비하여 영국식은 -st, -nd, -rd, -th와 같은 서수를 표시한다.

월이름은 일반서신에서는 약어를 쓰지 아니한다.

특히 월일을 "3/7/20__" 또는 "3-7-20__"와 같이 표시하여서는 안 된다. 왜냐하면 관습의 차이에 따라 3월 7일 이나, 7월 3일로 볼 수 있어 혼란이 야기되기 쉽기 때문이다.

① 미국식: March 7, 20__

② 영국식: 7th March, 20__

(3) Inside Address

Inside Address란 통신문의 수신인 주소로 통신문을 받아 보는 자의 명칭 및 주소를 말한다. 수신인 주소는 봉투의 주소와 일치하기 때문에 봉투가 없어지거나 잘 보이지 않더라도 회신할 경우에도 주소를 용이하게 찾을 수 있다.

수신인 주소는 일자의 기재요소로부터 보통 2행 아래로부터 시작하고, 첫째 행에 수신인의 성명과 직책(name and title), 둘째 행에 회사의 정식 명칭, 셋째 행에 번지 및 구역명, 넷째 행에 도·주명(道·州名), 우편번호 및 국명을 기재한다. 그러나 국명은 행을 바꾸어 제일 마지막 행에 둘 수도 있다.

1) 수신인의 유형

수신인 주소를 특정한 개인, 특정부서장 또는 특정회사 앞으로 할 경우 기재의 예를 보면 다음과 같다.

(a) 특정개인 앞

Mr. John F. Dolan, President
America International Co., Inc.
350 Fifth Avenue, West
New York, NY 10018, U.S.A.

(b) 특정부서장 앞

Purchasing Manager
Global Hardware Co., Inc.
87 Highland Drive
Chicago, IL 60147, U.S.A.

(c) 특정회시 앞

Tokyo Electronics Co., Ltd.
7-1, Marunouchi
2-Chome, Chiyoda-ku
Tokyo 100, Japan

2) 회사형태의 약어

수신인 회사형태는 Co., Inc.나 Co., Ltd.가 많다. Inc.는 Incorporated의 약어이며 Co., Inc.는 주식회사를 말하는 미국식 표현이다. 또한 Ltd.는 Limited의 약어이며 Co., Ltd.는 주식회사를 말하는 영국식 표현이다.

이 밖에 국가에 따라 회사형태에 대하여 사용되는 약어는 다음과 같다.

언 어	회사 형태	약 어
Danish	Partnership Limited Partnership Limited-liability Company Private Limited-liability Company	I/S K/S A/S Ap/S
Dutch	Private Company Public Corporation	B.V. N.V.
French	Limited-liability Company Corporation	SARL SA
German	Partnership Limited Partnership Limited-liability Company Corporation	OHG KG G.m.b.H. AG
Italian	Corporation Limited-liability Company	S.p.A. S.r.l.
Portuguese	Corporation	SARL
Spanish	Stock Company Corporation Company	SA S/A CIA
Swedish	Joint Stock Company	SA

3) 존 칭

수신인을 기재할 때는 수신인의 성별(sex), 학위(degree), 신분(status), 직업(profession) 등에 따라 적절한 존칭(courtesy title)을 사용하는 것이 예의바르다고 할 수 있다.

(a) **Mr.**

Mr.는 Mister의 약어로 한 사람의 남자에 붙이는 존칭으로 가장 널리 사용되고 있다.

Mr. John F. Dolan
Mr. George Brown

(b) **Esq**.

Esq.는 Esquire의 약어로 한 사람의 남자에 붙이는 존칭인데 영국에서 많이 사용되고 있다. 그러나 미국에서도 법률가, 건축가, 대리공사 등 전문 직업인의 존칭으로 한정적으로 사용되고 있다.

① 영국: Jonathan A. Lyons, Esq.
President

② 미국: Carolyn B. West, Esq.
American Counsel

(c) **Messrs.**

Messrs.는 Messieure[méserz]의 약어로, 영어의 Mr.에 해당하는 불어 Monsieur[məsjə́ːr]의 복수이다. 이는 두 사람 이상 남자들이 조직한 회사 앞에 붙인다. 회사명이 사람이름과 관련이 없을 경우에는 Messrs.를 사용하여서는 안 된다.

Messrs. R. H. Brown & Sons
Messrs. George Brown & Co., Ltd.
Messrs. Smith & John
Attorneys-at-law

(d) **Miss**

Miss는 한 사람의 미혼여자에게 붙이는 존칭이다.

Miss Judy
Miss Su-mi Kim

(e) **Misses**

Misses는 두 사람 이상의 미혼여자에게 붙이는 존칭으로 Miss의 복수형이다.

Misses Hay and Middleton
Misses D. L. Hay and H. K. Middleton

(f) **Mrs**.

Mrs.는 Mistress의 약어이다. 이는 기혼여자에게 붙이는 존칭으로 누구의 부인이란 의미이다. Mrs.는 미망인이나 이혼녀를 불문하여 사용된다.

남편이 있을 경우에는 남편의 성명 앞에 Mrs.를 붙인다. 한편 수신인이 Miss인지 Mrs.인지 도무지 모를 경우에는 Miss를 쓰는 것이 무난하다. 1973년 이후 유엔에서는 Miss와 Mrs.를 합하여 Ms.[miz]라 하여 여자의 성명에 붙이는 존칭으로 공식적으로 사용하고 있다.

Mrs. Jeorge Brown
Mrs. John F. Dolan

(g) **Mmes.**

Mmes.는 불어의 Mesdames[meidáːm]의 약어로 Madame[mædǽm]의 복수이다. 이는 두 사람 이상의 기혼부인에게 붙이는 존칭이다. 미혼 및 기혼 공동회사에도 사용된다.

Mmes. Meade and Tate
Mmes. Judy and Marry

(h) **Dr.**

Dr.는 Doctor의 약어로 박사학위를 가진 남녀에게 붙이는 존칭이다. 그러나 의미가 다른 존칭을 제외하고 같은 의미의 존칭은 이중으로 쓸 수 없다. 가급적 Doctor라고 사용하는 것이 좋다.

right : Doctor Johnson
wrong : Doctor Johnson, Ph. D.
right : Professor Johnson, Ph. D.

학위명칭의 예를 보면 다음과 같다.

M.D. : Doctor of Medicine 의학박사
Ph. D. : Doctor of Philosophy 철학박사
Ed. D. : Doctor of Education 교육학박사
D.B.A. : Doctor of Business Administration 경영학박사
L.L.D. : Doctor of Laws(E), Legum Doctor(L) 법학박사
D.D. : Doctor of Divinity 신학박사
Litt. D. : Doctor of Literature(E), Litterarum Doctor(L) 문학박사
D.D.S. : Doctor of Dental Science 치과학박사

(i) **Prof.**

Prof.는 Professor의 약어로 현재의 대학교수 또는 과거에 대학교수를

지냈던 사람에게 붙이는 존칭이다. 가급적 약어를 사용하지 않는 것이 좋다.

Professor Brown
Professor John F. Palmer

(j) **Hon.**

Hon.은 Honorable의 약어로 법관, 국회의원, 외교관 등과 같은 정부의 관료나 사회적으로 지위가 높은 사람에게 사용되는 존칭이다.

Honorable John R. Smith
The Honorable John R. Smith

(k) **Rev.**

Rev.는 Reverend의 약어로 성직에 있는 목사 또는 종교인에게 붙이는 존칭이다. 주교(bishop)와 같은 고위 성직자 앞에는 The를 붙여 사용한다.

Rev. Mr. Francis
The Reverend Mr. Aquith

(l) **President, Manager, etc.**

수신인 주소에 회사의 직책명을 기재할 경우에 일반적으로 많이 사용하고 있는 사장(President), 부장(Manager) 등을 포함한 직책명은 다음과 같다.

이사회 회장	Chairman of the Board; Chairman of the Directors
사 장	President
부 사 장	Deputy President; Executive Deputy President; Vice President
전 무 이 사	Executive Managing Director; Managing Director
상 무 이 사	Standing Director; Executive Director
상 임 감 사	Standing Auditor
이 사	Director
본 부 장	General Manager
수 출 부 장	Export Manager
수 입 부 장	Import Manager
영 업 부 장	Sales Manager; Business Manager
총 무 부 장	General Affairs Manager; Administration Manager
인 사 부 장	Personnel Manager

경 리 부 장	Finance Manager
생 산 부 장	Production Manager
구 매 부 장	Purchasing Manager
공 장 장	Plant Manager; Factory Manager
지 점 장	Branch Manager
차 장	Assistant Manager; Sub-Manager
과 장	Section Chief; Section Manager

4) 주소의 작성

주소를 작성할 경우에는 다음과 같은 사항을 지켜야 한다.

첫째, 번지는 아라비아숫자로 하고 # 또는 No. 등의 기호는 붙이지 아니한다.

둘째, 한국의 가(街; street)는 1-ga, 2-ga, 3-ga로 쓰고 외국의 street는 1～10가까지는 문자로, 11 이상은 숫자로 쓴다.

셋째, 한국의 동명(洞名) 및 구명(區名)은 Sogong-dong, Chung-gu와 같이 띄어 쓴다.

넷째, 시명(市名; city)은 약어를 쓰지 않으며, ××× City라고 기재하지 아니한다.

다섯째, 우편번호(Zone Improvement Program Code: ZIP Code)는 미국의 경우 주(州; state) 다음에 기재하고 한국의 경우에는 시·도 다음에 적는다.

(a) 한국주소

poor: #15, 1ga, Sogongdong, Chunggu
Seoul 100, Korea

better: 15, 1-ga, Sogong-dong, Chung-gu
Seoul 100-070, Korea

(b) 미국주소

poor: No. 120 West 40th Street, New York City
N.Y.10018, U.S.A.

better: 120 West 40th Street, New York
NY 10018, U.S.A.

5) 수신인 주소에 사용되는 약어

Ave. Avenue 가(街)

Bldg.	Building 건물
Blvd.	Boulevard 대로(大路)
Co.	Company 회사
C/o	Care of 방(××씨 댁)
Corp.	Corporation 법인회사
Dept.	Department 부(部)
Div.	Division 사업부
Dr.	Drive 자동차로
E.	Eastern District 동부우편구
E.C.	Eastern Central District 동부중앙우편구
Inc.	Incorporated 주식회사
Mfg.	Manufacturing 제조
N.W.	North Western District 북서부우편구
Pl.	Place 광장
P.O.B.	Post office Box 우편사서함
Pty.	Proprietary 개인회사
Rd.	Road 도로(道路)
S.E.	South-Eastern District 남동부우편구
S.W.	South-Western District 남서부우편구
Sq.	Square 광장
St.	Street 가(街)
W.C.	Western Central District 서부중앙우편구

6) 미국의 주이름 약어

무역통신문에 사용되는 미국의 주(州; States)와 속령(屬領; Dependencies)에 대한 2자 표준약어를 보면 다음과 같다.

Alabama	AL	Kentucky	KY	Oklahoma	OK
Alaska	AK	Louisiana	LA	Oregon	OR
Arizona	AZ	Maine	ME	Pennsylvania	PA
Arkansas	AR	Maryland	MD	Puerto Rico	PR
California	CA	Massachusetts	MA	Rhode Island	RI
Colorado	CO	Michigan	MI	South Carolina	SC
Connecticut	CT	Minnesota	MN	South Dakota	SD
Delaware	DE	Mississippi	MS	Tennessee	TN
District of Columbia	DC	Missouri	MO	Texas	TX
		Montana	MT	Utah	UT

Florida	FL	Nebraska	NE	Vermont	VT
Georgia	GA	Nevada	NV	Virginia	VA
Guam	GU	New Hampshire	NH	Virgin Islands	VI
Hawaii	HI	New Jersey	NJ	Washington	WA
Idaho	ID	New Mexico	NM	West Virginia	WV
Illinois	IL	New York	NY	Wisconsin	WI
Indiana	IN	North Carolina	NC	Wyoming	WY
Iowa	IA	North Dakota	ND		
Kansas	KS	Ohio	OH		

(4) Salutation

Salutation은 무역통신문 본문을 시작하는 서두인사를 말한다.

서두인사는 수신인 주소(Inside Address)의 존칭이 단수이면 단수로, 복수이면 복수로 대응해서 수가 일치되게 사용하여야 한다. 서두인사의 구두점은 미국식은 colon(:)을, 영국식은 comma(,)를 찍는다. 또한 서두인사의 첫자 및 서두인사중 명사나 대명사는 모두 대문자를 쓰고 그 외는 소문자로 적는다.

미국식: Gentlemen :
영국식: Dear Sirs,
Gentlemen,

서두인사를 수신처별로 남자와 여자를 구분하여 사용하는 예를 보면 다음과 같다.

수 신 처	성별	미 국 식	영 국 식
회　사	남	Gentlemen :	Dear Sirs, Gentlemen,
	여	Madames : Ladies :	Dear Madames, Dear Ladies,
미지의 개인	남	Dear Sir :	Dear Sir,
	여	Dear Madam :	Dear Madam,
친밀한 개인	남	My dear Mr. Johnson :	My dear Mr. Johnson,
	여	My dear Miss Judy :	My dear Miss Judy,

주: 친밀한 개인 중에서 My는 생략할 수 있다.

(5) Body of the Letter

Body of the Letter는 본문으로 무역통신문에서 핵심이 되는 중요한 부분이다. 따라서 간결하면서도 정확하고 예절바르게 작성하여 거래를 성공적으로 이끌 수 있도록 하여야 한다.

따라서 본문은 다음과 같이 작성하여야 한다.

첫째, 무역통신문의 형식에 맞게 하고 가장자리와 각 절(節; paragraph)은 균형이 잡히도록 한다.

둘째, 각행의 끝은 가급적 분철(syllabification)하지 않는 것이 좋으나 불가피할 경우에는 분철법에 따른다. 특히 인명 등 고유명사나 금액은 분철하여서는 안 된다.

셋째, 본문의 행(line) 사이는 single spacing으로 하고, 절 사이는 double spacing으로 타자한다.

넷째, 통신문을 가급적 한 장으로 작성하되 한 장 이상 작성할 경우 추가로 사용되는 용지는 Letterhead가 인쇄되이 있지 않은 것을 시용하되 앞장과 같은 지질·크기·색상으로 한다. 이 경우 연속되는 용지에도 수신인 회사명·페이지·작성연월일을 기재하여야 한다.

Messrs. Johnsons & Ltd.	—2—	March 10, 20___

주: —2— 대신에 page 2 또는 Page Two로도 표시한다.

(6) Complimentary Close

Complimentary Close는 결미인사로 무역통신문의 본문 끝머리에 붙여 끝맺음하는 인사를 말하며 Closing이라고도 한다. 우리말의 "올림," "여불비례(餘不備禮)"에 해당하는 말이다.

Complimentary Close는 Salutation과 조화를 이루어 사용하여야 하며, 첫자는 대문자로 하고 마지막의 구두점은 쉼표(comma)를 찍는다. 또한 본문의 맨 끝에서 적절한 행에 타자하되 용지의 중앙보다 왼쪽으로 치우쳐서는 안된다.

Complimentary Close는 미국과 영국의 격식에 따라 다양하게 사용하고 있는데 가장 일반적으로 많이 사용하고 있는 것들은 다음과 같다.

미 국 식	영 국 식
Yours truly,	Yours faithfully,
Yours very truly,	Yours very faithfully,
Truly yours,	Faithfully yours,
Very truly yours,	Very faithfully yours,

(7) Signature

Signature는 서명(署名)으로 이 부분을 보게되면 무역통신문에서 서명하는 자를 쉽게 알 수 있다. 서명은 펜으로 자필서명을 하여야 하며, 서명위치는 Complimentary Close 바로 밑에 2행 정도 간격을 두어 나란히 한다.

무역통신문의 서명방식을 서명자에의 직책에 따라 살펴보면 다음과 같다.

1) 회사 대표자격의 서명

대표이사와 같이 회사의 직책을 가지고 있는 사람이 서명을 할 경우에는 회사명 다음에 서명을 하고 그 다음 성명, 직책순으로 기재한다.

Yours truly,
Seoul Electronics Co., Ltd.
Kildong Hong
Kil-dong Hong
President

주: 성명과 직책은 Kil-dong Hong, President와 같이 같은 행에 기재하여도 된다.

2) 개인자격의 서명

회사에서 직위가 없는 사람이 필요에 따라 회사명이나 직책표시 없이 서명하는 방법이다.

Yours truly,
Minsu Hong
Min-su Hong

3) 대리서명권자의 서명

대리서명권자의 서명이란 회사에서 위임장(Power of Attorney)에 의하여 정식으로 서명할 수 있는 권한을 부여받은 사람이 서명하는 방법이다. 이 경우 '대리로'(per procurationem)라는 의미를 가진 약자인 "p.p." 또는 "p. pro." 또는 "per pro"를 회사명이나 직책명 앞에 표시한다.

Yours truly,
p.p. Seoul Electronics Co., Ltd.
Youngmin Kim
Young-min Kim
Acting Manager

4) 서명권 없는 자의 대리서명

서명권이 있는 사람이 부재중이거나 필요에 따라서 서명권이 없는 자가 대리서명을 할 경우에는 회사명이나 서명 앞에 for, by 또는 per를 표시한다.

Yours truly,
for Seoul Electronics Co., Ltd.
Chulsu Kang
Chul-su Kang
Manager

3.2 보조요소

(1) Reference Number

Reference Number는 통신문의 참조번호로 문서의 분류 등 관리를 용이하게 하기 위하여 붙이는 문서번호(File Number)이다. Reference Number는 일자나 수신인 주소 사이에 귀사의 참조번호(Your Ref. No.)나 당사의 참조번호(Our Ref. No.) 중 어느 하나를 기재하거나 또는 이들 모두를 기재하기도 한다.

Our Ref. No.123
Your Ref. No.234
Ref. No.345
File No.456

주: 통신문에 Our 또는 Your라는 표시 없이 그냥 Ref. No. 또는 File No.를 기재하였을 경우에는 발신인의 참조번호를 의미한다.

(2) Attention

Attention이란 참조인으로 Particular Address라고도 하며 무역통신문을 받는 회사 내의 특정부서나 특정인에게 신속하게 전달하기 위하여 기재하는 특정인 주소를 말한다. 규모나 조직이 큰 회사와 거래를 할 경우에 다음과 같이 Attention Line을 잘 이용하는 것이 좋다.

Attention: Mr. Albert Wilson
Attention: Purchasing Department
Attention: Mr. Albert Wilson, Purchasing Department
Att.: Mr. Albert Wilson
Attention of Marketing Manager

(3) Subject

Subject란 통신문 본문의 내용을 요약한 제목을 말한다. Subject Line은 한 줄 이내에서 표제에 적합하도록 표현하고 Salutation과 같은 행의 중앙이나 그 2행 정도 아래에 타자한다.

간혹 통신문의 Re(Regarding) 다음에 제목을 적는 경우도 있는데 Reference line과 혼동될 염려가 있으므로 피하는 것이 좋다.

SUBJECT: EXTENSION OF L/C NO.535
Subject: Your Order No.15
Sub.: Hand Tools

(4) Identification Marks

Identification Marks란 식별기호로 initials라고도 한다. Identification은 통신문작성과 관련하여 그 책임자소재를 식별하기 위한 기호로 작성인(writer), 타자원(typist)의 이름의 첫자(initial)를 타자하는 것을 말한다. Identification Marks는 보통 Signature에서 2행 아래의 왼쪽에 타자한다.

예를 들어 통신문의 작성자가 Albert Wilson, 타자원이 Alice Smith라고 할 경우에는 다음과 같이 식별기호를 표시한다.

타자원이 많은 경우 타자원의 식별기호는 initial 대신에 아라비아숫자를 표시하기도 한다.

AW-as(dictator, typist)

AW/as(dictator, typist)
AW: as(dictator, typist)
AW: 5(dictator, typist)

(5) Enclosure; Inclosure

Enclosure란 동봉물로 통신문에 동봉하는 서류 등이 있을 경우에는 그 명칭 및 통수를 표시하는 것을 말한다.

Enclosure(Encl.; Enc.): One copy of Offer Sheet
Enclosures(Encls.; Encs.): ① Commercial Invoice in triplicate
② Packing List in duplicate

(6) Carbon Copy Notation

Carbon Copy Notation(C.C.)은 사본배부처로 통신문 사본이 수신인 이외의 자에게 보내졌음을 나타내는 것이다. 사본배부처는 Identfication Marks로부터 2행 아래에 타자하며 "C.C."또는 "Copy to"로 표시한다.

C.C.: America International Co., Inc.
C.C.: America International Co., Inc.
Messrs. Johns & Co., Ltd.
Copy to Mr. John F. Dolan
Copies to: America International Co., Inc.
Messrs. Johns & Co., Ltd.

(7) Postscript

Postscript란 추신으로, 통신문 본문을 다 쓰고 난 다음 빠뜨린 내용을 통신문에 추가하거나 의도적으로 본문의 요점을 강조하기 위하여 사용된다. Postscript는 보통 P.S.로 약하여 쓰고 보통 통신문의 하단에 기재한다. 그러나 특별히 추가하거나 주의를 환기시킬 사항이 없으면 추신란은 기재하지 않아도 된다.

P.S. Under separate cover we are sending you the offer sheet and samples.
P.S. The enclosed postcard is for your convenienuce. Mail it today.

3.3 봉투(Envelope)

(1) 봉투의 주소

봉투주소(Envelope Address)는 Outside Address로 통신문의 수신인 주소(Inside Address)의 기재요령대로 작성한다. 봉투는 보통 항공봉투에 발신인 주소를 좌상단에 인쇄하고 수신인 주소는 개별적으로 타자하여 사용하고 있다. 회사의 로고(Logo)나 주소의 활자 등은 선명하고 아름답게 디자인하여 수신인으로 하여금 좋은 인상을 갖도록 하는 것이 중요하다.

봉투의 주소를 적는 요령은 다음과 같다.

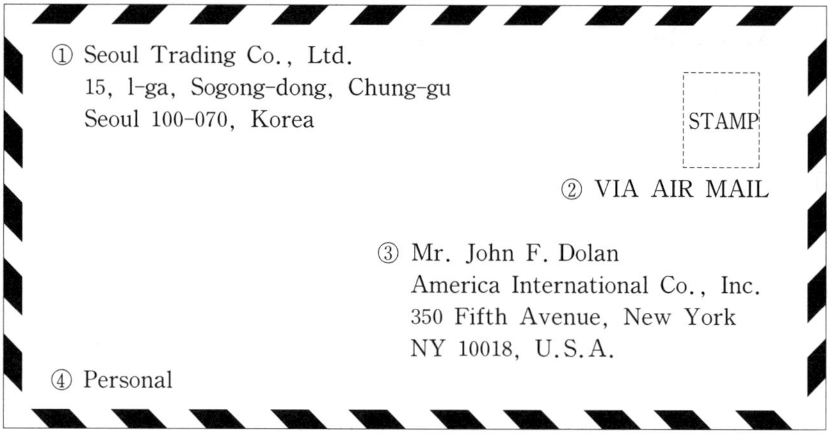

주: ① 발신인 주소를 적는 곳으로 만일 서신이 배달되지 못할 경우에 반송주소(Return Address)의 역할도 한다.
② 우송지시(Mailing Direction)로 발신 우체국이 항공편(Via Air Mail), 등기(Registered)와 같은 표시를 하는 곳이다.
③ 수신인 주소로 우송주소(Mailing Address)를 기재하는 곳이다.
④ 비고(Remarks)란으로 발신인이 수신인에 대한 안내사항을 기재하는 곳이다.

(2) 우송지시 및 우송안내

우송지시는 봉투의 우측상부에, 우송안내는 봉투의 좌측하부에 기재하는데 그 예를 보면 다음과 같다.

1) 우송지시

Via Air Mail(or PAR AVION)　　항공우편

Via Panama	파나마 경유
Via JAL(Japan Air Lines)	일본항공편
BY s/s "Arirang"	아리랑호편
First Class Mail	제 1 종우편
Registered	등기
Express Delivery	속달
Special Delivery	특별배달

2) 우송안내

Personal(or Private)	친전(親展)
Attention of Mr. Dolan	돌란 씨 앞
Kindness of Mr. Wilson	윌슨 씨에게 부탁함
Please forward to Mr. Johnson	존슨 씨에게 전송해 주시오
Urgent	지급
Printed Matter	인쇄물재중
Photo Only	사진재중
Post Restante	우체국보관

(3) 용지접기와 봉투에 넣기

1) 대형봉투(official size envelope)에 넣는 방법

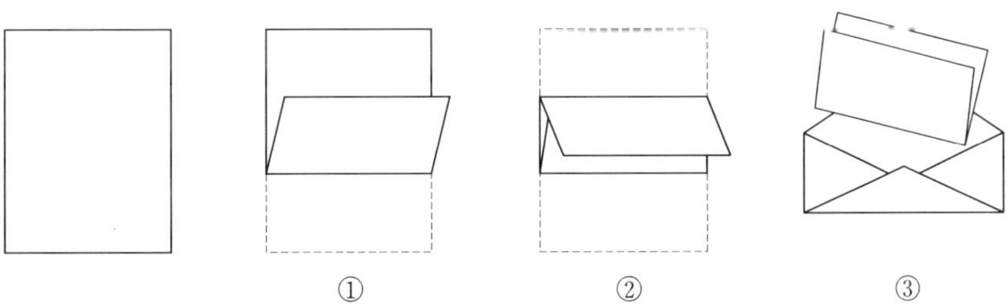

주: 창문형봉투(window envelope)는 수신인 주소를 투명하게 비추어 보이도록 3겹으로 접어서 넣는다.

① 용지를 아래로부터 1/3보다 약간 크게 접는다

② 윗부분을 아래로 접되 펼치기에 편리하도록 1.5 cm가량 보이도록 한다.

③ 그림과 같이 봉투에 넣는다.

2) 소형봉투(business size envelope)에 넣는 방법

① 용지의 서두를 1.5 cm 정도 보이도록 하여 두 겹으로 접는다.

② 오른쪽을 1/3보다 약간 크게 접는다.
③ 왼쪽을 오른쪽으로 접되 1.5 cm 정도 보이도록 한다.
④ 그림과 같이 봉투에 넣는다.

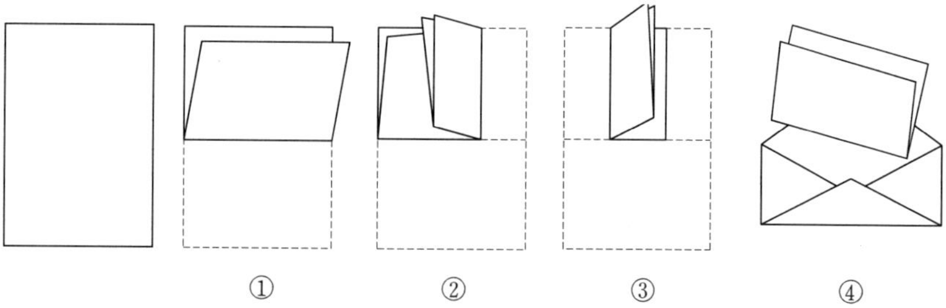

제 3 장

무역통신문 작성의 기본원칙

1. 정확(correctness)

무역통신문은 철자(spelling), 구두점(punctuation), 대소문자의 구별(capitalization), 문법(grammer) 및 문장구조(sentence structure) 등을 정확하게 작성하여야 한다.

wrong: Mar. 12nd '08
right : March 12, 2008(12nd March, 2008/12 March, 2008)

wrong: Dear Sir;
right : Dear Sirs, (Dear Sir :)

wrong: The silk as well as the lace were delivered in damaged conditions.
right : The silk, as well as the lace, was delivered in a damaged condition.

wrong: Having received your cable of yesterday, our thanks is due you for your kindness.
right : Having received your cable of yesterday, we thank you for your kindness.

wrong: Trusting this terms is satisfaction and oblige.
Y' rs Very Truly
right : We belive these terms will be satisfactory.
Yours very truly,

또한 무역통신문에서 숫자(numbers)를 포함하여 사용할 경우에는 표현방법을 유의하여 정확하게 사용하여야 한다.

(a) 이상, 이하, 이전, 이후, ~ 부터 (처음의 수를 포함)

2 파운드 이상	£2 or (and) above (over)
50개 이상	50 pieces or (and) up (upward)
2% 이상	2% or (and) more
100 그로스 이상의 주문	an order for 100 gross or upward; an order for not less than 100 gross
5% 이상 10%까지	5% up to 10% both inclusive (5% 및 10%도 포함) cf. over 5% up to 10% inclusive (5%는 포함되지 아니함)
3% 이상의 초과액	not less than 3% over the amout cf. any excess over 3%; any amount over and above 3%; a sum exceeding 3%; sums above 3%(3%는 포함되지 아니함)
U$100 이하	U$100 or(and) less (below, down, under, downward, downwards)
일주일 이내	one week or less
30일 이내	not exceeding a total of 30 days; for 30 days or a fraction thereof
지정가격 이하로	at or below (under) the price named
1파운드 당 US$9 이하로	at a price not exceeding U$9.00 per 1b
6월 10일 이전	on or before June 10
6월 10일 이후	on or after June 10
9월 1일 이래	from and after September 1
오늘부터	from and including today (this date)
10월 10일부터	on and from October 10; on and after October 10
계약위반일로부터	as from the date of the breach of contract

(b) ~까지, ~에서, ~까지 (마지막 수를 포함)

40 파운드까지	up to £40 inclusive; up to the maximum of £40
10월 20일 까지	up to and including October 20

3월 1일부터 15일까지	as from the 1st to the 15th of March inclusive; from the 1st to thc 15th of March both inclusive
4월 1일부터 30일까지의 기간	during the period beginning on April 1 and ending on April 30 (both dates inclusive)
2004년부터 2005년까지 사이	for the years 2004 to 2005 inclusive
12월 31일까지의 6개월간	during the six months terminating December 31
월요일부터 목요일까지	from Monday to Thursday inclusive; from Monday through Thursday
크기 6mm에서 10mm까지의 것	all sizes ranging from 6mm up to and including 10mm
20호부터 26호까지의 견본 타일	specimen tiles of Nos. 20 to 25 inclusive

(c) 기 타

101 파운드부터 1,000 파운드 미만까지	from 101 lbs. to under 1,000 lbs.
2일 10일 현재	as of February 10
5월말	at the end of May
7월 상순에	within the first ten days of July
7월 중순에	within the second (or middle) ten days of July
발신일로부터 5일간	for five days inclusive of the day of dispatch(발신일도 포함) cf. for fivc days exclusive of the day of dispatch(발신일을 포함하지 않음)
일요일을 제외한 15일간	for 15 days exclusive of Sundays

2. 명료(clearness)

무역통신문의 내용은 분명하고 오해의 여지가 있어서는 안 된다. 따라서 해석상 모호한 점이 없도록 하여야 한다..

obscure: We have your recent order. (How recent? May 20? June 5? What order number? What for?)
clear : We have your order No. 551 of May 28, 2005, for 500 pieces Leather Handbags.

obscure: As to the steamers sailing from Busan to Hong Kong, we have bimonthly direct services.
clear : We have two direct sailings ever month from Busan to Hong Kong.

obscure: We are sending as in the enclosed list five samples of the goods for your market which we think suitable by air freight.
clear : As in the enclosed list, we are sending you by air freight five samples of the goods which we think suitable for your market.

obscure: The goods we received contrary to our instructions are packed in wooden cases without iron hoops.
clear : The goods we received are packed in wooden cases without iron hoops contrary to our instructions.

obscure: Referring to your letter of October 29, we enclose herewith two copies of the certificate of measurement as requested which were made out immediatedly upon discharge.
clear : As requested in your letter of October 29, we enclose two copies of the certificate of measurement which was made out immediately upon discharge of the cargo.

obscure: We have drawn on you as usual under your L/C.
clear : We have drawn on you our sight draft No. 246 for the invoice amount US$5,000 under your L/C No. 428/2151 of The Bank of America.

또한 무역통신문에서 보통 혼돈되는 다음과 같은 단어들에 대한 의미를 명확하게 이해하여야 한다.

accept	to receive willingly; to agree to
except	omitting
access	means of approach
excess	surplus
ad	advertisement
add	to contribute further; to find the sum
adopt	to take for one's own
adapt	to adjust
advice	recommended action
advise	to give advice; to counsel
affect	to influence
effect (*n.*)	result
effect (*v.*)	to bring about
all ready	completely prepared
already	ahead of or on time
all together	in complete unison
altogether	completely
allusion	reference
illusion	unreal appearance
alter	to change
altar	a sacred table
appraise	to evaluate
apprise	to notify
balance	the difference between credits and debits
remainder	the amount left when part is taken away
beside	next to
besides	in addition to
bibliography	list of writings
biography	a life story
breath	respiration

breathe	to inhale and exhale
breadth	width
capital (*n.*)	money or property; a city that is the seat of government
capital (*adj.*)	chief in importance
capitol	the building in which a legislature meets
censor	one empowered to ban objectionable matter
censure	condemnation
cheap	of small value
inexpensive	of low price
choose	(present tense of th choose) to select
chose	(past tense of to choose) selected
cite	to quote; to summon
site	location
complement	to make complete
compliment	to praise
conscious	having awareness
conscience	moral sense
consul	government official in a foreign city
council	an administrative group of people
counsel (*n.*)	advice
counsel (*v.*)	to give advice
continually	repeatedly
continuously	uninterruptedly
costume	clothing
custom	habit
course	way; procedure
coarse	rough
credible	believable
creditable	worthy of credit or praise
decent	proper
descent	decline
desert (*v.*)	to abandon

desert (*n.*)	a barren wilderness
dessert	final course of a meal
device	a mechanism
devise	to create
disburse	to pay out
disperse	to scatter
elicit	to evoke
illicit	illegal
eligible	qualified
illegible	unreadable
eminent	renowned
imminent	impending
envelop	to surround
envelope	a paper mailer
farher	more distant
further	additional
fiscal	financial
physical	material; of the body
formerly	previously
formally	in accordance with the rules
immigrate	to settle in a new country
emigrate	to leave a country
imply	to suggest
infer	to assume or conclude
later	at a more advanced time
latter	last mentioned
lcavc	to depart; to allow to stay
let	to permit; to rent
led	(present tense of to lead) directed
lead (*n.*)	a heavy metal
lead (*v.*)	(present tense of to lead) to direct
legislator	a lawmaker, such as a senator
legislature	a lawmaking body, such as the Senate

lend	to let someone borrow
loan	the thing that is borrowed
less	a smaller amount
fewer	a smaller number
liable	responsible; likely
libel	slander
lose	to fail to win, keep, or find
loose	not tight
may be	to possibly be
maybe	perhaps
moral	having to do with right and wrong
morale	mental and emotional condition
overdo	to do too much
overdue	late
persecute	to hunt down
prosecute	to carry on a legal suit
personal	individual, private
personnel	employees, staff
perspective	angle of vision
prospective	likely, possible
precede	to come before
proceed	to go on
proceeds	money acquired in a transaction
precedent	example or justification
president	highest offcer
principle	a basic truth or rule
principla (*adj.*)	most important
principal (*n.*)	person with controlling authority
prophecy	prediction
prophesy	to predict
recent	new
resent	to be indignant at
respectfully	with esteem

respectively	individually
rout	to force out
route	road or course
root	anchoring part of a plant
stationary	not moving
stationery	writing material
suit	set fo clothes
suite	an apartment
thorough	complete
through	via; over
though	despite; however
thought (*n.*)	an idea
thought (*v.*)	(past tense of to think) considered
undo	to annul
undue	inappropriate
wear	to don clothes
ware	item for sale

3. 간결(conciseness)

무역통신문은 가급적 간결하게 작성하여야 한다. 그렇다고 필요한 어구를 생략하여 내용이 빈약하여서는 안 된다. 따라서 형식적이며 수식적인 어구는 없애고 단적으로 표현한다.

wordy : You asked us to let you know when the new model of the personal computers came on the market. It is obtainable now.

concise: The new model of the personal computers is now available.

wordy : In your letter dated the 22nd of last month you enquired about our experience with Mr. Henry J. Clark. We are happy to tell you about his worker for us. Mr. Henry J. Clark was a loyal and faithful worker during the two years he kept books for us.

concise: Mr. Henry J. Clark, about whom you inquired March 22, was a loyal, faithful bookkeeper here for two years.

wordy : Allow us to take this opportunity to thank you for your letter which we have just received. In reply we wish to state that we shall be very glad to send you a copy of our booklet "Electronics" in compliance with your request.

concise: We shall be glad to send you our booklet "Electronics," as requested.

또한 무역통신문에서 아래의 어구는 가능한 한 오른편에 있는 간결한 단어를 선택한다.

at an early date = soon
at all times = always
at the present time = now
be in a position to = can
by means of = by, with
by return mail = soon, promptly, immediatedly
due to the fact that = because
enclosed herewith for your information = enclosed
first of all = first
for the purpose of = for
in accordance with = by, with
in connection with = of, in, on
in order to = to
in regard to = about, conncerning
in relation to = toward, to in spite
in spite of the fact that = although
in the amount of = for
in the case of = if, in
in the event of = if
in the matter of = in
in the near future = soon
in the time of = during
in view of = since, because

kindly arrange to send = please send
on a few occasions = occasionally
on behalf of = for
on the part of = for, amoneg
owing to the fact that = because
report to the effect that = report that
under separate cover = separately
we would ask that = please
with reference to = on, about, concerning
with regard to = on, about, concerning
with respect to = about

4. 완전(completeness)

무역통신문은 간결하게 작성하여야 하지만 수신인이 즉각적이고 적절한 행동을 하는 데 필요한 정보는 빠짐이 없도록 작성하여야 한다.

poor : Please send me to two pairs of slippers for my boy at an early date.
complete: Please send me by express 2 pairs of children's School Slippers, size $7\frac{1}{2}$, in Green Style 135B, listed in your spring catalog, and charge them to my account.

poor : Shipment will be made in due course.
complete : Your order for 50 Microscopes will be shipped at the end of this month. You should receive them early next month.

5. 예의(courtesy)

무역통신문은 정중하고 우호적인 자세로 예의바르게 작성하여야 한다. 따라서 수신인입장에서의 언어, 아이디어, 스타일, 분위기를 고려하여야 한다.

impolite : You are requested to answer immediately without fail.
polite : Your prompt answer would be highly appreciated.

impolite : We have received your letter of November 3 accusing us of having deliberately shipped defective goods to you.
polite : We regret to read in your letter of November 10 that the goods we shipped were defective.

impolite : You are requested to send us two additional copies of your invoice No. 554 of November 10.
polite : Please send us two additional copies of your invice No. 554 of November 10.

impolite : We are surprised to learn in your letter of June 8 that the goods we sent you were received in a damaged condition.
polite : We regret to learn in your letter of June 8 that the goods we sent you were received in a damaged condition.

impolite : We cannot comply with your request.
polite : We are afraid we cannot comply with your request.

impolite : Our products are the very best on the market.
polite : We might say that our products are the very best on the market.

또한 무역통신문은 수신인의 입장(you attitude)에서 스타일, 분위기를 고려하여 작성하여야 한다.

I attitude : I will dispatch your camera promptly.
You attitude : Your camera will reach you promptly.

We attitude : We are going to ship your order by the "Hanjin Line" leaving our port in the middle of this month.
You attitude : Your order will be shipped by the "Hanjin Line" reaching your port early next month.

We attitude : We have on our hand complete stocks of various qualities and we can ship practically any item you may need for shipment on short notice.

You attitude : You may select from our complete stocks of various qualities practically any item you may need for shipment on short notice.

We attitude : We have received your enquiry dated the 18th May about samples, which we have referred to our factory.

You attitude : You will be pleased to know that the samples you asked in your letter of May 18 are being manufactured by our factory and should reach you not later than June 10.

제 2 부

서신에 의한 무역통신문

제 4 장

무역거래의 개요

신용장(Letter of Credit : L/C)방식에 의한 일반적인 수출입절차를 개괄적으로 살펴보면 다음과 같다.

General Procedures for Export and Import

(1) Exporter "A" looks for business connections abroad through his Commercial Travellers, Chambers of Commerce, Exchange Banks, Business Friends, Business Directories, Internet, etc.

(2) After the selection Exporter "A" dispatches to the prospective importers his "Trade Circulars", inclosing catalogues and any other necessary information.

(3) Importer "B" expresses an intention of entering into the transaction with the exporter "A" after a careful investigation of various information.

(4) Exporter "A" inquires of the credit standing of the Importer "B" and importer "B's" mode of doing business through Importer "B's" bank references or business references.

(5) From which exporter "A" may receive a satisfactory report on the credit and business standing of the firm.

(6) Exporter "A" writes the letter of thanks to the Importer "B's" references upon acknowledging receipt of the reply.

(7) Exporter "A" sends to the Importer "B" samples, Price Lists and "the Agreement (or the Memorandum) of General Terms and

Conditions of Business."

(8) The Agreement (or the Memorandum) is returned after having been signed by the Importer "B" and Importer "B" asks Exporter "A" to make the best firm offer.

(9) Exporter "A" inquires of his suppliers about the price and quality, etc. of the goods referred to form the Importer "B"

(10) Having received the replies from the suppliers, Exporter "A" makes an "Estimate."

(11) Exporter "A" sends a firm offer to the Importer "B" by E-mail.

(12) Importer "B" makes a counter offer against the firm offer from the Exporter "A".

(13) Exporter "A" makes a new firm offer against the counter offer from the Importer "B".

(14) Importer "B" accepts the offer by E-mail and sends the order to the Exporter "A".

(15) Exporter "A" confirms the sale of goods by dispatching the Sales Note.

(16) Importer "B" applies for the issuance of a "Letter of Credit (L/C)" in favor of the Exporter "A" through his bankers (L/C Issuing Bank) in order to facilitate drawing drafts.

(17) The L/C Issuing Bank in the importing country notifies the establishment of the L/C to his Correspondent Bank (L/C Advising Bank) in the exporting country.

(18) Importer "B" notifies the Exporter "A" of the L/C issued.

(19) The L/C Advising Bank (L/C Notifying Bank) notifies the establishment of the L/C to the Exporter "A".

(20) Exporter "A" buys the ordered goods from the local suppliers usually by Local L/C or credit account.

(21) Exporter "A" imports raw material from the overseas market in order to make the export goods.

(22) Exporter "A" packs and marks the purchased goods for exportation, and makes "Invoices," "Packing Lists" for the application of "Inspection Certificate," "Shipping Request," "Export Declaration."

(23) Exporter "A" obtains "Certificate of Weight and Measurement" from a Measurer's Company, regarding the weight and measurement of the shipping cargo.

(24) Exporter "A" obtains "Inspection Certificate" from the Inspecting Authorities concerned.

(25) Exporter "A" applies for the cargo space to a steamship company.

(26) Against Shipping Request (S/R), a "Shipping Order (S/O)" is issued.

(27) Exporter "A" tenders to the Customs Authorities a set of "Export Declaration (E/D)."

(28) After the approval of the Export Declaration, an "Export Permit" is granted.

(29) Exporter "A" applies marine insurance contract, tendering "Insurance Application" to the insurance company.

(30) Against the application, "Insurance Policy" or "Insurance Certificate" is issued.

(31) Exporter "A" loads the goods on board the vessel against the tender of the "Shipping Order" and the "Export Permit."

(32) After the completion of the loading of the cargo, a "Mate's Receipt (M/R)" or "Dock Receipt (D/R) is issued and Export Permit is returned after having been stamped by the Customs officer on the spot to the effect that the loading had duly been completed.

(33) "Bills of Lading (B/L)" are issued from the steamship company against the tender of M/R or D/R.

(34) Exporter "A" prepares "Commercial Invoices," "Packing Lists,"

and other required documents.

(35) Exporter "A" has to get "Consular Invoices" verified, if required, he procures "Certificate of Origin," "Inspection Certificate," "Certificate of Health," and other Certificates, if required.

(36) Exporter "A" draws on "Drawee" (i.e. the L/C Issuing Bank) "Documentary Drafts" accompanied by the full set of Bill of Lading, the Insurance Policy, the Commercial Invoices and other necessary documents in exact conformity with the terms of L/C.

(37) Against the presentation of the Documentary Drafts to the Negotiating Bank, Exporter "A" receives the proceeds, the net value of the bill of exchange from the Negotiating Bank.

(38) The Negotiating Bank dispatches the Documentary Drafts inclosing full set of Documents to L/C Issuing Bank.

(39) Exporter "A" dispatches to the Importer "B" the "Advice of Shipment," inclosing one complete sets of nonnegotiable shipping documents.

(40) The L/C Issuing Bank pressents the draft to the Importer "B".

(41) Upon the presentation of the draft, Importer "B" pays the bill if it is drawn under at sight or he accepts the bill if drawn under Usance.

(42) Against the payment or acceptance of the bill, Importer "B" obtains the documents from the bank.

(43) Importer "B" tenders the B/L endorsed to the steamship company.

(44) Against the tender of the B/L, Importer "B" obtains "Delivery Order (D/O)" from the shipping company.

(45) Importer "B" tenders a set of "Import Declaration (I/D)" together with Commercial Invoices, "Certificate of Origin" if required, to the Customs Authorities.

(46) An "Import Permit (I/P)" is granted when the import duties would have been paid if the goods dutiable.

(47) Importer "B" tenders a "Declaration for Clearance" accompanied by the Import Permit together with D/O usually through the hand of a landing agent or a freight forwarder.

(48) A "Clearance Permit" having been granted, Importer "B" takes delivery of the goods from the customs compound or directly from the steamship.

(49) Importer "B" lodges claims against damages or losses, if any, with the insurance company accompanied by a "Survey Report" "Insurance Policy" and other documents required. The claims will be indemnified against these documents

(50) Importer "B" disposes of the imported goods to local clients.

(51) Importer "B" pays the bill, if drawn under Usance, to the L/C Issuing Bank on its maturity day.

(52) The L/C Issuing Bank remits the proceeds to the Negotiating Bank in the exporting country, thus the account is fully settled and the whole procedure is completed.

제 5 장

거래관계의 개설

1. 새로운 거래선의 확보

1.1 새로운 거래선의 소개의뢰

해외시장조사(overseas market research)를 통하여 목적시장이 결정되면 믿을 만한 거래선을 발굴하여야 한다. 거래선을 발굴하기 위해서는 ① 상공인명부(directory)의 이용, ② 인터넷 웹사이트의 이용, ③ 해외광고의 이용, ④ 국내외 공공기관의 이용, ⑤ 해외 직접출장, ⑥ 각종 행사참가 등의 방법이 있다.

이와 같은 방법에 의하여 목적시장의 수입상 상호와 주소 등을 직접 입수하여 거래제의를 할 수도 있다. 그러나 미지의 시장에 있는 거래선을 직접 선정하는 것은 한계가 있으므로 보통 현지상업회의소나 유관기관을 이용하여 거래선소개를 의뢰하는 경우가 많다.

먼저 상업회의소를 통하여 새로운 거래선소개를 의뢰하는 통신문 사례에 대하여 살펴보기로 한다.

새로운 거래선을 소개의뢰할 경우 무역통신문의 주요 구성내용은 다음과 같다.

① 자기회사의 소개(업종, 취급품목, 연혁 등)
② 기존 거래지역 및 평판
③ 거래선 소개의뢰의 이유
④ 직접추가정보제공 용의표명
⑤ 자기회사의 신용조회처
⑥ 맺음말

1.2 거래선소개

거래선소개를 의뢰받은 상업회의소는 갖고 있는 정보를 활용하여 적합한 거래선을 소개하여 준다. 상업회의소는 보통 상호, 주소 및 간단한 정보를 제공하는 데 지나지 않으므로 신용조회 등 구체적인 사항에 대해서는 거래선을 소개받은 후 별도로 전문기관에 의뢰하여야 한다.

거래선을 소개하는 경우 무역통신문의 주요 구성내용은 다음과 같다.

① 거래선소개 요청서신을 받았음을 언급
② 소개회사의 상호와 주소, 연락처 명시
③ 간단한 연혁 및 업계의 평판
④ 추가정보는 직접 접촉하도록 언급
⑤ 소개내용에 대한 아무런 책임이 없음을 명시
⑥ 맺음말

1.3 무역통신문 사례

Model Letter No. 1 상업회의소에 가죽제품 거래선 소개의뢰

March 5, 20__

The New York Chamber of Commerce
1244 East St. Forty Second
New York, NY 10017
U.S.A.

Gentlemen :

We are pleased to introduce ourselves to you as one of the reliable companies of Leather Products in Korea. We have been engaged in this line of business at home and abroad since 1980.

We have been enjoying a good reputation in the European countries under the name of "Tiger" brand, and are now trying to extend our activities to your market.

We shall be grateful, therefore, if you would introduce us to the relative importers interested in this line.

As to our credit standing, the Korea Exchange Bank, Seoul will provide you with the necessary information.

We thank you very much for your attention and look forward to your reply.

Very truly yours,
Seoul Trading Co., Ltd.
Minho Kang
Min-ho Kang
General Manager

☞ 주

① line of business 상품종류, 영업종목, 업종 cf. main line of business 주요 취급품목(업종), line of credit 신용공여한도
line 영업, 부문, (상품)종류, (신용)한도.
② enjoy a good reputation 호평을 받고 있다.
③ be grateful if~ ~해 주시면 감사하겠다.
④ as to ~에 관하여, ~에 관한(= as for = regarding = concerning = about = in regard to = refering to = on)
as to our credit standing 당사의 신용상태에 관해서는

Model Letter No. 2(Reply to Model Letter No. 1) 상업회의소가 거래선을 소개

March 12, 20___

Seoul Trading Co., Ltd.
C.P.O. Box 777
Seoul, Korea

Gentlemen :

In reply to your letter of March 5 we are pleased to recommend the following firms who are interested in the importation of the line you handle.

AA. America International Co,. Inc.
350 Fifth Avenue, New York
NY 10018, U.S.A.
Tel. No. (1 212)432-1234
Tlx. No. 287654AICNY UR
Fax. No. (1 212)421-1345

BB. Clover Co., Inc.
40, Wall Street, New York
NY 10005, U.S.A.
Tel. No. (1 212)421-3456
Tlx. No. 281246CLOVER UR
Fax. No. (1 212)421-5678

While these firms are long-established and enjoy a good reputation here, we, of course, assume no responsibility for them.

For any further information, you may desire as to their standing, we advise you to write directly to them, who will give you their references.

We hope this information will be helpful to you, and if there is anything more we can do for you, please do not hesitate to let us know.

Very truly yours,
The New York Chamber of Commerce
John A. Smith
John A. Smith
International Business Dept.

☞ 주

① in reply to~의 회답으로(=in answer to=in response to)
② firm 회사, 상사(= concern = company = house)
③ Please do not hesitate to let us know. 주저하지 말고 알려 주십시오.

Model Letter No. 3 전자제품수입상 소개의뢰

Dear Sirs,

We have been exporting various kinds of Electric Appliances for more than twenty years and are now desirous of opening connection with the most reliable firms in your country.

We shall be obliged, therefore, if you will kindly introduce us to any capable importers in your country that are interested in this line of business.

As for our financial standing, we are allowed to mention the Korea Exchange Bank, Seoul as a reference.

Any information with which you may favor us will be much appreciated. We eagerly await your kind reply.

Yours faithfully,

☞ 주

① be desirous of opening connection with ~와 거래관계 개설을 열망하다.
② oblige 고맙게 여기게 하다. 부득이~하게 하다.
③ introduce A to B. A를 B에게 소개하다.
④ financial standing 재정상태(= financial status)
⑤ as a reference 신용조회처로서
⑥ await ~을 기다리다(=wait for).

Model Letter No. 4 하드웨어수입상 소개의뢰

Gentlemen :

We are an exporter of Metal Goods of this city, but having no connections in your market at present, we are looking for reliable firms with whom we can enter into business relations.

It, therefore, will be a great pleasure to know some names and addresses of firms enjoying good credit in your territory as importers of Hardwares, such as Knives, Forks, Spoons, etc., and also to have our name and address placed on the Bulletin of your Association, if possible.

As to the financial standing of our firm, we wish to refer you to the attached letter of recommendation by the New York Chamber of Commerce.

We sincerely hope that through your kind assistance we shall be able to build up mutually satisfactory business relations with traders in your country.

Yours truly,

☞ 주

① refer 참조하다, 조회하다, 언급하다, 문의하다.
refer A to B A가 B에게 조회하시오.
please refer to 참조하시기 바랍니다.
② build up ~을 세우다, 쌓아올리다.

Model Letter No. 5(Reply to Model Letter No. 4) 하드웨어수입상 소개

Gentlemen :

We have received your letter of May 3, informing us of your interest in establishing trade relations with firms in this territory.

We have the pleasure of sending you enclosed one copy of our directory, which we trust will be helpful to you in finding principal importers of Hardwares. As requested, a statement concerning your enquiry will be published in a forth-coming issue of "Trade Journal," our monthly bulletin, and interested firms will be asked to write to you direct.

We hope that this aid will result in your developing satisfactory commercial relations in this country, and assure you of our cooperation at all times.

Yours truly,

☞ 주

① directory 상공인명부, 상공인명록
② principal 으뜸가는, 주요한, 본인, 원금, 교장
as principals to principals 본인 대 본인으로, 직접 거래하는 당사자로
③ bulletin 회보, 공시

Model Letter No. 6 컴퓨터위탁판매 거래제의

Dear Sirs,

We are anxious to extend the market for our personal computer manufactures which at present enjoy only a limited sale in Korea.

We are, therefore, writing to suggest that you allow us to send a representative selection of our manufactures on consignment. We would allow you commission of 5% on gross proceeds and expect to receive your accounts sales, with payments, at the end of each three-monthly period following the month of delivery.

In accepting our proposal you assume no risks since we ourselves would meet all expenses connected with the return of any goods unsold. On the other hand, the arrangement would enable you to offer your customers an attractive range of modern manufactures at very reasonable prices.

If you are interested in our proposal, we suggest a formal agreement on the lines of model agreement enclosed.

Yours faithfully,

☞ 주

① be anxious to ~을 열망하다.
② representative 대표하는, 대표자
③ consignment 위탁, 적송품 cf. on consignment 위탁으로, 위탁품으로
④ gross proceeds 총매출액 cf. proceeds 금액
⑤ account sales 매출계산서
⑥ formal agreement 정식협정서

1.4 유용한 표현(Useful Expressions)

(1) 거래선 소개의뢰

1) Opening Clauses

① We have been exporting(importing/manufacturing/handling) Electronic Appliances for more than(for) twenty years and are now desirous of opening(establishing) connection(account/relation) with the most reliable(reputable/creditable) firms(concerns/companies) of your country(area/territory).

② We are well-established exporters(importers/manufacturers) of all kinds of textile goods and have connections(relations) with the leading companies.

③ We are exporters(importers) and manufacturers(distributors) of electronics, particularly televisions, refrigerators, radios and so on, but having no connections(relations) in your market(area) at present.

2) **Main Clauses**

① We shall(should) be obliged(grateful/appreciate it) if you will(would/could) introduce to us(inform us of/advice us of) some reliable(reputable/creditable) importers(exporters/manufacturers) who are interested in this line of business.

② Please introduce us reliable firms who import(export) Personal Computers in your country.

③ As for(As to/Regarding/Concerning) our credit standing(financial standing/financial status) and activities(reputation), we are permitted to mention(refer you to) the Korea Exchange Bank, Seoul, as a reference.

④ For any information respecting our standing and reputation, please refer you to the Korea Exchange Bank, Seoul.

3) **Closing Clauses**

① We hope that through your kind assistance we shall be able to build up good business relations with importers(exporters/distributors) of your country.

② Your prompt reply to(Your early reply to/Your early attention to/Your courtesy in) this matter will(would) be much(highly) appreciated.

③ We are waiting for(awaiting/looking forward to) your early (prompt) reply.

④ We hope to receive a favorable reply by return Telex.

⑤ Please let us hear from you as early as possible.

(2) 거래선 소개

1) **Opening Clauses**

① In reply to(In response to/In answer to/Replying to/Referring to) your letter of(dated) March 10, we are pleased to suggest (have the pleasure of suggesting) the following firms who may be interested in importing(exporting) the merchandise you handle.

2) **Main Clauses**

① While these firms(concerns/companies) are reliable and of good reputation hear, we, of course, are unable to make ourselves responsible(assume no responsibility) for them.

② Although the above firms are of good repute, we do not assume any responsibility for their credit.

③ For any information you may desire(know) as to their standing(status/business standing/financial standing), we advise you to write directly to them, who will furnish you with references.

④ As for their standing, they will give you their references.

3) **Closing Clauses**

① We happy to recommend these firms(concerns/companies) and shall be pleased to supply futher information.

② We wish(hope) our reply will(would) be helpful and of service to you, and if there is anything more we can do for you, please do not hesitate to let us know.

③ If you want to obtain(know) any additional information, please do not hesitate to contact us.

2. 거래제의 및 권유

2.1 거래제의와 권유장

해외시장조사를 통하여 거래선을 발굴하게 되면 거래를 제의하는 이른바 권유장(circular letter)을 발송한다.

권유장이란 미지의 거래선에게 자기회사를 소개하고 취급물품과 거래조건 등을 간단하게 안내하여 거래관계를 권유하는 서신을 말한다. 권유장은 발송하는 목적에 따라 회사의 신설, 조직, 주소변경 등 통지할 필요가 있는 사항을 알리는 일반통지(general announcement), 신상품소개, 거래제의를 위한 판매안내(sales circular) 등이 있다. 권유장을 발송하는 경우에는 관련

카탈로그(catalog)를 동봉할 수 있다. 그러나 권유장을 보낼 때 오퍼(offer)나 견본(sample)은 상대방의 요청이 있을 경우에 송부하는 것이 좋다.

권유장의 작성은 해당지역의 몇 개 회사로 한정하는 것이 효과적이며 보낼 때에는 시차를 두고 보내는 것이 바람직하다. 따라서 권유장은 남발하여서는 안 된다. 권유장은 거래관계를 개설할 수 있도록 간결하게 명료하게 작성하여야 한다.

권유장을 작성할 경우에 무역통신문의 주요 구성내용은 다음과 같다.

① 상대방을 알게 된 동기와 거래관계 개설의 희망
② 자기회사에 대한 업계에서의 지위와 능력
③ 자기회사의 영업종목 및 거래물품의 명세와 특성
④ 추가정보 및 자료제공 용의표명
⑤ 주문에 응할 수 있는 예상공급량 또는 사업규모
⑥ 자기회사의 신용조회처
⑦ 맺음말

2.2 거래권유에 대한 회신

거래의 권유를 받게되면 관심 있는 거래선은 즉시 회신을 하는 것이 일반적이지만 관심 없는 거래선은 침묵하는 경우가 많다. 그러나 언젠가는 거래관계가 개설될 가능성도 있기 때문에 산단하게 권유에 대하여 감사하는 내용으로 회신하는 것이 좋다.

2.3 무역통신문 사례

Model Letter No. 1 가죽제품 수출을 위한 권유장(Circular Letter)

March 15, 20___

America International Co., Inc.
350 Fifth Avenue
New York, NY 10018
U.S.A.

Gentlemen :

Your name has been given by the New York Chamber of Commerce as one of the reputable importers of Leather Products in your city.

We are large manufacturers and exporters in Korea producing all kinds of leather products including Jackets and Vest.

Our products are highly reputed by the importers of U.K., Germany and France, etc. In order to diversify our existing market, we are interested in supplying our quality products to you on favorable terms.

Upon receipt of your drawings or inquiries, we could submit our samples with competitive price to you.

As for our company, we have two ultra modern factories, one in Seoul and the other in Busan, with over 500 workers and our export record for last year was over Ten Million US Dollars and we are aiming to surpass Twenty Million US Dollars this year.

As to our credit standing, we refer you to the Korea Exchange Bank, Seoul or any of the commercial banks in Korea.

Your early reply would be appreciated.

Yours very truly,
Seoul Trading Co., Ltd.
Minho Kang
Min-ho Kang
General Manager

☞ 주

① reputable importer 명성 있는(평판좋은) 수입업자

② competitive price 경쟁적인 가격, 낮은 가격(= low price)

Model Letter No. 2(Reply to Model Letter No. 1) 가죽제품 거래권유에 대한 회신

March 21, 20___

Seoul Trading Co., Ltd.
C.P.O. Box 777
Seoul, Korea

Gentlemen :

We thank you very much for your circular letter of March 15 and are willing to enter into business with you.

Please let us have your complete illustrated catalog, samples and offer of the Men's Leather Jackets you are handling, together with your best CIF New York prices. We wish to have your prices as detailed as possible so that we can avoid unnecessary further inquiries.

If your prices are competitive and merchandise is suitable for our market, we may place a large order with you.

Your best attention to this matter will be much appreciated.

Yours very truly,
America International Co., Inc.
Richard C. Anderson
Richard C. Anderson
Vice President

☞ 주

① circular letter 권유장, 안내장, 회람장

② enter into business with ~. ~와 거래관계를 개시하다(= open an account with = establish a connection with = enter into relations with).

③ illustrated catalog 도해설명이 된 상품목록
illustrate 도해하다, 예시하다, 삽화를 넣다.

④ offer 청약, 청약하다. cf. firm offer 확정청약, free offer 불확정청약

⑤ CIF Cost, Insurance and Freight의 약어로 운임 · 보험료 포함가격
CIF New York 뉴욕항 도착 운임 · 보험료 포함가격

⑥ place a large order with ~에게 대량주문을 하다.

Model Lette No. 3 여행용가방 수출을 위한 권유장

Dear Sirs,

Your name and address were given through "Asian Buyers Guide" as one of the leading importers of Travel Bags and we are writing you with a keen desire to open an account with you.

We have over twenty years of experience in the field of all kind of Travel Bags. In this line of business we have been enjoying a good reputation. As we have many close connections with the best and leading makers in this country, we could supply you with the high quality products at the lowest price possible.

Please refer to the enclosed catalog and price list, and let us know your requirement by return mail.

As for our standing and activities, we are permitted to mention the Bank of Seoul, as a reference. Any information with which you may favor us will be much appreciated and we await your early reply.

Yours very truly,

Encls. 1 Catalog
1 Price List

☞ 주

① leading 일류의, 굴지의, 주요한, 우수한
(= prime = influential)
leading manufacturer 굴지의 제조업자

② with a keen desire 열망으로

③ connections 거래관계(= relations)

④ by return mail 지급 회신편에

Model Letter No. 4(Reply to Model Letter No.3) 여행용가방 거래권유에 대한 회신

Dear Sirs,

We have received your letter of March 20 for Travel Bags with catalog and price list.

We are now considering the possibility of commencing business with you concerning purchase of Korean Sundries, if your terms and conditions meet us.

Please quote us your lowest prices on the basis of CIF Hong Kong for your Travel Bag Style No. A-5.

We look forward to receiving your early reply on this matter.

Yours faithfully,

☞ 주

① price list 가격표
② commence 시작하다(= begin).
③ sundry 잡다한, 갖가지의(= various = miscellaneous)
sundries 잡화(= sundry goods)
all and sundry 누구나 할 것 없이 모두

Model Letter No. 5 페인트 주문권유

Dear Sirs,

We think you will be interested in the new "Sealex" Paint we have just introduced to the trade. A sample has been sent to you today by parcel post.

"Sealex" is the result of many months of careful research. It is made from a special formula and owes its superiority over other exterior paints to its remarkable ability to allow for the movement of those paint-peeling cracks just visible to the naked eye. This quality to expand with the cracks comes from a very special combination of granite, mica and resin that provides a rich, thick coating twice the thickness of that of the average finish thus giving long-term protection.

"Sealex" is available in twenty-one basic colours and as you will see from the enclosed list, prices are surprisingly low. We are nevertheless allowing a special 5% discount to distributors who place orders before the end of the current month and look forward to receiving one from you.

Yours faithfully,

☞ 주

① by parcel post 소포우편으로
② formula 처방, 일정한 형식
③ peel 껍질, 벗기다.
④ granite 화강암, 쑥돌
⑤ mica 운모, 돌비늘
⑥ resin 수지, 송진
⑦ distributor 특약점

Model Letter No. 6 소형승용차 주문권유

Gentlemen :

We have learned through the trade-bulletin of JETRO(Japan External Trade Organization) that you are desirous of importing small-size passenger cars made in Japan

For many years, we have been exporting passenger cars and know very well of your market conditions. Our manufactures are all in excellent condition because of the rigorous export inspection by the authorities concerned and we are confident that there will be a great demand for them in your market, too.

The enclosed catalogs and price list will convince you that our cars are exceedingly low in price as compared with their performance.

As to our business standing, we are permitted to mention the Showa Bank, Ltd., Marunouchi Branch, Chiyoda-ku, Tokyo, as a reference.

We look forward to receiving your order by return.

Very truly yours,

☞ 주

① rigor 엄격, 엄정(= severity = preciseness)
rigorous 엄격한, 엄정한
② confident 확신하는, 굳게 믿는
confidence 비밀, 신용, 확신

2. 4 유용한 표현(Useful Expressions)

(1) 거래제의 및 권유

1) Opening Clauses

① Your name and address have(Your name has) been recommended to(givin/mentioned) us by the New York Chamber of Commerce as one of the reliable importers(exporters/ dealers) of Electronic Appliances.

② We have learned(heard/found) from the Tokyo Chamber of Commerce and Industry that you are one of the leading (reliable) manufacturers(importers/exporters/distributors) of Personal Computers.

③ We have found(seen) your name in February issue of "Buyers Guide" showing you as exporters(manufacturers) of Electric Shavers.

2) Main Clauses

① We have over twenty years of experience in the field of Electronic Appliances and can offer(guote) you only the finest quality goods.

② We have been established here for more than ten years as an exporters(importers) of Hand Tools under the "Tiger" brand.

③ We are interested in your new Personal Computer and shall be pleased to have a catalog and price list.

④ We are now considering(investigating/examining) the possibility of commencing business with you concerning buying electronics, if your terms and conditions meet us.

⑤ We are particulary interested in your products(commodities), and would like to have more detailed information on all of your products.

⑥ We are sending our samples, price list and full sales promotional literatures for you to examine. You are sure that they are the best quality products and supplied to you at the very low prices.

⑦ If your prices are competitive(reasonable) and merchandise is suitable for our business, we will be able to place large orders.

⑧ If you can guote(offer) us your best quality goods at competitive(reasonable) prices, we are prepared to enter into business relations with you.

⑨ In regard to(With regard to/With reference to/Regarding/As to/Concerning) the terms of business, we make it our customs to trade on at sight irrevocable credit.

3) **Closing Clauses**

① We hope that this opportunity will lead us to prosperous business connection(relation) in future.

② Your prompt attention(reply) to this matter would be highly appreciated.

③ We look forward to the pleasure of serving you(receiving your order from you soon).

④ We hope this will meet your immediate attention.

3. 신용조회

3.1 신용조회의 의뢰

(1) 신용조회에서의 3C

무역거래에 있어서 거래대상업체에 대한 신용상태를 확인하는 것은 향후 거래가능성을 진단하고 위험요소를 사전에 예방한다는 면에서 그 중요성이 특별히 강조되고 있다.

이러한 신용조회에 있어서 필수적으로 조사내용에 포함해야 하는 것은 보통 당해업체의 성격(character), 자본(capital) 및 능력(capacity)의 셋을 들 수 있는데, 이를 일컬어 신뢰도측정요소(reliability or credit factors)로서의 "Three C's"라 하며 그 각각의 구체적 내용을 보면 다음과 같다.

1) 성격(character)

당해업체의 개성(personality), 성실성(integrity), 평판(reputation), 영

업태도(attitude toward business), 채무변제이행열의(willingness to meet obligation)및 계약이행에 대한 도덕성에 관련된 내용 등을 조사한다.

2) 자본(capital)

당해업체의 재무상태(financial status), 즉 수권자본(authorized capital)과 납입자본(paid-up capital), 자기자본과 타인자본, 기타 자산상태 등 지불능력과 직결되는 내용을 조사한다.

3) 능력(capacity)

당해업체의 연간매출액(turn-over), 개인 또는 법인 등 업체의 형태, 업종, 연혁(historical background) 내지 경력(career) 및 영업권(goodwill) 등 영업능력에 관한 내용을 조사한다.

이러한 "Three C's" 이외에 거래조건(condition), 담보능력(collateral), 거래통화(currency), 소속국가(country) 가운데 두 가지를 추가시켜 "Five C's"라고도 한다.

신용조회에서의 신뢰도측정요소 중에 가장 중요한 것은 성격(character)으로 지적되고 있다. 왜냐하면 격지자간에 이루어지는 무역거래에 있어서는 무엇보다도 신용이 중시되어야 하기 때문이다. 따라서 고의적인 클레임(market claim)을 미연에 방지할 수 있도록 거래선의 평판에 대하여 면밀하고 철저한 조사가 국제상거래에서는 특히 요구되고 있다.

(2) 신용조회기관

신용조회는 현지업자를 통한 '동업자조회'(trade reference)에 의할 수도 있고, 국제적인 금융기관을 통한 '은행조회'(bank reference)에 의할 수도 있으며, 미국의 "Dun & Bradstreet, Inc."나 영국의 "Bradstreet British, Ltd." 독일의 "Auskunft W. Schimmelpfung," 일본의 "Tokyo Mercantile Agency,"와 같은 상업흥신소(mercantile or credit agencies ; credit bureaux) 등 전문적인 신용조사기관을 통해서 할 수 있으나 한국에서는 보통 대한무역투자진흥공사, 한국수출보험공사, 신용보증기금 등을 많이 이용하고 있다.

신용조회를 의뢰할 경우에 무역통신문의 주요 구성내용은 다음과 같다.

① 신용조사의뢰 상사를 알게 된 경위

② 신용조사의뢰의 목적

③ 신용조사의 내용(중점적인 사항을 언급함)
④ 신용조사수수료 지급관계
⑤ 조사내용의 기밀유지
⑥ 맺음말

3.2 신용조회에 대한 회신

신용조회를 의뢰받은 기관은 조사한 정보를 신속하게 회신하여야 한다. 특히 모든 정보는 객관적인 입장에서 작성되어야 한다.

신용조회에 대한 회신을 할 경우에 무역통신문의 주요 구성내용은 다음과 같다.

① 신용조회를 의뢰했던 통신문 언급
② 신용조회내용기재(신용조회시의 Three C's를 참조)
③ 신용조회에 따른 조사기관의 종합의견
④ 신용조회내용에 대하여 책임이 없음을 언급
⑤ 신용조회수수료청구
⑥ 맺음말

3.3 무역통신문 사례

Model Letter No. 1 신용조회(Credit Inquiry)의 의뢰

March 12, 20___

Korea Exchange Bank
182, 2-ga Ulchiro, Chung-ku
Seoul, Korea

Dear Sirs,

We have been referred to your bank by Seoul Trading Co., Ltd., Seoul in their recent proposal to enter into business relations with us. Should their business standing turn out unquestionable, we are prepared to accept their proposal. We should, therefore, be much obliged if you would give us such information as you may have or can secure for us regarding their financial standing and reliability.

We are particularly interested to know in what line they are mainly engaged and if possible, your candid opinion on their financial responsibility, their mode of doing business and their general reputation they enjoy in your community.

Any expense to be incurred in connection with this inquiry please charge to our account.

Your prompt attention will be much appreciated, and we assure you that your information will be held, as usual, in strict confidence.

Yours very truly,
America International Co., Inc.
Richard C. Anderson
Richard C. Anderson
Vice President

☞ 주

① turn out ~이라는 것이 판명되다(= prove).
② candid opinion 솔직한 의견(= frank opinion)
③ Please charge to our account. 당사의 계정으로 청구하십시오.
④ assure 확약하다, 보증하다(promise = guarantee)
⑤ held in strict confidence 극비로 취급하다(= treated with the strict discretion).

Model Letter No. 2(Reply to Model Letter No. 1) 신용조회에 대한 회신

March 25, 20__

America International Co., Inc.
350 Fifth Avenue
New York, NY 10118
U.S.A.

Gentlemen :

We are pleased to report on the firm referred to in your letter of March 12 as follows:

Seoul Trading Co., Ltd. was established in 1980 as General Importers and Exporters, with an authorized capital of US$1,000,000 fully paid-up. The net worth at the end of last year exceeded US$1,500,000 about half of which is readily realizable. Their main lines are Leather Products.

They have maintained a current account with us for more than ten years, always to our satisfaction and their latest financial statements show a healthy condition.

We are of opinion that they may be rated as A and you would not run the least risk in opening a connection with the firm.

For this information, we do not like to accept any responsibility, but, we shall be pleased to be of any further sevice to you in more details.

The enclosed note shows the charge which we have paid on your behalf, for which we ask you to settle soon.

Yours very truly,
Korea Exchange Bank
Youngsik Kim
Young-sik Kim
Assistant Manager

Encl. Debit Note

☞ 주

① authorized capital 수권자본금
② net worth 순자산
③ readily realizable 쉽게 현금화할 수 있는
④ at home and abroad 국내외에서
⑤ current account 당좌계정 cf. account current 상호계산
⑥ healthy condition 건전한 상태
⑦ run risk 위험을 무릅쓰다.
⑧ enclosed note 동봉된 계산서
⑨ on your behalf 귀사를 대신하여

Model Letter No. 3 동업자에게 신용조회 의뢰

Dear Sirs,

Messrs. Watson & Jones of New York wish to open an account with us and have given us your name as a reference.

We should be grateful if you would inform us of their financial status, business capacity and general reputation in your city. We wish to know whether, in your opinion, they are likely to be reliable for credit up to US$500,000, and whether they settle their accounts promptly.

We enclose a stamped, addressed envelope and shall be only too glad to render you a similar service should the need arise. It is hardly necessary to add that any information you supply will be treated in strict confidence.

Yours faithfully,

☞ 주

① as a reference 신용조회처로서

Model Letter No. 4(Reply to Model Letter No. 3) 유리한 신용정보 제공

Gentlemen :

We are pleased to state that the firm referred to in your letter of May 25 are a small but well-known and highly respectable firm, who has been established in this town for more than twenty-five years.

We ourselves have now been doing bussiness with them for over seven years on quarterly-account terms and although they have not as a rule taken advantage of our cash discounts, their credit we have allowed the firm has at times been well above the US$500,000 you mention.

We hope this information will be helpful and understand that you will treat it as confidential.

Yours truly,

☞ 주

① take advantage of ~을 이용하다.
② net date 제날짜, net price 정미가격(正味價格)
③ at times 때때로

Model Letter No. 5(Reply to Model Letter No. 3) 불리한 신용정보 제공

Dear Sirs,

We must express surprise that the firm mentioned in your inquiry of May 25 should have given our name as a reference.

As far as we know they are a reputable firm, but we have no certain knowledge of their financial position. It is true that they have placed orders with us on a number of occasions during the past two years, but the amounts involved have been small compared with the sum mentioned in your letter; and even so, accounts were not always settled on time.

This, we feel, is a case in which caution is necessary and we suggest that you make additional inquiries through an agency. We accept your assurance that the information we have given will be treated in strict confidence and regret that we cannot be more helpful.

Yours truly,

☞ 주

① agency 대리점

Model Letter No. 6 신용조회 의뢰

Dear Sirs,

We have just received a large order for Machine Tools from Axon & Higgs, Ltd. of Manchester, who have given your name as a reference. Would you be kind enough to let us have your opinion on their reliability and indicate the amount of credit which could safely be extended to them. We can assure you that any information you may supply will be regarded as strictly confidential.

Yours faithfully,

☞ 주

① credit 신용 cf. letter of credit 신용장 (= L/C), 신용장을 줄여서 credit으로도 많이 쓴다.

② be regarded as strictly confidential 극비로 다루다

Model Letter No. 7(Reply to Model Letter No. 6) 신용조회에 대한 회신

Dear Sirs,

In answer to your inquiry of 31st August we are able to inform you that the firm in question has had an account with us for many years amounting sometimes to between £10,000 and £12,000. Settlement has always been prompt and we should have no hesitation in extending credit to them for much larger sums.

Yours faithfully,

☞ 주

① £(= pound) 영국의 주통화단위, 보조통화단위로는 P(penny, pence)를 쓰고 있다. £1 = 100p(= pence)

3. 4 유용한 표현(Useful Expressions)

(1) 신용조회 의뢰

1) **Opening Clauses**

① Pacific Trading Co., Ltd., of your city, has given us your name as a reference.

② Seven Star Co., Ltd. is desirous of(is anxious of/approached with a view to) opening account(entering into business relations) with us, and has given us your address(name) as a reference.

③ Your name and address have given us by the New York Trading Co., Ltd. as a bank reference.

④ Your bank has been referred to us by Messrs. Smith & Co.

2) **Main Clauses**

① We hope to open an account(enter into business connections) with the Seven Star Co., Ltd. in your city.

② Would you please inform us confidentially(frankly/ privately) of your opinion as to(regarding/concerning) their financial standing(financial status/reliability/solvency).

③ Would you please furnish us with information for their financial standing?

④ We should be much obliged if you would obtain reliable information for us regarding their general reputation.

⑤ Any expenses connected with this inquiry will be promptly paid by us on receipt of your bill.

⑥ Please charge to our account any expenses connected with this inquiry.

3) **Closing Clauses**

① Any information you may give us will be held in strict confidence(treated strictly confidential).

② Your reply will, of course, be treated in strict confidence.

③ Any information you may give us will be kept as absolutely confidential.

④ We assure you of our sincere thanks and absolute confidence.

(2) 신용조회에 대한 회신

1) **Opening Clauses**

① In reply to your inquiry(credit inquiry) of March 12, We welcome the opportunity to report favorably on Pacific Trading Co., Ltd.

② We are pleased to report on the firm referred to in your letter of May 7 as follows:

③ We regret to say that we are unable to give satisfactory (favorable) information regarding the firm referred to in your letter of May 10.

④ We regret that we cannot give as favorable reports as we

should like to give as follows:

2) **Main Clauses**

① The company you inquired about was established in 1980 as importers and distributors of Electronic Appliances.

② The firm has maintained a current account with us for more than ten years always to our satisfaction and their latest financial statements are enclosed for your information.

③ We have done good business(relations) with this company for more than seven years, and accept them as the most valuable of our clients(customers).

④ They are enjoying a good reputation(an excellent reputation/an absolute confidence) in the business circles(world) for their punctuality in meeting obligations.

⑤ We have every confidence to recommend to you the firm you inquire about as one of the raliable(reputable/creditable) importers in our district.

⑥ According to our records(Our records show that), they have never failed to meet our bills since they opened an account with us.

⑦ We would advise you to proceed with caution in your dealings with the firm in question.

⑧ Their annual sales are estimated at the amount of US$30,000,000 and their payments have been often irregularly made.

⑨ We still remember the bitter experience we had with the company regarding their settlcment of account.

⑩ A debit note for this reply is enclosed and we shall be glad to receive by T/T.

3) **Closing Clauses**

① This information is given in strict confidence, and entirely without prejudice and no responsiblity by us.

② Please note that this information is furnished(given) without any responsibility on our part.

③ We shall be pleased to render(give) you any further services, and we ask you to consider this information as given in strict confidence.

④ We are sorry we cannot give you as favorable a report as we would like to.

4. 조회 및 조회에 대한 회신

4.1 조 회

조회(照會 ; inquiry)란 거래의 권유를 받은 자가 그 권유에 대하여 관심 있거나, 물품을 구매할 의사가 있을 경우에 문의하는 것을 말한다.

조회는 통신수단에 따라 우편(mail), 전자우편(E-mail), 전보(cable), 가입전신(telex) 또는 모사전신(facsimile)으로 할 수 있다. 조회를 하면서 보통 정가표나 오퍼(offer) 또는 견본 제공을 요청하는 경우가 많다.

조회를 작성할 경우에 무역통신문의 주요 구성내용은 다음과 같다.

① 상대방을 알게 된 경위
② 관심품목의 명시와 가격조회
③ 수요규모, 구매물품의 명세
④ 주문내용의 구체적 설명
⑤ 소요수량의 선적시기
⑥ 기타의 문의사항
⑦ 맺음말

4.2 조회에 대한 회신

조회에 대한 회신은 신속하게 성의를 다하여 작성하여야 한다. 왜냐하면 조회를 하는 상대방은 앞으로 거래관계를 유지시킬 수 있는 고객이 될 수 있기 때문이다.

조회에 대한 회신은 다음과 같은 내용이 기재되어야 한다.

① 조회의 접수에 대한 확인과 감사의 표시
② 가격표 또는 오퍼의 송부와 조회사항에 대한 회답

③ 조회품목의 과거실적 및 거래시 유리한 점 강조
④ 견본 등 별도송부내용 통지
⑤ 주문의 기대표시
⑥ 맺음말

4.3 무역통신문 사례

Model Letter No. 1 전기면도기에 대한 조회(Inquiry)

March 18, 20___

Mercury GmbH
Neuer Wall 50
2000 Hamburg 36
Germany

Gentlemen :

We have seen your advertisement in January issue of "Korea Trade News" and are interested in your Electric Shaver of German made for men.

As we are one of the leading importers and have many branches in our countries we can handle large quantities.

We should be grateful to you if you would quote us for the supply of the items, giving your lowest possible FOB Hamburg prices. Will you please also state your earliest shipping time, your terms of payments, and discounts for regular purchases.

If the quality of your Electric Shaver is satisfactory and the prices are right, we expect to place regular orders for fairly large numbers.

We look forward to your early and favorable reply.

Very truly yours,
Seven Star Co., Ltd.
Namsu Kim
Nam-su Kim
President

☞ 주

① GmbH(=Gesellshaft mit beschränkter Haftung) (독일에서의) 유한(책임)회사, 즉 주식회사를 말함

② handle 취급하다(=deal in).

③ prices are right 가격이 적정하다.

④ place regular order 정규주문하다.

Model Letter No. 2(Reply to Model Letter No. 1) 전기면도기의 조회에 대한 회신

March 25, 20___

Seven Star Co., Ltd.
C.P.O.Box 135
Seoul, Korea

Gentlemen :

We thank you for your inquiry of March 18 and are glad to hear that you saw our advertisement in January issue of "Korea Trade News." No doubt you also read the item about our products on page 17 of this journal. As you see, our products are enjoying a good reputation all over the world. We pride ourselves on the superior quality of our products and would be confident that they will help you expand market.

We are separately sending you our offer sheet giving FOB Hamburg prices together with an illustrated catalog for your reference. And shipment of the products could be made immediately upon receipt of a firm order.

Although the prices quoted are the lowest and leave us little margin of profit, we allow special discount of 3% on the order of 2,000 sets Electric Shaver and over in order to secure your initial order.

We look forward to the opportunity of being of service to you soon.

Very truly yours,
Mercury GmbH
Hans Friedrich

Hans Friedrich
Manager

☞ 주

① inquiry 문의, 조회, 심문(= enquiry), inquiry는 미국어, enquiry는 영국어의 표현임
② separately 별도로
under separate cover 별봉으로
③ upon receipt 받자마자
④ initial order 최초주문 cf. trial order 시험주문

Model Letter No. 3 면셔츠에 대한 조회

Gentleman :

We have heard from the Korea Exchange Bank in New York that your company is a leading firm specializing in cotton goods, we wish to make a purchase of men' s cotton shirts from you.

We would appreciate receiving your lowest CIF New York prices with earliest delivery schedule. We would also like to have two samples with color swatches by air mail.

If your goods are satisfactory in quality and delivery, we will place an order of 500 dozen on a trial basis and can make repeat orders with you soon.

We look forward to your early reply.

Yours very truly,

☞ 주

① specializing in ~을 전문으로 하는
② swatch(천이나 가죽 따위의) 작은 조각의 견본
③ on a trial basis 시험에 기초를 두어, 시험삼아

Model Letter No. 4(Reply to Model Letter No. 3) 면셔츠의 조회에 대한 회신

Gentlemen :

Thank you very much for your letter of March 19 along with your excellent purchasing proposal. According to your request, we have already dispatched the samples and color swatches by speed post.

From the enclosed price list you will notice that our prices are exceptionally low and this sacrifice is entirely due to our recognition of the necessity for price cutting in order to develop our sales in your market.

Since the market is now slow and prices are generally low, you are very fortunate buying at this time. European buyers, however, seem to be picking up in activity. Therefore, we advise you to buy the goods before the recovery reaches a peak.

Consequently, we can not keep the prices effective more than two weeks from the date of this letter and we wish to receive your order by return mail.

We hope that this will meet with your immediate approval.

Yours very truly,

☞ 주

① dispatch 급송하다, 급파하다. 급송(= despatch)

Model Letter No. 5 전기오븐에 대한 거래조건 조회

Dear Sirs,

Your name was given us by the Tokyo Chamber of Commerce and Industry as a leading manufacturer of the various Electric Ovens.

There is a steady demand here for excellent Electric Ovens. Sales are not high, but good prices are obtainable for them. Please let us have your lowest prices CIF Pusan with best trade terms.

If your products turn out satisfactory, we will place a trial order in the near future.

We look forward to your early reply on this matter.

Yours sincerely,

☞ 주

① trial order 시험주문(= testing order)

Model Letter No. 6(Reply to Model Letter No.5) 전기오븐에 대한 거래조건 제시

Dear Sirs,

Thank you for your inquiry of October 20 for Electric Ovens. We have pleasure in sending you our latest samples with quotations.

The samples are thoroughly representative of our products, which we are sure to be far superior to those offered by other competitors.

Owing to the very heavy demand, we are receiving orders day to day. We can now accept orders with the delivery of later than December and would, therefore, ask you to let us know your requirements as soon as possible.

Yours sincerely,

☞ 주

① throughly representative of 완전하게 대표하는

② be far superior to~ ~보다 훨씬 우수하다. cf. superior ↔ inferior

③ owing to the very heavy demand 매우 많은 수요가 있기 때문에

Model Letter No. 7 사무용품수입을 위한 조회

Dear Sirs,

We are pleased to introduce ourselves as one of the leading and oldest importers of all kinds of office supplies and scholastic goods in this country.

We shall feel extremely obliged if you will please provide us with your lowest export quotations and time of delivery together with illustrated catalogs and samples, and, if possible, a complete range of your products available for export, by the first available airmail.

For your guidance, we inform you that we are interested in importing all kinds of stationery, office equipment, scholastic goods, printing paper and boards, printing machinery, and all kinds of printers' and stationers' requisites. Should your prices be found competitive and suitable for our market, we shall be pleased to place regular orders with you.

As for our financial standing and business integrity, you may please refer to our bankers, The Standard Bank of South Africa, Ltd., Mombasa.

We hope that this will meet with your prompt attention and await your reply.

Yours faithfully,

☞ 주

① scholastic goods 학생용품

② stationery 문방구, stationery shop 문방구점 cf. stationary 고정된, 정지한 (복수)수상비군

③ stationers' requisites 문방구용품

Model Letter No. 8 가격할인 가능함을 제의

Dear Sirs,

We are sorry to learn from your letter of August 23 that you find our prices too high. We do our best to keep prices as low as possible without sacrificing quality and to this end are constantly enquiring into new methods of manufacture.

Considering the quality of the goods offered we do not feel that the prices we quoted are at all excessive, but bearing in mind the special character of your trade, we have decided to offer you a special discount of 4% on a first order for US$ 10,000. We make this allowance because we should like to do business with you, if possible, but we must stress that it is the furthest we can go to help you. At least we hope this revised offer will now enable you to place an order.

Yours faithfully,

☞ 주

① enquire into 조사하다, 연구하다.

② bear in mind 명심하다.

Model Letter No. 9 섬유류 견본 및 가격제시 요망

Gentlemen :

Your name has been given by the Osaka Chamber of Commerce & Industry as leading suppliers of textile made-up goods.

Will you please send us samples and quote your lowest prices on Men's Cotton Hoses, Women's Silk Stockings, Children's School Stockings, and Men's Initial Handkerchiefs? If your prices are competitive and your goods suit our trade, we shall be able to place you large orders.

We look forward to hearing from you with much interest.

Yours very truly,

☞ 주

① textile 섬유

② made-up goods 완제품

③ hoses 양말 cf. stockings 긴 양말, socks 짧은 양말

Model Letter No. 10 (Reply to Model Letter No. 9) 섬유류 가격 및 견본제시

Dear Sirs,

We thank you for your enquiry of May 29 for textile goods, and have pleasure in sending you our prices with samples of various qualities of textile goods which we can supply from stock.

Though prices have gone up steadily since March we have not yet raised our quotations. We would, therefore, recommend you to place your order as soon as possible.

Your prompt attention would be appreciated.

Yours faithfully,

☞ 주

① We have not yet raised our quotations. 우리는 아직 값을 인상하지 않았다.

4.4 유용한 표현(Useful Expressions)

(1) 조 회

1) Opening Clauses

① Thank you for your circular letter of March 15 and the catalogs enclosed.

② Your name has been given by the Tokyo Chamer of Commerce and Industry and would like to know whether you can supply Electric Ovens to us.

③ We are interested in the Electronic Appliances you advertised in the February issue of "Electronics."

④ We hear that you are exporters and manufacturers of textile goods.

⑤ We have seen your advertisement in "Korea Trade News" and are interested in your goods of all kinds of foodstuffs.

2) Main Clauses

① We have been established here for over ten years as general importers and distributors.

② We are importing Electronic Appliances, particularly Car Radios for distribution through out this country.

③ We shall be grateful if you will quote us(Please quote us) your lowest(best/rock-bottom) prices CIF Busan on the Leather Jackets.

④ We would be much obliged if you would submit us the catalogs and prices FOB New York.

⑤ Please let us know your best quotation(price) for 1,000 sets of Color Televisions by return Facsimile.

⑥ We are interested in the "Star Brand" Car Radios and would be obliged if you would send us(like to have) your samples together with terms of payment and the largest discount you can allow us.

⑦ Please quote us for the supply of 2,000 pieces of Wall Clocks giving your prices CIF Busan.

⑧ Please send us samples of your Leather Gloves as advertised, with the lowest prices and best terms.

⑨ All your quotations should be as completely detailed as possible in order to avoid unnecessary further inquiries.

⑩ Please offer goods(articles) which can be shipped within two month from receipt of order.

⑪ If your prices(terms/qualities) are satisfactory(attractive/competitive), we shall give you place an order(a substantial order/a trial order/regular orders).

⑫ Please let us have full details of your products so that we can place regular orders with you.

3) **Closing Clauses**

① We will appreciate your early reply by return Facsimile (earlist convenience).

② Your prompt attention would(will) be appreciated.

③ We are waiting for(expecting) your early answer.

④ We hope to receive your reply by return mail, and trust we can do business to our mutual benefit.

⑤ We look forward to your early reply on this matter.

(2) 조회에 대한 회신

1) **Opening Clauses**

① Thank you for your inquiry(letter) of March 20 regarding

(concerning) our Car Radio. We are pleased to quote you as follows:

② In reply to(In answer to/In compliance with) your letter of April 7, we are pleased(happy/glad) to send you by separate cover (by air/by air parcel post) revised catalog and an offer sheet.

③ As requested, we are enclosing(encolse) our latest catalog with the best price.

④ We have the pleasure of sending you by airmail our illustrated catalog of the Wool Sweaters with their price list. We hope the prices and quality will be satisfactory.

2) **Main Clauses**

① The price list enclosed will show you that our prices are far more competitive than those of our rival firms.

② As instructed(As desired/As directed), we are sending the samples, catalogs, offer sheet, and sales promotional materials of our Underwears.

③ Our prices(quotations) are based on FOB Busan.

④ We can quote you @US$30 per set CIF Hong Kong.

⑤ We have quoted our best terms as the enclosed offer sheet and trust that you will agree that the price is extremely reasonable for this excellent quality.

⑥ The goods you require are not in stock, and it would take three months to make shipment.

⑦ We would be pleased grant you a discount of 5% for our Price List No.367 dated May 10 of Leather Jackets for quantities of more than 5,000 pieces.

⑧ This is a tendency of rising prices very rapidly and if you miss this opportunity, you may not be able to obtain this article even at higher prices.

⑨ As for payment, we ask you to establish(open/issue) an irrevocable letter of credit at sight(at 30 days after sight) in favor of us(our favor).

⑩ The market has been steadily rising, and we have no further stock available to offer even at a higher pricc.

3) **Closing Clauses**

① As we are booking heavy order every day, we advise you to place an order soon(without delay/without loss of time).

② We hope to have(look foward to) the pleasure(opportunity) of serving you.

③ We look forward to receiving your early decision.

④ We appreciate your confidence in our products and assure you of our best efforts to deserve it.

⑤ Any order that you may place with us will have our prompt and careful attention.

제 6 장

무역계약의 성립

1. 무역계약의 성립단계

무역계약이 유효한 계약으로 성립되기 위해서는 기본적으로 계약당사자간의 합의(agreement)가 있어야 한다. 계약성립을 위한 계약당사자의 의사표시는 내용적으로 일치할 뿐만 아니라 그 일치하는 바에 따라 통일적 법률효과를 발생하게 된다. 무역계약에서의 합의는 보통 청약(offer)과 승낙(acceptance)에 의하여 이루어진다.

무역계약은 매매당사자간에 여러 단계를 거쳐 체결될 수도 있지만 보통 실무상으로는 거래의 권유(cirular)에 따라 조회(inquiry) 및 이에 대한 회신, 청약자(offeror)의 청약(offer), 피청약자(offeree)의 승낙(acceptance), 즉 매매계약을 성립시킬 뜻에 대한 의사표시의 합치점에서 성립된다.

청약자의 청약은 보통 서면이나 전신 등으로 하게 되는데 대부분은 가격을 흥정하거나 거래조건의 변경을 요청하는 피청약자의 반대청약(counter offer)의 경우가 많다. 이에 대하여 청약자가 다시 새로이 확정청약(firm offer)을 하면 피청약자가 승낙(acceptance)함으로서 계약이 성립된다. 이는 무역계약이 성립되는 최초의 시기라고 할 수 있다.

또한 매수인의 주문(order)에 따른 매도인의 주문승낙(acknowledgement of order)도 계약이 성립되는 것으로 본다. 여기에서 실무적으로 주의를 하여야 할 사항은 청약과 승낙 또는 주문과 주문승낙의 합치된 의사표시로서 교환된 문서나 전신 또는 쌍방이 합의한 청약서(offer sheet) 또는 주문서(order sheet)만으로는 완전한 계약이라고 할 수 없다. 왜냐하면 그 합의내용이 단순하여 만일 후일에 분쟁이 야기될 경우에는 매매당사자의 책임소재를 명확하게 규명할 구체적 기준이 없기 때문이다. 이에 대비하기 위해서는 항

[그림 6-1] 무역계약의 성립단계

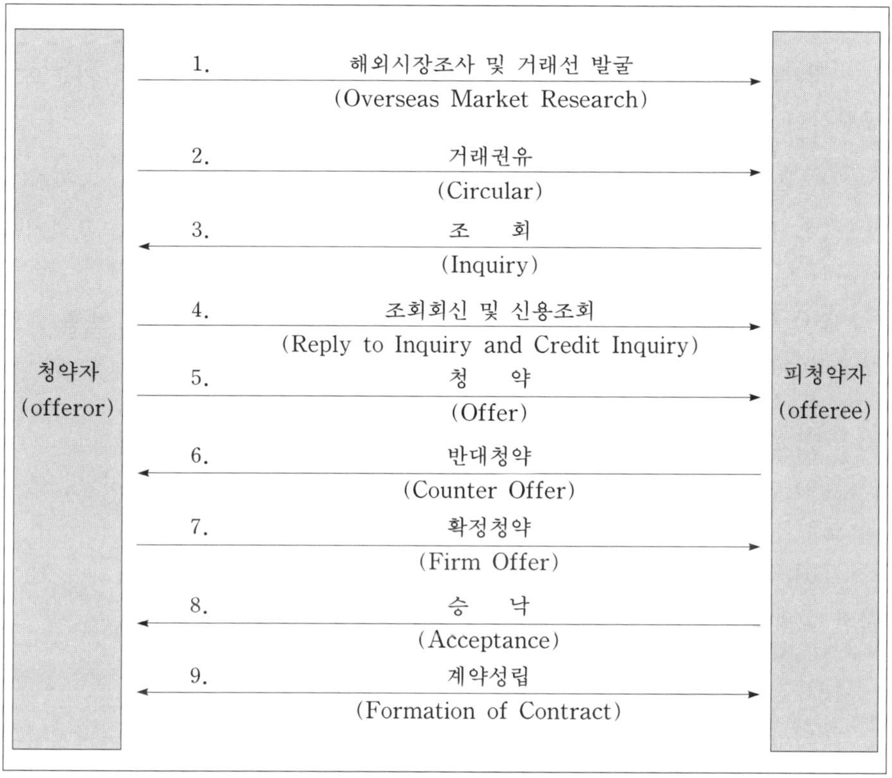

상 매도인과 매수인 사이에 구체적인 거래조건을 망라하여 서면으로 작성된 계약서(contract sheet)를 교부하여 각각 1부씩 보관하여 두어야 한다.

2. 청약과 승낙

2.1 청 약

(1) 청약의 의의

청약(offer)이란 일반적으로 청약자(offeror)가 피청약자(offeree)에게 계약을 체결하고자 하는 의사표시를 말한다. 즉 청약은 매매관계에 있는 당사자의 일방이 그 상대방의 승낙(acceptance)과 아울러 일정조건의 매매계약을 기대하고 행하는 의사표시이다.

(2) 청약의 종류

청약의 종류를 청약의 주체, 청약의 발행지, 청약의 확정력을 기준으로 구분하여 보면 다음과 같다.

1) 청약의 주체기준

(a) 매도청약(selling offer) 매도인의 매도의사를 말하며, 무역거래에서의 일반적인 청약이라 하면 매도청약을 의미한다.

(b) 매수청약(buying offer) 매수인의 매입의사를 말하며, 보통 매입주문서(purchase order: P/O) 등의 형식으로 이루어진다.

2) 청약의 발행지기준

(a) 국내발행청약 청약의 주체가 거래대상국의 물품공급업자 및 본사를 대리하여 국내에서 발행 또는 의사표시한 매도청약을 말한다.

(b) 국외발행청약 청약의 주체가 거래대상국의 물품공급업자나 제 3자가 국외에서 발행 또는 의사표시한 매도청약을 말한다.

3) 청약의 확정력기준

(a) 확정청약(firm offer) 청약자가 청약내용에 대하여 승낙회답의 유효기간(validity of offer)을 지정하고 그 기간 내에 승낙하면 계약이 성립되는 청약이다. 또한 유효기간을 정하지 아니한 경우라도 그 청약이 확정적(firm) 또는 취소불능(irrevocable)이라는 표시가 있거나, 승낙·회답의 유효기간과 확정적 또는 취소불능이라는 표시가 동시에 있는 청약도 확정청약이 된다.

확정청약(firm offer)의 예문을 보면 다음과 같다.

> "We offer you firm subject to your acceptance reaching us by May 10 as follows."

(b) 불확정청약(free offer) 청약자가 청약시에 승낙·회답의 유효기간 및 확정적(firm)이라는 표시를 하지 아니한 청약이다. 불확정청약의 경우 상대방이 승낙을 받기 전까지는 청약자가 청약내용을 일방적으로 철회하거나 변경할 수 있다.

불확정청약(free offer)의 예문을 보면 다음과 같다.

"We offer you the following merchandise on the terms and condions mentioned hereunder."

(c) 반대청약(counter offer) 청약자의 청약에 대하여 피청약자가 수량, 가격, 선적, 결제 등 청약내용을 일부 추가, 제한 및 변경 등 새로운 조건을 제의해 오는 청약을 말한다. 반대청약은 원래의 청약(original offer)에 대한 거절이 되고 동시에 새로운 청약이 된다. 따라서 원래의 청약은 반대청약에 의하여 소멸된다.

반대청약(counter offer)의 예문을 보면 다음과 같다.

"Your offer of May 7 is too high. We can accept the offer at US Dollars 15 per piece CIF New York."

(d) 교차청약(cross offer) 청약자와 피청약자 상호간에 동일한 내용의 청약이 상호 교차(交叉)되는 청약을 말한다. 즉 우연히 각 당사자가 상호 청약을 하였는데 그 청약내용이 완전히 일치하여 행해지는 것이다.

이러한 경우에는 청약과 승낙을 구분하기란 어렵지만 계약이 성립된다는 데에는 의심의 여지가 없다.

(e) 조건부청약(conditional offer) 청약자의 청약내용에 단서가 있는 청약으로 피청약자의 승낙만으로 계약이 성립되지 아니하고 다시 청약자의 최종확인(confirmation)이 있어야만 계약이 성립된다. 조건부청약은 형식상으로는 불확정청약(free offer)의 범주이지만 엄밀한 의미에서는 청약이 아니고 예비적 교섭, 즉 청약의 유인(invitation to treat ; invitation to offer)의 하나에 지나지 않는다.

조건부청약(conditional offer)의 예문을 보면 다음과 같다.

"offer subject to our final confirmation"
"offer subject to prior sale"
"offer subject to being unsold"
"offer subject to market fluctuation"
"offer on approval"

(3) 청약의 형식과 구성내용

청약의 형식은 신속한 거래를 위하여 보통 텔렉스(Telex)나 전신(Cable)을 이용하는 경우가 많고 보통 서신을 이용하는 일은 흔하지 않다.

그러나 오늘날은 모사전신(Facsimile: FAX)을 이용하는 것이 보편화되어 청약서(offer sheet)와 같은 일정한 서식에 기재하여 전송하는 경우가 많다.

청약의 주요 구성내용은 다음과 같다.

① 확정청약(firm offer)또는 불확정청약(free offer)의 표시
② 기본거래조건(품명, 수량, 금액, 가격조건, 선적조건, 결제조건, 포장조건 등)의 제시
③ 청약의 유효기일(validity of offer)
④ 맺음말

2.2 청약에 대한 승낙

(1) 승낙의 의의

승낙(acceptance)은 피청약자가 청약자에 대하여 그 청약에 응하여 계약을 성립시킬 목적으로 행하는 의사표시이다. 청약이 승낙된 경우는 상호의 동의(mutual assent)가 성립하는 것이므로, 그 동의에 대한 의사표시가 승낙이다. 승낙은 청약의 내용과 일치하여야 한다. 이와 같은 완전일치의 원칙을 "mirror image rule"이라고 한다. 이와 같이 승낙은 본질적으로 무조건적(unqualified)이어야 하며 청약의 조건과 반드시 일치하여야 하고 적극적인 행위(positive conduct)로 승낙에 대한 의사표시(communication of acceptance)를 하여야 계약이 성립될 수 있는 것이다.

실무상의 승낙의 표현은 "accept or accepted," "confirm or confirmed" 또는 "agree or agreed"와 같이 하고 있다.

(2) 승낙의 방법

승낙(acceptance)을 어떠한 방법 또는 수단으로 하여야 할 것인가에 대하여 청약서상에 미리 지정하였을 경우에는 그 지정된 방법에 따라야 한다. 이를테면 우편(post), 전자우편(E-mail), 전보(telegram), 텔렉스(telex), 팩시밀리(facsimile), 전화(telephone) 등으로 지정되어 있다면 그것에 따라야

한다. 청약의 승낙방법을 지정하지 아니한 경우에는 합리적인 방법과 수단에 의하여야 한다. 즉, 청약이 전자우편으로 된 경우에는 전사우편으로, 전보로 된 경우에는 전보로, 항공우편으로 된 경우에는 항공우편과 같이 그에 상응하는 수단에 의해 승낙의 통지를 한다.

승낙의 방법을 지정한 예문을 보면 다음과 같다.

"We offer you firm subject to your acceptance received us until April 30, *by return E-mail*."

(3) 승낙의 효력발생시기

청약자의 청약을 피청약자가 승낙함으로써 계약은 성립하지만, 청약자와 피청약자는 공간적으로 떨어져 있기 때문에 엄밀히 말해서 승낙의 의사표시가 피청약자로부터 발송되어 청약자에게 도달될 때까지 어느 시점에서 계약이 성립되는가라는 문제가 생긴다.

승낙의 효력발생시기에 관해서 이론적으로는 피청약자가 승낙의 의사표시가 발신할 때에 계약이 성립된다고 하는 발신주의(dispatch theory ; mail-box rule), 피청약자의 승낙의 의사표시가 청약자에게 도달된 때에 계약의 성립으로 보는 도달주의(receipt theory) 그리고 단지 물리적으로 승낙의 의사표시가 청약자에게 도달될 뿐 아니라 현실적으로 청약자가 그 내용을 알았을 때에 계약의 성립으로 보는 요지주의(了知主義)가 있다.

승낙의 효력발생시기는 영미법은 물론 대륙법계통에서도 승낙의 의사표시에 관한 일반원칙으로는 도달주의를 채택하고 있다.

그러나 승낙의 의사표시에서 대화자간이나 격지간에는 도달주의 또는 발신주의를 채택하는 국가들도 있다. 주요 법제에서 승낙의 의사표시에 대한 효력발생시기를 보면 [표 6-1]과 같다. 이처럼 무역거래에서는 매매당사자가 어느 국가 또는 어느 지역이 도달주의 또는 발신주의를 채택하고 있는지 일일이 파악한다는 것은 사실상 번잡하고 어려운 일이다. 그러므로 무역계약을 체결하기 위하여 청약(offer)을 할 경우에는 도달주의로 지정한 다음의 예와 같이 승낙의 효력발생시기를 명확히 지정하는 것이 매우 중요하다.

"We offer you firm *subject to your reply received here* by May 10."

[표 6-1] 승낙의 의사표시에 대한 효력발생 시기

통신수단 ╲ 준거법			한국법	일본법	영국법	미국법	독일법	비엔나협약
의사표시에 관한 일반원칙			도달주의	도달주의	도달주의	도달주의	도달주의	도달주의
승낙의 의사표시	대화자간	대 면	도달주의	도달주의	도달주의	도달주의	도달주의	도달주의
		전 화	도달주의	도달주의	도달주의	도달주의	도달주의	도달주의
		텔렉스	도달주의	도달주의	도달주의	도달주의	도달주의	도달주의
	격지자간	우 편	발신주의	발신주의	발신주의	발신주의	도달주의	도달주의
		전 보	발신주의	발신주의	발신주의	발신주의	도달주의	도달주의

(4) 승낙의 형식과 구성내용

청약에 대한 피청약자의 승낙은 보통 전자우편(E-mail), 서신 그리고 전신(Cable)을 이용하여 의사표시를 한다.

승낙시 무역통신문의 주요 구성내용은 다음과 같다.

① 청약의 접수와 이에 대한 감사표시

② 청약내용의 완전한 수락확인

③ 구체적인 계약서작성 의사표명(정형계약서를 동봉한다)

④ 계약이행에 따른 약속의사 표시

⑤ 맺음말

2.3 무역통신문 사례

Model Letter No. 1 가죽재킷에 대한 확정청약(Firm Offer)

April 7, 20___

America Ineternational Co., Inc.
350 Fifth Avenue, New York
NY 10018, U.S.A.

Gentlemen :

In reply to your inquiry of March 31, we make the following

offer subject to your acceptance received here by May 10 as follows:

Article: Men's Split Leather Jackets
Quality: Subject to our catalog Item No. 101 and 102
Quantity: 4,000 pcs.
Price: @US$30 per pc. CIF New York
Shipment: Within three months after date of Contract Sheet.
Inspection: Seller's inspection to be final.
Packing: Packed 20 pieces. each in an export carton box.

Owing to the rush of orders from European Country, all factories are fully engaged for the time being. In these circumstances, the prices we have offered are reasonable and attractive.

We look forward to prompt reply by Telex or Facsimile, if possible.

Yours very truly,
Seoul Trading Co., Ltd.
Minho Kang
Min-ho Kang
General Manager

Encl. 1 Catalog

☞ 주

① article 품목, 물품, 상품, (신문, 잡지의) 기사, 항목, 조(條)
② carton box 종이상자, 판지상자(= cardboard box) cf. cartoon 만화
③ rush of orders 주문쇄도

Model Letter No. 2(Reply to Model Letter No. 1) 가죽재킷에 대한 반대청약 (Counter Offer)

April 9, 20__

Seoul Trading Co., Ltd.
C.P.O Box 777
Seoul, Korea

Gentlemen :

Thank you for your FAX Offer of April 7 for 4,000 pcs. Men's Split Leather Jackets at US$30 per piece CIF New York.

Your prices, however, are not competitive and, therefore, we are unable to place an order with you at this time, even though we are favorably impressed with your samples.

Your rival firms are making endeavours to get our business by offering much lower prices. But it is our intention to entrust you with the bulk of our business, and we have made you a counter offer at US$25 per piece.

We hope you will take advantage of this chance so that you will benefit from the expanding market.

We await your reply with great interest.

Your very truly,
America International Co., Inc.
Richard C. Anedrson
Richard C. Anderson
Vice President

☞ 주

① rival firm 경쟁사(= competitor)
② bulk of our business 대량의 거래
③ take advantage of~ ~을 이용하다.

Model Letter No. 3(Reply to Model Letter No. 2) 가죽재킷 반대청약에 대한 승낙(Acceptance)

April 20, 20___

America International Co., Inc.
350 Fifth Avenue, New York
NY 10018, U.S.A.

Gentlemen :

We accept your counter offer of April 9 in order to realize the first transaction with you.

To confirm this business, we are encolsing our revised Offer Sheet No. 12. This confirmation is made subject to our Sales Note.

Please note that your limit price barely covers the cost of production, and, therefore, we shall be unable to maintain our quality without any increase in price for your future orders.

We assure you that we will make every effort to meet your satisfaction.

Very truly yours,
Seoul Trading Co., Ltd.
Minho Kang
Min-ho Kang
General Manager

Encl. 1 Offer Sheet

☞(주)

① revised offer sheet 수정된 청약서
② subject to ~라는 조건으로
③ barely 겨우(= only just), 가까스로, 숨김 없이(= openly)

Model Form No. 1 가죽재킷에 대한 수정된 청약서(Offer Sheet)

OFFER SHEET

Messrs.: America International Co., Inc. **Date:** April 20, 20___
350 Fifth Avenue **Ref.** No. 12
New York NY 10018 U.S.A.

Dear Sirs,

We take much pleasure in offering you as follows:

Packing: Export Standard Packing.

Origin: R.O.K.

Shipment: Within 3 months after the date of Contract Sheet.

Payment: Under irrevocable L/C at sight to be opened in our favor.

Inspection: Seller's inspection to be final.

Validity: Until May 10, 20___ subject to your acceptance reaching us.

Remarks:

H.S. No.	Item #	Description	Quantity	Unit Price	Amount
4203		Men's Split Leather Jackets		CIF New York per pc.	
	ST-101	…………………………	2,000 pcs.	@$25.–	US$50,000.–
	ST-102	…………………………	2,000 pcs.	@$25.–	US$50,000.–
	Total :		4,000 pcs.		US$100,000–

Very truly yours,
Seoul Trading Co., Ltd.
Minho Kang
Min-ho Kang
General Manager

☞ 주

① H.S. 신국제통일상품분류(= The Harmonized Commodity Description and Coding System의 약어로, "Harmonized System"이라고도 한다)

Model Form No. 2 한국의 무역대리업자(오퍼상)가 발행한 확정청약

(용)

TEL	760－1234	① **Korea Trading Co., Ltd.** 1, 1-ka, Sogong-dong, Chung-gu Seoul, Korea	② REG. NO.	901234
TLX	K256781		③ DATE	May, 7, 20__
FAX	760－1239		OFFER NO.	S－27
CABLE	KOTCO		사업자등록(납세)번호	123-45-67890

FIRM OFFER

Messers. Seoul Trading Co., Ltd.

We are pleased to offer you the undermentioned goods on the terms and conditions described as follows:

④ Origin	Japan	Validity	June 20, 20__
Shipping Date	May 31, 20__	Packing	Export Standard Packing
⑤ Shipping Port	Tokyo, Japan	Destination	Busan, Korea
Price Term	CIF Busan	Inspection	Seller's inspection to be final
Payment	By an Irrevocable L/C at sight to opened in favor of Marubeni Corp.		
⑥ Supplier	Marubeni Corp.	⑦ Country of Export: Japan	
⑧ Manufacture	Marubeni Corp.	Remakrs	

⑨	Description	⑫	⑬	⑭	⑮	⑯
HS. No.	⑩(commodity)⑪(specification)	Unit	Quantity	Currency	Unit Price	Amount
960719 －0000	#Plastic Zipper open end …… 21″ long	PC	4,080	US$	@$1.4706	US$6,000

⑰ FOB ☐ CIF ☒ CFR ☐ Others(　　　)Total Amount: US$6,000

⑱ Accepted by,
Seoul Trading Co., Ltd.
Minho Kang
Min-ho Kang
General Manager

⑲ Very truly yours,
Korea Trading Co., Ltd.
Mansu Kim
Man-su Kim
President

Model Letter No. 4 여행용가방에 대한 확정청약

Gentlemen :

We offer you firm subject to your reply received here by April 30 as follows :

Article: Travel Bags
Quality: 1.0 mm p.u. thickness and #5 Nylon Zipper used. Details as per our sample No.20 dated March 29.
Quantity: 3,000 pcs
Price: @US$8.50 per pc. CIF Hong Kong
Shipment: May
Insurance: To be covered on ICC(C) Clauses including TPND for 10% over invoice amount.
Payment: Draft at sight under irrevocable letter of credit

This is the best offer we can make and this kind of offer cannot be repeated in the future. Now large orders are rushing in from your country and the market here is very strong. Under the circumstances, there is every indication that the prices will rise soon.

We advise you, therefore, to accept this offer without loss of time.

Very truly yours,

☞ 주

① p.u.(= polyurethane) 폴리우레탄(합성수지의 하나)
② TPND(= Theft, Pilferage and Non-Delivery)도난, 발화 및 불착위험
③ draft 환어음(= bill of exchange)
④ at sight 일람출급, at sight draft 일람출급환어음
⑤ irrevocable 취소불능, revocable 취소가능
irrevocable letter of credit 취소불능신용장

Model Letter No. 5(Reply to Model Letter No. 4) 여행용가방의 확정청약에 대한 승낙

Gentlemen :

We are glad to accept your offer of March 29 for 3,000 pieces Travel Bags at US$8.50 per piece CIF Hong Kong for May shipment.

To confirm this transaction, we are sending you herewith our Purchase Note No. 135.

In order to cover the amount of this purchase, we have arranged with our bankers for an Irrevocable Letter of Credit to be opened in your favor.

Since this transaction is very important to us, we would like you to give it your best attention to satisfy us in every respect.

Yours very truly,

Encl. Purchase Note

☞ 주

① purchase note 매약서(買約書), 구매계약서

② in your favor 귀하를 수익자로 하여 in favor of ABC company ABC회사를 수익자로 하여

Model Letter No. 6 나이론 원단에 대한 확정청약

Gentlemen :

We offer you firm subject to your acceptance reaching us by noon 10th May, 30,000 yards of Swatch No. JS 3005 Nylon Taffeta at US$0.35 per yard CFR Bombay.

As we wish to effect a speedy clearance we are quoting you the lowest possible price, and trust you will give your prompt attention to this offer.

Very truly yours,

☞ 주

① CFR 운임포함가격(= Cost and Freight의 약어)　　CFR Bombay 봄베이항도착 운임포함가격

Model Letter No. 7 도자기에 대한 확정청약

Gentlemen :

In accordance with your inquiry of June 9, we have today cabled you the following firm offer as per enclosed confirmation of cable, subject to your reply reaching us by June 30.

Five Hundred(500) dozen Porcelain Tea Set K-2
@US$85.20 per dozen CIF New York
Shipment : During July
Terms of Payment : Draft at sight under an irrevocable L/C

We are not in a position to guarantee that these prices will be available next month because the cost of materials is steadily advancing. For a quantity of more than 500 dozen, 10% discount on the quoted price can be allowed.

Your immediate reply by cable would be appreciated.

Very truly yours,

☞ 주

① firm offer 확정청약　　② porcelain tea set 도자기 차그릇

Model Letter No. 8 자전거에 대한 미판매 조건부청약(Offer subject to being unsold)

Gentlemen :

We have the pleasure to offer you, subject to being unsold, as follows:

50 sets "Star" Brand Men' s Bicycles, $16.50, each.
30 sets "Star" Brand Lady' s Bicyles, $15.50, each.

The prices are based on CIF Busan July Shipment. Other terms and conditions are subject to sales contract.

Owing to the remarkable activity in the steel market, it will be absolutely impossible for us to manufacture these grades of bicyles at such low prices, and we trust you are in a position to avail yourselves of this opportunity without delay.

Yours truly,

☞ 주

① be in a position to ~을 할 수 있다(=can).

Model Letter No. 9 인쇄기에 대한 점검 조건부청약(Offer on approval)

Gentlemen :

We have today had our representative submit to you our new type roller printing machine. We are confident that the machine is better devised in working and design than any that have ever been used in this country.

We have presented it to for 14 days free trial in your firm, on the condition that there will be no obligation on your part to purchase at the expiration of the time mentioned.

In the anticipation of interesting you in this offer, we have the pleasure of submitting our list of specification, also the price list.

We hope to have your favourable reply in the near future.

Yours very truly,

☞ 주

① be no obligation on your part 귀사측에 책임이 없다.

2.4 유용한 표현(Useful Expressions)

(1) 청 약

1) Opening Clauses

① In reply to your inquiry of May 15, we have the pleasure of offering you as follows:

② We offer you firm subject to your acceptance reaching us (received our company) by noon May 20 as follows:

③ We are pleased to offer(We have pleasure in offering/We have the pleasure to offer/We take pleasure in offering) you Compact Disk No.777 as follows :

④ We take pleasure in offering you the following goods, subject to your reply received here by noon May 25.

⑤ We offer you the undermentioned goods subject to our final confirmation.

2) Main Clauses

① As for above offer, it is extremely probable that the prices will rise still more, and it would, therefore, be to your interest to place your orders without delay.

② The market has been steadily rising, we have no further stock available to offer even at a higher price.

③ Owing to increased demand for these products, our stocks have almost been exhausted.

④ We are clearing our stock now, so these prices are 20% lower than those of other manufacturers.

⑤ We can not guarantee that these prices will be available next month, however, because the cost of materials is steadily rising.

3) Closing Clauses

① Your prompt attention to our offer would be highly appreciated.

② You can be sure your order immediate and most careful attention.

③ We trust that you will be able to accept our offer, which shall be kept open against reply by Facsimile.

④ We trust that this offer will meet your acceptance.

⑤ We are expecting your initial order by return Telex.

(2) 청약에 대한 승낙

1) Opening Clauses

① Thank you for your letter of March 20 offering Wool Sweaters.

② We appreciate your offer of Hand Tools with catalog.

2) Main Clauses

① We accept your offer in full and are going to instruct our bank to open L/C in your favor.

② In reply to your offer, we accept your offer, if you can shorten the delivery date.

③ We thank you for your offer, but regret to say that your prices do not allow us to confirm the order.

④ In view of the prevailing prices in this market, your price is a little expensive.

⑤ Unfortunately we can not accept your offer because another supplier in your district offered us the similar article at a price 5% lower.

3) Closing Clauses

① We trust that you will pay particular attention to our acceptance.

② We are looking forward to your confirmation of this acceptance and also the Sales Note.

③ Please let us know your confirmation of this acceptance.

3. 주문과 주문승낙

3.1 주 문

무역거래에서 매도인은 해외시장개척을 위하여 무역전시회에 참가하여 불특정다수인에게 카탈로그(catalog), 가격표(price list) 등을 제시하거나, 광고를 통하여 거래조건제시를 할 때가 있다. 이 경우에는 오히려 매수인이 먼저 주문(order)을 해오게 되어 이에 대한 주문승낙(acknowledgement of order)을 함으로써 무역계약이 성립된다.

주문은 보통 주문서(Order Sheet)나 매입주문서(Purchase Order : P/O)와 같은 서식을 이용한다. 주문서는 매수인의 입장에서 구매하는 조건, 즉 품목, 수량, 단가, 금액, 가격조건, 선적조건, 결제조건, 포장조건 등을 명시한다.

주문서의 주요 구성내용은 다음과 같다.

① 주문의 동기가 된 카탈로그 등 기타 정보에 대한 참조사항 언급

② 주문품목, 수량, 금액 등의 내용(소정의 주문서 첨부)

③ 주문승낙이 있으면 신용장을 발행하겠다는 의사표시

④ 맺음말

3.2 주문에 대한 승낙

주문을 접수한 매도인은 감사의 뜻과 함께 신속하게 주문승낙의 의사표시를 하여야 한다.

만일 주문내용이 불명확하거나 누락사항이 있을 경우에는 이를 확인하여 명확히한 다음 주문승낙을 하여야 한다. 이처럼 주문에 대한 승낙도 무역계약이 성립된다는 점에서는 청약(offer)과 승낙(acceptance)의 경우와 다를 바 없다. 그러나 이들은 매매계약이 성립되는 최초의 단계로 간주되지만 앞으로 만약의 클레임에 대비하여 약정내용을 보다 구체화하기 위하여 완전한 계약서를 작성하여야 한다.

주문승낙의 주요 구성내용은 다음과 같다.

① 주문서접수에 대한 감사(주문서 및 주요 내용을 부연하여 언급한다)

② 주문을 승낙한다는 의사표시

③ 주문내용을 성실히 이행할 것이라는 의지표명

④ 계속적인 거래관계 유지희망

⑤ 맺음말

3.3 무역통신문 사례

Model Letter No. 1 전기면도기 주문

April 8, 20___

Mercury GmbH
Neuer Wall 50, 2000 Hamburg 36
Germany

Dear Sirs,

We are pleased to enclose Order Sheet No.17 covering Electric Shaver as described in your Catalog, page 10, Model No.p-875.

On looking it through, we have found some items would be suitable for our trade and are very happy that we enclosed the first Order Sheet No.17 for 1,000 pieces Electric Shaver.

We would like to instruct our bankers, the Korea Exchange Bank, Seoul, to open an irrevocable letter of credit valid until July 31 and believe the above will reach you through their correspondent in Hamburg.

We hope you will execute this initial order to your best attention. Should it turn out satisfactory in all respects, you may expect further orders.

Yours very truly,
Seven Star Co., Ltd.
Namsu Kim
Nam-su Kim
President

Encl.: 1 Order Sheet No.17

☞ 주

① order 주문, 명령
Order Sheet 주문서
② be suitable for ~에 적합하다.
③ correspondent 거래처, 통신원
correspondent bank 환거래은행
correspondence 통신, 서신, 편지, 일치
④ in all respects 모든 점에서 cf. with respect to ~에 관하여(= with regard to)
⑤ Should it turn out satisfactory in all respects. 모든 점에서 만족스럽게 판명된다면

Model Form No. 1 전기면도기에 대한 주문서

ORDER SHEET

April 8, 20__

No. 17

Mercury GmbH
Neuer Wall 50, 2000 Hamburg 36
Germany

Dear Sirs,

We have the pleasure of placing the following order with you:

Model No.	Description	Quantity	Unit Price	Amount
P-875	Electric Shaver AC 110/220V, 60Hz, 7W	1,000sets	FOB Hamburg/set @US$80	 US$80,000—

Packing: Each set to be packed in a leather case, 20 sets in an export carton box.
Origin: Federal Republic of Germany
Shipment: Within two months after the acknowledgement of this order.
Payment: By an irrevocable L/C at 30 days after sight.
Discount charge to be covered by us.
Inspection: Seller's inspection to be final.

Very truly yours,
Seven Star Co., Ltd.
Namsu Kim
Nam-su Kim
President

☞ 주

① acknowledgement 승낙, 승인, 감사. 여기에서는 매수인의 주문에 대한 매도인의 승낙임
acknowledge 인정하다(= admit), 승인하다, 감사하다.

② discount charge 할인료, 즉 usance interest를 의미함
Discount charge to be covered by us. 당사가 할인료(여기에서는 일람 후 30일 동안의 이자)를 부담한다.

Model Letter No. 2(Reply to Model Letter No. 1) 전기면도기에 대한 주문승낙

April 9, 20___

Seven Star Co., Ltd.
C.P.O. Box 135
Seoul Korea

Dear Sirs,

Thank you for your order of April 8 for 1,000 sets of Electric Shaver. In reply we have today dispatched our cable acceptance reading:

"YOUR ORDER SHEET EIGHTH ACCEPTED PLEASE OPEN CREDIT BY CABLE"

We shall do our best to fill this initial order to your perfect satisfaction, and all necessary arrangements for the shipment will be made upon receipt of your credit.

In appreciating your order, we expect further business transactions for our mutual advantage.

Yours very truly,
Mercury GmbH
Hans Friedrish
Hans Friedrish
Manager

☞ 주

① fill one's order 주문에 응하다.

② initial order 최초의 주문, 첫주문

③ arrangements(복수) 준비(= preparations), 계획(= plan). arragement(단수) 정돈, 정리, 조정(= adjustment), 협정

④ The shipment will be made upon receipt of your credit. 선적은 귀사의 신용장을 수령하자마자(수령하는 즉시) 이루어질 것이다.

Model Letter No. 3(Reply to Model Letter No. 1) 전기면도기에 대한 주문승낙불가함을 통지

April 10, 20___

Seven Star Co., Ltd.
C.P.O. Box 135
Seoul, Korea

We thank you for your Order Sheet No. 17 for Electric Shaver. However, we regret to inform you that we are unable to accept your order at this moment.

For Model No. p-875, which is out of stock at present, we have substituted the very similar article, at the same price and hope that you will approve. This article has been enjoying a good reputation in Japanese markets.

We shall be happy to send you further details about our products as soon as we hear from you.

Yours very truly,
Mercury GmbH
Hans Friedrich
Hans Friedrich
Manager

☞ 주

① be out of stock 재고가 없다.
② products 제품, 생산물

Model Form No. 2 여행용가방에 대한 매입주문서(Purchase Order)

PURCHASE ORDER
No. 135

This is to confirm the purchase, your sale, of the under-mentioned goods on the terms and conditions stated below:

Article: Travel Bags
Quality: 1.0 mm thickness p.u. and #5 Nylon Zipper used.

Quantity: 3,000(Three Thousand) pcs.
Shipment: May
Packing: 12 pcs. each to be packed in an export carton box.
Marks: <SLC>
HONG KONG
C/No. 1–UP
MADE IN KOREA
Price: @US$8.50 per pc. CIF Hong Kong
Insurance: To be covered on ICC(C) Clauses including TPND for 10% over invoice amount.
Payment: Draft at sight under irrevocable letter of credit.
Remarks: Your offer of March 29 and our letter of April 10.

Very truly yours,

☞ 주

① terms and conditions 거래조건
② ICC(B) 협회적화약관(B)(= Institute Cargo Clause)
③ TPND 도난, 발화 및 불착 위험(= Theft, Pilferage and Non Delivery)

Model Letter No. 4 카펫 주문

Dear Sirs,

We thank you for your letter of the 20th March, enclosing a catalog. On looking it through, we have found some items would be suitable for our trade and are now pleased to send you the following order by way of trial:

Wool Carpets
300 pcs. No. 100 @US$270 per pc.
200 〃 〃 105 @US$300 〃 〃
100 〃 〃 110 @US$280 〃 〃

Terms of payment: Draft at 30 d/s under L/C
Terms of price: FOB Belgium
Shipment: By the first available vessel

Marks: STC in diamond

The credit will be sent to you by next mail.

We recommend this initial order to your best attention. Should it turn out satisfactory in all respects, you may expect further orders.

Yours faithfully,

☞ 주

① at 30 d/s (= at 30 days after sight) 일람 후 30일 출급(지급)조건으로

Model Letter No. 5 (Reply to Model Letter No. 4) 카펫 주문에 대한 승낙

Gentlemen :

We have received your letter of May 27, confirming your cable acceptance for Wool Carpets as regards our cable offer.

The offer we made is virtually a rock-bottom one sacrificing our own margin, so we are convinced that you will be able to carry out a most profitable business at this time.

Immediately upon receipt of your letter of credit for the above, we will make every arrangement necessary to clear the goods by the first available direct steamer to Los Angeles.

Shipment will be effected during July, of course. We have enclosed our Sales Note No. 35 and also copies of cables exchanged between us.

We thank you again for this initial order and wish to assure you that your order will receive our best attention.

Yours very truly,

☞ 주

① virtually 실질적으로, 사실상(= practically)

② rock-bottom 최저의, 맨밑바닥의
rock-bottom price 최저가격, 바닥시세

Model Letter No. 6 첫주문에 대한 감사표시

Dear Sirs,

We want to say how pleased we were to receive your order of the 18th July for Cotton Goods and welcome you as one of our customers.

We confirm supply of the goods at the prices stated in your letter and are arranging for despatch next week by s.s. "QUEEN." When the goods reach you we feel confident you will be completely satisfied with them at the prices offered they represent exceptional value.

As you may not be aware of the wide range of goods we deal in we are enclosing a copy of our catalogue and hope that our handling of this your first order with us will lead to further business between us and mark the beginning of a happy working relationship.

Yours faithfully,

☞ 주

① cotton goods 면제품 ② lead to ~을 초래하다, ~에 이르다.

Model Letter No. 7 딸기잼 주문

Dear Sirs,

Many thanks for your quotation for Strawberry Jams and also for the samples which arrived last week.

We are now convinced that some of the lines will find a ready sale here, and would like you to send us the 200 jars of Strawberry Jams with gift boxes.

As your makers are comparatively unknown in this country, we hope you will go ahead with the advertising campaign mentioned by your representative on his last visit.

Our order is subject to your acceptance of our usual terms of payment, viz., L/C at 60 days after sight.

If this first order is executed satisfactorily, we shall be happy to place further business with you.

Yours faithfully,

☞ 주

① jar 항아리
② viz. videlicet의 약어로, 즉, 말하자면(= namely)
③ L/C at 60 days after sight 일람 후 60일 지급조건 신용장
④ be executed satisfactorily 만족스럽게 이행되다.

Model Letter No. 8(Reply to Letter No. 7) 딸기잼 주문품 발송을 통지

Dear Sirs,

We were very glad to receive your order dated 5th June for our Strawberry Jams.

These have been despatched to you today by British Air, and should reach you in 2-3 days, provided there are no unforeseen delays. The jars have been carefully packed in special reinforced to prevent damage in transit.

You will be pleased to hear that orders already received from your country have been most encouraging, and we have decided to launch our advertising on a national scale. The television advertisements have been scheduled to start in the autumn.

The terms of payment you suggested are perfectly satisfactory, and you may rely on us to give all your orders prompt attention.

Yours faithfully,

☞ 주

① reinforced 보강한, 강화한
② launch 내보내다, 착수하다(= start), (배를)진수시키다.

3.4 유용한 표현(Useful Expressions)

(1) 주 문

1) Opening Clauses

① Thank you(We appreciate/We acknowledge with thanks) for your offer(letter/quotation) of June 15 with Price List(catalog/samples).

② We are pleased to place an order with you for your Car Radios on the terms and conditions set forth below:

③ Many thank for your offer of May 25 and we enclose our Order Sheet(Purchase Order).

④ With reference to your letter of March 10, We are pleased to give an order for the following:

⑤ We have pleasure of sending you an order for 5,000 pieces of Leather Handbags based on your sample and price list you sent us on June 5.

2) Main Clauses

① We shall be glad if you will execute by the end of July 31 the order for 3,000 pieces of Leather Jackets.

② The goods must agree(comply) in every respect with our specifications(samples/patterns).

③ If this initial order turns satisfactory, we shall be able to place a large order with you.

④ We are enclosing(are pleased to enclose) our Order Sheet No.123 for 1,000 sets of 21″ Color Television.

⑤ We would like to have them sent by the first steamer as our customers require them as soon as possible.

⑥ Please execute(deliver/ship/pack) in strict accordance with our instructions.

⑦ We are enclosing our Order Sheet(Purchase Order) for Hand

Tools and appreciate having your Sales Note(Sales Contract) in duplicate as usual.

3) **Closing Clauses**

① We hope that this order will meet your immediate acceptance and careful execution as usual.

② We expect(rely on) a careful execution of this order.

③ Please inform us whether you can accept this order on these terms and conditions.

④ If your goods are satisfactory, we may be able(hope) to place substantial(large/repeat/regular) orders.

(2) 주문승낙

1) **Opening Clauses**

① Thank you(We thank you) for your order No.121 of Leather Handbags which we confirm herewith as follows:

② We are grateful for your order No.235 for Hand Tools, which is receiving our best attention.

③ We are pleased to confirm your order No.345 of March 10 for 3,000 pieces of Leather Jackets.

④ We acknowledge with thanks your order of March 10.

⑤ We wish to acknowledge and thanks your order of May 15.

2) **Main Clauses**

① We regret to inform(are sorry to tell) you that this style (item/model) is out of stock, and recommend as a substitute Style No.305.

② The goods are now ready for shipment, only waiting for the arrival of your L/C.

③ Our factory has been instructed to start manufacture at once, and the goods will be shipped within the date specified.

④ We have so many orders on hand for this new Wall Clock

that we can not possibly effect shipment within the time you suggested.

⑤ Unfortunately the recent(heavy) rush of order for our footwear have made it impossible to promise shipment earlier than July 31.

⑥ The goods were forwarded today, to the Busan CY for shipment by s.s. "Glory Ocean V-163," for New York, sailing on April 7.

⑦ We see no possibility of shipping these shirts for the time being, in view of acute(scarcity/shortage) of shipping space.

3) **Closing Clauses**

① We should appreciate your advice when you will open your letter of credit in favor of us(in our favor).

② Thank you for your order, which shall have our best attention.

③ We assure you of our most careful attention to this order.

④ We trust you will understand that it is not lack of cooperation and good-will but sheer necessity which makes it impossible for us to meet your wishes in this case.

⑤ We hope that this initial order will lead to an enduring connection with you.

⑥ We assure you of our best attention to your further orders.

4. 무역계약의 체결

4.1 무역계약의 체결과 주요 약정조건

계약은 청약과 승낙 또는 주문과 주문승낙에 의하여 성립된다. 실제 거래에서의 청약이나 주문내용은 매우 간단하므로 상관습이 서로 다른 국가간에 이루어지는 무역거래의 특성 때문에 매매당사자는 거래조건에 대하여 상세한 사전합의가 다시금 필요하고 후일 야기될지 모르는 분쟁에 대비하여 법적 구제조항 등을 망라하여 무역계약서를 작성하여 두어야 한다.

다음에는 무역계약을 체결할 경우에 이용되고 있는 ① 일반무역조건협정서, ② 정형무역계약서, ③ 매매계약서, ④ 판매특약점계약서, ⑤ 수입대리점계약서의 작성 사례에 대하여 살펴보기로 한다.

4.2 일반무역조건협정서

편의상 물품매매계약을 체결할 경우에는 일반적이며 기본적인 거래조건의 내용을 미리 협정하여 문서로 교환하는, 이른바 '일반무역조건협정서'(agreement on general terms and conditions of business: memorandum of agreement)를 이용한다. 이 협정서내용은 계약의 본질, 즉 거래형태에 대한 조건, 청약과 승낙에 의해 계약이 성립되는 조건, 품질·수량·가격·선적·지급·보험·포장 등 계약물품에 대한 조건 그리고 분쟁의 해결 및 법적 구제조건에 대하여 협정하게 된다.

Model Form No. 1 일반무역조건협정서(Agreement on General Terms and Conditions of Business)

AGREEMENT ON GENERAL TERMS AND CONDITIONS OF BUSINESS

This Agreement entered into between Seoul Trading Co., Ltd., Seoul, Korea, hereinafter called the Sellers, and America International Co., Inc., New York U.S.A. hereinafter referred to as the buyers, witnesses as follows:

1. Business: Both Sellers and Buyers act as Principals and not as Agents.

2. Goods: Goods in Business, their unit to be quoted, and their mode of packing shall be stated in the attached list.

3. Quotations and Offers: Unless otherwise specified in cables or letters, all quotations and offers submitted by either party to this Agreement shall be in U.S. Dollars on a CIF New York

basis.

4. Firm Offers: All firm offers shall be subject to a reply within the period stated in respective cables. When "immediate reply" is used, it shall mean that a reply is to be received within three days and in either case, however, Sundays and all official New York Bank Holidays are excepted.

5. Orders: Any business closed by cable shall be confirmed in writing without delay, and orders thus confirmed shall not be cancelled unless by mutual consent.

6. Credit: Banker's Irrevocable Letter of Credit shall be opened in favor of the Sellers immediately upon confirmation of sale; credit shall be made available twenty-one(21) days beyond shipping promises in order to provide for unavoidable delays of shipment.

7. Payment: Drafts shall be drawn under credit at sight, documents attached, for the full invoice amount.

8. Shipment: All goods sold in accordance with this Agreement shall be shipped within the stipulated time. The date of Bill of Lading shall be taken as conclusive proof of the day of the shipment. Unless expressly agreed upon, the port of shipment shall be at the Sellers' option.

9. Cargo Insurance: All shipments shall be covered ICC(B) Clauses for a sum equal to the amount of the invoice plus ten (10) percent, if no other conditions are particularly agreed upon. All policies shall be made out in U.S. Dollars and payable in New York.

10. Quality: The Sellers shall guarantee all shipments to confirm to samples, types, or descriptions, with regard to quality and condition.

11. Damage in Transit: The Sellers shall ship all goods in good condition, and the Buyers shall assume all risks of damage, deterioration, or breakage during transportation.

12. Claims: Claims, if any, shall be submitted by cable

within fourteen(14) days after arrival of goods at destination. Certificates recognized by surveyors shall be sent by mail without delay. All claims which cannot be amicably settled between Sellers and Buyers shall be submitted to arbitration in Seoul, the arbitrators are consist of three members, the decision of an umpire selected by the arbitrators shall be final, and the losing party shall bear expenses thereof.

13. Force Majeure: The Sellers shall not be responsible for the delay of shipment in all cases of force majeure, including mobilization, war, riots, civil commotion, hostilities, blockade, requisition of vessels, prohibition of export, fires, floods, earthquakes, tempest, and any other contingencies, which prevent shipment within the stipulated period. In the event of any of the aforesaid causes arising, documents proving this occurrence or existence shall be sent by the Sellers to the Buyers without delay.

14. Delayed Shipment: In all cases of force majeure provided in Article 13, the period of shipment stipulated shall be extended for a period of twenty-one(21) days. In case shipment within the extended period should still be prevented by a continuance of the causes mentioned in Article 13 or the consequences of any of them, it shall be at the Buyers option either to allow the shipment of late goods or to cancel the order by giving the Sellers the notice of cancellation by cable.

15. Shipping Notice: Shipment effected against the contract of sale shall be immediately cabled.

16. Shipment Samples: In case shipment samples be required, the Sellers shall forward them to the Buyers prior to shipment.

17. Marking: All shipments shall be marked as arranged otherwise.

18. Cable Expenses: Expenses relating to cabling shall be borne by the respective senders.

In witness whereof, Seoul, Trading Co., Ltd. have hereunto set their hand on the lst day of September, 19 , and America

International, have hereunto set their hand on the 10th day of October, 19___, This Agreement shall be valid on and from the lst day of November, 20___, and any of the Articles in the Agreement shall not be changed or modified unless by mutual consent.

(Buyers)	(Sellers)
America International Co., Inc.	Seoul Trading Co., Ltd.
Richard C. Anderson	*Minho Kang*
Richard C. Anderson	Min-ho Kang
Vice President	General Manager

☞ 주

① Agreement on General Terms and Conditions of Business 일반무역조건협정서
② act as principals 본인으로 행동하다.
③ firm offer 확정청약
④ credit 신용장
⑤ Cargo Insurance 적화보험
⑥ Damage in Transit 운송중의 손상
⑦ surveyors 감정인
⑧ arbitration 중재
⑨ arbitrator 중재인
⑩ Force Majeure 불가항력
⑪ mobilization 동원령
⑫ riots 폭동
⑬ civil commotions 소요
⑭ hostilities 적대행위
⑮ blockade 항만봉쇄
⑯ reqisition of vessels 선박징발
⑰ earthquakes 지진
⑱ tempest 폭풍
⑲ contigencies 우발적 사건

4.3 정형무역계약서

실무적으로 매매당사자간에는 표준화 내지 정형화된 매매계약서, 즉 정형무역계약서를 많이 이용하고 있다. 이를테면 정형무역계약서 전면(face)에는 계약물품의 가격조건 등 기본조건에 대한 제목을 미리 인쇄하여 약정할 내용은 당사자가 별도 합의하도록하고, 계약서 이면(back)에는 거래에 관련된 일반적인 조건과 법적 구제조항 등을 미리 인쇄하여 무역계약시에 효율적이면서 편리하게 이용할 수 있도록 하고 있다.

Model Form No. 2 정형무역계약서

SALES NOTE

Date : May 1, 20___
No. : E15

Messrs. America International Co., Inc.
350 Fifth Avenue, New York
NY 10018, U.S.A.

Dear Sirs,

We as seller confirm having sold you as buyer the following goods on the terms and conditions as stated below on the back hereof.

Item #	Description	Quantity	Unit Price	Amount
	Men's Split Leather Jackets		CIF New York per pc.	
ST-101		2,000 pcs.	@$25.-	US$50,000.-
ST-102		2,000 pcs.	@$25.-	US$50,000.-
TOTAL		4,000 pcs.		

* Materials

1. Leather part: Cow split leather thickness 1.0~1.2mm …… Used 16 SF/pc.
2. Lining part: 100% Nylon Taffeta 190T 44/45″ width …… Used 1.6m/pc.
3. Zipper: #8 Plastic Zipper open end lock 21″ long …… Used 1pc./pc.
4. Accessory: Label …… Used 1pc./pc.

Total Weight 600g/pc.

Payment: Under irrevocable L/C at sight to be opened in our favor.

Price Term: CIF New York

Insurance: Covering 110% of the invoice value, ICC(B).

Inspection: Seller's inspection to be final.

Documents:

1. Commercial Invoice
2. Packing List
3. Full set of clean on board Marine Bills of Lading
4. Marine Cargo Insurance Policy

Shipment: Within 3 months after date of this contract.

Destination: New York, U.S.A.

Origin: R.O.K.

Packing: Export Standard Packing.

Shipping Marks:

<AIC>
NEW YORK
C/T NO. 1-200
MADE IN KOREA

Buyer,
America International Co., Inc.
Richard C. Anderson
Richard C. Anderson
Vice President

Seller,
Seoul Trading Co., Ltd.
Minho Kang
Min-ho Kang
General Manager

P.S. Please sign and return the Duplicate to Seller after confirming.

GENERAL TERMS AND CONDITIONS

1. BASIS: All business hereunder shall be transacted between Buyer and Seller on a principal to principal basis
2. QUANTITY: The quantity set forth on the face hereof is subject to variation of five percent(5%) plus or minus at Seller' s option.
3. SHIPMENT: The date of the Bill of Lading shall be accepted as the conclusive date of shipment. A grace period of 20 day shall be allowed for shipment earlier or later than time agreed by the parties. Partial shipment and transshipment shall be permitted at the option of Seller unless otherwise stated on the face hereof. Each shipment shall be considered as a separate contract. Seller shall not be responsible for nonshipment or late shipment of the Goods due to Failure of Buyer to provide in time the relative letter of credit or other instructions requested by Seller or due to failure of Buyer to comply with the terms and conditions of the Contract in a timely manner.
4. PAYMENT: An irrevocable, without recourse and unrestricted letter of credit at sight in full conformity to this Contract shall be established by Buyer in favor of Seller through a bank acceptable to Seller within 15 days after conclusion of this Contract and such letter of credit shall have the validity of at least 15 days after the last day of the month of shipment.
5. INSURANCE: If this Contract is on CIF or CIP basis the insurance shall be effected for one hundred ten precent(110%) of the invoice amount. Any additional premium for insurance coverage over 110% of the invoice amount if so required, shall be borne by Buyer and shall be added to the invoice amount, for which the letter of credit shall be worded accordingly. If the war risk insurance or other special insurance is deemed necessary by Buyer or Seller, Seller shall effect such insurance at Buyer' s expense. Any changes in

insurance rates from the rates available at the time of this Contract shall be for Buyer's account. In this Contract where Buyer is to effect the insurance, he shall give Seller the necessary information thereof in time for the scheduled shipment.

6. INSPECTION: Unless otherwise instructed by Buyer, inspection of the Goods performed by Korean surveyor under the laws and regulations of Korea, manufacturer or Seller before shipment shall be considered as final. When Buyer requires a special inspector to perform the inspection of the Goods, Buyer must inform Seller of the name of such inspector at the time of acceptance of the Contract and shall bear any and all costs and expenses to be incurred in connection with such special inspection. Inspection performed by such special inspector nominated by Buyer shall be final.

7. PACKING: Packing, packaging and marking shall be done at the Seller's discretion, unless otherwise specifically provided on the face hereof. In the manner customary for the respective merchandise, special arrangements are being subject to buyer's extra charges.

8. CARRIER: In the event that Buyer nominates a carrier or particular vessel for shipment of the Goods, Seller shall not be responsible for late shipment or nonshipment due to delay or cancellation of or any other causes attributable to such carrier. In such case, Buyer shall comply with Seller's request to amend the letter of credit or any other terms, conditions or procedures necessitated there-by or resulting therefrom.

9. TAXES AND DUTIES: All taxes, duties, costs and charges for the Goods shall be borne and paid by Buyer.

10. DEFAULTS: In the event of Buyer neglecting or defaulting his parts in this contract or becoming insolvent, Seller shall have the option of suspending performance of or cancelling

this Contract, reserving the right to claim against Buyer for expenses, charges losses and/or market differences caused by such suspension or cancellation.

11. DISPOSITION OF THE GOODS: In the event of cancellation of this Contract or rejection of the Goods, Seller shall be entitled to resell or otherwise dispose of the Goods to third parties, regardless of the trademark, design, patent, copyright, utility model etc., thereon Buyer shall not raise any objection to such disposition.

12. INCREASED COST: If Seller's costs of performance of this contract are increased after the date of this Contract by reason of increased freight rates, taxes or other governmental charges or insurance rates or if any fluctuation in exchange rates increases Seller's cost or reduce Seller's earnings, Buyer shall bear all such increased cost or loss of earnings suffered by Seller.

13. PATENTS, TRADE MARKS, ETC.: Seller shall not be liable for infringements of patents, designs, trademarks or copyrights involving the Goods. If any dispute arises concerning patents, designs, trade marks or copyrights as the result of the sale of the Goods by Seller, Buyer shall, at its own expense, take all such steps as may be necessary to protect itself.

14. WARRANTY: There are no representations or warranties, whether express or implied, as to the fitness for a particular purpose of the Goods sold hereunder other than description on the face of this contract.

15. WAIVER: Failure of Seller at any time to require full performance by Buyer shall not affect the right of Seller to enforce the same. The waiver by Seller of any breach of any provision hereof shall not be construed as a waiver of any subsequent breach of any provision or waiver of the provision itself.

16. FORCE MAJEURE: If shipment is prevented or delayed in

whole or in part by reason of any prohibition of license or any other acts of any government or restriction imposed by any government, war, revolution, riot, strike or other labour disputes, fire, flood, typhoon, peril or accident of the sea, inabilty to obtain transportation or any other causes beyond the control of Seller, then Seller shall not be liable for non-shipment or late shipment of the Goods or for nonperformance of this Contract, and Buyer must accept any shipment made within one month after the termination or removal of any the aforesaid causes which prevented Seller from timely performance of this contract, or at Seller's option must accept the termination of all or any part of this Contract in which event Seller shall have no obligation or liability whatsoever to Buyer under this Contract.

17. CLAIMS: Any claims by Buyer regarding the Goods shipped shall be notified by Buyer to Seller fully by telex or cable or in writing to Seller supported by certificate of an authorized public surveyor within 30 days after the arrival of the Goods at the destination specified in the relative Bill of Lading. A claim made after the said 30 days period shall have no effect and Seller shall not be obligated to honor it. Seller shall not under any circumstances be liable for indirect or consequential damages.

18. ARBITRATION: All disputes, controversies, or differences which may arise between the parties, out of or in relation to or in connection with this Contract, or for the breach thereof, shall be finally settled by arbitration in Seoul, Korea in accordance with the rules of the Korean Commercial Arbitration Board under the Laws of Korea. The award rendered by the arbitrators shall be final and binding upon both parties concerned.

19. ENTIRE AGREEMENT: This agreement constitutes the entire agreement between the parties, all prior representations having been merged herein, and may not be modified except by a writing signed by a duly authorized representatives of

both parties.

20. TRADE TERMS AND GOVERNING LAW: The trade terms used herein such as CIF, CIP and FOB shall be in accordance with INCOTERMS 2000. In all other respects, this Contract shall be governed by and construed in accordance with the Laws of Korea.

☞ 주

① principal to principal basis 본인대 본인으로서(즉, 직접거래관계로)
② trans(s)hipment 환적
③ CIP 운송비 · 보험료지급가격(= Carriage and Insurance Paid to)
④ Premium for insurance 보험료
⑤ inspector 검사원
⑥ defaults 채무불이행
⑦ disposition 처분
⑧ patent 특허
⑨ copyright 저작권
⑩ utility model 실용신안품
⑪ infringements 권리침해, 법률위반
⑫ warranty 보증, 담보
⑬ waiver 권리포기, 국적선불취항증명서
⑭ Korean Commercial Arbitration Board 대한상사중재원
⑮ entire agreement 완전합의
⑯ governing law 준거법(= proper law = applicable law)

1. 무역계약에서 가격조건으로는 국제적인 상관습으로 정착되어 있는 이른바 무역거래조건 해석에 관한 국제규칙(International Rules for the interpretation of Trade Terms: INCOTERMS)에 규정하고 있는 13가지의 정형거래조건을 선택하여 사용하고 있다.
2. 무역계약에서 매매가격의 통화(Currency)는 국가마다 고유의 통화를 사용하고 있기 때문에 매매당사자간에 어느 나라의 어떠한 통화를 사용할 것인지에 대하여 약정해 두어야 한다. 예컨대 달러(Dollar)라고만 표시하였다면 달러를 쓰는 나라가 미국을 위시하여 캐나다, 오스트레일리아, 싱가포르, 홍콩 등 여러 나라가 있고 그 대외가치도 서로 달라 대금결제시에 문제가 된다. 그러므로 미국달러는 USD, 캐나다 달러는 CAD, 오스트레일리아 달러는 AUD, 싱가포르 달러는 SGD 그리고 홍콩달러는 HKD와 같이 국가별 통화단위를 명확히 표시하여야 한다.
   한국의 외환은행들이 매일 고시하고 있는 주요 국가 통화들은 다음과 같다.

미국 USD(US Dollar), 일본 JPY(Yen), 유럽연합 EUR(Euro), 영국 GBP(Pound Sterling), 스위스 CHF(Swiss Franc), 캐나다 CAD(Canadian Dollar), 호주 AUD (Australian Dollar), 스웨덴 SEK(Swedish Krone), 덴마크 DKK(Danish Krone), 노르웨이 NOK(Norwegian Krone), 뉴질랜드 NZD(New Zealand Dollar), 홍콩 HKD (Hong Kong Dollar), 태국 THB(Baht), 싱가포르 SGD(Singapore Dollar), 인도 INR(Indian Rupee), 인도네시아 IDR (Rupiah), 말레지아 MYR(Malaysian Ringgit), 사우디 SAR(Saudi Riyal), 아랍에미레이트 AED(UAE Dirham), 쿠웨이트 KWD(Kuwaiti Dinar), 바레인 BHD (Bahraini Dinar), 중국 CNY(Yuan Renminbi), 대만 TWD(New Taiwan Dollar), 파키스탄 PKR(Pakistan Rupee), 방글라데시 BDT(Bangladesh Taka), 필리핀 PHP(Philippine Peso), 피지 FJD(Fiji Dollar), 에집트 EGP(Egyptian Pound), 멕시고 MXN(Mexican Peso), 브라질 BRL (Brazilian Real), 브르네이 BND(Burnei Dollar), 이스라엘 ILS(New Israeli Sheqel), 요르단 JOD(Jordanian Dinar), 터키 TRL(Turkish Lira).

[표 6-2] INCOTERMS 2000

Group	Trade Terms
Group E Departure 출발지인도조건군	EXW Ex Works…(named place) 공장인도 …(지정장소)
Group F Main Carriage Unpaid 주운임미지급인도조건군	FCA Free Carrier…(named place) 운송인인도 …(지정장소) FAS Free Alongside Ship…(named port of the shipment) 선측인도 …(지정선적항) FOB Free On Board…(named port of shipment) 본선인도 …(지정선적항)
Group C Main Carriage Paid 주운임지급인도조건군	CFR Cost and Freight…(named port of destination) 운임포함인도 …(지정목적항) CIF Cost, Insurance and Freight…(named port of destination) 운임보험료포함인도 …(지정목적항) CPT Carriage Paid To…(named place of destination) 운송비지급 …(지정목적지) CIP Carrage and Insurance Paid to…(named place of destination) 운송비 · 보험료 지급인도 …(지정목적지)
Group D Arrival 도착지인도조건군	DAF Delivered At Frontier…(named place) 국경인도 …(지정장소) DES Delivered Ex Ship…(named port of destination) 착선인도…(지정목적항) DEQ Delivered Ex Quay…(named port of destination) 부두인도…(지정목적항) DDU Delivered Duty Unpaid…(named place of destination) 관세미지급인도…(지정목적지) DDP Delivered Duty Paid…(named place of destination) 관세지급인도…(지정목적지)

[표 6-3] INCOTERMS 2000의 정형거래조건별 원가구성요소

원가구성요소 \ 정형거래조건	기본원가	간접원가	예상이익	부대비용															
				수출지 발생									운송과정 발생		수입지 발생				
	물품(제조·구매)원가	사업부문별간접원가	이익	포장비	검사비	내륙운송비	최초운송인측인도비용	수출통관제비용	수출제세공과금	수출항부선사용료	운송서류제공비용	수출항본선선적비용	해상운임	적화보험료	수입항양륙비	수입관세	수입통관제비용	수입제세공과금	수입지내륙운송비
1. EXW	0	0	0	0	0														
2. FCA	0	0	0	0	0	0	0	0	0	△	0								
3. FAS	0	0	0	0	0	0	0	0	0	0									
4. FOB	0	0	0	0	0	0	0	0	0	0	0	0							
5. CFR	0	0	0	0	0	0	0	0	0	0	0	0	0		◈				
6. CIF	0	0	0	0	0	0	0	0	0	0	0	0	0	0	◈				
7. CPT	0	0	0	0	0	0	0	0	0	0	0	0	0		0				△
8. CIP	0	0	0	0	0	0	0	0	0	0	0	0	0	0	0				△
9. DAF	0	0	0	0	0	0	0	0	0	△									
10. DES	0	0	0	0	0	0	0	0	0	0	0	0	0	0	◈				
11. DEQ	0	0	0	0	0	0	0	0	0	0	0	0	0	0	0				
12. DDU	0	0	0	0	0	0	0	0	0	0	0	0	0	0	0				0
13. DDP	0	0	0	0	0	0	0	0	0	0	0	0	0	0	0	0	0	0	0

☞ 주

① 0표는 매도인부담비용, 공란은 매수인부담비용
② △표는 필요에 따라 매도인 부담비용
③ ◈표는 정기선운송시 운임에 양륙비를 포함할 경우 매도인부담비용
④ 해상운송 또는 내수로운송시 이용가능한 거래조건: FAS, FOB, CFR, CIF, DES, DEQ
⑤ 운송형태와 관계 없이 이용가능한 거래조건: EXW, FCA, CPT, CIP, DAF, DDU, DDP

4.4 매매계약서

앞에서 살펴본 정형무역계약서는 정형화된 계약서식을 미리 인쇄하여 두었다가 계약체결시에 기본적인 주요 조건을 기재하여 사용하는 계약서식인데 비하여, 매매계약서는 미리 거래조건을 인쇄한 서식을 이용하지 않고 서술식으로 계약체결마다 계약서의 제 조건을 약정하는 서식을 말한다.

Model Form No. 3 매매계약서(Sales Agreement)

SALES AGREEMENT

This Agreement("Agreement") is made this March 1, 20___ by and between America Trading Co., Inc., with its registered office at 310 Fifth Ave. West, New York, NY10018, U.S.A.("Buyer") and Korea Trading Co., Ltd. its registered office at 1, 1-ga Sokong-dong, Chung-gu, Seoul, Korea("Seller"):

WITNESSETH

WHEREAS, the Buyer desires to purchase from the Seller and the Seller desires to sell to the Buyer five million sets of Color Televisions during period of 5 years.

NOW, THEREFORE, in consideration of the premises and covenants herein contained, the parties hereto agree as follows:

Article 1. Sale of Goods

The Buyer shall purchase from the Seller and the Seller shall sell to the Buyer newly manufactured Color Televisions Set("Goods") subject to the terms and conditions herein provided.

Article 2. Quantity, Specification and Quality

2.1 For 5 years commencing March 1, 20___, the Buyer shall purchase from the Seller and the Seller sell to the Buyer one million(1,000,000) pieces of the Goods per year to make the total quantities of the sale of the Goods five million (5,000,000) pieces during March 1, 20___ to February 28, 20___.

2.2. The specification and quality of the Goods shall be prescribed and specified in Specification attached hereto.

Articie 3. Price

3.1 The agreed unit price of each Goods("Price") is Two Hundred United States Dollars(US$200) on CIF New York basis.

3.2 The Price is fixed and effective up to shipments performed on or before the end of September, 20___ and thereafter the Price shall be readjusted every 6 months according to Seller's request.

Article 4. Payment

4.1 Except otherwise agreed by the parties, all the payment for the Goods shall be made in United States Dollars by an irrevocable letter of credit in favor of the Seller, confirmed by first class international bank designated by the seller. The letter of credit shall be established by the Buyer at least two months prior to each scheduled shipment date to be stipulated in Exhibit and to be negotiable at sight against draft and to be valid for no less than thirty(30) days after the latest date allowed for the shipment. The Buyer shall bear all banking expenses associated with the establishing of the letter of credit.

Partial shipment, transhipment and partial negotiations of letter of credit shall be permitted and the letter of credit shall be worded accordingly.

4.2 Delay by the buyer in establishing the letter of credit shall extend the time for performance of this agreement by the seller to such extent as may be necessary to enable it to make delivery in the exercise of reasonable diligence after such letter of credit has been established. Should opening the letter of credit be delayed for causes for which the Buyer is liable, Buyer shall pay the Seller amount equal two-tenth of one percent (0.2%) of the amount of relevant letter of credit per each full week as liquidated damages net cash or sight draft within three days from receipt of relevant bill from the seller.

However, the total amount of liquidated damages shall not be more than one percent(1%) of the amount of relevant letter of credit. Should opening of letter of credit be delayed by more than five(5) full weeks, the Seller may terminate the Agreement without prejudice to the Seller's rights under the Agreement, including claim of said liquidated damages.

Article 5. Shipment of the Goods.

5.1 The Goods shall be delivered by the Seller to the Buyer at any Korean port in accordance with the Shipment Schedule attached hereto as Exhibit("Shipment Schedule").

5.2 The Seller shall arrange the suitable vessel of any flag, subject to freight being available, to transport the Goods to the distination, New York, U.S.A. or other sea port designated by the Buyer on relevant letter of credit provided the CIF price is not increased.

The Seller shall notify by telex or facsimile, the Buyer of necessary information at least 7 days before each shipment so that the Buyer may make arrangement for receipt and inland transportation, if necessary, of the Goods.

Article 6. Late Delivery

6.1 In the event that the Seller delays shipment of the Goods in accordance with the Shipment Schedule for reasons solely attributable to the Seller, the Buyer shall grant the Seller seven days grace, without liquidated damage on each specified delivery.

After that seven days' grace, the Buyer have the right to claim one percent(1%) of the contract price of the Goods of which shipment shall have been delayed, per each full week from seven days after the scheduled delivery date until actual shiping date thereof.

The total amount of the liquidated damage under the Agreement shall be limited to six percent(6%) of the contract price of the Goods delayed.

6.2 If the delay of delivery exceeds six(6) full weeks, the Buyer have the right to cancel the Agreement, without prejudice to Buyer's right under the Agreement, including claim of said liquidated damages.

6.3 In the event of Force Majeure, liquidated damage for late delivery shall not be applied.

Artiele 7. Packing and Marking

The Goods shall be packed and marked in the customary manner for exporting. In case special instruction are necessary, Buyer shall furnish Seller with such instructions in time for preparation or shipment of the goods.

Article 8. Insurance

8.1 Seller shall effect marine insurance on all shipments on ICC(B) for 110% of the invoice amount.

Article 9. Warranty

9.1 Each goods supplied by the Seller is hereby expressly warranted to be free from defect in material and workmanship under normal use and service.

9.2 This Warranty shall be limited to a period of 12 months after delivery thereof to the Buyer under storage in a roofed werehouse.

9.3 The above warranty shall not apply to the Goods, which is used for a purpose for which it was not designed or which has been subject to normal wear and tear, damage caused by accident, misuse, abuse, occurring during shipment.

9.4 The Seller's liability under this warranty shall be in lieu of all other liabilities of the seller for defect in material or workmanship of the Goods or any other warranties, express or implied, statutory or at common law which the buyer waives. In no event shall the seller be liable for consequential or indirect damages regarding the Goods.

Article 10. Claim

Any claims by Buyer of whatever nature arising under this contract shall be made by cable within thirty(30) days after arrival of the goods at the destination specified in the bills of lading. Full particulars of such claim shall be made in writing, and forwarded by registered mail to Seller within fifteen(15) days after cabling. Buyer must submit with particulars sworn surveyor's reports when the quality or quantity of the goods delivered is in dispute.

Article 11. Force Majeure

11.1 Except for the payments due for the Goods delivered by the Seller, any party("Affected Party") hereto shall not be responsible to the other party("Non-Affected Party") for nonperformance either in whole or in part or delay in performance of the terms and conditions of the Agreement, due to war, war-like operation, acts of God, riot, strikes, sabotage or other labor disturbances in the manufacturing plant, lockout of the manufacturing plant, epidemics, floods, earthquakes, typhoon, embargoes, laws and regulations of the Buyer's country or seller's country, or any other causes beyond the control of the parties.
In case of any such event the terms of this Agreement relating to time and performance shall be suspended during the continuance of the event.

11.2 Within five(5) days from the date of commencement of the event, the Affected Party shall advise the Non-Affected Party by telex, facsimile or cable of the date when such delay in performance commenced, and the reasons therefor as enumerated in this Agreement: likewise, within five(5) days after the delays ends, the Affected Party shall advise Non-Affected Party by telex, cable or facsimile of the date when such delay ended, and shall also specify the redetermined time by which the performance of the obligation hereunder is to be completed.

Article 12. Breach, Indemnity

12.1 In the event either party breaches an obligation under this Agreement or toward a third party delays or interferes with the other party in the performance of this Agreement, it shall be liable to the other party for any reasonable direct damages thereby sustained by the other party.

In the event a third party commences any proceeding for which a party hereto intends to claim indemnity, such party shall promptly notify the other party and allow suitable participation in all stages of the proceeding and settlement thereof. Failure to promptly notify or allow equitable participation by the other party shall reduce the right of indemnity by the extent of actual resultant prejudice.

12.2 It is specifically understood and agreed by both parties that the Buyer shall be solely responsible for obeservance of any restriction against importation of the Goods imposed by any federal or local authority in(U.S.A.) and shall defend and save harmless the Seller from any liabilities and obligations under the restriction or any claims arising out of the infringement of the restriction.

Article 13. Taxes/Duties, Contingent Charges

13.1 Any duties, tariffs for import and export or other taxes or charges which are now assessed or imposed or which may herefter be assessed or imposed by U.S.A. Government or other competent authorities other than Korea in connection with the Goods and/or transactions thereof shall be borne and paid by the Buyer.

13.2 Increase in freight, insurance premium, and/or surcharge, due to war, threat of war, warlike conditions, port congestion or other emergency or contingency unforseen or not existent at the time of concluding the Agreement, shall be for the Buyer's account.

Article 14. Aftersales Service

The Seller may, upon request of the Buyer and consent of the Seller, dispatch some experienced technicians to some places in U.S.A. for the purpose of rendering effective after-service in connection with the Goods.

Article 15. Infringement

The Buyer shall be liable for and hold the Seller harmless

from and against all losses and damages incurred and suits and claims brought by third party due to possible infringement of trademark, patent, copyright or other proprietary rights of the third party in connection with the Seller's manufacture and sale of the Goods according to the Specification attached hereto as Exhibit.

Article 16. Termination

16.1 The Agreement may be terminated upon occurrence of any of the following events:

(1) Agreement in writing of the parties;
(2) By the non-defaulting party, upon default by the other party in the performance of any of its obligations under the Agreement, if not remedied within 30 days after receipt of written notice from the non-defaulting party;
(3) By the other party, upon either party's (i) making an assignment for the benefit of creditors, being adjudged bankrupt, or becoming insolvent: (ii) having a reasonable petition filed seeking its dissolution or liquidation not stayed or dismissed within sixty(60) days or (iii) ceasing to do business for any reason;
(4) By the Seller, if the Buyer fails to open relevant letter of credit by more than five(5) full weeks as stipulated in Article 4.2 hereof;
(5) By either party, if a force majeure condition under Article 11 hereof makes it unreasonable to proceed with the Agreement in the foreseeable future.

16.2 Upon termination of the Agreement, neither party shall be discharged from any antecedent obligations or liabilities to the other party under the Agreement unless otherwise agreed in writing by the parties.

16.3 Nothing in the Agreement shall prevent either party from enforcing the provisions thereof by such remedies as may be available in lieu of termination.

Article 17. Arbitration

All disputes, controversies, or differences which may arise between the parties, out of or in relation to or in connection with this contract or for the breach thereof, shall be finally settled by arbitration in Seoul, Korea in accordance with the Commercial Arbitration Rules of the Korean Commercial Arbitration Board and under the Law of Korea. The award rendered by the arbitrator(s) shall be final and binding upon both parties concerned.

Article 18. Trade Terms and Governing Law

18.1 The Trade Terms under this agreement shall be governed and interpreted under the provisions of INCOTERMS 2000.

18.2 This Agreement shall be governed by and construed in all respects under and by the laws of Korea.

18.3 In the event of conflict between the laws of Korea and INCOTERMS 2000 shall prevail and govern.

Article 19. Assignment

Either party shall not assign this Agreement to any other person without the other parties prior consent in writing. In the event of assignment with the written consent of the other, the one shall not be relieved from its obligations under this Agreement and shall be held responsible for its performance.

Article 20. Non-Waiver

No claim or right of either party under this Agreement shall be deemed to be waived or renounced in whole or in part unless the waiver or renunciation of such claim or right is acknowledged and confirmed in writing by such party.

Article 21. Notice

Unless otherwise agreed by the parties, all notices, invoices and communications under this Agreement shall be sent to the parties at their addresses set forth in the initial paragraph of the Agreement. All notices shall be sent by registered airmail and where circumstances require, notices may be sent by cable, facsimile or telex which shall be confirmed by registered air mail.

Article 22. Entire Agreement

This Agreement constitutes the entire agreement between the parties, all prior representations having been merged herein, and may not be modified except by a writing signed by a duly authorized representatives of both parties.

Artiecls 23. Effective Date and Term

This Agreement shall become effective upon signing of the duly authorized representatives of both parties and remain in full force and effect up to February 28, 20___ unless terminated earlier pursuant to Article 16.

IN WITNESS WHEREOF, the parties hereto have executed this Agreement as of the day and year first above written.

Buyer,	Seller,
America Trading Co., Inc.	Korea Trading Co., Ltd.
Paul A. Fabry	*Mansu Kim*
Paul A. Fabry	Man-su Kim
President	President

☞ 주

제 1 조 Sale of Goods 물품매매

제 2 조 Quantity, Specification and Quality 수량, 규격 및 품질
- ① commencing = beginning

제 3 조 price 가격

제 4 조 payment 대금지급
- ① irrevocable letter of credit 취소불능화환신용장
- ② be negotiable at sight against draft 환어음을 일람출급으로 매입가능하다.
- ③ liquidate damages 예정손해금액

제 5 조 Shipment of the Goods 물품선적
- ① seaport designated by the buyer 매수인이 지정한 항구

제 6 조 Late Delivery 인도지연
- ① for reasons attributable to the seller 매도인의 귀책사유로
- ② grace 유예기간, 은혜일(= grace period = grace date)

제 7 조 Packing and Marking 포장 및 화인
- ① in the customary mannner 관습적인 방법으로

제 8 조 Insurance 보험
- ① effeet marine insurance 해상보험을 부보하다.
- ② all shipments 모든 적화물, 모든 선적물품

제 9 조 Warranty 담보
- ① be expressly warranted to be free from defect 하자가 없음을 명시적으로 담보되어야 한다.
- ② workmanship 기능(= craftsmanship), 솜씨
- ③ storage 보관, 창고, 창고료
- ④ statutory or commmon law 성문법 또는 보통법

제10조 Claim 클레임
- ① sworn surveyor's report 선언한 감정보고서 cf. swon 명세한, 선언된

제11조 Froce Majeure 불가항력
- ① acts of God 천재지변
- ② strikes 파업

③ sabotage 태업
④ labor disturbances 노동쟁의
⑤ lockout 패쇄
⑥ epidemics 전염병
⑦ floods 홍수
⑧ earthquakes 지진
⑨ typhoon 태풍
⑩ embargoes 수출금지

제12조 Breach, Indemnity 계약위반, 보상
① sustaind by the other party 상대방이 입은
② proceeding and settlement 진행 및 해결
③ equitable participation 정당한(공정한) 참여
④ resultant prejudice 결과로 생기는 손해
⑤ observance 준수
⑥ federal or local authority 연방 또는 지방정부당국
⑦ infringement 법률위반, 권리침해

제13조 Taxes/Duties Contigent Charges 세금/관세, 부대비용
① assess 과세하다, 부과하다(= impose), 평가하다, 사정하다(= appraise).
② insurance premium 보험료
③ surcharge 부대비용
④ for the buyer's account 매수인의 부담으로

제14조 Aftersales service 사후봉사

제15조 Infringement 권리침해
① proprietary rights 재산권

제16조 Termination 계약종료
① default 채무불이행, 이행하지 않다.
② remedy 구제, 구제하다.
③ creditors 채권자
④ insolvent 지급불능
⑤ dissolution 해산
⑥ liquidation 청산
⑦ ceasing to do business 영업중단
⑧ be disharged from～: ～로부터 의무를 지지 아니한다.
⑨ in lieu of ～을 대신해서(= instead of)

제17조 Arbitration 중재
① controversies 논쟁
② the award rendered 내려지는 판정

제18조 Trade Terms and Governing Law 무역거래조건 및 준거법
① be governed and interpreted 준거되고 해석된다.
② INCOTERIMS 무역거래조건의 해석에 관한 국제규칙(= International rules for the Interpretation of Trade Terms)
③ in the event of conflict 상충(충돌)되는 경우에

제19조 Assignment 계약의 양도
① prior consent 사전동의 cf. prior to ～(= before)

제20조 Non-Waiver 권리불포기
① renunciation(권리 따위의) 포기, 채무의 이행거절(= rejection)

제21조 Noticc 통지
① invoice 송장 cf. commercial invoice 상업송장

제22조 Entire Agreement 완전합의
① merge 통합하다

제23조 Effective Date and Term 효력발생일 및 기산
① authorized representativies 권한을 가진 대표들
② in force 유효한

4.5 판매특약점계약서

판매점 또는 특약점계약인 판매특약점계약(distributorship agreement)은 계약당사자가 매도인(seller) 대 매수인(buyer)의 관계에서 특정물품에 대하여 계속적인 거래관계를 정한 계약으로 매매계약의 기본조건을 정한 것이라고 할 수 있다. 판매점 또는 특약점은 어디까지나 자기의 이름과 계산으로 매도인으로부터 물품을 수입하여 제 3 자에게 전매하는 것으로 법률적으로는 본인 대 본인(principal to principal) 관계이다.

Model Form No. 4 판매특약점계약서(Distributorship Agreement)

DISTRIBUTORSHIP AGREEMENT

This Agreement, made and entered into this June 1, 20__ by and between Korea Trading Co., Ltd. a corporation duly organized and existing under the laws of the Republic of Korea and having its principal office at 1, 1-ga, Sogong-dong, Chung-gu, Seoul, Korea(hereinafter referred to as "Manufacturer") and America Trading Co., Inc., a corporation duly organized and existing under the laws of the state of New York, U.S.A. having its principal office at 310, Fifth Evenue West, New York, N.Y. 10018, U.S.A.(hereinafter referred to as "Distributor").

WITNESSETH:

WHEREAS, Manufacturer wishes to appoint Distributor the exclusive distributor for the Products(as hereinafter defined) in the territory of the United States of America, WHEREAS, Distributor wishes to accept such appointment as exclusive distributor.

IN CONSIDERATION OF the mutual covenants contained herein, the parties hereto agree as follows:

Article 1. Definitions

In this Agreement except where the context otherwise requires, the following terms and expressions shall have the meanings respectively defined as follows:

1.1 "Products" means those products which are mentioned in the attached Annex.

1.2 "Territory" means the United States of America.

Article 2. Appointment and Acceptance

2.1 During the term and subject to the conditions hereinafter set forth, Manufacturer hereby appoints Distributor as an exclusive distributor for the Products in the Territory, and Distributor accepts such appointment. During the term of this Agreement, Manufacturer shall not, either directly or indirectly, sell the Products in the Territory without the prior consent of Distributor.

2.2 Distributor shall not purchase, import, export, sell, distribute, advertise or otherwise deal in Products competitive with or similar to the Products in the Territory.

Article 3. Orders and Shipment

3.1 In placing orders with Manufacturer, Distributor shall clearly describe the products and quantity required, and shall include precise instructions for packaging, invoicing and shipping, the orders shall not be binding unless and until they are accepted by Manufacturer in its discretion. Man-ufacturer agrees to supply Distributor with Products to enable fulfillment of the minimum purchases as set forth in Article 5 hereof. Manufacturer agrees to extent its best efforts to accept all orders as submitted by Distributor in excess of said minimum purchases.

3.2 Manufacturer shall be responsible for packaging the Products in such manner to ensure except for perils of the sea safe and undamaged delivery.

Article 4. Price and Payment

4.1 The price of the Products shall be determined in accordance with the price lists attached hereto and made a part hereof, which price list may be changed from time to time by the Manufacturer within 30 days prior notice.

4.2 Within 30 days after receipt of Manufacturer's confirmation of order, Distributor shall open an irrevocable Letter of Credit in favor of Manufacturer, issued by a first class, international bank, satisfactroy to Manufacturer.

4.3 Currency of Payment shall be in United States Dollars.

Article 5. Minimum Purchase

5.1 Distributor guarantees minimum purchases of the Products from Manufacturer in the following amount, on a FOB Busan basis:

(1) First year US$100,000
(2) Second year US$200,000

(3) Third year US$500,000

For the purpose of this Article, the Products shall be considered purchased when shipped by Manufacturer.

5.2 When Distributor has fulfilled the minimum purchase guarantee as stipulated in Article 5.1, this Agreement shall automatically be renewed for a period of three years. The minimum purchase amount for any three year period shall said period and said purchase volume shall be subject to the same conditions as aforesaid. As long as this volume is reached the Agreement shall be automatically extended by successive three years period subject to Article 13, provided, however, that each successive period shall require a 10% increase of the minimum purchase volume.

5.3 If Distributor fails to purchase the minimum amount as stipulated in Article 5.1 and 5.2, Manufacturer may terminate this Agreement by a written notice as hereinafter provided for in Article 14.2(2) within one month after the expiration of the three year period of this Agreement, but Distributor shall have no other liability in connection therewith.

Article 6. Technical Assistance

6.1 Manufacturer engages themselves to supply Distributor with necessary Technical Assistance by means of informative and illustrated material and to send all advertising material suitable for promotion and advertising of the Products.

6.2 Manufactures shall train a reasonable number of technical personnel either in Korea or on site in the Territory by consent of both parties if it becomes necessary due to introduction of any new Products or generally in order to achieve better installation and maintenance standards. Costs for round trips, meals, lodging, and other expenses of the despatched personnel of Distributor or Manufacturer for training shall be borne by Distributor.

6.3 The above Technical Assistance shall be implemented in the English Language.

Article 7. Spare Parts

7.1 Distributor shall keep a sufficient level of spare parts in order to provide an efficient After Sales Services, Manufacturer shall also advise Distributor of the required spare parts and any stocking will be discussed and mutually agreed before orders are placed.

7.2 Manufacturer shall supply to Distributor spare parts for the Products so long as Distributor continues to purchase the Products pursuant to the terms and condition of this Agreement and for two years after the last shipment of the Products to Distributor. The Price for the Spare Parts shall be consented by both parties. And at Manufacturer' s option Distributor may purchase standard spare parts from Manufacturer's suppliers directly for two years after the last shipment.

Article 8. Inspection and Warranty

8.1 Promptly after the receipt of the Products, Distributor shall inspect or shall cause its qualified agent to insure that the quality standards, as agreed to by the parties in writing, have been met. If any of the Prouducts or any part of a Procuct is found not to be in compliance with the quality standards, Manufactrer shall supply Distributor free of charge replacement for the Products or the part of a Product not meeting the quality standards, and/or shall indemnify the Distributor against any loss and damage suffered by the Distributor.

8.2 Manufacturer warrants that the Products at the time of shipment shall be free from defects in material and workmanship. This warranty does not extend to any of the said Products which have been: (1) subject to misuse, neglect, accident or abuse, (2) improperly repaired, or altered or modified in any way, and (3) used in violation of instructions furnished by Manufacturer.

8.3 Claims by Distributor in regard to any defect in the Products must be in writing and be dispatched by Distributor with full particulars within one(1) year after receipt of the products.

Article 9. Distributor's Responsibility

9.1 Distributor shall maintain adequate stocks of the Products throughout the Territory to meet its customer's demand in time. Distributor shall maintain adequate stocks of replacement parts, facilities and qualified mechanics throughout the territory and shall provide reasonable after saleservices to its customers.

9.2 Distributor shall undertake for its own account, advertisement, and sales promotions of the Products and devote its best efforts toward obtaining the largest sales volume of the products in the Territory.

9.3 Whenever Manufacturer shall render to Distributor any complaints as to Products from any dealer or customer in the Territory, Distributor shall immediately make investigation and take a proper action.

Article 10. Report

Distributor shall make quarterly reports to Manufacturer on the sales of the Products, the inventory of the Products and parts thereof, general market conditions and other as Manufacturer requires.

Article 11. Trademarks

11.1 Distributor recognizes that any of trademarks, tradenames, designs, copyrights and other proprietary rights, used on or embodies in the Products("Proprietary Rights") shall remain the exclusive property of Manufacturer. Distributor shall not have or acquire any right, title or interest in proprietary Rights: provided, however, that Distributor may with the consent of Manufacturer indicate that it is an authorized distributor of the Products, Upon termination of this Agreement for any cause, Distributor shall cease holding itself out as a distributor of the Products and cease using in any way Manufacturer's name or its Proprietary Rights or any material similar thereto.

11.2 Distributor shall not alter, deface, remove, cover or mutilate in any manner the trademark, serial or model numbers, brand or Manufacturer's name attached or affixed to any of the Products, without the consent of Manufacturer.

Article 12. Status of Distributor

12.1 This Agreement does not in any way create the relationship of principal and agent between Manufacturer and Distributor: and under no circumstances shall Distributor be considered to be the agent of Manufacturer. Distributor shall not act or attempt to act, or represent itself, directly or by implication, as an agent of Manufacturer or in any manner assume or create, or attempt to assume or create, any obligation, liability, representation, warranty or guarantee on behalf of, or in the name of Manufacturer.

12.2 Distributor shall at all times comply with all applicable laws, regulations and orders of any government of the Territory or political subdivisions thereof relating to or in any way affecting this Agreement and Distributor's performance hereunder, including the obtaining of any required licenses, permits or approvals.

12.3 Distributor shall not disclose to any third party, without the prior written consent of Manufactruer, or use for any purpose othe than the performance of its obligations under this Agreement, any confidential information concerning the Products or business affairs of Manufacturer(including, but not limited to, prices, discounts, terms and conditions of sale, customers, business affairs products or product specifications) which it receives directly or indirectly from Manufacturer, or which it acquires or devlops in the course of its transactions with Manufacturer.

Article 13. Term

13.1 This Agreement shall become effective upon signing and shall continue in full force and effect for a period of three years from the date hereof, unless earlier terminated pursuant to Article 14, and shall thereafter be automatically extended for successive three year periods of time unless, three months prior to the expiration of the term or any extension thereof, a notice of intention to finally terminate is given in writing by one party to the other.

13.2 Upon the extension of this Agreement in accordance with Article 13.1, the minimum purchase amount for each period shall be reviewed and a new minimum purchase amount shall be mutually agreed upon in writing by the parties within two(2) months after commencement of each new period.

Article 14. Termination

14.1 This Agreement may be terminated at the option of Manufacturer, effective upon thirty(30) days prior written notice of termination given to Distributor, in the event of the happening of the following events;

(1) Should Distributor become bankrupt or insolvent, or have its business placed in the hands of a receiver, assignee or trustee, whether by voluntary act or otherwise; or

(2) Should Distributor fail to meet the minimum annual purchase requirements or otherwise fail to meet promptly any of its obligations pursuant to this Agreement; or

(3) Should Distributor be acquired by, or should itself acquire, in whole or in part a manufacturer of the products which in the reasonable judgment of Manufacturer competes to material extent with the Products; or

(4) Should Distributor attempt to assign this Agreement or any rights hereunder without Manufacturer's prior written consent; or

(5) If Distributor ceases to function as a going concern or to conduct its operations in the normal course of business.

14.2 All monies owed to Manufacturer upon termination shall become immediately due and payable and no cancellation or termination of this Agreement shall serve to release Distributor or its successors or assigns from any obligations under this Agreement.

Article 15. Force Majeure

Neither party shall be liable to the other party for nonper-formance or delay in performance of any of its obligations under the Agreement due to war, revolution, riot, strike or other labor dispute, fire, flood, acts of government or any other causes reasonably beyond its control. Upon the oc-currence of such a force majeure condition the affected party shall immediately notify the other party of any further developments with evidence proving its occurrence. Immediately after such condition is removed, the affected party shall perform such obligation with all due speed.

Article 16. Governing Law

This Agreement shall be interpreted and governed by the laws of the Republic of Korea.

Article 17. Arbitration

All disputes, controversies or differences which may arise between the parties out of or in relation to or in connection with this Agreeement or for the breach thereof shall be finally settled by arbitration in Seoul, Korea in accordance with the Commercial Arbitration Rules of the Korean Com-mercial Arbitration Board and under the Laws of Korea. The award rendered by the arbitrator(s) shall be final and binding upon both parties concerned.

Article 18. Miscellaneous Provisions

18.1 Notices

Any notice required or permitted to be given hereunder shall be in writing, and may be given by personal service, registered airmail, or by cable, facsimile or telex if con-firmed on the same day in writing by registered airmail.

18.2 Entire Agreement-Amendments

This Agreement constitutes the entire understanding of Manufacturer and Distributor with respect to the subject matter hereof. No amendment, modification or alteration of any term of this Agreement shall be binding on either party unless the same shall be made in writing and executed by or on behalf of the parties hereto.

18.3 Assignment and Succession

This Agreement shall insure to the benefit of and be binding upon the parties hereto and their respective successors. No assignment of this Agreement shall be valid without the prior written consent of the other party hereto.

18.4 Waiver

All waivers hereunder must be in writing, and the failure of any party at any time to require the other party's performance of any obligations under this Agreement shall not affect the right subsequently to require performance of the obligation. Any waiver of any breach of any provision of this Agreement shall not be construed as a waiver of any continuing or succeeding breach of such provision or a waiver or modification of the provision.

18.5 Severability

If any one or more of the provisions contained in this Agreement shall be declared invalid, illegal or unenforceable in any respect, under any applicable law, the validity, leglity and enforceability of the remaining provisions contained herein shall not in any way be affected and in such case the parties hereto oblige themselves to reach the intended purpose of the invalid provision by a new, valid and legal stipulation.

18.6 Headings.

The section headings herein are included for purposes of convenience only any shall not affect the construction or interpretation of any of the provision of this Agreement.

IN WITHNESS WHEREOF, the parties hereto have caused this Agreement to be executed by their respective duly authorized officers.

Manufacturer,	Distributor,
Korea Trading Co., Ltd	America Trading Co., Inc.
Mansu Kim	Paul A. Fabry
Man-su Kim	Paul A. Fabry
President	President

☞ 주

제 1 조 Definitions 정의
① products (계약)제품, 생산품
② territory (계약)지역

제 2 조 Appoint and Acceptance 독점판매업자의 선정과 승낙
① distributor 판매권자

제 3 조 Orders and Shipments 주문 및 선적
① in placing order 주문을 함에 있어서
② precise 정확한
③ discretions 재량
④ in excess of ~을 초과하여
⑤ perils of the sea 해상위험

제 4 조 Price and Payment 가격과 대금지급
① open 신용장을 개설(발행)하다(= issue = establish).

제 5 조 Minium Purchase 최소구매
① FOB Pusan 부산항본선인도가격, FOB = Free on Board
② subject to ~라는 조건으로

제 6 조 Technical Assistance 기술지원
① by means of information and illustrated materal 정보자료 및 설명자료로서
② installation and maintenance 설치 및 설비의 유지
③ costs for lodging 숙박비
④ be borne by ~가 부담한다.

제 7 조 Spare Parts 부속품, 부품
① pursuant to ~에 따라서, ~에 응해서 (= in accordance with)

제 8 조 Inspection and Warranty 검사 및 보증
① replacement 대체
② damage suffered by distributor 판매권자가 입은 손해
③ in violation of ~에 위반(을 침해)하여

제 9 조 Distributor's Responsibility 판매권자의 책임
① adequate stocks 적절한 재고
② facilities 설비
③ for its own account 자신의 비용으로

제10조 Report 보고
① quarterly reports 분기별(매 3개월 마다) 보고

제11조 Trademarks 상표
① tradenames 상호
② propietary rights 재산권
③ Distributor shall not alter, deface, remove, cover or mutilate. 판매권리는 (상호 등을) 변경하거나, 외관을 손상시키거나, 제거하거나, 덮어가리거나, 일부 작게 하여서는 아니된다.

제12조 Status of Distributor 판매권자의 지위
① principal and agent 본인과 대리인
② on behalf of ~을 대리하여
③ at all times 항상
④ applicable laws 준거법, 적용법(= governing law)
⑤ disclose 니다내다, 알리다(= uncover).

제13조 Term 계약기간
① be extended for successive 계속하여 연장되다.

제14조 Termination 계약종료
① receiver 관리인
② assignee 양수인, 관리인
③ trustee 수탁자
④ ceases to fuction as a going concern or to conduct its operations. 계속 기업으로서 기능 또는 그러한 영업활동의 수행을 중지하다.

제15조 Force Majeure 불가항력
① evidence proving its occurance 발생증명서
② with all due speed 신속하게

제16조 Governing Law 준거법

제17조 Arbitration 중재

제18조 Miscellaneous Provisions 잡칙, 기타사항
① entire agreement-amendments 완전합의-변경
② assigment and succession 양도 및 승계
③ waiver 권리포기
④ severability 계약조항의 독립
⑤ enforceability 집행가능성
⑥ headings 제목

4.6 수입대리점계약서

대리점계약(agency agreement)은 계약당사자가 본인 대 대리인(principal to agent)의 관계에 서서, 즉 본인이 대리점에 본인의 대리인으로 행동하는 권한을 부여하여 당사자 사이의 의무와 권리를 정한 계약을 말한다. 대리점계약은 본인과 대리점의 내부관계를 규정한 것으로 본인과 대리점 사이에는 물품매매가 이루어지지 않으며 매수인(buyer)은 따로 존재하게 된다. 따라서 대리점은 매도인을 대신하여 매매의 서비스를 행하고 이에 대한 보수, 즉 대리점수수료를 받는다.

Model Form No. 5 수입대리점계약서(Import Agency Agreement)

AGENCY AGREEMENT

This Agreement, made and entered into on May 15, 20___ by and between America Trading Co., Inc., a corporation organized and existing under the laws of State of New York, U.S.A., having its main office and place of business at 310, Fifth Avenue, NY 10018, U.S.A.(hereinafter referred to as "Company") and Korea Trading Co., Ltd., 1, 1-ga, Sogong-dong, Chung-gu, Seoul, Korea(hereinafter referred to as "Represen-tative")

WITNESSTH:

WHEREAS, "Company" manufactures and/or sells products and WHEREAS, "representative" desires to perform certain services on behalf of "Company" with respect to the following products: NOW THEREFORE in consideration of mutual condition and obligations hereinafter set forth, the parties hereto have agreed as follows:

Article 1. PRODUCTS

"Company" hereby appoints "Representative," and "Representative" hereby accepts appointment as "Company' s" independent sales representative to promote and assist in the

sales of the listed below:
"Electric Washing Machine, Model No.123."

Article 2. TERRITORY

The sales territory designated hereto is the geographical area of the Republic of Korea as well as the area mutually agreed upon.

Article 3. MAJOR RESPONSIBILITIES OF REPRESENTATIVE

3.1 Generate and stimulate interests in the "products" and furnish information to "Company" in regard to market trend and prospective purchasers of the "Products."

3.2 Participate in the sales promotion activities to benefit sales of the "Products."

3.3 Cooperate with and assist "Company" with the collection of any overdue accounts, after service informations, and other matters as requested by the "Company."

3.4 Bear and pay all travelling expenses and others incurred by "Representative" in connection with the sale of the "Products," and "Representative" shall not be entitled to any reimbursement in this respect except upon prior approval from "Company."

Article 4. MAJOR RESPONSIBILITIES OF COMPANY

4.1 Endeavor to maintain the delivery conditions on all orders accepted by "Company."

4.2 Provide "Representative" to the full extent, with sales and technical information and assistance regarding the "Products."

4.3 Keep "Representative" informed of specification change in the "Products."

4.4 All expenses of catalogues, samples, advertisements, exhibitions and seminars made for sales promotion of the products shall be responsible to company.

Article 5. COMMISSIONS

5.1 The commission rate as agreed is three percent(3%) and will accrue to "Representative's" account as of the date of shipment by "Company."

5.2 The agreed rate of commission shall be due and payable to "Representative" within seven days of the date that "Company" made the pertinent delivery to the purchasers in the "Territory."

5.3 No commission shall accrue to "Representative" based on orders not accepted by "Company" or on orders cancelled prior to delivery by "Company."

5.4 Commission will be paid to "Representative" in its country in the currency of U.S. Dollars.

Article 6 PURCHASE ORDER AND DELIVERY

"Representative" is not authorized to accept any purchase order on behalf of "Company" or to otherwise finalize any sales of such products without Company's consent. "Company" shall ship and deliver "Products" purchased by virtue of purchase orders, which it has accepted and acknowledged, directly to the customers in the "Territory."

Article 7. RELATIONSHIP ON PARTIES

7.1 "Representative" shall have no authority to act for or on behalf of "Company" without Company's consent to sign or otherwise enter into any kind of contracts, undertaking or agreement, or make promise, warranty or representation, with respect to the "Products," and "Company" shall not be bound by any acts, obligations, or defaults of "Representative," its employee or agents.

7.2 "Company" shall not deal directly with customers in the "Territory" and in case a customer choose to deal directly with "Company," the "Company" shall notify and consult with "Representative," "Company" shall guarantee a fair and prevailing commission to "Representative" in accordance with article 5 of this agreement.

Article 8. ASSIGNMENT OF AGREEMENT

Neither this Agreement nor any rights or obligations hereunder may be assigned by "Representative" without prior written consent of "Company."

Article 9. DURATION AND TERMINATION

9.1 This Agreement shall be effective for a initial period of three years from the effective date of this Agreement, and shall be extended automatically for a period of one year unless there is written notice from either party not less than sixty days prior to expiration date. Notwithstanding any other provisions herein, this Agreement may be terminated during initial term or any extension by either party upon giving at least ninety days written notice to other party as agreed.

9.2 If either party hereto continues in default of any obligation imposed on it herein for more than thirty days after written notice by the others party has been dispatched requesting the party in default to remedy such default, the other party may terminate by registered mail to the party in default and this Agreement shall terminate on the date of such notice.

9.3 In the event of bankruptcy, receivership, insolvency or assignment for a benefit of creditors of either party hereto, the other party may terminate this Agreement immediately by giving the first party written notice to that effect.

Article 10. ARBITRATION

All disputes, controversies, or difference which may arise between the parties, out of or in relation with this contract or for the breach thereof, shall be finally settled by arbitration in Seoul, Korea in accordance with the Commercial Arbitration Rules of The Korean Commercial Arbitration Board under the Laws of Korea. the award rendered by the arbitrator(s) shall be final and binding upon both parties concerned.

Article 11. EFFECTIVE DATE

This Agreement shall become effective as of the day and date first written above. If there are special condition imposed by the government of either party, the date of such government approval shall become the effective date of this

Agreement.

Article 12. GOVERNING LAW

This Agreement shall be construed and interpreted in accordance with the law of the Republic of Korea. Especially, "Company" shall observe those regulation described in international agreement provisions as regulated in Korean Antitrust and Fair Trade Acts.

Article 13. FORCE MAJEURE

Neither party shall be liable to the other party for non-performance or delay in performance of any of its obligation under the agreement due to causes reasonably beyond its control including fire, flood, strikes, labour troubles or other industrial disturbance, unavoidable accidents, governmental regulations, riots, and insurrections. Upon occurence of such a force majure condition the affected party shall immediately notify the other party with detail proving its occurence or existence and shall promptly inform the other party of any further developments. Immediately after the cause is removed, the affected party shall perform such obligations with all due speed unless the Agreement is previously terminated in accordance with article 9 hereof.

Atical 14. NOTICES

All communication notices or the like between the parties shall be valid when made by telegraph or telex communication subsequently to be confirmed in writing the designated addresses of the parties.

Article 15. ENTIRE AGREEMENT

This instrument constitutes the entire agreement and understanding between the parties hereto relative to the subject after hereof and there are no understanding, agreement's conditions or representations, oral or written, expressed or implied, with reference to the subject matter hereof that are merged herein or superseded hereby.

No modification hereof shall be of any force or effect unless reduced to writing and signed by the paries claimed to be bound thereby and no modification shall be effected by the acknowledgement or acceptance of any order containing different conditions.

IN WITNESS WHEREOF, the parties have caused this Agreement to be executed by their duly authorized representatives as of the date first above written:

Representative,	Company,
Korea Trading Co., Ltd.	America Trading Co., Inc.
Mansu Kim	*Paul A. Fabry*
Man-su Kim	Paul A. Fabry
President	President

☞ 주

제 1 조 Products 제품
① Company 회사, 여기서는 공급자
② representative 대리점
③ in consideration of ~을 고려하여

제 2 조 Territory 지역

제 3 조 Major Responsibilities of Representative 대리점의 중요책임
① generate 만들어 내다(= produce), 발생시키다.
② overdue accounts 미수금
③ shall not be entitled to any reimbursement 어떠한 보상(상환)을 청구하지 아니하다.

제 4 조 Major Responsibilities of Company 공급자의 중요책임

제 5 조 Commissions 수수료
① accrue 귀속하다
② prior to 전에(=before)

제 6 조 Purchase Order and Delivery 구매서 및 제품인도

제 7 조 Relationship of Parties 당사자의 관계
① warranty 보증
② defaults 채무불이행

제 8 조 Assignment of Agreement 계약의 양도

제 9 조 Duration and Termination 계약기간의 종료
① notwithstanding ~에도 불구하고(= in spite of)
② dispatch 발송하다, 발송
③ receivership 법정관리
④ insolvency 지급불능

제10조 Arbitation 중재

제11조 Effective Date 효력발생일

제12조 Governing Law 준거법
① construed and interpreted 준거로 하고 해석한다.
② Antitrust and Fair Trade Act 불공정 및 공정거래법

제13조 Force Majeure 불가항력
① industrial disturbance 산업쟁이
② insurrections 반란

제14조 Notices 통지

제15조 Entire Agreement 완전합의
① instrument 증거, 계약서
② be merged herein or superseded hereby 이로써 흡수통합되고 이로써 대체된다.
③ in witness whereof 이를 입증하기 위하여

제 7 장

무역계약의 이행

1. 신용장발행 독촉

1.1 신용장발행 독촉과 신용장발행 신청

매매당사자가 무역계약을 체결할 때에 대금결제방식을 신용장(Letter of Credit : L/C)으로 약정하였다면 매수인은 자기의 거래은행에게 신용장발행을 신청하여야 한다.

신용장과 관련된 통신문은 매매계약을 체결할 때 매수인(신용장발행신청인: applicant)이 합의된 기간 이내에 매도인(신용장수익자: beneficiary) 앞으로 신용장이 발행되지 않아 매도인이 신용장발행을 독촉하는 경우, 매수인이 신용장발행 사실 여부를 통지하는 경우, 그리고 수출상이 통지은행으로부터 신용장을 수령하였으나 그 조건변경 요청을 필요로 하는 경우에 이루어진다.

신용장발행을 독촉하는 통신문의 주요 구성내용은 다음과 같다.

① 약정된 기간 내에 신용장이 발행되지 않았음을 주지시킴

② 신용장발행 지연으로 야기되는 문제점을 언급(원자재의 확보차질, 선적지연, 기타 손실야기 등)

③ 신용장의 조속한 발행을 촉구

④ 맺음말

1.2 무역통신문 사례

Model Letter No. 1 신용장발행을 독촉

May 10, 20___

America International Co., Inc.
350 Fifth Avenue, New York
NY 10018, U.S.A.

Gentlemen :

The letter of credit to cover our Sales Note No. E15 dated April 20 has not yet reached us.

As you know, this contract was originally for June Shipment and the goods were specially made to your request.

We would very much appreciate it if you could expedite L/C opening by May 15. Otherwise, we might dispose of the goods and have you make up for the loss.

Please attend to this matter with all speed.

Yours very truly,
Seoul Trading Co., Ltd.
Minho Kang
Min-ho Kang
General Manager

☞ 주

① Sales Note 매약서(賣約書), 매도계약서
② be specially made to your request 특별히 귀사의 요청에 응해서 만들어졌다.
③ Please attend to this matter with all speed. 아무쪼록 이 문제를 고속히 처리하여 주십시오.

Model Letter No. 2(Reply to Model Letter No. 1) 신용장발행신청인(매수인)이 신용장발행 결과를 수익자(수출상)에게 통지

May 20, 20___

Seoul Trading Co., Ltd.
C.P.O. Box 777
Seoul, Korea

Gentlemen :

We are pleased to inform you that we have opened a letter of credit No. 78910 dated May 15 covering US$100,000 for the Men's Split Leather Jackets through Bank of America, New York.

The credit is valid until August 10, and will airmail to you by our bankers' correspondents. It is expected to reach you in a few days.

As we need the goods very urgently, please expedite the shipment as soon as possible by the earliest vessel available.

Your cooperation on this matter would be appreciated.

Yours very truly,
America International Co., Inc.
Richard C. Anderson
Richard C. Anderson
Vice President

☞ 주

① be valid 유효하다.
② our bankers' correspondents 당(은)행의 환거래은행
③ expedite 빨리하다, 촉진하다(= hasten = quicken).

2. 발행된 신용장의 통지

2.1 신용장 통지방법

발행된 신용장은 수출상(수익자) 소재지의 신용장발행은행의 환거래은행(correspondent bank)인 통지은행을 통하여 수익자에게 통지된다.

신용장의 통지(advice)란 신용장을 발행한 은행이 신용장발행내용을 수익자(beneficiary)에게 알리는 것을 말한다.

신용장을 통지하는 방법은 신용장발행은행이 직접 수익자에게 통지하는 방법과, 신용장발행은행이 수익자 소재지의 본·지점이나 환거래은행에 신용장발행 사실을 알리고 이들로 하여금 수익자에게 통지토록 하는 방법이 있다. 이 방법 중 전자의 방법은 신용장의 진위를 파악할 수 없기 때문에 후자의 방법이 실제거래에 대부분 이용되고 있다.

한편, 신용장을 발행하여 통지은행 앞으로 발송하는 방법에는 과거에는 전신(cable)이나 우편(mail)에 의한 방법을 사용하였으나 시금은 스위프트(SWIFT)시스템에 의한 전송(teletransmission)방법을 이용하고 있다. 스위프트는 "세계은행간 금융데이터 통신협회"(Society for Worldwide Interbank Financial Telecommunication: SWIFT)로 안정성과 경제성 때문에 대부분의 은행은 신용장 발행 및 통지를 스위프트 시스템의 "MT 700"형식에 의하여 발행되고 있다.

2.2 무역통신문 사례

Model Form No. 1 화환신용장(documentary credit)

(MT 700) ISSUE OF A DOCUMENTARY CREDIT
Advice Number: A0604-007-00123
From: BANK OF AMERICA, NEW YORK ①
To: KOREA EXCHANGE BANK, SEOUL, KOREA ⑧
: 27 sequence of total: 1/1
: 40A form of documentary credit: IRREVOCABLE ③
: 20 documentary credit number: 78910 ④

: 31C date of issue: 00/07/01 ②
: 31D date and place of expiry: 00/09/30 KOREA ⑤
: 50 applicant: AMERICA INTERNATIONAL INC.
350 FIFTH AVE., NEW YORK, NY10118, U.S.A. ⑥
: 59 beneficiary: SEOUL TRADING CO., LTD.
C.P.O. BOX 777, SEOUL, KOREA ⑦
: 32B currency code amount: USD100,000 ⑨
: 39A pct credit amount tolerance: 10/10 ⑩
: 41D available with by name, address: ANY BANK
BY NEGOTIATION ⑪ ⑫
: 42C drafts at: SIGHT ⑬
: 42A drawee: BANK OF AMERICA, NEW YORK, NY10015, U.S.A. ⑭
: 43P partial shipment: ALLOWED ㉓
: 43T transshipment: NOT ALLOWED ㉔
: 44A on board/dispatch/taking in charge: BUSAN, KOREA ㉕
: 44B for transportation to: NEW YORK, U.S.A. ㉗
: 44C latest date of shipment: 00/09/20 ㉖
: 45A description of goods and/or services ⑮
4000 PCS OF MEN'S SPLIT LEATHER JACKETS OTHER DETAILS AS PER SALES NOTE NO. E15 DATED MAY 1, 2010 CIF NEW YORK
: 46A documents required
+ SIGNED COMMERCIAL INVOICE IN TRIPLICATE ⑯
+ PACKING LIST IN TRIPLICATE ⑲
+ FULL SET OF CLEAN ON BOARD OCEAN BILL OF LANDING MADE OUT TO THE ORDER OF BANK OF AMERICA, NEW YORK MARKED FREIGHT PREPAID AND NOTIFY ACCOUNTEE ⑰
+ MARINE INSURANCE POLICIES AND CERTIFICATES IN DUPLICATE ENDORSED IN BLANK FOR 110 PCT OF INVOICE VALUE. INSURANCE POLICES OR CERTIFICATES MUST EXPRESSLY STIPULATE THAT CLAIMS ARE PAYABLE IN THE CURRENCY OF THE DRAFTS AND MUST ALSO INDICATE A CLAIM SETTLING AGENT IN NEW YORK. INSURANCE MUST

INCLUDE INSTITUTE CARGO CLAUSES(B) ⑱
+ CERTIFICATE OF ORIGIN IN DUPLICATE ⑳
+ INSPECTION CERTIFICATE IN DUPLICATE ㉑
+ CERTIFICATE OF WEIGHT AND MEASUREMENT ㉒
: 47A additional conditions
SHIPMENT MUST BE EFFECTED BY ACL LINE ONLY ㉘
THIS CREDIT IS TRANSFERABLE ㉙
ALL DOCUMENTS MUST BEAR OUR CREDIT NUMBER ㉚
T/T REIMBURSEMENT NOT ALLOWED ㉛
: 48 period for negotiation: DOCUMENTS MUST BE PRESENTED WITHIN 3 DAYS AFTER THE DATE OF BILL OF LADING BUT WITHIN THE CREDIT VALIDITY
: 71B charges: ALL BANKING COMMISSIONS AND CHARGES INCLUDING REIMBURSEMENT CHARGES OUTSIDE U.S.A. ARE FOR ACCOUNT OF BENEFICIARY ㉜
: 49 confirmation instructions: WITHOUT ③
: 53A reimbursement bank: BANK OF AMERICA, NEW YORK, NY10015, U.S.A. ㉟
: 78 instructions to the paying/accepting/negotiating bank
DRAFTS MUST BE SENT TO DRAWEE BANK FOR YOUR REIMBURSEMENT AND ALL DOCUMENTS TO US BY COURIER SERVICE IN ONE LOT ㉝
: 72 sender to receiver information: THIS CREDIT IS SUBJECT TO UCP(2007 REVISION) ICC PUBLICATION NO. 600 ㉞

[연구] 신용장의 구성내용

신용장의 형식은 국제상업회의소가 권고한 화환신용장발행을 위한 표준양식(Standard Forms for Issuing of Documentary Credit)에 기본을 두어 발행되고 있었으나 스위프트 시스템의 발전에 따라 현재의 신용장은 스위프트 "MT700"형식에 따라 발행되고 있으므로 이에 따른 내용 구성과 기재내용을 검토할 필요가 있다.

무역거래에서 일반적으로 많이 사용되고 있는 취소불능화환신용장을 중심으로 그 구성내용과 기재사항을 ① 신용장 자체에 관한 사항, ② 환어음에 관한 사항, ③ 물품명세에 관한 사항, ④ 요구서류에 관한 사항, ⑤ 운송에 관한 사항, ⑥ 특별지시에 관한 사항, ⑦ 기타의 기재사항 등으로 크게 구분하여 살펴보기로 한다.

1) 신용장 자체에 관한 사항

① 신용장발행은행(issuing bank)

Model Form No.1에 예시된 스위프트 메시지 형식에 의하여 발행 및 통지되는 신용장은 국제적으로 그 형식이 통일되어 있다. 일반적으로 메시지 형식 발신자는 발행은행이 되고 수신자는 통지은행이 된다. 따라서 신용장의 "we"는 발행은행을 가리키고, "you"는 수익자(beneficiary)를 의미한다. 그러나 전신으로 통지되는 신용장상의 "we"나 "you" 등은 인용내용 전후를 참조하여 발행은행 · 통지은행 · 수익자를 구별하여야 한다.

② 신용장의 발행지 및 발행일자(place and date of issue)

우편으로 통지되는 신용장의 경우에는 발행은행 바로 다음에 기재되는 주소가 신용장발행지가 된다. 주소는 도시명 · 국가명을 기재하여야 한다. 또한 발행일자는 신용장의 지급확약 개시일이 되며 보통은 신용장상단에 표기되지만, 전신으로 통지되는 신용장은 통지일자(date of advice)가 되며 전신내용 중에 발행일자가 포함되어 있다.

③ 신용장의 종류

취소불능화환신용장(irrevocable documentary credit) 또는 취소불능매입신용장(irrevocable negotiation credit)과 같이 신용장의 종류를 표시한 것으로 대부분의 신용장은 irrevocable이란 문언이 기재되어 있다. 이런 명시가 없어도 취소불능(irrevocable)으로 간주된다. 취소불능신용장은 신용장 관계당사자의 합의가 있어야만 신용장취소나 조건변경을 할 수 있다.

④ 신용장번호(credit number)

발행은행이 기준대로 부여한 번호이다. 수출신용장의 경우에는 신용장번호를 관련 서류상에 기재할 것을 요구하는 경우가 많다. 한국의 경우 신용장을 발행할 경우에, 즉 수입시에 신용장번호는 한국은행이 정하여 각 외국환은행이 공통으로 시행하고 있는 수입승인서 및 신용장 등의 번호기재요강에 따라 다음과 같이 기재하고 있다.

예를 들어 2010년 7월 들어 K은행 본점에서 15번째 일람불조건의 수출용 원자재를 수입승인하고 7월에 13번째로 신용장을 발행하였다면, 수입승인서번호는 I0601-007-ES-00159, 수입신용장번호는 M0601-007-ES-00139와 같이 부여할 수 있다.

⑤ 신용장유효기일 및 장소(date and place of credit expiry)

신용장의 유효기일과 장소는 신용장의 지급확약방식, 즉 일람지급(sight payment)·연지급(deferred payment)·인수(acceptance) 및 매입(negotiation)을 위하여 제시되어야 할 최종기일과 제시장소를 기재하는 곳으로 "August 10, 20×× at the counters of ABC Bank, New York"이나 "August 10, 20×× in New York"처럼 표시된다. 신용장유효기일의 의미는 동 기간 이내에서 지급확약의 효력이 있고 제시장소가 특정되었을 때는 해당 은행에 신용장상 요구하는 서류의 제시(presentation)가 이뤄져야 함을 유의하여야 한다.

⑥ 신용장발행의뢰인(applicant)

발행은행에 신용장발행을 의뢰한 자의 상호·주소를 기재한다. 보통 "for account of X&Y Inc." 또는 "accountee X&Y Inc."처럼 신용장상에 표시되는 경우가 많다.

⑦ 수익자(beneficiary)

신용장을 받게 되는 수신인(addressee)으로 상호·주소를 명확하게 기재해야 신용장송달이 신속·정확하게 이뤄진다. 신용장발행의뢰시에 수익자의 전화번호를 함께 주소란에 기재한다면, 통지은행에서 매우 편리하게 수익자에게 직접 신용장통지를 할 수 있다

⑧ 통지은행(advising bank)

통지은행은 발행은행에서 보내는 신용장을 수익자에게 통지하여 주는 중간은행이다. 보통 발행은행의 수익자소재지의 환거래은행(correspondent bank)이 되는 경우가 많다.

⑨ 신용장금액(amount of credit)

신용장금액은 신용장사용의 한도금액으로 동 금액 이내에서 수익자가 환어음을 발행할 수 있다. 신용장금액은 숫자(in figures)와 문자(in words)로 표시되는 것이 일반적이다. 표준형식의 신용장은 US$200,000(U.S. Dollars Two Hundred Thousand Only)와 같이 표시하지만, 표준형식을 사용하지 않을 때 일반적으로 사용되는 문언은 다음과 같다.

"to the extent of not exceeding a total of …"

"for a sum or sums not exceeding a total of …"

⑩ 신용장금액 사용 과부족허용 비율(per cent credit amount tolerance)

신용장금액을 사용함에 있어 10% 과부족을 허용하는 조건의 신용장이다.

2) 환어음에 관한 사항

⑪ 신용장 이용가능 은행

신용장의 지급 · 인수 · 매입은행을 표시한다.

⑫ 신용장 확약방식

신용장대금의 결제를 일람지급(sight payment), 연지급(deferred payment), 인수(acceptance) 또는 매입(negotiation) 중에서 허용되는 확약방식이 기재된다.

⑬ 환어음 지급기일(tenor of the draft)

환어음의 지급기일은 일람출급신용장(sight credit)의 경우, 특히 환어음발행이 요구된다면 "your draft at sight drawn on ABC Bank"와 같이 "at sight"로 하고, 기한부신용장(usance credit)의 경우에는 "at" 다음에 결제기간, 예컨대 "at 30 days after sight"와 같이 표시한다.

환어음발행인(drawer)은 수익자가 되며, 환어음발행통수는 2장을 1조로 한 조어음(set bill)을 발행한다. 이는 1번권 환어음과 2번권 환어음을 시차를 두어 송달하여 분실사고 등을 예방하기 위한 관행이다.

⑭ 환어음지급인(drawee)

환어음의 지급인은 "…drafts drawn on…" 다음에 표시된다. 보통 발행은행이나 지정은행 등 은행명이 기재된다. UCP 600에서는 은행 앞으로 발행하도록 규정하고 있다.

3) 물품명세에 관한 사항

⑮ 물품명세(description of commodity)

물품명세는 물품명(name of the covering commodity), 수량(quantity), 규격, 단가(unit price), 가격조건(price terms) 등을 다음과 같은 요령으로 표시한다.

> "4,000 pcs of Men's Split Leather Jackets as per Sales Note No. E15 dated May 10, 20×× @ US $25 CIF New York"

한편 상업송장상의 물품, 서비스 또는 이행의 명세는 신용장에 보이는 것과 일치하여야 하며 가격조건은 적용되고 있는 INCOTERMS에 정하고 있는 정형거래조건 중에서 선택하여 올바르게 기재하여야 한다.

4) 요구서류에 관한 사항

⑯ 상업송장(commercial invoice)

상업송장은 매수인에 대한 청구서 · 거래명세서 · 출화안내서 · 견적서이며 수익자가 작성한다. 상업송장에 기재된 물품명세는 신용장의 물품명세와 일치되어야 한다. 상업송장은 대금결제의 필수적 서류로 예외 없이 요구하고 있다. 상업송장상에 특정내용을 명시할 것을 요구할 경우에는 반드시 지시사항대로 상업송장상에 기재하여야 하며, 상업송장 요구통수를 제공해야 한다. 보통 "Signed Commercial Invoice in triplicate"처럼 통수표시를 하는데, "original(1 fold), duplicate(2 fold), triplicate(3 fold), quadruplicate(4 fold), quintuplicate(5 fold), sextuplicate(6 fold), septuplicate(7 fold), octuplicate(8 fold) 등과 같이 요구한다.

⑰ 운송서류(transport document)

운송서류는 물품의 선적 · 발송 · 인수를 명시하는 인도의 증거서류를 포괄적으로 부르는 것으로 해상선화증권 · 항공화물운송장 · 복합운송증권 등 운송방식에 따라 요구되는 운송서류의 종류가 다양하다. 예시된 신용장처럼 해상선화증권을 요구할 경우에는 보통 무사고선적 해상선화증권(clean on board ocean bills of lading) 전통(full set)을 제시하도록 하고 있다.

무사고(clean)란 선적된 물품 및 포장이 깨지거나 젖거나 하지 않고 외관상 완전한 상태로 선적되었음을 나타내는 것으로 사고 문언(remarks)이 없는 것을 말하며, 전통(full set)이란 선화증권 원본발행 전통, 즉 3통(original, duplicate, triplicate)이 1조로 발행되었다면 3통 모두를 갖춘 것을 말하며, 3통은 각각 정식의 선화증권으로서 독립된 효력을 가지므로 그 중 1통이 사용되면 나머지는 자동무효가 된다.

또한 선화증권의 발행방식으로 수화인(consignee)을 지정하게 되는데, 예시의 신용장은 "to the order of Bank of America"와 같이 Bank of America의 지시식으로 발행할 것을 요구하고 있다. 이 방식 이외에도 수화인은 단순지시식으로 "to order," 송화인의 지시식으로 "to the order of shipper," 수입상 앞 으로 "consigned to X&Y Inc."와 같이 기재하도록 신용장상에서 지시한다. 보통 선화증권 최초의 소지인이며 송화인인 신용장수익자는 '단순지시식'이나 '송화인의 지시식'의 경우에 선화증권원본이면에 무기명배서(blank endorsement)를 하여 운송서류를 양도하고 있다.

운임지급에 관하여는 정형거래조건이 CFR · CIF · CPT · CIP 중 어느 하나라면 운임선지급(freight prepaid)으로, FCA · FAS · FOB 중 어느 하나라면 운임후지급(freight collect)이라고 운송서류상에 표시하게 된다. 해상운임은 전자는 매도인이, 후자는 매수인이 부담하여야 한다.

화물도착통지처(notify party)는 화물이 목적항에 도착하였을 때 운송회사로부터 화물도착통지서(arrival notice)를 통지하여야 할 곳으로 보통 신용장발행의뢰인인 수입상이나, 그 대리인명의의 상호와 주소를 기재하게 된다.

한편 항공운송의 경우에는 예시의 신용장처럼 수화인은 ××은행으로 발행한 '항공화물운송장'(Air Waybill)을 요구하게 되는 것이 일반적이다. 이는 비유통운송서류(non-negotiable transport document)이기 때문에 보통은 신용장발행은행을 수화인(consignee)으로 하여 발행한다. 기타 운임지급표시나 화물도착통지처 등은 해상선화증권의 그것과 같다.

⑱ 보험서류(insurance documents)

보험서류란 보통 보험증권(insurance policy) · 보험증명서(insurance certificate) · 통지서(declaration)를 총칭하는 것이다. 보험증권은 확정보험(definite insurance)에 근거하여 발행되는 증권이며, 보험증명서 또는 보험확정통지서는 포괄예정보험(open cover)에 근거하여 발행되는 부보증명서로 신용장거래에서는 대부분이 보험증권이나 보험증명서 중 어느 한가지를 제시하도록 하고 있다. 그러나 보험중개업자(brokers)가 발행하는 보험승낙서인 "Cover Note"는 신용장에서 특별히 허용하지 않는 한 수리 거절된다.

예시된 신용장상의 보험서류는 송장금액에 대하여 110%를 부보하도록 부보범위(coverage)를 정하고 있다. 일반적으로 최소의 부보범위는 송장금액에 10%를 가산하여 부보할 것을 요구한다. 또한 보험금 청구시 지급지와 통화를 기재하고 신협회적화약관(New Institute Cargo Clauses)을 참조하여 보험부보범위는 물품의 성질과 운송방식 등을 고려하여 적화보험조건을 선택하여야 한다.

⑲ 포장명세서(packing list)

포장명세서는 선적화물의 포장 및 포장단위별 명세와 단위별 순중량(net weight) · 총중량(gross weight) · 용적(measurement) · 화인(shipping marks) 및 포장의 일련번호 등을 기재한 명세서이다. 포장명세서는 상업송장의 기재사항과 부합되어야 한다. 또한 수출서류를 매입하기 위해서는 중량이나 용적 등은 운송서류상의 용적과 중량과도 반드시 일치하여야 한다.

신용장에서 요구하는 서류로 언급된 것을 제외한 그 외의 서류로는 일반적으로 ⑳ 원산지증명서(certificate of origin), ㉑ 검사증명서(inspection certificate), ㉒ 중량 및 용적증명서(certificate of weight and measurement) 등이 요구되고 있다.

5) 운송에 관한 사항

㉓ 분할선적(partial shipment)

운송물품에 대하여 분할선적의 허용 여부는 신용장에 지시하게 되는데, 보통 허용(allowed) · 금지(not allowed)를 표시하고 있다. 분할선적에 대하여 신용장상에 아무런 명시가 없으면 분할선적이 허용되는 것으로 간주한다.

동일선박(same vessel)과 동일항로(same voyage)에 의한 선적은 본선선적을 증명하는 각 운송서류가 비록 다른 일자나 항구가 표시되어 있어도 분할선적으로 간주하지 않는다. 또한 5월 · 6월 · 7월에 각 얼마씩 일정기간의 할부선적(shipment by instalment)이 규정된 신용장의 경우에는 그 선적분이 허용된 기간 내에 선적되지 아니하면 당해 할부선적분은 물론 그 이후의 모든 선적분에 대해서도 신용장은 무효가 됨을 유의하여야 한다.

㉔ 환적(transhipment)

환적은 운송물품을 다른 운송방법으로 이전 및 재적재함을 의미한다. 환적의 표시방법도 분할선적처럼 허용 · 금지로 표시된다. 그러나 신용장상 환적이 금지되더라도 운송인의 환적유보 인쇄약관이 있는 서류나 전항로가 단일운송증권으로 커버되는 경우 등 복합운송이 이뤄지는 대부분의 경우에는 환적이 발생할 가능성이 있으므로 은행은 그러한 운송서류를 수리하도록 함으로써 환적문제에 대한 시비는 많이 줄어들고 있다.

㉕ 선적지(place of shipment)

신용장에서 별도 명시가 없으면 선적(shipment)이란 표현은 본선적재(loading on board), 발송(dispatch), 운송을 위한 인수(accepted for carriage), 우편수령일(date of post receipt), 접수일(date of pick-up) 또는 복합운송을 요구하는 신용장의 경우에는 수탁(taking in charge)의 뜻이 포함되어 있는 것으로 해석한다. 따라서 적재지가 부산항이라면 "from Busan, Korea"로, 발송지가 김포공항이라면 "from Gimpo Airport"로, 수탁지가

ABC화물운송터미널이라면 "from ABC Cargo Transport Terminal"로 표시하면 될 것이다.

㉖ 선적기일(shipping date)

선적기일은 물품의 최종선적, 즉 적재·발송·수탁 등을 위하여 최종적으로 허용되는 일자를 뜻한다.

"shipment not later than July 31, 20××"이라면 인도조건에 따라 7월 31일까지는 적재, 발송 또는 수탁을 완료하여야 한다는 의미이다. 만일 7월 31일이 공휴일이더라도 공휴일을 불문하고 선적완료 하여야 한다.

㉗ 도착지(place of destination)

선적물품의 최종도착지를 기재하여야 한다. 즉 해상운송의 경우에는 "to New York, U.S.A," 항공운송의 경우에는 "to New York Airport," 복합운송의 경우에는 "to ABC Cargo Transport Terminal" 등으로 표시한다.

6) 특별지시에 관한 사항

특별지시사항(special instructions)에 대해서는 신용장에 따라 다르지만, 보통 특별조건(special conditions)을 두어 신용장표준양식에 기재되지 못한 사항에 대하여 요구하게 된다. 즉 예를 들면 ㉘ 특정선박편의 지정(nomination)은 "Shipment must be effected by S.S. Arirang of ABC Line on1y," ㉙ 신용장양도의 허용은 "This credit is transferable", ㉚ 서류상에 신용장번호 등 기재사항의 지시는 "Each documents of presentation must be indicated the credit number of the issuing bank and the number of the advising bank", ㉛ 전신환(Telegraphic Transfer : T/T)에 의한 상환은 금지함과 같은 지시는 "T/T reimbursement not allowed"와 같이 요구할 수 있다.

7) 기타의 기재사항

㉜ 은행수수료의 부담

신용장발행지 이외에서 은행업무와 관련하여 발생하는 수수료와 요금은 누가 부담하는가를 기재한다.

㉝ 서류의 송달방법

서류의 분실 등에 대비하기 위하여 두 번에 나누어 항공등기우편으로(in two lots by registered airmail) 송부할 것인가, 아니면 한번으로 송부할 것인가를 기재한다.

㉞ 상환지시(reimbursing instructions)

신용장발행은행은 상환(reimbusement)을 위하여 대금결제은행 및 대금결제방법에 대하여 다음 예와 같이 기재한다.

"P1ease reimburse yourselves for your payment and charges on ABC Bank, New York, under advise to us."
"P1ease debit our head office A/C with you at maturity."
"We shall remit the proceeds according to your instructions."

㉟ 신용장통일규칙 준거문언

신용장상에는 "This documentary credit is subject to the Uniform Customs and Practice for Documentary Credits (2007 Revision) International Chamber of Commerce Publication No. 600"과 같이 준거문언을 명시함으로써 신용장 관계당사자 전원은 신용장통일규칙에 따른 법적 구속력을 갖게 된다.

이 밖에 종이신용장을 이용할 경우, 이중매입 방지문언, 즉 환어음매입(negotiation)은 수익자가 환어음을 발행하여 신용장조건에 따라 신용장금액 범위 내에서 요구하는 서류를 제시하여 매입하게 되지만, 서류 등을 위조·변조하여 같은 신용장을 가지고 이중으로 서류 매입할 가능성에 대비하여 매입은행은 신용장원본 이면에 매입표시를 하도록 지시하고 있는데, 보통 다음과 같은 문언이 기재된다.

"The amount and date each negotiation must be endorsed on the back hereof by the negotiating bank."

3. 신용장 조건변경

3.1 신용장의 수령과 조건변경

신용장수익자가 통지은행(advising bank)으로부터 신용장을 통지받게 되면 신용장을 수령하게 된다. 이 경우 신용장 내용이 매매계약서상의 조건과 상이하거나 또는 신용장내용이 불완전하거나 불명확한 사항이 있으면 신용장 수령 즉시 신용장조건변경(amendment of credit)을 하여야 한다.

신용장통일규칙에 의하면 신용장의 조건변경이나 취소(cancellation)는 신용장발행은행, 수익자, 확인은행(있을 경우)의 동의가 있어야 가능하도록 규정하고 있다. 실무적으로 신용장을 조건변경하고자 할 경우에는 우선 매매당사자간 조건변경에 대하여 확인 또는 합의한 후, 당초 신용장발행은행에 신용장발행신청인(applicant)이 신청하게 된다.

신용장조건변경을 요구하는 통신문의 주요 구성내용은 다음과 같다.

① 신용장수령을 통지

② 신용장내용이 계약내용과 불일치 또는 오탈자 등 조건변경내용이 있음을 밝힘.

③ 전송에 의해 신속히 변경하여 줄 것을 요망

④ 맺음말

3.2 무역통신문 사례

Model Letter No. 1 신용장의 선적기일 및 유효기일 변경요청

May 25, 20__

America International Co., Inc.
350 Fifth Avenue, New York
NY 10018, U.S.A.

Gentlemen :

We have received the L/C No. 78910 for US$100,000 issued by the Bank of America, New York, dated May 15.

However we regret to inform you that we shall not be able

to ship your order No. 17 under your credit No. 78910 within the stipulated date due to the strike at our factory.

Under these circumstances, we would like to request you to extend your credit by cable as follows :

Shipping date : August 20, 20__
Expiry date : August 31, 20__

Your prompt attention to this matter would be highly appreciated.

Yours very truly,
Seoul Trading Co., Ltd.
Minho Kang
Min-ho Kang
General Manager

☞ 주

① extend your credit 귀사의 신용장을 연장하시오.
② shipping date 선적기일(= S/D)
③ expiry date 신용장 유효기일(= E/D)

Model Letter No. 2(Reply to Model Letter No. 1) 신용장기간 변경요청에 따른 회신

June 5, 20__

Seoul Trading Co., Ltd.
C.P.O. Box 777
Seoul, Korea

Gentlemen :

In reply to your letter of May 25 which asked us to amend the credit, we are pleased to inform you that we have arranged with our bankers to amend the letter of credit as requested.

We have instructed our bankers today to amend the latest shipping date and the validity of the credit to the 20th August and the 31st August, respectively. Therefore, you will receive the amendment within a couple of days by cable.

We hope that the strike will not cause you any inconvenience and this amendment of credit will be helpful to you.

Yours very truly,
America International Co., Inc.
Richard C. Anderson
Richard C. Anderson
Vice President

☞ 주

① respectively 각각

② a couple of days 2일 이내에

Model Letter No. 3 통지은행이 신용장조건 변경내용을 수익자에게 통지

June 8, 20___

Seoul Trading Co., Ltd.
C.P.O. Box 777
Seoul, Korea

Amendment of Credit No. 78910

With reference to the subject Letter of Credit, we have received a cable from the Bank of America, New York, dated June 7, which on translation reads as follows:

"AMEND CREDIT NO. 78910 AS FOLLOWS SHIPPING DATE AND EXPIRY DATE EXTENDED UNTIL AUGUST TWENTIETH AND AUGUST THIRTY FIRST RESPECTIVELY"

All other terms and conditions remain unchanged. Please attach this letter to the original credit dated May 15, 20___, as an amendment thereto.

Yours very truly,
Korea Exchange Bank
Authorized Signature

☞ 주

① authorize 권한을 부여하다, 위임하다.

Model Letter No. 4 수입상이 수출상에게 신용장발행 사실을 통지

Dear Sirs,

This is to inform you that we have now opened irrevocable credit No. 9876 in your favor for US$70,000 with the Seoul Bank, Seoul, valid until September 20.

The terms of the credit authorize you to draw at 60 days on the above bank in Seoul for the amount of your invoices after each shipment of five cases. Before accepting your draft, which should include all charges to London, the bank will require you to produce the following documents: bills of lading in triplicate, one copy of the invoice covering CIF Busan, a certificate or policy of insurance and certificate of origin. We will expect your first consignment about the middle of next month.

Yours faithfully,

Model Letter No. 5 항만파업으로 인하여 신용장 기간연장을 요청

Dear Sirs,

We regret to inform you that owing to the strike of port-workers, the sailing of s/s "Silver Star" scheduled to clear for your port on June 20 has been cancelled, and accordingly, no direct steamer from here is available during this month.

In these circumstances, we would like to request you to please extend your Credit by cable to the following effect:

Shipping date: July 20, 20__
Expiry date: July 31, 20__

Your prompt attention would be appreciated.

Yours truly,

☞ 주

① direct steamer 직항선
② shipping date 선적기일(= S/D)
③ expiry date 신용장 유효기일(= E/D)

3.3 유용한 표현(Useful Expressions)

(1) 신용장발행 독촉

① The letter of credit covering our order sheet No.25 of May 20 has not yet reached us, although the shipment for this order has to made in or few days. Please attend to this matter with all speed.

② We regret to say that we have received no banker's advice yet in spite of hearing the advice of letter of credit from you.

③ We are pleased inform you that your order No.345 is now ready for shipment. Therefore we are anxious to receive your L/C.

④ The letter of credit to cover our contract has not yet reached us, although the shipment is to be made by the end of this month. We would appreciate your immediately opening an L/C by cable.

⑤ We have Telexed today asking you to open L/C urgently. As the shipping date comes very near, please establish it promptly.

(2) 신용장발행 사실을 통지

① We advise(inform) you that we have established(opened/issued) an irrevocable letter of credit No.M0604-805NS-12345 with the Korea Exchange Bank, in your favor for US$100,000.

② An irrevocable(irrevocable transferable/irrevocable confirmed) letter of credit, covering your Sales Note No.378, for US$50,000, was established in your favor(in favor of Seven Star Inc.) available (in force) until August 31.

③ We are pleased to inform you that we have instructed the Korea Exchange Bank, Seoul, to open an irrevocable letter of credit US$70,000 in your favor covering your Sales Note No.597 for Car Radios.

④ We have instructed our bankers open an irrevocable transferable credit so that you can ship the goods within the end of this month.

⑤ We wish to inform you that we have opened a irrevocable letter of credit No.1234 in your favor for US$100,000 through the Seoul Bank Ltd., Seoul.

(3) 신용장조건 변경

① We would ask you to extend the validity and the shipping date of the credit No.456 to the June 30 and confirm us by return Facsimile(Cable/E-mail).

② Please amend L/C No.6789 as follows:

1. Amount to be increased up to US$200,000(increased by US$50,000)
2. Shipping date and expiry date to be extended to August 20 and August 31, respectively.
3. The clause "transferable" is to be inserted.
4. The commodity descriptions, "dark grey" are to be delited.

③ We request you to open L/C by cable in our favor with the Bank of Tokyo to the amount US$100,000 covering your order.

④ The name of merchandise is incorrectly described in the letter of credit. We ask you, therefore, to amend it urgently by cable.

⑤ Your credit expires on July 31, while the ship to you leaves here on August 2. Therefore please extend the credit to August 10.

⑥ Your nominated vessel has not arrived yet at Pusan. We

would ask you, therefore, to amend the credit so that we may ship the goods partially.

4. 해상적화보험부보

4.1 적화보험계약과 보험부보

해상적화보험(marine cargo insurance)은 보험자(assurer)가 피보험자(assured)에 대하여 그 계약에 합의된 방법과 범위 내에서 해상손해를 보상하는 것이다. 따라서 무역거래에서는 적화물(cargo)에 대하여 보험을 부보함으로써 운송과정에 발생하는 손해를 경감하고 무역거래의 원활을 도모할 수 있다.

무역계약을 체결할 때 무역거래조건(가격조건)이 CIF 또는 CIP의 경우에 매도인은 적화보험계약을 체결하고 보험을 부보해야 할 의무가 있고 이에 따라 매수인에게 보험서류(insurance document)를 제공할 의무를 지게 된다. 그러나 FCA, FOB 또는 CFR과 같은 조건의 거래에서는 매수인이 자기자신을 위하여 적화보험을 부보한다.

해상적화보험을 부보할 경우 무역통신문의 주요 구성내용은 다음과 같다.

① 보험부보의 목적물과 운송정보를 알림(품명, 수량, 금액, 선적항, 도착항, 선편, 선적일자 등)

② 보험부보(계약)의 조건을 제시(보험부보 조건, 보험금액 등)

③ 관련신용장번호 및 송장번호 등 보험계약근거에 대한 정보 제시

④ 보험증권 요구통수 및 보험료청구서 송부요망

⑤ 맺음말

4.2 무역통신문 사례

Model Letter No. 1 수출상이 보험자 앞으로 적화보험부보를 신청

July 28, 20___

Daehan Fire and Marine Insurance Co., Ltd.
51-1, Namchang-dong, Chung-gu
Seoul, Korea

Gentlemen :

We should thank you to effect marine cargo insurance on 4,000 pcs of Men's Split Leather Jackets, which we are about to ship by the s.s. "Silver Star 5W" from Busan to New York on July 30, 20___.

Please cover us on ICC(B) clauses for 110% of the invoice amount of US$100,000 at the rate you gave us by telephone yesterday undcr credit No.78910 and Invoice No.601.

We hope you will send us your Marine Cargo Insurance Policy in duplicate and five copies, and at the same time your invoice for the insurance premium.

Very truly yours,
Seoul Trading Co., Ltd.
Minho Kang
Min-ho Kang
General Manager

Encl. 1 Commercial Invoice

☞ 주

① marine cargo insurance 해상적화보험
② marine cargo insurance policy 해상적화 보험증권
③ insurance premium 보험료

Model Letter No. 2(Reply to Model Letter No. 1) 보험자가 수출상 앞으로 적화보험부보를 통지

July 29, 20___

Seoul Trading Co., Ltd.
C.P.O. Box 777
Seoul, Korea

Gentlemen :

In accordance with your instruction of July 28, we have effected marine cargo insurance for US$100,000 on 4,000 pcs of Men's Split Leather Jackets to be shipped from Pusan to New York by the s.s. "Silver Star 5W" on ICC(B) clauses at the rate of 0.2 percent which is the lowest rate of premium.

Please find the Marine Cargo Insurance Policy and our account for US$200 enclosed, for which amount kindly send us a check at your convenience.

We hope they will reach you soon and shall be glad to be of any further service to you.

Very truly yours,
Daehan Fire and Marine Insurance Co., Ltd.
Authorized Signature

☞ 주

① by the s.s. 기선편으로(s.s. = steam ship)
by the m.v. 동력선편으로(m.v. = motor vessel)
by the m.s. 동력선편으로(m.s. = motor ship)

② check 수표, banker's check 은행수표

③ be of any further service 가일층 봉사하다.

Model Letter No. 3 텔레비전에 대한 적화보험부보를 요청

Gentlemen :

We have been instructed by our customer, America International Co., Inc. of New York, to make an insurance contract with the Daehan Fire and Marine Insurance Co., Ltd.

on 1,000 sets of the Color Television sets which are going to forward to New York by s.s. "Silver Star V-5," leaving Busan, Korea August 30.

Please effect cargo insurance for US$50,000 on ICC(B) including Breakage at the best possible rate and send us the Policy in triplicate together with a bill for the premium. The goods will be suitably packed for export.

Very truly yours,

☞ 주

① Please effect cargo insurance 적화보험을 부보하십시오.

② breakage (적화보험에서) 파손위험

③ a bill for the premium 보험료 청구서

4.3 유용한 표현(Useful Expressions)

보험부보(계약)

① Please cover(insure) 110% of invoice value for 1,000 sets of Car Radios on Institute Cargo Clauses (B) including W/SRCC.

② Please cover US$50,000 on 5,000 pieces of Leather Handbags against ICC(C).

③ Please effect(open/take) insurance for US$100,000 on the stuffed toys on ICC(B) from Busan, Korea to New York, U.S.A. and let us know the lowest premium rate.

④ Please quote your lowest ICC(C) rates for shipments of Car Radios from Kobe, Japan to Busan, Korea.

⑤ We request you to do your best to effect the cargo insurance at the best possible terms.

⑥ Please effect open cover, ICC(B), on the goods for US$ 90,000.

⑦ We are pleased to advise(inform) you that we have effected an insurance for US$100,000 on the goods.

⑧ Kindly let us have the Marine Cargo Insurance Policy for this insurance today.

5. 선적통지

5.1 선적통지와 통지수단

매도인이 국제매매대상물품을 매수인에게 인도하기 위해서는 운송인(carrier)과 운송계약을 체결하여 선복(ship's space)을 예약(booking)하여 두어야 한다. 선복예약은 보통 선복신청서(Shipping Request : S/R)를 이용한다.

운송계약이나 선복수배의무는 FOB매매계약은 매수인에게, CIF매매계약은 매도인에게 있다. 그러나 계약물품에 대한 선적의무는 대부분이 매도인에게 있으므로, 매도인은 약정된 기간이내에 물품을 운송수단에 적재 또는 지정된 장소에 인도하여야 한다.

따라서 선적통지(shipping advice: S/A)는 매도인이 매수인에게 계약물품에 대하여 선적이 완료되었음을 통지하는 것으로 계약이행상 매도인의 주요한 의무가 된다.

선적통지수단은 보다 신속한 통지를 위하여 선적 즉시 텔렉스(Telex)나 전신(Cable)으로 하고, 매수인이 수입통관 수속이나 대금결제에 미리 대비하기 위하여 운송서류, 보험서류(CIF, CIP조건의 경우), 상업송장 등 관련서류를 우송하여야 한다. 즉, 서신이나 일정한 선적통지 서식에 선적내용을 기재하고 관련서류를 첨부하여 속달우편으로 송부하여야 한다.

선적통지에 대한 무역통신문의 구성내용은 다음과 같다.

① 선적정보제공(계약서번호, 품명, 수량, 선적일자, 도착예정일, 운송수단 등)

② 매수인을 위한 선적관련 서류사본의 동봉 및 서류명세 기재

③ 선적물품 매수인기대에 대한 부응확신 및 추가 주문을 기대

④ 맺음말

Model Form No. 1 선복요청서(Shipping Request)

SHIPPING REQUEST

① Shipper Seoul Trading Co., Ltd. C.P.O. Box 777 Seoul, Korea	
② Consignee To the order of Bank of America, New York	
③ Notify Party America International Co., Inc. 350 Fifth Avenue, New York NY 10018, U.S.A.	⑩ S/O No. | ⑪ B/L No.

④ Vessel Silver Star	⑦ Voyage No. 5W	⑫ Shipment expiring date on L/C
⑤ Port of Loading Busan, Korea	⑧ Port of Discharge	⑬ Final destination New York, U.S.A.
⑥ B/L to be issued at	⑨ Bill of Lading required original 3	Copy 20

⑭ Marks and Numbers	⑮ No. & Kind of Pkgs.	⑯ Decription of Goods	⑰ Gross weight	⑱ Measurement
AIC NEW YORK C/T No.1-200 MADE IN KOREA	200 CTNS	4,000 pcs of Men' s Split Leather Jackets *L/C No.78910 "FREIGHT COLLECT"	2,560kgs	48.000CBM

⑲ Freight & Charges	⑳ Revenue tons	㉑ Rate	㉒ Per	㉓ Prepaid	㉔ Collect

㉕ Accepted KOREA SHIPPING CORPORATION ㉗ BY: *Myungsu Kim* Myung-su Kim, Manger Shipping Division Seoul : 771-16 777-8811~5 Pusan : 45-0471~4 CY : 72-1564 6764	Please arrange to ship cargoes as described above ㉖ Applicant Add. : C.P.O Box 777, Seoul, Korea Name : Seoul Trading Co., Ltd. ㉘ Forwarder at the port of loading Add : (Tel) Name :

(210 × 297 mm)

5.2 무역통신문 사례

Model Letter No. 1 가죽재킷 선적을 통지

June 30, 20__

America International Co., Inc.
350 Fifth Avenue, New York
NY 10018, U.S.A.

Gentlemen :

Shipment : Sales Note No. E15

We are pleased to inform you that we have shipped today, as per copy of our Telex enclosed, 4,000 pcs of Men's Split Leather Jackets by s.s. "Silver Star 5W" of ACL Line which left here today. This vessel is scheduled to arrive at your port July 20.

We are enclosing two non-negotiable copies of Bill of Lading, a copy of Marine Cargo Insurance Policy and two copies of Commercial Invoice.

We hope the goods will reach you in good condition and come up to your expectations so that you may place further orders with us.

Yours very truly,
Seoul Trading Co., Ltd.
Minho Kang
Min-ho Kang
General Manager

Encls. 1 Copy of Telex
2 Copies of B/L
1 Copy of Marine Cargo Insurance Policy
2 Copies of Commercial Invoice

☞ 주

① non-negotiable 비유통(성), (수출환어음 매입시) 매입할 수 없는
② in good condition 양호한 상태로
③ come up to your expectation 귀사의 기대에 부응하다.

Model Form No. 2 전기면도기 선적을 통지

Date May 20, 20___

SHIPPING ADVICE Ref. No. M-25

Seven Star Co., Ltd.
C.P.O. Box 135
Seoul, Korea

Dear Sirs,

We are pleased to inform you that we have shipped the following goods bearing as follows:

L/C No.: M0604-805NU-00159
Commodity: Electric Shaver AC 110/220V, 60HZ, 7W, Model No.P-875
Quantity: 1,000 sets
Amount: US$80,000
Sailing on or about: May 20, 20___
Vessel Name: s.s. "MOON STAR V-3E"
Enclosed documents:

☑ 1. Commercial Invoice: Two copies.
☑ 2. Packing List: Two copies.
☑ 3. (Original/Non Negotiable) B/L: One original(1/3), Two copies.
☐ 4. (Original/Non-negotiable) Airway Bill:
☐ 5. Insurance Policy:
☑ 6. Certificate of Quality: Two copies
☐ 7. GSP C/O (Form A):

We thank you for this business and trust that the shipment

will reach you in good condition and look forward to receiving your further orders.

Yours very truly,
Mercury GmbH
Hans Friedrich
Hans Friedrich
Manager

☞ 주

① Shipping Advice 선적통지서(=S/A)
② GSP C/O 일반특혜관세 원산지증명서 (Generalized System of Preferences Certificate of Origin) = Form A

6. 선적지연통지

6.1 선적지연과 신용장기간 연장요청

선적지연(delayed shipment)은 약정된 기간 이내에 목적물품을 선적할 수 없어 선적기일을 경과하여 선적되는 것을 말한다. 선적지연의 원인은 불가항력적인 요인이나, 생산차질 등 매도인의 귀책에 따라 발생된다. 이 경우 매도인의 귀책으로 인한 선적지연은 계약위반이 되어 매수인으로부터 클레임(Claim)을 제기받게 된다. 특히 신용장방식 거래에서는 신용장의 선적기일(shipping date)을 경과하여 제시되는 서류는 신용장조건과 불일치된 서류로 간주하여 대금결제도 받지 못하게 된다.

따라서 정해진 기일 이내에 선적이행이 어려울 경우에는 매도인은 신용장 유효기일 이전에 그 사유를 미리 통지하여 지연선적에 대한 매수인의 동의를 구하여 신용장의 선적기일 및 신용장 유효기일을 연장하여 주도록 요청하여야 한다.

선적지연에 따른 무역통신문의 주요 구성내용은 다음과 같다.

① 계약물품의 약정된 기간 내 선적이 어려움에 따른 유감표시
② 선적지연 사유명시
③ 신용장상(또는 계약상) 선적기일 및 신용장 유효기일 연장요청
④ 향후 본건 선적예상일
⑤ 맺음말

6.2 무역통신문 사례

Model Letter No. 1 선적지연 통지와 신용장기간 연장요청

June 30, 20___

America International Co., Inc.
350 Fifth Avenue, New York
NY 10018, U.S.A.

Gentlemen :

Sales Note No. E15

We are sorry to inform you that it has become impossible to complete shipment during June of the captioned contract.

In fact, a terrible typhoon struck this part of the country on the 26th of this month and our factory suffered serious damages, making it impossible to ship within the validity of the Letter of Credit which expires on August 10.

Under the circumstances, we hope you will agree to extend the shipping date and expiry date of the credit till August 25 and August 31, respectively, as we asked you by Telex.

Though the delay is beyond our control, we are no less sorry for it, and will do everything in our power to expedite manufacture. The expected date of shipment will be around August 20.

We trust that you will understand the situation and hoping that you will comply with our request.

Yours very truly,
Seoul Trading Co., Ltd.
Minho Kang
Min-ho Kang
General Manager

Encls. 1 Copy of Telex
1 Certificate of Disaster

☞ 주

① the captioned contract 표제의 계약(서)
② expire (기간이) 경과하다.
③ beyond our control 당사가 통제할 수 없는
④ comply with(요구, 명령 따위에) 응하다, 따르다.
⑤ disaster 재난

Model Letter No. 2 운송파업에 따른 선적지연으로 선적기일 연장요청

May 10, 20__

Seven Star Co., Ltd.
C.P.O. Box 135
Seoul, Korea

Dear Sirs,

We are very sorry that causes completely beyond our control have made it impossible for us to keep the shipping date by May 20. The recent traffic strike held up supplies of new materials and resulted in a delay of a month.

We have made every possible effort to speed up delivery but unfortunately in vain. Under the circumstances, we have no other day but to ask you to extend the date of shipment and expiry date of the L/C M0604-005NU-00159 for one month respectively.

While offering our sincere apologies, we trust that you will accept our proposal and continue to place your orders with us in spite of this inconvenience.

Yours faithfully,
Mercury GmbH
Hans Friedrich
Hans Friedrich
Manager

Encl. Certificate of Traffic Strike

☞ 주

① held up 지연시켰다, 방해하였다.
② materials 원재료
③ in spite of this inconvenience 이러한 불편에도 불구하고

Model Form No. 1 수입화물선취보증서(letter of guarantee)

Revenue Stamp

LETTER OF GUARANTEE

DATE : June 10, 20___

SHIPPING CO.		NUMBER OF CREDIT M0604-005NU-00159	L/G NUMBER K－1234
Cho Yang Shipping Co., Ltd.		NUMBER OF B/L C23456	
SHIPPER Mercury GmbH Hamburg, Germany		VESSEL NAME Moon Star V-3E	
		ARRIVAL DATE June 8, 20___	
		VOYAGE NUMBER V-3E	
INVOICE VALUE US$80,000(US Dollars Eighty Thousand Only)		PORT OF LOADING Hamburg, Germany	
		PORT OF DISCHARGE Busan, Korea	
NOS & MARKS ST PUSAN C/T No.1-100 MADE IN GERMANY	PACKAGES 10 CTNS	DESCRIPTION OF GOODS 1,000 Sets of Electric Shaver	

In consideration of your granting us delivery of the above-mentioned cargo which we declare has been shipped to our consignment, but Bills of Lading of which have not been received, we hereby engage to deliver you the said Bills of Lading as soon as we receive them and we further guarantee to indemnify yourselves and/or the owners of the said vessel against any claims that may be made by other parties on account of the aforesaid cargo, and to pay to you on demand any freight or other charges that may be due here or that may have remained unpaid at the port of shipment in respect to the above-mentioned goods.

In the event of the Bills of Lading for the cargo herein mentioned being hypothecated to any other bank, company, firm or person, we further guarantee to hold you harmless from all consequences whatsoever arising therefrom and furthermore undertake to inform you immediately in the event of the Bills of Lading being so hypothecated.

Yours faithfully,
Seven Star Co., Ltd.
Namsu Kim
Nam-su Kim
President

Party claiming right of delivery

We hereby guarantee to surrender to you the corresponding Bills of Lading, kindly be advised that this guarantee shall be automatically null and void, upon your acknowledging receipt of the corresponding Bills of Lading which are to be endorsed and presented to you by us for the only purpose of the redemption of this letter of guarantee.

Authorized Signature
Daekil Oh
Dae-kil Oh
Assistant Manager

Authorized Signature
KOREA EXCHANGE BANK

Model Letter No. 3 앨범선적을 통지

Dear Sirs,

The Albums which you ordered on March 27 under your order No. 345 will be shipped to you by s.s. "Dragons" sailing from Pusan, Korea on June 20 and due to arrive at Hong Kong on June 25.

The bill of lading, commercial invoice, and certificate of insurance together with our draft drawn at sixty days sight, have been negotiated through the Seoul Bank Ltd., and should reach you within a few days. The enclosed copy of the invoice will give you advance information of the consignment.

We hope you will like the goods and that they will reach

you promptly. We hope, too, to have the pleasure of dealing with your further orders.

Yours faithfully,

☞ 주

① bill of lading 선화증권
② commercial invoice 상업송장
③ certificate of insurance 보험증명서
④ consignment 적송품, 선적물품

Model Letter No. 4 공장파업으로 인한 선적지연 통지

Gentlemen :

We have today cabled you as follows:
"STRIKE PREVENTING SHIPMENT EXTEND L/C 1230 TO OCTOBER 15"

Owing to a strike in the Iron Works with whom your order was placed, it will be impossible for us to ship the goods by s.s. "Sunny Rose V-3" sailing on August 20 from Pusan, Korea. Although we have made every convulsive effort to fulfil our obligations, our attempts have almost resulted in nothing to be fruitful.

As you see in the enclosed photostat of today's "The Korea Times," however, negotiations for reconciliation are advancing speedily between the Unions and Administrative Parties. We have information from other reliable sources that the strike will be settled within a fortnight.

Judging from these circumstances, we can assure you that your order will be successfully shipped by s.s. "Sunny Rose V-5" sailing on September 10.

It will oblige us very much if you will please understand this situation which is beyond our control, and let us have your letter of amendment extending the shipping date to September 20.

We heartily await your prompt reply.

Yours very truly,

☞ 주

① convulsive 경련성의, 발작적인, with a convulsive effort 사력(死力)을 다하여
② negotiation 협상, 수출환어음매입(negotiation = nego)
③ reconciliation 조정, 화해, 중재, 일치
④ fortnight 2주간(= two weeks), ~에서 2주일째

Model Letter No. 5 수입화물 도착통지 및 인도지시

Dear Sirs,

We have to inform you that 200 cartons of Car Radios consigned to you have arrived per s.s. "Glory Ocean V-131" and request you will kindly take delivery of the same without delay.

Should you fail to take delivery of the goods within two days from this date, please note that we should accept no claims for damage to and/or shortage of the cargo.

Yours faithfully,

☞ 주

① consigned to you 귀사에 부친(보낸), 귀사에 적송한
consign 건네 주다, 위임하다, 맡기다, 할당하다.
consignee 수화인(受貨人) cf. consignor 송화인
② shortage 수량부족

6.3 유용한 표현(Useful Expressions)

(1) 선적통지 및 선적지연통지

1) Opening Clauses

① We are pleased to inform(advise) you that we have shipped our Sales Contract No.27 of May 30 for Car Radios by(per/on board) s.s. "Silver Star V-5" which sailed Busan today.

② Please be advised that the 1,000 pieces of Leather Handbags have been shipped by s.s. "President Wilson," which is scheduled to sail(leave) from Pusan to Kobe this afternoon.

③ We confirm our Telex of June 25 and wish to inform you that the goods have been shipped by m.s. "Moon Star."

④ We have today forwarded(dispatched/sent) to you by KE007, twenty pieces containing the Wool Sweaters which you ordered on June 5.

⑤ We regret to inform you that the shipment against our Sales Note No.15 has been delayed as the result of(due to/because of) recent typoons(floods/fires/striks of the port-workers).

⑥ We are sorry to tell you that your order No.345 cannot be shipped within the shipping date.

⑦ The storm prevents us from shipping your order No.345 in due time.

2) **Main Clauses**

① We enclose a copy of the bill of lading including other documents and shall be glad if you will arrange to handle the consignment.

② We are waiting for on board ocean bill of lading from ACL Line and it will be airmailed to you with the commercial invoice and insurance policy.

③ We are sending you two copies of commercial invoice, packing list and marine bill of lading.

④ As requested, two copies of non-negotiable B/L and three copies of commercial invoice are enclosed.

⑤ All Korean port-workers have been on a strike for the one week and there is no sign of the strike letting up.

⑥ However we hope you will understand that these circumstances are beyond our control as indicated in the enclosed certificate.

⑦ We shall keep in touch with the manufacturers and make all arrangements for the delay with all speed.

⑧ Owing to the port-workers' strike, the sailing of s.s.

"Wilson," scheduled to leave on July 31, has been cancelled. We ask you, therefore, to extend the date of shipment to August 31.

3) **Closing Clauses**

① We hope the goods will reach you safely(in good condition) and open up to your complete(entire) satisfaction.

② We trust the shipment will reach you safely, and await (wait for) your further orders(commands).

③ We trust that the goods will reach you in perfect order and get complete satisfaction so that you will furnish us with further orders.

④ We thank you for this order and trust the goods will reach you promptly and in good order.

⑤ We trust that the goods will be found in good order(condition) and hope that they will give you complete satisfaction.

⑥ We hope you will understand our position(situation) that the substition(replacement) of vessel by s.s. "Silver Star V-5" was the soonest possible action we could take.

7. 무역결제서류의 준비

7.1 무역결제서류의 의의와 분류

(1) 무역결제서류의 의의

무역결제서류라 함은 물품에 대한 대금청구서인 상업송장(commercial invoice)과 물품인도의 증거서류인 운송서류(transport documents) 등 무역대금결제와 관련하여 사용되는 모든 문서를 총칭하는 말이다.

특히 신용장에 의한 무역대금결제는 물품거래가 아닌 서류거래에 의하여 이루어지고 있으며, 대부분의 무역거래도 물품이 아닌 서류(document)라는 상징(symbol)에 의하여 대금결제가 이루어지고 있다.

신용장방식과 추심방식인 D/P · D/A거래에서는 무역결제서류를 준비하여 수출상이 환어음(draft: bill of exchange)을 발행하고 매입은행을 통하여 발행은행이나 추심은행 앞으로 서류를 송부하게 된다. 송금환방식도 대금은 물품선적 전에 신지급(payment in advance)받지만 수출상이 수입상에게 물품선적 후 수입통관수속할 수 있는 서류를 은행을 통하여 송부하는 것은 신용장방식이나 추심결제방식도 마찬가지이다.

(2) 무역결제서류의 분류

무역결제서류는 기본서류로 상업송장 · 운송서류 · 보험서류로 구분할 수 있고 임의서류로 포장명세서와 같이 매수인측에서 필요에 따라 추가적으로 요구하는 여러 가지 서류가 있다.

무역결제서류
- 기본서류
  - 상업송장(Commercial Invoice)
  - 운송서류
    - 해상운송서류
      - 해상/해양선화증권 (Marine/Ocean B/L)
      - 해상화물운송장(Sea Waybill)
    - 항공운송서류
      - 항공화물운송장(Air Waybill)
      - 항공화물수탁서 (Air Consignment Note)
    - 육상운송서류
      - 철도화물수탁서 (Railway Consignment Note)
      - 도로화물수탁서 (Road Consignment Note)
    - 내수로운송서류(Inland Waterway Transport Document)
    - 복합운송서류
      - 복합운송선화증권 (Multimodal Transport B/L)
      - 운송주선인협회국제연맹복합운송증권 (FIATA Combined Transport B/L)
    - 기타 운송서류
      - 우편수령증(Post Receipt)
      - 특사수령증(Courier Receipt)
  - 보험서류
    - 해상보험증권(Marine Insurance Policy)
    - 보험증명서(Insurance Certificate)
- 임의서류
  - 송장부속서류
    - 포장명세서(Packing List)
    - 중량 및 용적증명서(Certificate of Weight and Measurement)
  - 수입국공적 필요서류
    - 원산지증명서(Certificate of Origin)
    - 일반특혜관세원산지증명서(Generalized System of Preferences Certificate of Origin)

│ ├영사송장(Consular Invoice)
│ └세관송장(Customs Invoice)
├ 품질증명서류 ┬검사증명서(Inspection Certificate)
│ ├위생증명서(Health Certificate)
│ └검역증명서(Quarantine Certificate)
└ 기타 부속서류 ┬차변표(Debit Note)
└대변표(Credit Note)

7.2 상업송장

(1) 상업송장의 의의

상업송장(commercial invoice)이란 매도인, 즉 수출상이 매수인인 수입상 앞으로 발행하는 물품에 대한 대금청구서, 물품의 거래명세서 선적안내서로 사용되는 상용문서(商用文書)이다. 상업송장은 매도인의 입장에서 무역대금결제상 주요 서류가 될 뿐만이 아니라 출화안내 및 과세자료, 수출수속절차상 세관 등 관공서에 제공하여야 하는 서류가 되고, 매수인의 입장에서도 수입통관수속상 필수적인 서류가 되기 때문에 정확하게 작성되어야 한다.

상업송장은 대금청구서의 기능 외에도 매매계약상 매도인의 의무이행 사실을 입증하는 역할을 수행한다. "INCOTERMS 2000"은 각 거래조건별 매도인의 의무조항(A.1)으로 매매계약조건에 일치하는 물품과 상업송장을 제공하여야 하는 것으로 규정하고 있다. 이는 상업송장이 일치증명(evidence of conformity)으로서의 주요한 기능을 수행하는 서류로 볼 수 있다.

신용장통일규칙에서도 상업송장의 물품명세는 신용장의 물품명세와 일치하여야 하며, 신용장상의 수익자(beneficiary)명의로 신용장발행의뢰인(applicant) 앞으로 발행하도록 규정하고 있다.

(2) 상업송장의 종류

송장(invoice)은 그 용도에 따라 상거래용으로 작성되는 상업송장(commercial invoice)과 영사관이나 세관용으로 작성되는 공용송장(official invoice)으로 대별할 수 있다.

상업송장은 무역계약을 이행하고 거래조건에 따라 작성되는 선적송장(shipping invoice), 가격계산의 기초로 사용되는 견적송장(pro-forma invoice), 견본을 송부할 때 작성되는 견본송장(sample invoice), 위탁매매시에 사용되는 위탁매매송장(consignment/indent invoice)이 있다.

공용송장은 수입지세관에서 수입물품에 대한 과세가격의 기준이나 덤핑 유무의 확인 등을 목적으로 하는 세관송장(customs invoice)과 수입물품가격을 높게 책정하여 외화를 도피하거나 낮게 책정하여 관세를 포탈하는 것을 방지하기 위하여 수출국주재 수입국영사의 확인을 받도록 하는 영사송장(consular invoice)이 있다.

7.3 운송서류

운송서류(transport documents)란 운송물품의 적재(loading on board), 발송(dispatch) 또는 복합운송의 경우 수탁(taking in charge)을 표시하는 서류를 말한다. 운송서류는 해상선화증권과 같은 해상운송서류, 항공화물운송장과 같은 항공운송서류, 철도화물 또는 도로화물수탁서와 같은 육상운송서류, 내수로운송서류, 복합운송서류 등으로 구분된다.

(1) 해상선화증권

해상선화증권(marine bill of lading)은 해상물품운송계약에 따라 운송물의 수령 또는 선적을 증명하고 해상운송인에 대한 운송물이 인도청구권을 나타내는 유가증권이다. 계약물품을 운송하기 위해서 송화인(shipper)은 선박회사나 그 대리인과 운송계약을 체결하여 물품을 해상운송인에게 인도하고 운송인으로부터 선화증권을 발급받아 수입상에게 전달하는 수속을 행한다.

선화증권은 ① 본선에 물품인도의 증거, ② 운송계약의 증거, ③ 타인에게 동 서류를 이전함으로써 운송중인 물품에 대한 권리를 이전시키는 수단 등 세 가지 기능을 갖고 있다.

(2) 항공화물운송장

항공운송서류(air transport documents)에는 항공화물운송장(air waybill: AWB)과 항공화물수탁서(air consignment note)가 있다. 보통 미국에서는 전자(前者)를, 유럽에서는 후자(後者)를 사용하고 있다. 항공운송서류는 화물을 공로(空路)로 운송하는 경우에 항공운송인(air carrier)이 발행하는 운송장으로 선화증권과 같이 운송계약상의 권리를 유가증권화한 권리증권은 아니고 단순한 수취증에 불과한 것이다.

항공화물운송장은 국제항공운송협회(International Air Transport Association: IATA)의 표준양식과 발행방식에 따라 전세계 항공사가 동일한 운송장을 사용하도록 의무화하고 있다. 항공화물운송장은 유통이 금지된 비유통식으로만 발행되는데, 원본 ①은 항공사용으로 운송계약의 증거로 사용되고, 원본 ②는 수화인용으로 화물도착지에 보내어 항공사가 수화인에게 교부하는 것으로 유통목적은 아니다. 원본 ③은 송화인용으로 송화인의 화물처분권에만 효력이 미친다. 따라서 수출상이 수출서류매입시에 매입은행에 제시하는 것은 송화인용이다. 항공화물운송장의 발행부수는 원본 3장과 부본 6장을 원칙으로 하고 항공사에 따라 5장까지 추가로 발행할 수 있다.

(3) 철도화물수탁서와 도로화물수탁서

육상물품운송의 경우에는 철도운송이나 도로운송을 이용하게 된다. 이 경우의 운송서류로는 철도화물수탁서(railway consignment note)나 도로화물수탁서(road consignment note)를 이용한다. 이들은 모두 운송인이 화물을 수취한 것을 확인하고 탁송한 화물의 청구권을 표시한 유가증권이다.

철도화물수탁서나 도로화물수탁서는 운송인이 송화인과 운송계약에 따라 탁송화물수령을 증명하고 목적지에서 이것과 상환으로 화물인도의무를 진다는 취지가 표시되어 있으며, 매매나 금융에 이용될 뿐만이 아니라 운송물품의 중지 · 운송물품의 반환 및 기타의 처분을 청구할 수 있다. 또한 이들의 법률적 성질이나 경제적 기능도 선화증권과 동일하다.

(4) 복합운송증권

복합운송증권(multimodal transport documents: MTD)이란 선박 · 철도 · 항공기 · 자동차에 의한 운송방식 중 적어도 두 가지 이상의 다른 운송방식에 의하여 운송물품의 수탁지와 인도지가 상이한 국가의 영역간에 이루어지는 복합운송계약을 증명하기 위하여 복합운송인이 발행한 증권을 말한다.

(5) 우편수령증과 특사수령증

우편수령증(post receipt)이란 소화물을 소포우편으로 외국에 발송하는 경우 우체국에서 발행하는 것으로 우송증명서(certificate of posting) 또는 우편소포수령증(parcel post receipt)이라고도 한다. 이는 항공화물운송장과 같은 성질의 단순한 수령증이다.

특사수령증(特使受領證; courier receipt)이란 서류 및 소형의 경량물품을 항공기를 이용하여 문전에서 문전까지(door to door) 수령·배달하여 주는 송·배달업자의 수령증이다.

7.4 보험서류

보험서류(insurance documents)란 무역물품의 운송 도중 해난이나 기타의 위험으로 인하여 입게 될 손해에 대하여 보험을 부보하고 이에 대하여 보험자로부터 발급받는 증거서류를 말한다.

보험서류에는 보험증권(insuranc policy : I/P), 보험증명서(insurance certificate), 통지서(declaration)가 있다. 보험증권은 담보화물에 대한 보험계약의 존재 및 내용을 표시한 증권으로서 개별적 거래에 대한 보험내용이 확정된 경우에 발행되며 무역거래에서 대부분 통용되고 있는 전형적인 보험서류의 일종이다. 보험증명서는 일정기간에 걸쳐서 특정화물이나 특정항로에 운송되는 화물에 대하여 일괄적으로 보험에 부보되어 있음을 증명하는 보험증권의 대용서류를 의미한다. 포괄예정보험(open cover)이 체결되어 있는 경우는 개개의 적화에 대하여 포괄보험에 부보되어 있음을 증명하는 보험증명서 또는 통지서가 발행된다.

7.5 포장명세서

포장명세서(packing list)란 선적물품의 포장 및 포장단위별 명세, 순중량(net weight), 총중량(gross weight), 용적(measurement), 화인(shipping marks), 포장개수(number of packages) 등을 기재한 상업송장의 보조서류로 수출상이 수입상 앞으로 작성하는 서류이다. 특히 포장명세서의 총중량과 용적은 선화증권(bill of lading)의 그것과 각각 일치되어야 한다.

7.6 중량 및 용적증명서

중량 및 용적증명서(certificate of weight and measurement)란 수출물품을 선적하기에 앞서 공인검량인(public weigher; sworn measurer)에 의해 물

품의 순중량 · 총중량 · 용적을 계량하여 발급해 주는 서류로 선박회사는 총중량과 용적을 자료로 선화증권을 발급하게 된다. 이는 운송물품의 해상운임(freight)을 산출하는 기초가 되기 때문에 정확히 작성되어야 한다.

7.7 원산지증명서

원산지증명서(certificate of origin: C/O)란 수출물품의 원산지를 증명하는 서류이다. 원산지증명서는 수입상이 물품을 수입할 때 관세협약 등에 의해 협정관세율을 적용받거나 덤핑방지 등 무역정책상 또는 무역통계를 목적으로 요청하게 된다.

한편 원산지증명의 범주에 들지만 UNCTAD의 '일반특혜관세 원산지증명서' (generalized system of preferences certificate of origin: GSPCO)가 있는데 이를 "Form A"라고도 한다. 일반특혜관세 원산지증명서는 개발도상국이 수출확대 및 공업화촉진을 위해서 선진국이 개발도상국으로부터 수입하는 농수산품 및 공산품의 제품 · 반제품에 대하여 무관세의 적용 또는 저율의 관세를 부과하는 관세상의 특혜를 주기 위한 원산지증명서를 말한다.

7.8 영사송장

영사송장(consular invoice)이란 수입국에서 수입관세 탈세나, 외화도피, 덤핑 등을 방지하거나 수출국소재 공관의 사증료수입을 증대시키기 위하여 수출국주재 수입국영사가 작성하거나 사증(visa)을 해 주는 서류이다.

특히 중동지역 신용장의 경우에는 상업송장이나 원산지증명서 및 선화증권상에 "visaed, "legalized 또는 "verified"를 하도록 요구하는 경우가 많다.

7.9 세관송장

세관송장(customs invoice)이란 영사송장과 같이 과세가격기준결정, 덤핑유무판정, 수입통계 등을 목적으로 작성되는 것으로 영사송장처럼 영사가 작성하거나 사증을 하지 않고 수출상인 신용장수익자가 직접 작성한다.

세관송장은 수입국에 따라 그 양식이 정해져 있다. 세관송장을 작성할 경우에는 특히 수출가격분석(cost breakdown)을 정확히 하여야 한다.

7. 10 검사증명서

검사증명(inspection certificate)이란 물품의 품질에 대하여 수출상이 제공하는 검사결과에 대한 증명서이다. 신용장거래에서는 특별히 검사기관을 지정하지 않으면 수출상이 약정한 내용대로 자체검사기준에 따라 검사하고 수익자의 검사증(beneficiary's inspection certificate)을 제공하면 된다. 그러나 정부나, 기타 공공기관에서 발급된 검사 등을 특별히 요구한다면 당해 검사증명서를 제공하여야 한다.

7. 11 위생증명서

위생증명서(health certificate; sanitary certificate ; veterinary certificate)란 식료품, 약품, 동물의 가죽류 등을 수출하는 경우 수입국 보건기준에 합치된 것을 수입할 수 있도록 관리하기 위하여 수입상의 요구에 따라 수출국의 위생검사 당국에서 발행하는 증명서를 말한다.

7. 12 검역증명서

검역증명서(quarantine certificate)란, 위생증명서의 일종으로 특히 식물이나 동물 또는 동물의 부산물 등을 수출하는 경우 전염병 등 세균의 침입을 예방하기 위하여 수출국에서 소독 등 방역·검역을 실시하고 발급하여 주는 증명서를 말한다.

7. 13 차변표와 대변표

차변표(debit note: D/N)란 미정산대금의 청구 또는 누락금액의 청구 등에 이용하는 것으로 거래상대방의 차변계정에 기재한다 하여 차변표라 부른다. 한편 대변표(credit note: C/N)는 상대방을 기준으로 상대방의 대변계정에, 즉 채권이 있음을 표시한 것으로 이는 수출상의 수량부족, 송장금액의 과다발행시에 이용되는 서식이다.

7. 14 무역결제서류의 작성 사례

Model Form No. 1 상업송장(Commericial Invoice)

COMMERCIAL INVOICE

Seller Seoul Trading Co., Ltd. C.P.O. Box 777 Seoul, Korea	Invoice No. and date 601 July 1, 20___ L/C No. and date 78910 May 15, 20___
Consignee To the order of Bank of America New York	Buyer(if other than consignee) America International Co., Inc. 350 Fifth Avenue New York, NY 10018 U.S.A.
Departure date June 30, 20___	Other references Other details as per Sales Note No. E15 dated May 1, 20___
Vessel/flight Silver Star 5W From Busan, Korea	Terms of delivery and payment CIF New York, L/C at sight
To New York, U.S.A.	

Shipping marks/No. & kind of pkgs :	Goods description	Quantity	Unit price	Amount
AIC	Men's Split Leather Jackets			
NEW YORK	ST−101	2,000pcs	@US$25	US$50,000.__
C/T NO. 1−200				
MADE IN KOREA	ST−102	2,000pcs	@US$25	US$50,000.__
	Total	4,000pcs		US$100,000.__

P.O.Box :
Cable Address :
Telex Code :
Telephone No. :
Facsimile No. :

Signed by
Seoul Trading Co., Ltd.
Minho Kang
Min-ho Kang
General Manager

(210mm × 297mm)

Model Form No. 2 선화증권(Bill of Lading)

BILL Of LADING

SHIPPER/EXPORTER	DOCUMENT NO.	BOOKING NO.
Seoul Trading Co., Ltd. C.P.O. Box 777 Seoul, Korea	EXPORT REFERENCES FORWARDERS REF. NO. SHIPPER'S REF. NO. KA-123	
CONSIGNEE To the order of Bank of America, New York	FORWARDING AGENT F.M.C. NO.	
	POINT AND COUNTRY OF ORIGIN R.O.K	PLACE OF RECEIPT Busan CY
NOTIFY PARTY America International Co., Inc. 350 Fifth Avenue New York, NY 10018 U.S.A. PIER	DOMESTIC ROUTING/EXPORT INSTRUCTIONS	

EXPORTING CARRIER	PORT OF LOADING	PLACE OF DELIVERY
Silver Star 5W	Busan, Korea	
PORT OF DISCHARGE New York, U.S.A.	FOR TRANSSHIPMENT TO	New York CY

PARTICULARS FURNISHED BY SHIPPER

MARKS AND NUMBERS	NO. OF PKGS.	DESCRIPTION OF PACKAGES AND GOODS	GROSS WEIGHT	MEASUREMENT
AIC NEW YORK C/T NO. 1-200 MADE IN KOREA ACLU0153715/000153 FCL/FCL	200 CTNS	4,000pcs. of Men's Split Leather Jackets "FREIGHT PREPAID"	2,560KGS Loaded on Board June 30, 20__	18.000CBM

PREPAID XXXXXX FREIGHT AND CHARGES PAYABLE AT XXX — ALL CHARGES EX SHIPS TACKLE FOR ACCOUNT OF CARGO

ACL
an affiliate of :
Cie Generale Transatlantique
The Cunard Steam-Ship Company Ltd.
Intercontinental Transport(ICT)BV
Swedish American Line
Swedish Transatlantic Line
Wallenius Line

A960015	June 30, 20__
B/S NUMBER	DATE

RECEIVED by ACL for shipment by ocean vessel, between port of loading and port of discharge, and for arrangement or procurement of precarriage from place of receipt and on-carriage to place of delivery where stated above, the goods as specified above in apparent good order and condition unless otherwise stated. The goods to be delivered at the above mentioned port of discharge or place of delivery, whichever applicable. Subject always to the exceptions, limitations, conditions and liberties set out on the reverse side hereof, to which the Merchant agrees by accepting this B/L.

In Witness whereof three (3) original Bs/L have been signed, if not otherwise stated above, one of which being accomplished the other(s) to be void.

For **ACL**
As Agent for the Carrier
Korea Shipping Co., Ltd.
Kapsu Oh
Kap-su Oh
Manager

Model Form No. 3 해상화물운송장(Sea Waybill)

Particulars declared by Shipper *Applicalble only When document used as a Through Sea Waybill

Shipper

Lamedos Trading Co., Ltd.
Wheatfield
Bedfordshire
England VAT NO. 3498298

NON-NEGOTIABLE
SEA WAYBILL

UK. Customs Assigned No. 12345
SWB No. 133
Shipper's Reference
EOR 0571 J 153387/A
F/Agent's Reference

Consignee
T A R Inc.
P O 693
Algiers
Algeria

Name of Carrier
Ocean Line Limited

Notify Party and Address(leave blank if stated above)

The contract evidenced by this Waybill is subject to the exceptions, limitations, conditions and liberties Including those relating to pre-carriage and on-carriage set out in the Carrier's Standard Conditions of carriage applicable to the voyage covered by this Waybill and operative on its date of lesue ; if the carriage is one where had a Bill of Lading been issued the provisions of the Hague Rules contained in the international Corvention for unification of certain rules relating to Bills of Lading dated Brussels, 25th August, 1924, as amended by the Protocol signed at Brussels on the 23rd February, 1966(the Hague Viaby Rules) would have been conripulscilly applicable under Article X, the said Standard Conditions contain or shall be deemed to contain a Clause giving effect to the hague Viaby Rules, Otherwise the said Standard Conditions contain of shall be deemed to contain a Clause giving effect to the provisions of the Hague Rules. In neither case shall the proviso the the first sentance of Articie V of the Hague Rules or the Hague Viaby Rules apply. the carrier hereby agrees : (i) that to the extent of any inconsistency the said clause shall provide over the said Stander Conditions in respect of any period to which the Hague Rules or the Hague Viaby Rules by their terms apply, and (ii) theat for the purpose of the terms of this Contract of Carriage this Waybill falls within the definition of Article 1(b) of the Hague Rules and the Hague Visby Rules.
The Shipper accspts the said Standard Conditions on his own behelf and on behelf of the Conignee and the owner of the goods and warrants that hs has authority to do so. The Consignee by pressnting this Waybill and/or requesting delivery of the goods further undertakes al liabilites of the Shipper hereunder, such undertaking being additional and without prejudice to the Shpper's own liability. The benefit of the contract, avidenced by this Waybill shell thereby be transferred to the Consignee of other persons prestenting this Waybill.
Notwithstanding anything contained in the said Standard Conditions, the term Carrier in this Waybill shall mean the Carrier naned on the front thereof.
A copy of the Carrier's said Standard Conditions applicable hereto may be inspected or will be supplied on reguest at the office of the Carrier of the Carrier's principal Agents.

Pre-Carrisge by*	Place of Receipt by Pre-Carrier*
-	-
Vessel: Rddnouf	Port of Loading: Felixstowe
Port of Discharge: Algiers	Place of Delivery by On-Carrier*: -

Marks and Nos ; Container No.	Number and kind of packages ; Descrlption of Goods	Gross Weight (kg)	Measurement (m^3)
TAR 367/B ALGIERS Nos. 1/100	100 x 50kg net polythene lined steel drums ANTIMONY TRICHLORIDE LIQUID CLASS 8.UN No. 1733	5,270	6.840
TAR 367/B ALGIERS Nos. 101/300	200 x 25kg net polythene lined steel drums HYDROFLUORIC ACID SOLUTION SN Class 8 UN No. 1790	5,105	6.030

Fieight Details ; Charges etc.
"FREIGHT PREPAID"

RECEIVED FOR CARRIAGE as above in apparent good order and condition, unless otherwise stated hereon, the goods described in the above particulars.

Ocean Freight Payable at

Place and Date of Issue
London 29th June, 20__

Signature for Carrier ; Carrier's Principal place of Business

Ocean Line Limited
As Carrier
Jorge Moore
Jorge Moore
Manager

Model Form No. 4 항공화물운송장(Air Waybill)

180-SEL2345678-12 | 180-SEL2345678 12

Shipper's Name and Address / Shipper's Account Number	
Seoul Trading Co., Ltd. C.P.O. Box 777 Seoul, Korea	Not negotiable Air Waybill KOREAN AIR (Air Consignment note) issued by CABLE ADDRESS: "KOREANAIRLINES" C.P.O. BOX 864 KOREAN AIR LINES CO., LTD. 41.3, SOSOMUN-DONG, CHUNG-GU, SEOUL, KOREA COOPIES 1, 2 AND 3 FO THIS AIR WAYBILL ARE ORIGINALS AND HAVE THE SAME VALIDITY
CONSIGNEE's Name and address / Consignee's Account Number Bank of America, New York 466, Church Street Stations New York, NY 10015 ☎ Telephone :	It is agreed that the goods described herein are accepted in spparent good order and condition (except as noted) for carriage SUBJECT TO THE CONDITIONS OF CONTRACT ON THE REVERSE HEREOF. THE SHIPPER'S ATTENTION IS DRAWN TO THE NOTICE CONCERNING CARRIER'S LIMITATION OF LIABILITY. Shipper may increase such limitation of liability by declaring a higher value for carriage and paying a supplemental charge if required.
Issuing Carrier's Agent Name and City Korea Express Co., Ltd., Seoul	Accounting information
Agent's IATA Code: 17－34567 / Account No.	
Airport of Departure(Addr of First Carrier) and Requested Routing Gimpo Airport	

To	By First Carrier / Routing and Destination	to	by	to	by	Currency	CHGS Gode	WT/VAL PPD	WT/VAL COLL	Other PPD	Other COLL	Decleared Value for Carriage	Decleared Value for Customs
NY	KE007					USD		X		X		N.V.D	CIF US$100,000

Airport of Destination	Flight/Date	For Carrier Use Only	Flight/Date	Amount of Insurance	INSURANCE If Carrier offers insurance, and such insurance is requested in accordance with conditions on reverse herof, indicate amount to be insured in figures in box marked 'amount of insurance'
New York Airport					

Handing Information

Attached : Commercial Invoice, Packing List, Certificate of Origin

No of Pieces RCP	Gross Weight	kg lb	Rate Class / Commodity Item No.	Chargeable Weight	Rate / Charge	Total	Nature and Quantity of Goods (incl. Dimensions or Volume)
	2,506KGS AIC NEW YORK C/T NO. 1~200 MADE IN KOREA			2,560KGS	@$3.05	US$7,808.－	4,000 Pcs. of Men's Split Leather Jackets INV. NO. 601 L/C NO. 78910 "FREIGHT PREPAID"

prepaid	Weight Charge	Collect	Other Charges
US$7,808			
	Valuation Charge		
	Tax		
US$20.00	Total Other Charges Due Agent		Shippr certifies that the particulars on the face hereof are correct and that insofar as any part of the consignment contains dangerous goods, such part is properly described by name and is in proper condition for carriage by air according to the applicable Dangerous Goods Regulations. Seoul Trading Co., Ltd. minho Kang Signature of Shipper or his Agent
	Total Other Charges Due Agent		
Total prepaid		Total Collect	June 30, 20XX Seoul, Korea / As Agent for the Carrier Korea Express Co., Ltd. Namho Kang Nam-ho Kang Manager
Currency Conversion Rates		CC Charges in Dest. Currency	Executed on(date) at(place) Signature of Issuing Carrier or its Agent
For Carrier's Use Only at Destination		Charges at Destination	Total Collect Charges

Model Form No. 5 운송주선인협회국제연맹복합운송선화증권(FIATA Combined Transport B/L)

Consignor Seoul Trading Co., Ltd. C.P.O. Box 777 Seoul, Korea	**FBL** No. SJ960015 KR 410 NEGOTIABLE FIATA COMBINED TRANSPORT BILL OF LADING Issued subject to ICC Uniform Rules for a Combined Transport Document(ICC publication 298)
Consignee To the Order of Bank of America, New York	SAM JUNG SHIPPING CO., LTD.
Notify address America International Co., Inc. 350 Fifth Avenue New York, NY 10018 U.S.A.	For delivery of goods please apply to : America Freight Forwarders Inc. 465 Sixth Avenue, New York NY 10018, U.S.A. TEL : 2-129315 FAX : 2-123592
Place of receipt Busan CY	
Ocean vessel Silver Star 5W Port of loading Busan, Korea	
Port of discharge New York, U.S.A. Place of delivery New York CY	

Marks and numbers	Number and kind of packages	Description of goods	Gross weight	Measurement
◇AIC◇ NEW YORK C/T NO. 1~200 MADE IN KOREA	200 CTNS SJSU1533504/00234 FCL/FCL	4,000 pcs of Men's Split Leather Jackets "FREIGHT PREPAID"	2,560KGS	48.000CBM

according to the declaration of the consignor

The goods and instructions are accepted and dealt with subject to the Standard Conditions printed overleaf.

Taken in charge in apparent good order and condition, unless otherwise noted herein, at the place of receipt for transport and delivery as mentioned above.
One of these Combined Transport Bills of Lading must be surrendered duly endorsed in exchange for the goods. In Witness where of the original Combined Transport Bills of Lading all of this tenor and date have been signed in the number stated below, one of which being accomplished the other(s) to be void.

Freight amount As arranged	Freight payable at	Place and date of issue Seoul, Korea June 29, 20__
Cargo Insuance through the undersigned □not covered □Covered according to attached Policy	Number of Original FBL's THREE(3)	Stamp and signature As Multimodal Transport Operator SAM JUNG SHIPPING CO., LTD. Su-myung Choi Manager

Model Form No. 6 해상적화보험증권(Marine Cargo Insurance Policy)

DAEHAN FIRE AND MARINE INSURANCE COMPANY, LIMITED

HEAD OFFICE : 15-1, NAMCHANG-DONG, CHUNG-KU, SEOUL, KOREA　　CABLE ADDRESS : DAEINS K28230　☎ 754-6234

MARINE CARGO INSURANCE POLICY

POLICY NO. AD940600123	Assured(s), etc. Seoul Trading Co., Ltd. C.P.O. Box 777, Seoul, Korea
Claim, if any, payable at/in T & H Inc. Suite 200, 600 South Catalina St. New York, NY 90005 US$110,000.- Claims are Payable in US Dollars	Ref. No. Invoice No. 601 L/C No. 78910 Amount insured hereunder (US$100,000×110%)
Survey should be approved by Same as above	Conditions and Warranties Institute Cargo Clauses(B)

Local Vessel or Conveyance	From(interior port of place of loading)
Ship or Vessel Silver Star 5W	Sailing on or about June 30, 20___
at and from Busan, Korea	transhipped at
arrived at New York, U.S.A.	thence to

Subject-matter Insured
4,000Pcs. of Men's Split Leather Jackets

ORIGINAL
DUPLICATE UNPAID

Subject to the following Clauses as per back hereof

Institute Cargo Clauses specified above
On-Deck Clause
Institute Replacement Clause(applying to machinery)
Institute Classification Clause

Marks and Number's as per Invoice No. specifled above

Place and Date signed in Seoul, Korea June 29, 20___ Numbers of Policies issued IN DUPLICATE

IMPORTANT
PROCEDURE IN THE EVENT OF LOSS OR DAMAGE FOR WHICH UNDERWRITERS MAY BE LIABLE
LIABILITY OF CARRIERS, BAILEES OR OTHER THIRD PARTIES

It is the duty of the Assured and their Agent, in all cases, to take such measures as may be reasonable for the purpose of averting or minimising a loss and to ensure that all rights against Carriers, Bailees or other third parties are properly preserved and exercised. In particular, the Assured or their Agents are required:

1. To claim immediately on the Carriers, Port Authorities or other Bailees for any missing packages.
2. In no circumstances, except under written protest, to give clean receipts where goods are in doubtful condition.
3. When delivery is made by Container, to ensure that the Container and its seals are examined immediately by their responsible official. If the Container is delivered damaged or with seals broken or missing or with seals other than as stated in the shipping documents, to clause the delivery receipt accordingly and retain all defective or irregular seals for subsequent indentification.
4. To apply immediately for survey by Carriers' or other Bailees' Representatives if any loss or damage be apparent and claim on the carriers or other Bailees for any actual loss or damage found at such survey.
5. To give notice in writing to the Carriers or other Bailees within 3 days of delivery if the loss or damage found at such survey.

NOTE : The Consignees or their Agent are recommended to make themselves familiar with the Regulation of the Port Authorities at the port of discharge.

INSTRUCTIONS FOR SURVEY

In the event of loss or damage which may involve a claim under this insurance, immediate notice of such loss or damage should be given to and a Survey Report obtained from this Company's Office or Agents specified in this Policy or Certificate.

DOCUMENTATION OF CLAIMS

To enable claims to be dealt with promptly, the Assured or their Agents are advised to submit all available supporting documents without delay, including when applicable:

1. Original policy or certificate of insurance.
2. Original or Certified copy of shipping invoices, together with shipping specification and/or weight notes.
3. Original or certified copy of Bill of Lading and/or other contract of carriage.
4. Survey report or other documentary evidence to show the extent of the loss or damage.
5. Landing account and weight notes at port of discharge and final destination.
6. Correspondence exchanged with the Carriers and other Parties regarding their liability for the loss or damage.

☞ In the event of loss or damage arising under this policy, no claims will be admitted unless a survey has been held with the approval of this company's office or Agents specified in this policy.

Notwithstanding anything contained herein or attached to the contrary, this insurance is understood and agreed to be subject to English law and practice only as to liability for and settlement of any and all claims.

This insurance does not cover any loss or damage to the property which at the time of the happening of such loss or damages is insured by or would but for the existence of this Policy be insured by any fire or other insurance policy or policies except in respect of any excess beyond the amount which would have been payable under the fire or other insurance policy or policies had this insurance not been effected.

We, THE DAEHAN FIRE AND MARINCE INSURANCE CO., LTD. hereby agree, in considerarion of the payment to us by or on behalf of the assured of the premium as arranged, to insure against loss damage liability or expense to the extent and in the manner herein provided.

In witness whereof, I the undersigned of THE DAEHAN FIRE AND MARINE INSURANCE CO., LTD. on behalf of the said Company have subscribed My Name in the place specified as above to the policies, the issued numbers thereof being specified as above, of the same tenor and date, one of which being accomplished, the others to be void, as of the date specified as above.

For THE DAEHAN FIRE AND MARINE INSURANCE CO., LTD.

DaeKil Park

Dae-Kil Park
Manager

Model Form No. 7 보험증명서(Insurance Certificate)

Exporter's Reference EOR 0571 J 153387/A

Norwich Union Fire Insurance Society Ltd.
Maritime Insurance Company Ltd. [ ] [X]

NORWICH UNION HOUSE, 51/54 FENCHURCH STREET, LONDON EC3M 3LA.

INSURANCE CERTIFICATE No. L.A.R./3134

CODE No. 66/AA/603

This is to Certify that Lamedos Trading Co. Limited
have been issued with an Open policy and this certificate conveys all rights of the policy (for the purpose of collecting any loss or claim) as fully as if the property were covered by a special policy direct to the holder of this certificate but if the destination of the goods is outside of the United Kingdom this certificate may require to be stamped within a given period in order to comply with the Laws of the country of destination. Notwithstanding the description of the voyage stated herein, provided the goods are at the risk of this Assured this insurance shall attach from the time of leaving the warehouse, premises or place of storage in the interior.

Conveyance	From		
Rednouf	Felixstowe	Insured value/Currency	
Via/To	To		
	Genoa	US Dollars 22,040.00	so valued

Marks and Numbers

ABC 376/B Nos 1/100 GENOA	100 x 50kg net polythene lined steel drums ANTIMONY TRICHLORIDE LIQUID CLASS 8 UN NO. 1733
ABC 376/B Nos. 101/300 GENOA	200 x 25kg net polythene lined steel drums HYDROFLUORIC ACID SOLUTION SN Class 8 UN No 1790 Deck Stowage

CONDITIONS : — ALL RISKS as per current Institute Cargo Clauses.(All Risks)
Subject to Institute Replacement Clause,(as applicable)
Including War, Strikes, Riots and Civil Commotions as per current Insititute Clauses.
Refer to Clauses as over.

SURVEY CLAUSE : — In the event of loss or damage which may give rise to a claim under this certificate, notice must be given immediately to the undermentioned agents so that he/they may appoint a Surveyor if he/they so desire.

Amministrazione Mackenzie P.O. Box 1934 16100, Genoa, Italy

CLAIMS In the event of a claim arising under this Certificate it is agreed that it shall be settled in accordance with English Law and Custom and shall be so settled in London or at Genoa, Italy
by As above,

Norwich Union Fire Insurance Society Ltd. Dated
B. J. Amstrong Wheatifield 2nd July 20___
B. J. Amstrong
Marine Underwriter

The Original Certificate must be produced when claim is made and must be surrendered on payment.

Model Form No. 8 포장명세서(Packing List)

PACKING LIST

Seller Seoul Trading Co., Ltd. C.P.O. Box 777 Seoul, Korea	Invoice No. and date 601 July 1, 20___
Consignee To the Order of Bank of America New York	Buyer(if other than consignee) America International Co., Inc. 350 Fifth Avenue New York, NY 10018 U.S.A.
Departure date June 30, 20___	Other references
Vessel/flight: Silver Star 5W From: Busan, Korea	
To New York, U.S.A.	

Shipping marks/No. & kind of pkgs :	Goods description	Quantity or net Weight	Gross weight	Measurement
AIC	Men's Split Leather Jackets			
NEW YORK C/T NO. 1~200 MADE IN KOREA	ST-101	2,000pcs	1,280kgs	24.000CBM
	ST-102	2,000pcs	1,280kgs	24.000CMB
	Total	4,000pcs	2,560kgs	48.000CBM

P.O. Box :
Cable Address :
Telex Code :
Telephone No. :
Facsimile :

Signed by
Seoul Trading Co., Ltd.
Minho Kang
Min-ho Kang
General Manager

(210mm×297mm)

Model Form No. 9 원산지증명서(Certificate of Origin)

1. Seller

Seoul Trading Co., Ltd.
C.P.O. Box 777
Seoul, Korea

CERTIFICATE OF ORIGIN
issued by
THE KOREA CHAMBER OF COMMERCE & INDUSTRY
Seoul, Republic of Korea
원 산 지 증 명 서
대한상공회의소

2. Consignee

To the Order of Bank of America, New York

4. Buyer(if other than consignee)

America International Co., Inc.
350 Fifth Avenue, New York
NY 10118, U.S.A.

3. Particulars of Transport (where required)
From Busan, Korea to New York, U.S.A.
By s.s. Silver Star 5W
On June 30, 20__

5. Country of Origin
Republic of Korea

6. Invoice Number and Date
601, July 1, 20__

7. Shipping Marks	8. Number and Kind of Packages; Description of Goods		9. Gross Weight or Other Quantity
AIC (in diamond)	200 CTNS	Men's Split Leather Jackets	
NEW YORK C/T NO. 1~200 MADE IN KOREA		ST-101	2,000pcs.
		ST-102	2,000pcs.
		Total	4,000pcs.

10. Other Information

The Korea Chamber of Commerce & Industry hereby certifies, on the basis of relevant invoice and other documents, that the above mentioned goods originate in the country shown in column 5.

THE KOREA CHAMBER OF COMMERCE & INDUSTRY
Yongsang Park
Yong-sang Park
Managing Director

Model Form No. 10 일반특혜관세원산지증명서(Generalized System of Preferences Certificate of Origin)

1. Goods consigned from(Exporter's business name, address, country) Seoul Trading Co., Ltd. C.P.O. Box 777 Seoul, Korea	Reference No. GENERALIZED SYSTEM OF PREFERENCES CERTIFICATE OF ORIGIN (Combined declaration and certificate) FORM A
2. Goods consigned to (Consignee's name, address, country) America Intenational Co., Inc. 350 Fifth Avenue, New York NY 10018, U.S.A.	Issued in REPUBLIC OF KOREA (country) See notes overleaf
3. Means of transport and route(as far as known) From Busan, Korea to New York, U.S.A. By s.s. Silver Star 5W	4. For official use

5. Item number	6. Marks and numbers of packages	7. Number and kind of packages ; description of goods	8. Origin criterion (see notes overleaf)	9. Gross weight or other quantity	10. Number and date of invoices
	AIC NEW YORK C/T NO. 1~200 MADE IN KOREA	Men's Split Leather Jackets			
		ST-101	"Y" 35%	2,000pcs.	601 July 1, 20__
		ST-102		2,000pcs.	
		Total		4,000pcs.	

11. Certification It is hereby certified, on the basis of control carried out, that the declaration by the exporter is correct. place and date, signature and stamp of certifying authority	12. Declarations by the exporter The undersigned bereby declares that the above details and statements are correct ; that all the goods were produced in REPUBLIC OF KOREA (country) and that they comply with the origin requirements specified for those good in the Generalized System of Preferences for goods exported to UNITED STATES OF AMERICA (importing country) Seoul, Korea July 1, 20__ place and date, signature of authorized signatory

Model Form No. 11 검사증명서(Inspection Certificate)

INSPECTION CERTIFICATE

Date : July 28, 20__

To whom it may concern :

Buyer: America International Co., Inc.
L/C: No.78910
Commodity: Men' s Split Leather Jackets
Quantity: 4,000pcs.
Amount: US$100,000
Shipment: Silver Star 5W
ACL Line
B/L No.A960015

We, the undersigned, have duly inspected the above merchandise at the time of shipment and certify the quality and condition of the goods are in accordance with buyer' s requirements.

Very truly yours,

Seoul Trading, Co., Ltd.

Minho Kang

Min-ho Kang

General Manger

Model Form No. 12 차변표와 대변표(Debit Note and Credit Note)

DEBIT NOTE No. 20

Seoul, June 15, 20___

Messrs. America International Co., Inc.

To Seoul Trading Co., Ltd.

		Dr. to Sample of Stuffed Toys as per Invoice No. 212 Seoul Trading Co., Ltd. *Minho Kang* Min-ho Kang General Manager		US$250

CREDIT NOTE No. 15

Messrs. America International Co., Inc. Seoul, May 5, 20___

By Seoul Trading Co., Ltd.

		Cr. by Your commission on our shipment by s.s. "Arirang" left Pusan on April 10, 20___ as per Invoice No. 103 3% on US$100,000 Ref. : Your Indent No. I-175 Our Sales Note No. 124 Seoul Trading Co., Ltd. *Minho Kang* Min-ho Kang General Manager		US$ 3,000

8. 수출환어음(서류)의 매입과 무역대금결제

8.1 수출환어음(서류) 매입의 의의

신용장방식이나 D/P, D/A와 같은 추심방식에 의한 무역대금결제는 수출상이 준비한 서류를 담보로 하여 수출상이 환어음(Draft ; Bill of Exchange)을 발행하여 거래은행에 수출환어음매입(Negotiation : Nego)을 의뢰함으로써 이루어진다. 수출환어음 매입은 수출서류를 담보로 수출상거래은행이 할인(discount)하여 주는 것으로 매입은행이 수익자(수출상)에게 주는 일종의 선적 후 여신행위라고 할 수 있다. 한편 송금방식에 의한 무역대금결제는 전신송금환(Telegraphic Transfer: T/T), 우편송금환(Mail Transfer: M/T), 송금수표(Demand Draft: D/D)와 같은 수단을 이용하여 물품의 선적 전에 수출상이 대금을 먼저 지급받는다.

8.2 환어음의 발행

(1) 환어음의 의의

환어음이란 어음의 발행인(drawer)이 지급인(drawee)인 제 3 자로 하여금 일정금액을 수취인(payee) 또는 그 지시인(order) 또는 소지인(bearer)에게 그 청구에 따라 지급일에 일정장소에서 무조건 지급할 것을 위탁하는 요식유가증권(formal instrument)이며, 유통증권(negotiable instrument)이다.

(2) 환어음의 발행과 기재사항

요식증권인 환어음은 요식증권성이 있다. 그 이유는 불특정 다수인 사이에 유통되므로 정형적인 외관이 필요하고 권리관계가 증권 자체에서 완전하게 확정될 것이 요청된다. 따라서 어음의 형식적 요건이 구비되지 않으면 효력이 없게 된다. 환어음을 발행할 경우 그 기재사항은 다음과 같다.

1) 환어음번호

환어음발행자의 참조번호로 기재하지 않을 경우도 많다.

2) 발 행 지

환어음의 효력은 환어음의 행위지 법률에 따르므로 발행지를 반드시 기재하여야 한다. 발행지는 신용장에 명시가 없는 한 도시명까지는 표시하여야 하는데, 예를 들면 "Seoul, Korea"와 같이 기재하면 된다.

3) 발 행 일

환어음의 발행일은 곧 수출상이 발행한 환어음을 매입은행이 매입한 날이 된다.

4) 금　　액

환어음금액은 상업송장금액과 서로 일치하여야 한다. 그러나 상업송장금액의 100% 이하로 환어음을 발행하도록 신용장에 요구하는 경우에는 그 조건을 충족시켜야 한다. 환어음금액은 별도지시가 없는 한 신용장금액을 초과하여 발행할 수 없다.

5) 지급기일의 표시

어음상의 문언중 at~sight of의 at~다음에 기재되는 것이 환어음지급기일(tenor)이다.

어음만기일, 즉 지급기일의 표시방법에는 다음의 4가지가 있다.

① 일람출급(at sight) : 어음의 지급인에게 지급하는 날이 어음의 만기일이 된다.

② 일람 후 정기출급(at~days after sight) : 어음의 지급인에게 지시된 날로부터 일정기일이 지난 후에 어음의 만기일이 된다.

③ 발행일자 후 정기출급(at~days after date) : 어음이 발행되고 난 후 일정기일이 지난 후 어음의 만기일이 된다.

④ 확정일출급(on a fixed date) : 어음상에 만기일을 기재하고 있는 어음을 말한다.

6) 수 취 인

수취인(payee)은 지급을 받을 자를 말하며 기재하는 방법에는 다음과 같이 4가지가 있다.

① 기명식: "Pay to ABC Bank"

② 지시식: "Pay to ABC Bank or order,"
"Pay to the order of ABC Bank"

③ 소지인식: "Pay to bearer"

④ 선택소지인식: "Pay to ABC Bank or bearer"

7) 문자금액

환어음금액을 아라비아숫자가 아닌 문자로 표시하는 곳으로, 예를 들어 미화 100달러 10센트일 경우 "US DOLLARS ONE HUNDRED CENTS TEN ONLY"라고 기재한다. 이것은 환어음 금액과 같이 병기하게 되는데, 이 경우 양자간에 차이가 나면 문자로 표시된 금액을 어음금액으로 간주한다. 또한 표시되는 통화의 종류는 완전하게 기재되어야 한다. 막연히 Dollar($)로 표시되어서는 안 되며 반드시 US Dollar(US$)로 표시되어야 한다. 왜냐하면 Hong Kong Dollar, Canada Dollar, Australia Dollar 등 달러화를 사용하는 국가가 많기 때문이다.

8) 금액청구문구

발행인이 지급인에게 지시하는 내용으로서 당해 환어음이 지급인에 의하여 결제되면 그 자금은 "account of~" 이하에 기재되는 자로부터 청구하라는 의미이다. 따라서 "account of~" 이하는 신용장상의 "accountee"가 기재된다. 이 문구는 법적인 필수문구는 아니나 오랜 상관습상 계속 사용되고 있다.

9) 신용장발행은행

"drawn under~" 이하에는 신용장발행은행(issuing bank)을 기재하며 D/P · D/A 등 무신용장방식의 경우에는 실제 환어음의 지급인이 되는 수입상(buyer)을 기재한다.

10) 신용장번호

신용장번호를 기재하는 곳이다. 또한 D/P · D/A방식인 경우에는 계약서번호를 기재한다.

11) 신용장발행일자

환어음 발급근거가 되는 신용장의 발행일자(date of issue)를 기재한다. 통지은행양식으로 통지된 신용장의 경우에는 통지일자와 발행일자를 구분하여야 한다.

12) 지급인과 지급지

지급인(drawee)과 지급지를 기재하는 곳으로 지급지는 신용장에 별도명시가 없는 한, 도시명의 표시만으로도 충분하다. 만약 지급지 기재가 없으면 지급인의 표시지로 보완하여 어음효력을 구제할 수 있다. 제 5 차 개정 신용장통일규칙에서는 자유매입신용장을 제외하고 매입을 위한 서류의 제시장소를 명시하도록 하고 있다. 지급인은 신용장의 발행은행과 확인은행이 될 수도 있고 또 다른 지정은행이 될 수도 있다. 통상적으로 신용장이 지급인을 지시하는 문구는 "your draft at sight drawn on~"이며 이 문구중에서 "on"이하에 표시되는 것이 바로 지급인이다.

13) 발행인의 기명날인

환어음을 발행하는 자는 신용장상의 수익자 또는 양도받은 경우에는 양수인이 되며 반드시 기명날인까지 하여야 한다.

발행인의 서명날인은 수출입거래 약정시 은행에 제출된 서명감과 일치하여야 한다.

14) D/P · D/A의 표시

D/P · D/A방식거래에서는 D/P · D/A가 명확하게 구분되어 있지 않으면 D/P로 간주된다. D/A의 경우에는 "D/A at ×× day after sight"과 같이 기재하면 되고 D/P인 경우 어음상에 D/P라는 문구를 기재한다.

15) 기타사항

신용장에 따라 특히 인도나 파키스탄지역에서 발행되는 신용장의 경우 어음상의 일정한 이자(interest) 문언을 표기하도록 요구하는 경우가 있다. 이 경우에는 요구하는 문구 전부를 어음 표면상에 기재하여야 한다. 예를 들면 다음과 같다.

"Payable at the Collecting Bank's selling rate for sight on New York with interest at~% per annum from date hereon to arrival of proceeds in New York."

〈서식 7-1〉 환어음의 구성내용

No. ①________ BILL OF EXCHANGE Place and Date ②____
For ③________
At ④________ sight of this First Bill of Exchange (⑤ Second of the same tenor and date being unpaid) pay to ⑥________
Bank or order the sums of ⑦________
⑧ Value received and charge the same to account of ⑨________

Drawn under ⑩________ L/C No. ⑪________ dated ⑫________
To ⑬________________ ⑭________________

☞ 주

① 어음번호
② 발행지 및 발행일자
③ 어음금액(숫자)
④ 어음기일(tenor of draft)
⑤ 파훼문구
⑥ 지급을 받을 자(payee)
⑦ 금액(문자)
⑧ 대가수취문구
⑨ 계정결제인(accountee)
⑩ 신용장발행은행
⑪ 신용장번호
⑫ 신용장발행일
⑬ 어음지급인(drawee)
⑭ 어음발행인(drawer)

번호①__________ **환 어 음** 발행지 및 발행일자 ②______
금액③ (숫자)______
(⑤ 똑같은 기한 및 일자의 제 2 환어음에 대하여 지급이 이루어지지 않은 경우) 동 제 1 환어음에 대하여 일람출급(또는 기한부) ④으로 ⑥____은행 또는 그 지시인에게 금액 ⑦ (문자)을 지급하십시오.
⑧ 대가는 수취하였으며 어음금액을 ⑨ ________ 의 계정으로부터 청구하십시오. 동 어음은 ⑩ ________ 은행의 ⑫ ________ 일자의 신용장번호 ⑪ ________________ 에 의거하여 발행되었음.
⑬ (어음지급인)______ 앞 ⑭ (어음발행인)__________

8.3 무역대금결제와 관련된 무역통신문의 구성내용

수출환어음을 매입완료하고 수출상이 수입상 앞으로 무역대금결제를 요청하는 통신문의 구성내용은 다음과 같다.

① 환어음(서류) 매입내용을 통지(관련신용장번호와 금액 등을 언급)

② 환어음(서류) 제시시에 대금지급(또는 어음인수)하여 줄 것을 요망

③ 관련결제서류는 수입상거래은행인 신용장발행은행에 하자없이 도착될 것임을 확신시킴

④ 맺음말

한편 수출상으로부터 환어음(서류) 매입사실을 통지받은 수입상이 수출상앞으로 회신하는 통신문의 구성내용은 다음과 같다.

① 수출환어음매입관련 서신 접수내용을 통지(관련신용장번호와 금액 등을

다시 언급)

② 대금을 결제하고 관련서류 인도받았음을 통지

③ 선적 통지된 물품은 미착되었으나 조만간 도착될 것임을 기대

④ 맺음말

8.4 서류제시 및 심사에 따른 점검사항

수출환어음을 매입하기 위하여 수출상이 신용장에서 요구하는 서류를 작성 또는 발급받아 은행에 제시할 경우 서류심사 및 점검하여야 할 내용들을 서류별로 살펴보면 다음과 같다.

(1) The Documentary Credit

Ensures ;

① that it is the correct referenced Documentary Credit,

② that it is still valid(not expired/cancelled),

③ that the available balance in the Documentary Credit is sufficient to cover the value of the drawing,

④ that the documents required by the Dcumentary Credit are presented,

⑤ that no amendments or previous drawdowns are in a questionable state.

(2) The draft

Ensures ;

① that the Draft bears the correct Documentary Credit reference number,

② that it has a current date,

③ that the signature and/or the name of the Drawer corresponds with the name of the Beneficiary,

④ that it is drawn on the correct Drawee,

⑤ that the amount in figures and words correspond,

⑥ that the tenor is as required by the Documentary Credit,

⑦ that the name of the payee is identified,

⑧ that if it requires an endorsement it is properly endorsed,

⑨ that there are no restricted endorsements,

⑩ that it contains any necessary clauses as required by the Documentary Credit,

⑪ that the amount drawn for does not exceed the balance avilable in the Documentary Credit,

⑫ that the value of the draft and the invoices corresponds,

⑬ that it is not drawn "without recourse" unless authorised by the Documentary Credit.

(3) The invoice

Ensures ;

① that it is issued by the Beneficiary of the Documentary Credit,

② that the Applicant(the buyer) is indicated as the invoiced party, unless otherwise stated in the Documentary Credit,

③ that it is not titled "pro-forma" or "provisional" invoice,

④ that the description of the goods corresponds with the merchandise description in the Documentary Credit,

⑤ that no additional detrimental description of the goods appears that may question their condition or value,

⑥ that the details of the goods, prices, and terms as mentioned in the Documentary Credit are included in the invoice,

⑦ that any information supplied in the invoice, such as marks, numbers, transportation information, etc. it is consistent with that of the other documents,

⑧ that the currency of the invoice is the same as that of the Documentary Credit,

⑨ that the value of the invoice corresponds with that of the Draft,

⑩ that the value of the invoice does not exceed the available balance of the Documentary Credit,

⑪ that the invoice covers the complete shipment as required by the Documentary Credit (if no part shipments are allowed),

⑫ that if required by the Documentary Credit, the invoice is signed, notarised, legalised, certified, etc.,

⑬ that the information relative to the shipment, packaging, weight, freight charges or other related transport charges corresponds with that appearing on the other documents,

⑭ that the correct number of original(s) and copy(ies) is presented.

(4) Transport documents

Ensure ;

① that the full set of originals issued is presented,

② that it is not a "charter party" transport document, unless authorised in the Documentary Credit,

③ that it is not a forwarder's transport document unless it is authorised in the Documentary Credit,

④ that the name of the consignee is as required in the Documentary Credit,

⑤ that if the transport document requires endorsement it is appropriately endorsed,

⑥ that it bears the name of the shipper or his agent,

⑦ that the name and address, if any, of the notifying party is as required in the Documentary Credit,

⑧ that the description of the goods generally corresponds to the description of the goods as stated in the Documentary Credit, and that the marks and numbers as well as other specifications, if any, are identical to those appearing on the other documents,

⑨ that the indication of freight prepaid or freight collect costs, as required by the terms of the Documentary Credit, appears on it,

⑩ that there are no clauses on the transoprt document that may render it "foul" or "unclean",

⑪ that all other conditions stipulated in the appropriate transport Articles of UCP 500 are complied with.

(5) Insurance document

Ensures ;

① that the policy(certificate/declaration/cover note), as required by the Documentary Credit, is presented,

② that the full set of the insurance document issued is presented,

③ that it is issued and signed by the insurance company or underwriter or their agents, and the assured, if so required by the insurance document,

④ that the date of issuance or date from which cover is effective at the lated from the date of loading on board or dispatch or taking in charge of the goods, as the case may be,

⑤ that the value of the goods, insured is as required by the Documentary Credit or as defined in UCP 600,

⑥ that it is issued in the same currency as the Documentary Credit, unless otherwise allowed in the Documentary Credit,

⑦ that the goods description corresopnds with that of the invoice,

⑧ that it covers the merchandise from the designated port of embarkation or point of taking in charge to port of dischage or point of delivery,

⑨ that it covers the specified risks as stated in the Documentary Credit and than the risks are clearly defined,

⑩ that the marks and numbers, etc. corresopnd with those of the transport document,

⑪ that if the assured named is other than the Confiming Bank, Issuing Bank or buyer, it bears the appropriate endorsement,

⑫ that all other information appearing on the document is consistent with that of the other documents,

⑬ that if any alteration is noted in the document it is properly authenticated.

(6) Other documents

1) Certificate of origin

Ensures ;

① that it is a unique document and not combined with any other document,

② that it is signed, notarised, legalised, visaed as required by the Documentary Credit,

③ that the data on it is consistent with that of the other documents,

④ that the country of origin is specified, and that it meets the requirements of the Documentary Credit.

2) Weight list/certificate

Ensures ;

① that it is a unique document and not combined with any other document,

② that is signed if a cerificate is called for, or as otherwise stated in the Documentary Credit,

③ that the data on it is consistent with that of the other documents.

3) Packing list

Ensures ;

① that it is a unique document and not combined with any other document,

② that it corresponds with the requirements of the Documentary Credit. A detailed packing list requires a listing of the contents of each package, carton, etc. and other relevant information,

③ that the data on it is consistent with that of the other documents.

4) **Inspection certificate**

Ensures ;

① that the inspection firm nominated in the Documentary Credit, if any, issued the certificate,

② that it is signed,

③ that the certificate complies with the inspection requirements of the Documentary Credit,

④ that it contains no detrimental statement as to the goods, specifications, quality, packaging, etc. unless authorised by the Documentary Credit.

8.5 무역통신문 사례

Mode Form No. 1 환어음(Bill of Exchange)

BILL OF EXCHANGE

No. 1234 Date July 1, 20__
For US$100,000 Place Seoul, Korea
At ***** sight of this FIRST Bill of Exchange(Second of the same tenor and date being unpaid)pay to the order of KOREA EXCHANGE BANK the sum of US DOLLARS ONE HUNDRED THOUSAND ONLY

Value received and charge the same to account of America International Co., Inc., 350 Fifth Avenue New York, NY 10018, U.S.A.
Drawn under Bank of America, New York
L/C No. 78910 dated May 15, 20__

To Bank of America
P.O.Box 466, Church Street Stations
New York, NY 10015, U.S.A.

Seoul Trading Co., Ltd.
Minho Kang
Min-ho Kang
General Manager

BILL OF EXCHANGE

No. 1234 Date July 1, 20__
For US$100,000 Place Seoul, Korea
At ***** sight of this SECOND Bill of Exchange(First of the same tenor and date being unpaid)pay to the order of KOREA EXCHANGE BANK the sum of US DOLLARS ONE HUNDRED THOUSAND ONLY

Value received and charge the same to account of America International Co., Inc., 350 Fifth Avenue New York, NY 10018, U.S.A.
Drawn under Bank of America, New York
L/C No. 78910 dated May 15, 20__

To Bank of America
P.O.Box 466, Church Street Stations
New York, NY 10015, U.S.A.

Seoul Trading Co., Ltd.
Minho Kang
Min-ho Kang
General Manager

Model Letter No. 1 수출상이 수입상에게 수출환어음매입통지와 대금결제요청

July 2, 20___

America International Co., Inc.
350 Fifth Avenue, New York
NY 10018, U.S.A.

Gentlemen :

We have negotiated our drafts drawn at sight for US$ 100,000 on the Bank of America, New York under the credit No. 78910 and forwarded the relative documents to our negotiating bank, Korea Exchange Bank, Seoul.

Therefore, we ask you to pay the proceeds upon presentation. We trust that all documents and drafts are in good order and you will not fail to obtain the original through your bankers soon.

Yours very truly,
Seoul Trading Co., Ltd.
Minho Kang
Min-ho Kang
General Manager

☞ 주

① We have negotiated our drafts drawn at sight. 당사는 일람출급으로 발행한 환어음을 매입하였습니다.
② negotiating bank 매입은행
③ proceeds 금액, 대금, 대전(代錢).
④ are in good order 정연하다. cf. are in bad order 어수선하다.

Model Letter No. 2(Reply to Model Letter No. 1) 수입상이 수출상에게 대금지급을 통지

July 10, 20___

Seoul Trading Co., Ltd.
C.P.O. Box 777
Seoul, Korea

Gentlemen :

We have received your letter of July 2 advising us of your drawing at sight drafts for US$100,000.

The drafts were just presented by the Bank of America, New York and duly paid by us, and we have received the relative documents.

The s.s. "Silver Star" will reach here safely in a few days, and we hope to be able to write you as to the safe arrival of the goods before long.

Yours very truly,
America International Co., Inc.
Richard C. Anderson
Richard C. Anderson
Vice President

☞ 주

① sight drafts 일람출급환어음　　② in a few days 며칠이내에

Model Letter No. 3 독일의 수출상이 한국 수입상에게 기한부 수출환어음매입을 통시

May 21, 20__

Seven Star Co., Ltd.
C.P.O. Box 135
Seoul, Korea

Dear Sirs,

We have drawn our drafts at 30 days after sight on Korea Exchange Bank, Seoul today for the invoice value of US$ 80,000 under L/C No.M0604-005NU-12349 and negotiated the drafts through our bankers.

We ask you to honor the drafts upon presentation. In compliance with the terms and conditions of the above credit, we wish you to pay discount charge.

We appreciate your past favor, and look forward to serving you again.

Yours faithfully,
Mercury GmbH
Hans Friedrich
Hans Friderich
Manager

☞ 주

① invoice value 송장금액
② honor the drafts 어음을 인수하여 (만기일에)지급하다.
③ discount charge 할인료, 기한부이자 (= usance interest)

Model Letter No. 4(Reply to Model Letter No. 3) 한국의 수입상이 독일 수출상에게 환어음 인수하였음을 통지

May 31, 20__

Mercury GmbH
Neuer Wall 50, 2000 Hamburg 36
Germany

Dear Sirs,

We have received your letter informing us that you have negotiated the drafts for US$80,000 under our Credit No. 0604-005NU-12349.

Upon presentation, we have accepted the drafts and discount charge will be paid by us at maturity in connection with your terms of credit.

If this initial shipment turns out satisfactory in all respects, we are sure to place reorders with you.

Your very truly,
Seven Star Co., Ltd.
Namsu Kim
Nam-su Kim
President

☞ 주

① maturity (어음 따위의)만기, 지급기일 (= due date), pay at maturity 만기일에 지급하다.
② turns out satisfactory in all respects 모든 점에서 만족으로 판명하다.
③ place reorders with you 귀사에 재주문하다.

Model Letter No. 5 환어음인수 거절통지를 받고 다시 인수하여 줄 것을 요청

Gentlemen :

We wrote to you on September 2, informing you that we had drawn on you at 30 days after sight for US$50,000 through the Citi Bank, New York.

The bankers have just informed us that you refused to accept our draft. We cabled you on August 15 that we should draw on the Korea Exchange Bank as above mentioned for the amount, if we heard nothing from you within a week. You cabled no reply, and we have to know, therefore, why you refused acceptance of our draft. If you preferred some other mode of payment or the due date was inconvenient, you ought to have written us to that effect.

We have instructed the bankers to present the draft once more, and trust that you will this time afford the due protection.

Yours very truly,

☞ 주

① refused acceptance of our draft 당사의 환어음인수를 거절하였다.
② due date (어음 따위의)만기일, 지급기일
③ effect 실행하다, 수행하다(= accomplish). 결과, 효과, 취지.

Model Letter No. 6 대금지급을 촉구함

Gentlemen :

Your Credit No. 9879
Our Ref. No. 3765
Documents for US$200,000

At the request of beneficiary, we forwarded the above documents to you for US$200,000 on an approval basis on March 3.

Your most recent letter of April 20 shows that you had not received any further information since your letter of April 3, in which you advised that the documents were not acceptable and that the accountee would be issuing further instructions only after inspection of the goods shipped.

Would you kindly let us know if you are now in a position to forward us your authorization to proceed with payment.

We look forward to hearing from you soon and assure you your assistance will be highly appreciated.

Yours very truly,

☞ 주

① look forward to~ ~을 기대하다.
② on an approval basis 허가를 조건으로
③ ~shows that~ ~에 의하면 ~이다.
④ let us know if~ ~인지 알려 주시오.
⑥ be in a position to~ ~할 수 있다.

Model Letter No. 7 대금지급기간 연기요청

Dear Sirs,

We have received your letter of August 6, reminding us that payment of the amount owing on your June statement is overdue.

We were under the impression that payment was not due until the end of this month, when we would have had no difficulty in settling our account. It would seem, however, that we misunderstood your terms of payment and in the circumstances should be grateful if you could allow us to defer payment for further three weeks. Our present difficulty is purely temporary. Before the end of this month payments are due to us from a number of our regular customers who are notably prompt payers.

We very much regret having to make this request, but hope you will be able to grant it.

Yours faithfully,

☞ 주

① overdue 기한이 지난, 미지급의 cf. overdue account 미결제 계정
② defer payment 결제를 연기하다.
③ notably 현저히, 명료하게

Model Letter No. 8 지급 거설증서(protest)의 작성

Dear Sirs

Although you gave your unqualified acceptance to our bill of exchange No.76 of August 10 for US$100,000, we write to remind you that it was not met when presented for payment yesterday.

Non-payment has obliged us to make a formal protest of the bill and we now offer you this further and final opportunity to meet your obligations by payment of the sum of US$100,500 to cover the amount for which the bill was accepted and the expenses of protest as follows :

Nominal value of the bill	US$100,000
Expenses of protest	US$500

We hope to receive payment within the next day or two so as to avoid our having to take further proceedings.

Yours faithfully,

☞ 주
① unqualified 무제한의, 무자격의
② make a formal protest of the bill 어음에 대한 정식의 거절증서를 작성하다.

Model Letter No. 9 수표로 견본대금 지급을 통지

Gentlemen :

Enclosed please find our check in amount of US$3,000 in payment for the samples which you sent to us by air mail on September 20 and October 10, respectively.

We regret to delay in forwarding this payment, but unfortunately these invoices were misplaced in our office.

Yours very truly,

☞ 주
① check 수표
② misplace 잘못 두다.

8.6 유용한 표현(Useful Expressions)

(1) 무역대금결제

1) Opening Clauses

① Thank you for your letter of June 15, in which you request us to give the open account terms.

② We have received your letter of June 10 enclosing your Debit Note No. 31. We are very sorry not to paid your accounts earlier by an oversight.

③ We have learned from your letter of June 25 that you demand payment by a draft at sight under irrevocable L/C.

④ We have received your letter dated July 5 together with a banker' s check for US$50,000 covering our Debit Note No. 15.

⑤ We have received your letter of July 10, reminding us that payment of the amount owing on your June statement is overdue.

2) **Main Clauses**

① We will draw a draft at 90 days after sight(at 90 days from B/L date/at 90 days after date/at sight) on the Bank of America, New York under an irrevocable letter of credit and ask you to honor(accept/pay/protect/take up) it on presentation.

② To cover this shipment, we have drawn a draft at sight and negotiated(sold/discounted) it throught the Korea Exchange Bank with your credit.

③ In settlement of these accounts we enclose a Banker's Check(Mail Transfer) for US$50,000 covering your invoice up to July 25.

④ We will accept your 30 days draft and pay at maturity 30 days after sight.

⑤ We have negotinated our draft through the Bank of Seoul under irrevocable credit issued by the Citi Bank, New York.

⑥ Payment will be effected through the Bank of Seoul on receipt of transport documents.

⑦ We have rendered our June statement twice and regret that the amount of US$3,000 is still outstanding. We should be grateful for an early settlement.

⑧ You are kindly requested to pay us the below-listed acceptance commissions incurred in connection with your L/C No. K-349

⑨ Our financial difficulties from which we are suffering at present are the cause of our inability of meeting your draft at maturity.

⑩ Unless the account is settled by July 31, we shall be compelled to take legal steps for its collection.

⑪ We are enclosing a banker's check for US$500, which covers the cost of the samples and their mail charge.

⑫ Your draft has been dishonored by non-acceptance(non-payment).

3) **Closing Clauses**

① We hope you will kindly settle them by June 30.

② We urge that you make this settlement without delay.

③ We are expecting your remittance.

④ Please send us your banker's check by return mail.

⑤ We hope that the matter is thus settled to our mutual satisfaction

⑥ We should be grateful to receive your T/T at your early convenience.

제 8 장

무역계약의 종료

1. 무역클레임과 조정

1.1 무역클레임의 제기

(1) 무역클레임의 의의

무역거래에서의 클레임(claim)이란 매매당사자간의 어느 일방이 매매계약내용을 불이행함으로써 상대방에게 손해를 입힐 때 손해를 입은 당사자가 상대방에 대하여 손해배상을 청구하는 것을 말한다. 무역클레임은 광의로 단순한 불만(complaint)이나 경고(warning) 등을 포함시킬 수 있으나 이는 어느 일방의 주관이 개입될 수 있기 때문에 객관성과 타당성을 가진 상사분쟁의 구상(claim for trade dispute)이라고 할 수 없다.

무역거래에서 클레임은 일어나지 않도록 예방을 하는 것이 최선의 길이겠으나, 경미한 하자나 구실을 잡아 고의적인 이른바 마켓클레임(market claim)을 제기하는 경우도 있다. 무역클레임은 지급거절이나 결제지연 등 결제상의 클레임에 대하여 매도인이 매수인 앞으로 제기하는 것을 제외하고는 대부분이 매수인이 매도인에게 제기하는 것이 일반적이다.

(2) 무역클레임의 청구내용과 클레임의 종류

1) 무역클레임의 청구내용

무역클레임의 청구내용은 금전의 청구, 금전 이외의 방법에 의한 손해배상의 청구 또는 양자를 합한 청구로 구별할 수 있다.

첫째, 금전의 청구로는 ① 대금지급의 거절, ② 손해배상금 청구, ③ 해약변상금 청구, ④ 대금감액의 청구 등이 있다.

둘째, 금전 이외의 청구로는 ① 잔여계약의 해제, ② 계약이행의 청구, ③ 물품의 인수거절, ④ 대체품의 청구, ⑤ 부족분의 추가송부 등이 있다.

셋째, 금전의 청구와 금전 이외의 청구를 합하여 클레임을 청구하는 경우도 있다. 예컨대, 대체품을 요청하되 상기(商機)를 놓치거나, 현지의 수요자에게 인도지연에 따른 과징금을 손해배상금으로 함께 청구하는 것 등이다.

2) 무역클레임의 종류

무역클레임은 그 발생원인에 따라 품질(quality), 수량(quantity), 가격(price), 결제(settlement), 운송(transportation), 인도(delivery), 포장(packing), 서류(documents) 등에 관한 클레임이 있다.

(3) 클레임의 제기 및 증명

클레임을 제기할 경우에는 감정이나 주관에 치우치지 말고 계약서에 명시된 클레임 제기기간 내에 클레임 발생사실을 신속히 통지하고 이어 국제적으로 공인된 감정업자(surveyor)의 감정보고서(Surveyor's Report)를 첨부하여 보상을 청구하여야 한다.

(4) 무역클레임 제기시 무역통신문의 구성내용

무역클레임을 제기하기 위하여 클레임 발생을 통지할 경우 무역통신문의 구성내용은 다음과 같다.

① 클레임 내용설명(사고 또는 손해의 내용을 구체적으로 설명)
② 물품인수 또는 사용상의 어려움 표명
③ 상응한 보상요구
④ 조속한 조치요망
⑤ 맺음말

1.2 무역클레임의 해결방법과 조정

(1) 무역클레임의 해결방법

무역클레임이 발생되면 신속한 대응과 해결을 위하여 노력하여야 한다. 가능한 한 당사자간에 우호적으로 타협에 의하여 해결하는 것이 바람직하나 그러하지 못할 경우에는 제3자를 통하여 해결한다. 클레임의 해결에 관하여

흔히 "중재는 재판보다 낫고, 조정은 중재보다 나으며, 분쟁의 예방은 조정보다 낫다"고 한다. 무역클레임에 대한 당사자간의 조정(adjustment)은 다음의 해결방법 중 제 3 자에 의한 조정(conciliation)과는 구별하여 이해하여야 한다.

1) 매매당사자간 해결

(a) 클레임의 포기(waiver of claim) 클레임의 포기는 웬만한 클레임에 대해서는 단순경고(warning)를 하고 다음부터는 그렇지 않도록 주의를 촉구하는 것이다. 이 경우는 피해자(claimant)가 클레임 청구액이 미미하고 소액인 경우 또는 장기적인 안목에서 일방적으로 가해자(claimee)에게 클레임 제기를 철회(withdrawal)함으로 일단락되는 것이다.

(b) 타협(compromise)과 화해(amicable settlement) 이는 매매당사자간에 합리적인 선에서 타협을 통하여 클레임 청구내용을 합의하는 것을 말한다. 타협은 양보와 화해를 통하여 이루어진다. 이처럼 클레임의 해결은 가급적 쌍방간에 타협과 화해를 통하여 종결짓는 것이 가장 바람직한 방법이라고 할 수 있다.

2) 제 3 자를 통한 해결

만일 당사자간 타협이 이루어지지 못하였을 경우에는 제 3 자를 통하여 알선이나 조정 또는 중재에 의하여 해결하고, 중재합의(계약)를 하지 않았을 경우에는, 소송으로 해결하게 된다.

(a) 알선(intermediation) 알선이란 클레임 해결을 위하여 당사자의 일방 또는 쌍방의 의뢰에 의하여 국제상업회의소 등 제 3 자적 기관이 개입하여 해결상의 조언을 통하여 원만하게 해결을 하도록 하는 것이다. 알선은 쌍방의 협력이 있어야 하며 강제력은 없으나 알선을 담당하는 공정한 위치에 있는 기관이 당사자에게 영향력을 가할 수 있는 경우에는 성공하는 예가 많다.

(b) 조정(conciliation) 알선에 의하여 클레임이 해결되지 못하면 양당사자가 공정한 제 3 자를 조정인(conciliator)으로 하여 조정인이 제시하는 해결안에 대하여 합의함으로써 클레임을 해결하는 것이다. 조정은 중재의 전단계로 중재기관을 이용할 수도 있지만 기타의 제 3 자적 기관에 의할 수도 있다. 조정안에 의해 당사자가 수락을 하면 일단 구속력을 갖게 된다. 조정안의 수락 여부는 당사자의 자유의사에 속한다. 만일 조정을 하는 데 있어 조정인 선정일로부터 일정기간 이내에 조정이 실패하면 조정절차는 자동적으로 폐기되고 중재의 단계로 넘어가게 된다.

(c) 중재(arbitration) 중재에 의한 클레임의 해결은 조정에서와 같이 당사자가 공정한 제 3 자를 중재인(arbitrator)으로 선정하여 중재인의 판정에 복종함으로써 클레임을 해결하는 방법이다. 조정과 다른 점은 조정안의 수락여부는 당사자의 자유의사에 속하는 데 비하여, 중재의 경우에는 중재인의 판정(award)에 따라야 하며 법원의 확정판결과 동일한 효력을 갖는다는 점이다.

(2) 무역클레임의 조정

1) 클레임 제기내용의 검토

클레임이 제기되면 우선 다음과 같은 사항을 검토하여야 한다.

① 제기원인이 계약조건과는 부합되는가.

② 객관적으로 클레임 사실을 입증하기 위한 자료는 충분한가.

③ 하자의 정도가 납득할 수 있는 정도인가.

④ 청구금액은 합리적인 산출근거를 가지고 있는가.

⑤ 장래 또는 다른 거래에 미치는 영향은 어떠한가.

2) 클레임 조정상의 유의점

클레임 조정(adjustment)을 위하여 무역통신문을 교환할 경우에는 특히 다음과 같은 점에 유의하여야 한다.

① 성급한 약속을 피한다.

② 의사표시는 신중하고 명확하게 한다.

③ 신속하고 공정한 처리를 한다.

④ 가급적 타협하여 거래관계가 지속될 수 있는 마음을 갖도록 한다.

⑤ 예의를 지키고 대외신용도를 제고시키도록 한다.

(3) 무역클레임 조정시 무역통신문의 구성내용

무역클레임을 조정할 경우에 무역통신문의 구성내용은 다음과 같다.

① 클레임 제기 서신접수 및 심경표현

② 클레임 발생원인설명(또는 클레임 거부이유설명)

③ 상응한 보상내용 및 방법제시(또는 클레임으로 인정할 수 없는 근거제시)

④ 계속 거래관계희망

⑤ 맺음말

1.3 무역통신문 사례

Model Letter No. 1 상이한 물품선적에 따른 대체품 요구

July 31, 20___

Seoul Trading Co., Ltd.
C.P.O. Box 777
Seoul, Korea

Gentlemen :

We have received your goods of 200 cartons of Men's Split Leather Jackets covering your Sales Note No.E15 of May 1. On unpacking the carton No. 200 we found it contained completely different articles, and we suppose that an error was made somewhere during transportation and contents of this carton were for another order.

As we need the articles urgently we must ask you to arrange for dispatch of replacements at once by airfreight. We attach a list of the contents of the carton and shall be glad if you will check this with your Sales Note. In the mean time we will keep the case at your disposal.

Please let us know what you want us to do with it. We shall appreciate your prompt attention to this matter.

Yours very truly,
America International Co., Inc.
Richard C. Anderson
Richard C. Anderson
Vice President

Encl. A list of the contents of the carton

☞ 주

① on unpacking 포장을 풀어 보았을 때
② replacement 대체, 교환
replacements 대체품
③ airfreight 항공화물, 항공요금
④ in the mean time 한편으로는 (=meanwhile)
⑤ at your disposal 귀사가 임의로 이용(처리)할 수 있는

Model Letter No. 2(Reply to Model Letter No. 1) 대체품 송부와 사과 표시

August 7, 20__

America International Co., Inc.
350 Fifth Avenue, New York
NY 10018, U.S.A.

Gentlemen :

We have received your letter of July 31 referring to shipment of Men's Leather Jackets under our Sales Note No. E15.

We are very sorry to hear that the carton No. 200 did not contain the goods we contracted. On going into the matter we have found that a mistake was made in the packing, through a confusion of packing, and we have arranged to airfreight the right goods by KE007 leaving for New York today. The relative documents are enclosed.

We shall be obliged if you will keep the carton No. 200 until we call our forwarding agent to take delivery of the goods.

Please accept our apologies for the inconvenience caused to you by error.

Yours truly,
Seoul Trading Co., Ltd.
Minho Kang
Min-ho Kang
General Manager

Encls. Air Waybill in triplicate
Commercial Invoice in duplicate
Packing List in duplicate

☞ 주

① on going into the matter 그 문제를 조사(생각)해 보니
② forwarding agent 운송대리인(점)

Model Letter No. 3 규격착오로 선적한 전기면도기에 대한 클레임 제기

June 27, 20___

Mercury GmbH
Neuer Wall 50, 2000 Hamburg 36
Germany

Dear Sirs,

We have cleared your shipment of 1,000 sets Electric Shaver by S.S. "Moon Star V-3E" according to your shipping advice of May 20. Upon checking the above shipment we have found that the Voltage of the Electric Shaver does not equal to be the same as that of the sample. You have shipped the goods of AC 220V instead of those of AC 110/220V that we ordered.

These goods are quite unsuited to our purpose and we are therefore compelled to return them. However, if you wish us to keep them we will do so to oblige you; only in that case we naturally expect you to make us a special allowance of 20% off the invoice amount at least. If you prefer to dispose of them elsewhere, let us have shipping instructions.

Please investigate the matter at once and let us know by return Facsimile.

Yours truly,
Seven Star Co., Ltd.
Namsu Kim
Nam-su Kim
President

☞ 주

① have cleared your shipment 귀사의 선적 물품을 통관하였다.
② allowance 할인
③ dispose of 처분하다, 매각하다.

Model Letter No. 4(Reply to Model Letter No. 3) 규격상위로 인한 전기면도기의 클레임 수락

July 8, 20____

Seven Star Co., Ltd.
C.P.O. Box 135
Seoul, Korea

Dear Sirs,

We sincerely apologize for the mistake in the execution of your order No. 17 for 1,000 sets of Electric Shaver.

Upon tracing our records, we found that our shipping department shipped the goods of AC 220V instead of those of AC 110/220V for which your order was given.

In these circumstances it is not necessary for us to tell how much we regret this incident, and we have decided to give you a special discount of 20% on the invoice amount.

We are sorry for the inconvenience this business has caused you and ask you to give us an opportunity of doing better service to you.

Yours faithfully,
Mercury GmbH
Hans Friedrich
Hans Friedrich
Manager

☞ 주

① upon tracing our records 당사의 기록을 추적(확인)해 보니
trace 자국(=mark), 발자국(=footprint), 추적하다, 확인하다.

② shipping department 선적담당부서

Model Letter No. 5 손상된 레코드에 대한 대체품 송부요청

Dear Sirs,

Our Order No. 6235

We regret to inform you that two cases of Records in your consignment were in a badly damaged state on arrival, and that the entire contents are unsaleable. It looks as though they have been roughly handled or crushed by something heavy. The external damage is very noticeable and we indicated this on our receipt when accepting delivery.

Presumably you will take the matter up at your end as insurance was effected by you.

As stated in our order, these goods are required urgently, and, we feel sure that in any circumstances you will want to send replacements as soon as possible.

Yours faithfully,

☞ 주

① roughly handle 거칠게 다루다.
② crush 짜부라지다, 부서지다.
③ at your end 귀사측에서

Model Letter No. 6(Reply to Model Letter No. 5) 대체품 발송통지

Dear Sirs,

Your Order No. 6235

Thank you for your letter of July 3. We are very sorry to hear about the two damaged cases of Records, and since they were packed with the utmost care we can only conclude, as you suggest, that they were carelessly handled in transit.

The matter has been reported to our insurers, and we shall be obliged if you will keep the cases at our disposal.

Replacements were despatched to you today by air mail, and

we shall be grateful to hear when they have arrived safely.

Please accept our sincere apologies for the inconvenience caused, which was due to circumstances quite beyond our control. We shall take all possible steps to ensure that such a situation does not arise again.

Yours faithfully,

☞ 주

① pack with the utmost care 최상의 주의를 가지고 포장하다.
② in transit 운송중
③ insurer 보험자, 보험회사
④ quite beyond our control 당사가 전혀 통제할 수(어쩔 수) 없는

Model Letter No. 7 품질저하의 시멘트선적에 대한 클레임

Dear Sirs,

We regret to bring to your notice certain grave irregularities in connection with our order No. 100 for 500 barrels Portland Cement.

The goods are found far below the quality required. Further, our analyst states that they are quite useless for the purpose intended. You will recognize that we are accordingly compelled to ship them back to you, but in view of our long connections such a drastic step would be most unwelcome to us. It is clear, however, that we are entitled to some compensation, and we should be glad to hear of the allowance you are prepared to meet the case.

Yours faithfully,

☞ 주

① are compelled to ship 선적하지 않을 수 없었다.
compel 강요하다(=enforce).
② drastic step 과감한 조치
③ we are entitled to some compensation 당사는 어떠한 손해배상을 받을 자격이(권리가) 있다.
④ allowance 할인, 값을 깍기(=deduction)
make an allowance of 5% 5퍼센트 값을 깍다.

Model Letter No. 8 포장불량에 따른 클레임

Gentlemen :

We received the shipment of the 1,000 sets of Binoculars shipped by "Moon Star V-35," but deeply regret to inform you that 3 cartons of your shipment were damaged.

They are carton Nos. 3, 18 and 31. The cases were broken and the protection cover torn off, but the contents were fortunately safe except for some packages slightly damaged.

It is our opinion that the cases used for export were not sufficiently strong to protect these kinds of merchandise.

We hope we don't receive any complaints from our customers after their delivery to retail stores, because we are afraid the mechanism of binoculars will become unfit earlier than the expiration of our guarantee-period.

We trust that there will be no repetition of the trouble.

Very truly yours,

☞ 주

① binocular 쌍안경
② protection cover torn off 덮개가 찢어지다.
③ protect 보호하다.
④ unfit 부적합한, 부적당한
⑤ repetition 반복, 사본

Model Letter No. 9(Reply to Model Letter No. 8) 포장불량 클레임에 따른 회신

Gentlemen :

We have paid our prompt and careful attention to your letter of August 25 reporting us on the damage of Binoculars.

First, the goods passed double inspections by the Hamburg Inspection Association. You can also see the label of "Export Packing" on each case, which was given us by the authorized inspectors.

Secondly, the clean on board ocean Bill of Lading of the vessel operators proves fully the goods in question to have been loaded in good order. We, therefore, are of opinion that the damage of carton boxes has been caused by hard handling in voyage or when discharged at your port.

In these circumstances, we feel we are free from any fault, and we rather suggest that you should file the claim with the insurance company or the landing agents. We are ready to cooperate with you in handing the matter.

Very truly yours,

☞ 주

① authorized surveyor 공인감정인
② vessel operator 선박운항회사(=shipping company)
③ in good order 좋은 상태로
④ be free from ~에는 책임이 없다.
⑤ file the claim 클레임을 제기하다.
file a claim with you 귀사에게 클레임을 제기하다.
file a claim for US$100,000 미화 100,000달러의 클레임을 제기하다.
file a claim with you for US$100,000 귀사에게 미화 100,000달러의 클레임을 제기하다.

Model Letter No. 10 감정보고서를 송부하고 클레임 보상을 요구

Gentlemen :

Following our letter of August 25 and in confirming your letter of September 12, we have to request your attention to the following points.

Our surveyors, Universal Testing & Superintending Corporation reported on September 18 that the estimate amount of the damage was about US$2,000 in total, as shown in the certificate of survey. The survey report is enclosed for your reference.

In these circumstances, we have to claim compensation of US$2,000 from you for the damage. Your early settlement will be appreciated.

Yours truly,

Encl. Surveyor's Report

☞ (주)

① Universal Testing & Superintending Corporation 감정인 겸 검정회사
② underwriter 보험업자
③ settlement 해결, 해결

Model Letter No. 11 보험회사에 수입화물손상에 따른 클레임 발생사실통지 및 보상요청

Dear Sirs,

CLAIM NOTICE

It is highly wished that your esteemed company would enjoy eternal prosperity in business.

We regret to advise you that our import cargoes transported by your vessel are known to have been damaged as follows and therefore you are kindly requested to consider this matter and to take necessary steps to indemnify us the loss amount as soon as possible.

In the meantime, please note for you reference that we have already lodged claim notice to cargo underwriters, DAEHAN FIRE AND MARINE INSURANCE CO., LTD. and survey in this regard is considered to have been under way, so that you are also required to arrange a joint survey if necessary.

① Vessel Name: Silver Star V-5
② Ocean B/L No.: HJSCBUSA2913 1802
③ Forwarding B/L No.:
④ Loading Port: New York, U.S.A.
⑤ Discharging Port: Busan, Korea
⑥ Discharging Date: June 20, 20__
⑦ Cargo Description: 1,000 sets of Electric Shaver AC 110/220V, 60Hz, 7W
⑧ Location of Damaged Cargo: Seoul Trading Co., Ltd., Seoul
⑨ Details of Loss/Damage: cartons damaged
⑩ Loss Amount: US$3,000

Sincerely yours,

☞ 주

① 해상적화보험에서 포장부적합에 따른 손해는 보험자의 면책위험에 속한다.
② indemnify 보상하다. cf. indemnity 보상
③ underwriters 보험업자
④ loading port 선적항, 적재항
⑤ discharging port 양륙항

1.4 유용한 표현(Useful Expressions)

(1) 클레임 제기

1) Opening Clauses

① This is to inform you that we have received 20 cartons of Car Radios shipped by s.s. "Silver Star V-5," but have found cartons No. 18 and 19 badly damaged(cracked).

② The goods we ordered from you on May 10 covering our order No.123 by s.s. "Moon Star V-7" reached us in an unsatisfactory condition.

③ The color TV sets you shipped per s.s. "Glory Ocean V-3" on our order No.123 have arrived, but part of the spare parts are missing from the shipment.

④ We are writing you that the goods sent in execution of our order No.345 does not agree with your sample.

⑤ We have cleared your shipment by s.s. "Silver Star V-5" today. An examination(analysis/test) has shown(proved) that the damage(loss/breakage) occurred(happened) in transit.

2) Main Clauses

[Damage]

① These damages have obviously been due to your defective packing of the goods because they were packed without any padding.

② As the case was damaged it is possible that the Stockings may have been pilfered. To prove the shortage, we are enclosing a Certificate of Lloyd's Surveyor.

③ Please investigate the matter and forward us the replacement of the damaged cartons by airfreight.

〔Shortage〕

④ On account of this shortage of supply, we have to ask you to send us the right goods immediately to meet the requirements from our customers.

〔Quality〕

⑤ As to the Car Radios, you obviously sent us the wrong type(assortment). Please ship immediately a replacement of this article, exactly as ordered by us.

〔Delayed Shipment〕

⑥ Our order No.123 of May 10 is now considerably(long) overdue.

⑦ As the goods are urgently required, we must ask you to dispatch them by air.

〔Cancellation〕

⑧ As the goods were specially ordered for Christmas Sale (Easter/Olympic Games) we must ask you to cancel our order.

⑨ Unless the goods can be shipped by June 30, we shall have to cancel the order.

〔Allowance〕

⑩ We, therefore, leave it to your option whether you will grant 20% allowance or to take back the goods, and ask you to Telex to us your decision.

⑪ Regarding your shipment of the Leather Handbags, we must claim an allowance(a deduction/a discount) of at least 30 percent.

⑫ Please let us know(inform us) if you take the goods back or let us sell them at a discount of 30 percent.

⑬ We are compelled to claim on you to compensate for US$20,000.

3) **Closing Clauses**

① Please let us know by Facsimile when we can expect

delivery.

② Please look into(investigate) the matter and let us know your instruction by July 31.

③ Please investigate this matter and adjust it without delay.

④ We hope that you will immediately take this matter into your careful consideration and furnish us with a prompt solution by return Telex.

⑤ Your early settlement will be appreciated.

(2) 클레임의 조정

1) Opening Clauses

① We have received your letter of complaint and offer our deepest apologies for sending you goods of inferior quality.

② We are very(extremely/exceedingly) sorry to learn from your letter of July 5.

③ Thank you for the opportunity given us to rectify our error(calling attention to/notifying us) so promptly of your letter.

④ We are very sorry for the delay in the execution of your order No.123.

⑤ We are sorry to learn that you received damaged goods against your order No.234.

2) Main Clauses

[Delayed Shipment]

① The delayed shipment is entirely attributable to the recent strike(typoon/shortage of raw materials).

② The delay was caused by the carelessness of our transportation department.

[Adjusting]

③ The correct goods were forwarded today by air and will be definitely in your company within a couple of days. We hope this will enable you to meet the demand of your customers.

④ Please send the wrong goods by return, and we will examine it carefully and see what can be done in the matter.

⑤ In view of our long connection, however, we are prepared to stretch a point, and suggest that you send us a sample of the unsatisfactory goods.

⑥ If you are able to keep(retain/hold) the Leather Gloves in question, we are prepared to make a special allowance on them of 10%.

⑦ In order to adjust the matter, we are willing to grant you a 15% discount off the invoice amount.

⑧ May we ask you to keep the goods to save the return freight if we make you an extra allowance of 20%,

[Unable to Accept Claim]

⑨ On looking into the matter, we find that we sent you exactly equal to the sample; We therfore are unable to consider your demand for a discount(reduction in price).

⑩ In these circumstances, we hope you will understand why we can not accept your claim.

⑪ The shipping company is to be responsible for the shortage referred to in your letter of June 25. We suggest that you take up the matter with the company.

⑫ As this is beyond our control due to the force majeure, we suggest that you lodge your claim with the insurance company.

⑬ Your claim is outrageous and we have asked International Surveyors to examine(check) your claim.

⑭ We would suggest that this claim should be settled in accordance with the arbitration rules of the Korean Commercial Arbitration Board.

3) **Closing Clauses**

① We trust that the matter is now settled to your satisfaction(in order) and assure that this sort of mistake will not occur again in the future.

② We hope this will now settle the matter to your complete satisfaction

③ We trust you will have no further cause to complain.

④ Please accept our sincere apologies for the mistake(delay/error) and the inconvenience it has caused you.

⑤ You may be sure that we will make every effort to see that such a mistake does not happen again.

⑥ We are glad we could come to such amicable agreement.

제 3 부

전송에 의한 무역통신문

제 9 장

인터넷 전자우편

1. 전자우편의 의의

전자우편(E-mail)이라 함은 컴퓨터 전산망(network)을 이용한 정보전달수단을 말한다. 전자우편으로 전달할 수 있는 정보는 문자를 기본으로 하지만 여러 가지 형태의 문서나 실행 파일, 이미지 등을 문자정보로 변환시켜 전달할 수 있다. 전자우편은 신속하게 실시간(real time)으로 메시지를 교환할 수 있고 그 형식이 간결하면서 자유로운 강점 때문에 오늘날 국제상거래나 개인간의 통신수단으로 보편화 되고 있다.

전자우편을 이용하기 위해서는 컴퓨터와, 컴퓨터 네트워크(network), 메일러(mailer)라고 불리는 어플리케이션(application)이 필요하다. 메일러는 메일을 작성, 송신 및 수신하기 위한 프로그램이다. 전자우편 시스템은 TCP/IP (Transmission Control Protocol/Internet Protocol)를 사용한 유닉스 어플리케이션으로 널리 알려져 있다. TCP/IP는 인터넷 프로토콜에 의하여 제공되는 데이터전송서비스를 말한다. TCP/IP 기술은 가정, 학교, 기업, 정부 및 연구기관 등을 연결시켜 전세계적으로 인터넷을 구성하는 기반을 만들었다.

전자우편 시스템을 이용하면 문장 등의 다양한 정보를 지정한 상대방과 주고 받을 수 있다. TCP/IP에서 사용되는 전자우편의 대표적인 송/수신 프로토콜은 SMTP(Simple Mail Transfer Protocol)이다. SMTP는 전자우편 교환 서버에서 사용되는 통신규약으로 메시지를 주고 받는 두 컴퓨터 사이의 제어절차를 규정하고 두 컴퓨터가 어떻게 상호 접속을 하는지와 수신자 확인, 메시지 본문 전달 확인을 담당한다. 컴퓨터 사이에서 전자우편 전송을 담당하는 프로토콜로 7bit 단위의 전송을 기본으로 한다.

사용자는 전자우편을 사용하기 위해 자신의 사용자 에이전트를 이용하게 된다. TCP를 이용한 우편의 교환은 MTA(Message Transfer Agent)에 의하여 수행되는데, 유닉스 환경에서 가장 잘 알려진 MTA가 송신우편(Sendmail)이다. 이 송신우편은 고객(client)이 보내는 우편을 외부로 전송하고, 또 외부에서 들어온 우편을 받아서 각 고객에게 전달하여 주는 역할을 한다. 따라서 MTA는 우편을 주고 받는 두 우편 서버 사이의 실질적인 우편 전송을 담당한다.

2. 인터넷 도메인

전자우편 주소는 "사용자계정@호스트이름.도메인"과 같은 형식으로 구성되어 있다. 사용자 계정은 흔히 전자우편을 송수신할 호스트에 등록되어 있는 사용자 ID를 의미하며, 호스트이름은 전자우편을 송수신할 호스트의 이름을 의미하고 있다.

따라서 인터넷 전자우편 주소형식은 보통 wonjkang@pusan.ac.kr과 같이 나타낸다.(경우에 따라 사용자 ID@IP Address와 같은 형식으로 wonjkang@164.125.9.3과 같이 쓸 수 있다)

2.1 인터넷 도메인 체계

인터넷상에서 사용되는 도메인은 전 세계적으로 고유하게 존재하여야 하므로 공통적으로 정해진 체계가 있으며, 임의로 변경하거나 생성할 수 없다. 인터넷의 모든 도메인은 "." 또는 루트(root)라 불리우는 도메인 이하에 아래의 그림과 같이 나무를 거꾸로 위치시킨 역트리(inverted tree) 구조로 계층적으로 구성되어 있다. 루트 도메인 아래의 단계를 1단계 도메인 또는 최상위 도메인(TLD: Top Level Domain)이라고 부르며, 차상위 단계를 2단계 도메인(SLD: Second Level Domain)이라고 부른다.

최상위 도메인으로는 com, net, org, edu, gov, mil, int 등 인터넷 초창기부터 사용되던 7개의 일반 도메인과 2000년 11월 새롭게 생성된 7개의 최상위 도메인 biz, name, info, pro, museum, coop, aero 그리고 인터넷이 국제화 되면서 ISO 3166에 의거하여 세계의 각 국가들을 두 자리 영문 약자로 표현한 국가 도메인이 있다.

국가 도메인 kr은 한국을 대표하는 최상위 도메인이며, jp는 일본, fr은 프랑스를 의미한다. 각 국가들은 서로 다른 최상위 도메인을 사용하며, 최상위 도메인별로 도메인 이름, 체계 및 등록원칙이 다를 수 있다.(http://domain.nic.or.kr/menu/guide/domain6.html)

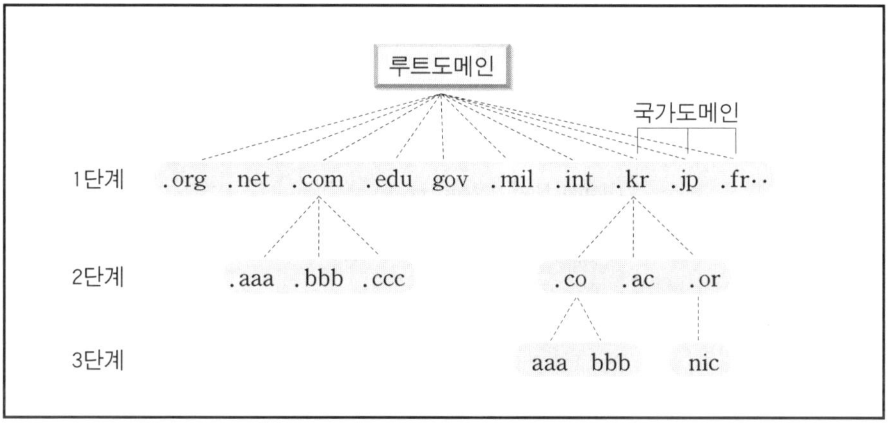

2.2 최상위 도메인 체계 및 분류

최상위 도메인의 종류와 최상위 도메인이 나타내는 기관분류 또는 국가, 그리고 등록처를 보면 다음과 같다.(http://domain.nic.or.kr/menu/guide/domain7.html) kr, com, org, net 등의 도메인 이름을 등록하기 위해서는 해당 등록처를 이용하면 된다.

〈일반 최상위 도메인〉

도메인	생성 목적	등록처	등록주소
com	영 리	VeriSign Global Registry Services	http://www.icann.org/registrars/accredited-list.html
net	네트워크	VeriSign Global Registry Services	http://www.icann.org/registrars/accredited-list.html
org	비 영 리	VeriSign Global Registry Services	http://www.icann.org/registrars/accredited-list.html
edu	4년제 대학 및 지방 자치 단체 지역 전문 대학	EDUCAUSE	http://www.educause.edu/edudomain

gov	미국 연방정부기관	US General Services Administration	http://www.nic.gov
mil	미국 연방군사기관	US DoD Network Information Center	http://www.nic.mil
int	정부간 국제조약에 의해 설립된 기관	IANA	http://www.isi.edu/div7/int
info	제한없는 사용	Afilias Limited	http://www.afilias.info/cgi-bin/registrar-list.cgi
biz	비즈니스	NeuLevel, Inc.	http://www.neulevel.biz/countdown/registrars.html
name	개인	Global Name Registry	http://www.icann.org/registrars/accredited-list.html
pro	회계사, 법조인, 의사 등	RegistryPro, LTD	미정
aero	항공수송산업	Societe Internationale de Telecommunications Aeronautiques SC, (SITA)	http://www.information.aero/registrars.php
coop	협동조합	National Cooperative Business Association, (NCBA)	http://www.coop
museum	미술관	Museum Domain Management Association, (MuseDoma)	http://www.icann.org/registrars/accredited-list.html

2.3 .kr 산하 2단계 도메인별 등록자격

신청인은 2단계 도메인 이름종류에 따른 등록자격을 준수하여 도메인이름을 등록하여야 한다.

2단계 도메인	해당영역	2단계 도메인	해당영역
co	영리	ac	대학/대학원
ne	네트워크	hs	고등학교
or	비영리	ms	중학교
re	연구	es	초등학교
pe	개인	sc	기타학교
go	정부기관	kg	유치원
seoul	서울특별시	gangwon	강원도

busan	부산광역시	chungbuk	충청북도
daegu	대구광역시	chungnam	충청남도
incheon	인천광역시	jeonbuk	전라북도
gwangju	광주광역시	jeonnam	전라남도
daejeon	대전광역시	gyeongbuk	경상북도
ulsan	울산광역시	gyeongnam	경상남도
gyeonggi	경기도	jeju	제주도

3. 전자우편의 구성

전자우편은 크게 서두(Header), 본문(Body) 및 서명(Signature)의 세 부분으로 구성되어 있다.

3.1 서 두

전사우편의 서두에는 다음과 같은 내용이 구성된다.

To	수신인의 전자우편 주소를 나타낸다.
From	발신인의 전자우편 주소를 나타낸다.
Date	시스템에서 부여된 송신일자와 시각을 나타낸다.
Subject	본문 정보에 대한 주제를 나타낸다.
Cc	참조인(사본배부처)의 전자우편 주소를 나타낸다.
Bcc	비공개 참조인을 나타낸다.

다음은 전자우편 서두(header)의 메시지 형식이다.

```
From wonjkang Mon Mar 15 02:06:09 2010
Return-Path: <newsletter@korcham.net>
Received: from mail.kcci.or.kr ([211.34.104.194])
        by pusan.ac.kr (8.11.0/8.10.2)with SMTP id gBUH68M11251
        for <wonjkang@pusan.ac.kr>; Mon, 15 Mar 2010 12:06:08+ 0900(KST)
Date: Mon, 15 Mar 2010 02:06:08 +0900 (KST)
Message-Id: <200912301706.gBUH68M11251@pusan.ac.kr>
From: "Korea Chamber of Commerce" <newsletter@korcham.net>
To: "Won-jin Kang" <wonjkang@pusan.ac.kr>
Cc: minhokim@hotmail.com, dolan@hotmail.com
Reply-To: wonjkang@pusan.ac.kr
```

```
Subject: OFFER FOR TFT LCD MONITORS IN SIZE OF 18 INCHES
MIME-Version: 1.0
Content-Type: multipart/mixed;
boundary="_nextpart_1041267602500"
X-Mailer: SMTP Version 1.0
```

Received :

문서가 배달되는 경로의 호스트에 통과된 상태를 보여준다. 인터넷의 전자우편에는 적어도 하나의 'Received:' 헤더와 4, 5개의 추가 행들이 붙어서 온다.

이런 헤더 정보는 전자우편 전송의 문제점 파악에는 도움이 되지만 사용자에게는 불필요한 정보이므로 대부분의 전자우편 프로그램은 사용자가 보지 않도록 해준다.

예) Received: from mail.kcci.or.kr ([211.34.104.194])

From :

송신인의 주소가 명시되어 있다.

예) "Korea Chamber of Commerce" 〈newsletter@korcham.net〉

Message-Id :

전자우편이 어떤 경로로 도착되었는지를 조사하는 데 사용된다. 모든 전자우편의 'Message-Id:' 는 다르게 표기된다.

예) Message-Id: 〈200912301706.gBUH68M11251@pusan.ac.kr〉

To :

수신인의 전자우편 주소를 보여준다. Cc 헤드가 존재하는 경우도 있다.

예) To: "Won-jin Kang" 〈wonjkang@pusan.ac.kr〉

Cc(Carbon Copy) :

수신인 이외의 참조인에게 동일 문서를 보낼 때 기재한다. 메일주소는 쉼표(,)로 구분한다.

예) Cc: minhokim@hotmail.com, dolan@hotmail.com

Bcc(Blind Carbon Copy) :

비공개 참조인(사본배부처)을 나타낸다. 일반 종이문서상의 Cc와는 달리 수신인의 주소가 보이지 않는다.

Subject :

전자우편의 주제를 의미한다.

예) Subject: OFFER FOR TFT LCD MONITORS IN SIZE OF 18 INCHES

Date :
전자우편이 보내진 일자와 시간을 나타낸다.
예) Date: Mon, 15 Mar 2010 02:06:08 +0900 (KST)

주) KST : Korea Standard Time +0900 : GMT보다 9시간 늦음
GMT : Greenwich Mean Time -0900 : GMT보다 9시간 빠름

X-mailer :
송신인이 사용한 메일 프로그램을 말한다.
예) X-Mailer: SMTP Version 1.0

3.2 본 문

전자우편의 본문(Body)은 문서 작성 창에 입력하는 실제로 송신하거나 송신된 정보를 나타낸다.

3.3 서 명

전자우편의 서명은 결문, 즉 맺음말은 어떤 문서를 작성한 후 자신만의 특별한 사인을 넣는 것을 의미한다. 보통 '소속, 성명, 전자우편 주소, 특별한 문구' 등이 들어간다.

4. 전자우편 작성상의 유의점과 예의

전자우편은 컴퓨터 네트워크를 이용한 커뮤니케이션으로 상대가 눈앞에 있지 않다고 해서 예의(manners)에 어긋나는 메시지를 송신하여서는 아니 된다. 특히 무역거래에서는 상담이 결렬될 소지도 있으니 전자우편을 작성 및 송수신할 경우의 유의점과 예의를 잘 지키도록 하여야 한다.

첫째, 전자우편 주소(E-mail address)를 틀리지 않도록 한다.

전자우편 주소를 틀리게 적으면 적시에 메시지를 송수신하지 못할 수 있어 특히 상거래시에는 큰 피해를 당할 수도 있다. 또한 전자우편 네트워크가 불필요한 경로를 더듬을 가능성도 있다. 따라서 전자우편을 송수신하기에 앞서 전자우편 주소의 철자 등을 오타하지 아니하도록 재확인하여야 한다.

둘째, 타인의 프라이버시(privacy)를 존중하도록 한다.

타인의 전자우편을 상대방의 동의 없이 타인에게 전송하거나 전자우편 주소 또는 전자우편 내용을 알려 주어서는 아니 된다.

셋째, 해킹이나 정보의 유출, 위변조의 위험성을 항상 고려하여야 한다.

전자우편을 이용하여 계약문서, 설계도면, 신원 정보 등 중요한 기업 또는 개인정보를 송수신해야 할 경우 보안기능이 없는 전자우편은 안전하지 않기 때문에 해킹이나 정보의 유출, 위변조의 위험성을 항상 고려해야 한다. 따라서 정보인증 기관 등을 통한 전자우편 인증서비스를 제공받아 이와 같은 대비책을 마련하여야 한다.

넷째, 너무 장문의 전자우편을 보내지 않도록 한다.

컴퓨터 네트워크는 한 사람만의 것이 아닌 많은 사용자(user)가 네트워크를 공유하고 있다. 불필요하게 긴 전자우편은 네트워크 용량에 부담을 줄 뿐 만 아니라, 수신인의 컴퓨터의 자원도 낭비하게 된다. 따라서 메시지는 요점만을 간결하게 읽기 쉽도록 작성하여야 한다.

다섯째, 주제(subject)는 알기 쉽게 간결하게 명시하도록 한다.

전자우편을 수신하는 사람은, 먼저 주제를 보고 그 전자우편 본문의 내용을 우선 파악하게 된다. 따라서 주제는 본문의 내용을 함축적으로 나타낼 수 있는 제목을 기재하여야 한다.

여섯째, 특수한 문자나 기호를 사용하지 않도록 한다.

전자우편에 사용되지 아니하는 문자나 기호 등은 송수신 내용을 인식하지 못하는 경우가 있음을 고려하여야 한다. 따라서 국제적으로 호환될 수 없는 특수한 기호나 문자 등은 주제나 본문에 사용하지 않도록 한다.

일곱째, 본문은 가급적 상대방의 입장에서(You attitude) 작성하는 것이 좋다.

가급적 주어를 나(I)보다는 상대방(You)으로 표현하여 친근감 있게 작성한다. 또한 불필요한 인용은 줄이고 행간 길이는 짧게 작성하도록 한다.

5. 전자우편을 이용한 통신 및 오퍼의 예

5. 1 전자우편을 통한 무역통신문의 예

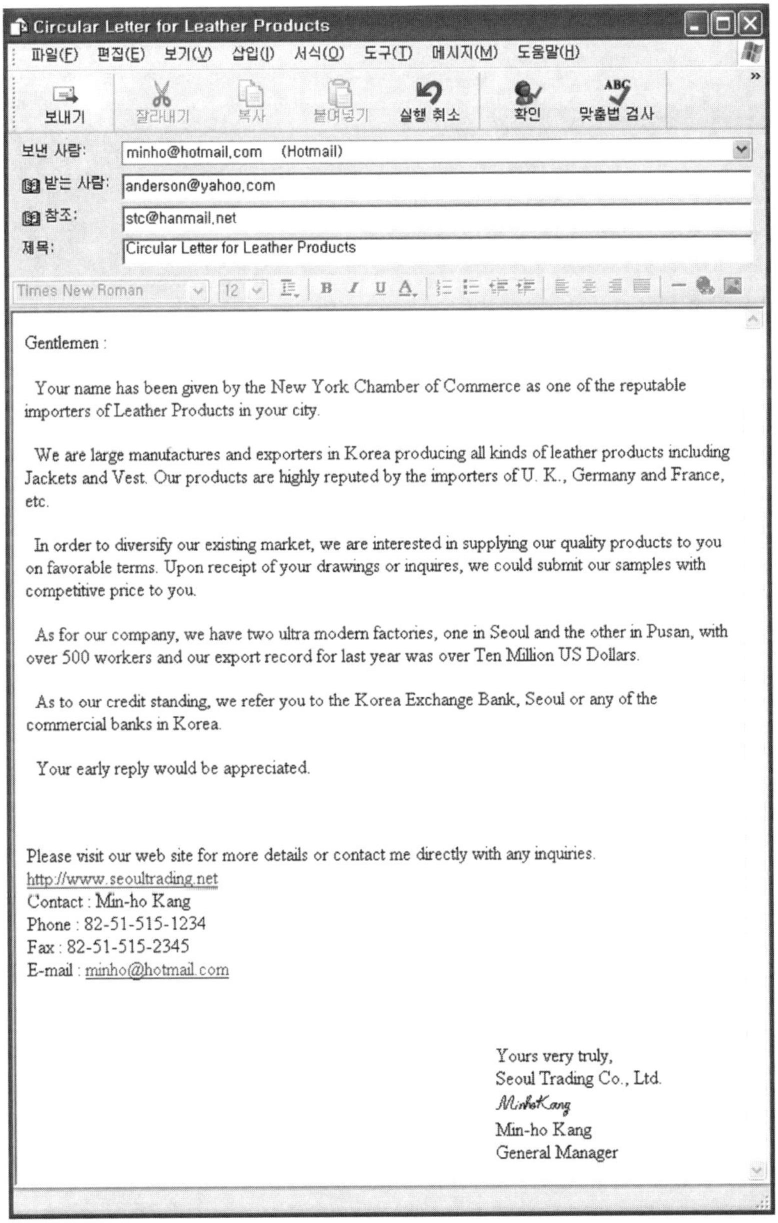
Circular Letter for Leather Products

파일(F) 편집(E) 보기(V) 삽입(I) 서식(O) 도구(T) 메시지(M) 도움말(H)

보내기 잘라내기 복사 붙여넣기 실행 취소 확인 맞춤법 검사

보낸 사람: minho@hotmail.com (Hotmail)

받는 사람: anderson@yahoo.com

참조: stc@hanmail.net

제목: Circular Letter for Leather Products

Gentlemen :

Your name has been given by the New York Chamber of Commerce as one of the reputable importers of Leather Products in your city.

We are large manufactures and exporters in Korea producing all kinds of leather products including Jackets and Vest. Our products are highly reputed by the importers of U. K., Germany and France, etc.

In order to diversify our existing market, we are interested in supplying our quality products to you on favorable terms. Upon receipt of your drawings or inquires, we could submit our samples with competitive price to you.

As for our company, we have two ultra modern factories, one in Seoul and the other in Pusan, with over 500 workers and our export record for last year was over Ten Million US Dollars.

As to our credit standing, we refer you to the Korea Exchange Bank, Seoul or any of the commercial banks in Korea.

Your early reply would be appreciated.

Please visit our web site for more details or contact me directly with any inquiries.
http://www.seoultrading.net
Contact : Min-ho Kang
Phone : 82-51-515-1234
Fax : 82-51-515-2345
E-mail : minho@hotmail.com

Yours very truly,
Seoul Trading Co., Ltd.
MinhoKang
Min-ho Kang
General Manager

5. 2 전자우편을 이용한 오퍼의 예

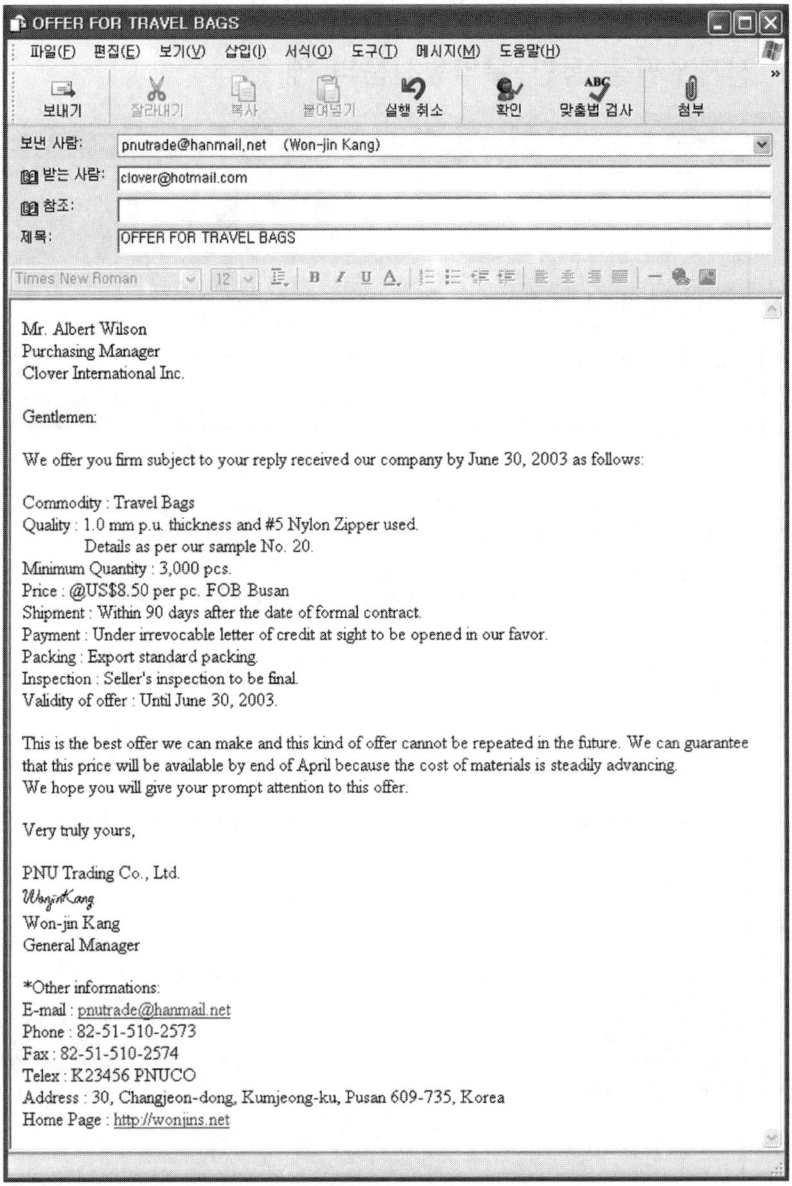
OFFER FOR TRAVEL BAGS

보낸 사람: pnutrade@hanmail.net (Won-jin Kang)
받는 사람: clover@hotmail.com
참조:
제목: OFFER FOR TRAVEL BAGS

Mr. Albert Wilson
Purchasing Manager
Clover International Inc.

Gentlemen:

We offer you firm subject to your reply received our company by June 30, 2003 as follows:

Commodity : Travel Bags
Quality : 1.0 mm p.u. thickness and #5 Nylon Zipper used.
Details as per our sample No. 20.
Minimum Quantity : 3,000 pcs.
Price : @US$8.50 per pc. FOB Busan
Shipment : Within 90 days after the date of formal contract.
Payment : Under irrevocable letter of credit at sight to be opened in our favor.
Packing : Export standard packing.
Inspection : Seller's inspection to be final.
Validity of offer : Until June 30, 2003.

This is the best offer we can make and this kind of offer cannot be repeated in the future. We can guarantee that this price will be available by end of April because the cost of materials is steadily advancing.
We hope you will give your prompt attention to this offer.

Very truly yours,

PNU Trading Co., Ltd.
WonjinKang
Won-jin Kang
General Manager

*Other informations:
E-mail : pnutrade@hanmail.net
Phone : 82-51-510-2573
Fax : 82-51-510-2574
Telex : K23456 PNUCO
Address : 30, Changjeon-dong, Kumjeong-ku, Pusan 609-735, Korea
Home Page : http://wonjins.net

6. 인터넷을 이용한 무역통신문의 유용한 표현

(국문) 저의 우편주소는 minho@hotmail.com입니다.
(영역) You can email me at minho@hotmail.com.

(국문) 저의 전자우편주소를 변경하려고 하고 있습니다. 변경되는 데로 알려드리겠습니다.
(영역) I am planning to change my e-mail address. As soon as I get a new one, I will write and let you know.

(국문) 당사는 다음과 같은 새 우편주소로 변경되었음을 알려드립니다.
(영역) We inform you that we had moved to the following new mail address.

(국문) 두 번이나 메일을 보냈습니다만 답이 없습니다. 그 메일이 귀하에게 전달되지 않을지 염려됩니다.
(영역) I mailed to you two times, but you didn't write back. I am afraid the mails have not been delivered to you.

(국문) 잘못된 주소로 저의 전자우편메시지를 보냈는지 염려됩니다.
(영역) I am afraid I sent my e-mail message to the wrong address.

(국문) 네트워크의 어떠한 장애로 인하여 제가 어제 보냈던 전자우편메시지가 도달되기 어려울 것 같아 또다시 보내드립니다.
(영역) You may not have received the e-mail message that I sent yesterday, because there is something wrong with the network. I am sending it again.

(국문) 메일이 도착하였습니다만, 첨부 파일을 열 수 없었습니다.
(영역) I received your mail but the attached file couldn't be opened.

(국문) 금일 귀사의 메일을 받았습니다만, 문자가 많이 깨져서 읽을 수 없습니다.

(영역) I got your mail today, but the text is too garbled to read. Your mail that I received today has a lot of garbage characters, so I can't read it.

(국문) 6월 5일 저의 컴퓨터 트러블이 조금 있었지만 그것은 하루뿐 이었으며, 지금은 모든 것이 잘 작동되고 있는 것 같습니다.

(영역) I did have a bit of trouble with my computer on June 5 but it was only for one day and every thing seems to be working well now.

(국문) 저의 컴퓨터가 2주 동안 다운되어 그 사이에 보내 왔던 모든 메일을 가져올 수 없었습니다. 답을 할 수 없었던 점을 용서하시기 바랍니다. 이제 상황이 더 좋아지기를 바라며 귀하에게 다시 답할 수 있게 되기를 기대합니다.

(영역) My computer has been down for the last couple of weeks and I was unable to pick up any mails that were sent during that time, so forgive me for not replying to you. I hope that things will go better now and look forward to writing to you again.

(국문) 그 전송 서비스는 느린 우편송달로 문제점을 가지고 있었습니다. 수신까지 이틀이 걸리기도 하였습니다. 시험 삼아 메일을 저의 주소로 보내고 보면, "치명적인 오류"로 저에게 되돌아와 버렸습니다.

(영역) I had problems with slow mail delivery through the forwarding service. It would take a couple of days to get mail. When I happened to try sending mail to my own address, they bounced the message back to me with "fatal error."

(국문) 귀하의 메일을 텍스트 형식으로 보내 줄 수 있습니까? HTML은 바이러스를 포함하기가 훨씬 쉽기 때문에 저의 퍼스널 컴퓨터는 HTML 파일을 열지 않도록 설정하여 둡니다.

(영역) Will you send your mail on plain text only, please! HTML is a lot more easy to be involved with the viruses, so my computer is set not opening HTML files. (http://chelsea.tripod.co.jp/internet.htm)

제 **10** 장

국 제 전 보

1. 국제전보의 의의

전보(Telegram; Cable)라 함은 전신으로 글을 보내는 통보를 말하며 국제전보(International Telegram)는 한 나라와 다른 나라사이에 송수신되는 전보를 말한다.

정보통신산업의 발달로 국제간의 무역통신문은 전자우편(E-mail)을 주로 사용하고 있으나 축하나 위로통신의 경우에도 전보를 이용하는 경우가 많다.

국제전보는 취급상의 우선 순위에 따라 어수계산(word counting)을 하기 때문에 전보료도 절약하면서 상대방에게 뜻이 오해 없이 전달되도록 통신문을 작성하여야 한다.

2. 국제전보의 종류

2.1 취급상의 우선순위에 따른 구분

(1) **통상전보**(Ordinary Telegram: ORD)

통상전보는 보통전보 또는 일반전보라고도 하며 전보의 요금계산이나 취급에 있어 기준이 되는 전보이다. 통상전보의 요금은 취급지정어(ordinary), 수신인명, 즉 수신인전신약호(cable address), 본문(message) 및 발신인명(sender's name)을 포함하여 유료어수로 계산되며 기본유료어수는 7어이다. 또한 통상전보의 배달은 보통 12시간 정도 걸린다.

[표 10-1] 국제 전보의 종류

전보의 종류	취급지정	최서기본 요금어수	배달순위	소요시간	1어당 추가요금비
통상전보	ORD	7어	2	12시간 전후	1
서신전보	LT	22어	3	24시간 전후	$\frac{1}{2}$
지급전보	URG (URGENT)	7어	1	6시간 전후	2

(2) 서신전보(Letter Telegram: LT)

서신전보는 그다지 급하지 않을 경우에 장문의 통신문을 경제적으로 통신할 때 이용되는 전보를 말하며 무역거래시에 많이 사용되고 있다. 유료어수는 22어이며 서신전보의 배달소요시간은 약 24시간 이내이지만 원칙적으로 야간에 수신국에 도착될 경우 다음날 오전 8시 이후에 배달된다.

(3) 지급전보(Urgent Telegram: URG : URGENT)

지급전보는 긴급을 요할 때 사용되는 것으로 통상 및 서신전보보다 우선적으로 송달된다. 요금은 통상전보요금의 배액이며 기본유료어수는 7 어이다. 지급전보의 배달은 보통 6 시간 전후에 배달된다.

이와 같이 국제전보는 현지의 시차, 근무시간 등을 고려하여 완급을 정하여야 한다. 국제전보의 종류를 요약하면 [표 10-1]과 같다.

2. 2 사용용어에 따른 구분

(1) 보통어전보(Plain Language Telegram)

보통어전보는 통신문에 사용할 수 있도록 인정된 국어로 쓰여진 전보를 말한다.

(2) 암호전보(Code Language Telegram)

암호전보는 암호(code)를 사용하여 비밀유지와 전보료를 절약하기 위한 전보를 말한다. 암호전보의 전송은 암호장(code book)을 사용하는데 Acme

Code Book, Bentley's Code Book, ABC Code Book, Schofield's Code Book, Oriental Code Book, Peterson Code Book, Boe Code Book, Duo Banking and Commercial Code Book 등이 있다. 한국에서는 현재 Acme, Bentley, Peterson만을 허용하고 있어 이용상에 제약이 있으며 암호문을 작성(code ; encode)하거나 해독(decode)하는 데 시간과 노력이 소요된다.

(3) **비어전보**(Cypher Telegram)

비어전보(秘語電報)는 아라비아 숫자에 각기 의미를 부여하여 사용하는 전보로 광의로는 암호전보의 일종이다. 비어전보는 전보취급자가 부주의, 통신설비 고장에 의해 오류가능성이 많으므로 사용을 억제하는 것이 좋다.

그 밖에 국제전보는 그 취급내용에 따라 대조전보(collated telegram: TC), 동문전보(multiple telegram: TM), 회신료선지급전보(reply prepaid telegram: RP), 수신인추적전보(following addressee telegram: FS), 배달확인전보(confirmation of delivery telegram: PC), 국제보도전보(press telegram: PRESS), 경축전보(deluxe form: LX), 조위전보(deluxe form of condolence: LXDEUIL) 등이 있다.

3. 국제전보의 사용문자와 유료어수 계산

3.1 국제전보의 사용문자

국제전보문에서 사용할 수 있는 것은 문자, 숫자 및 기호의 세 종류이며, 문자는 영어의 인쇄체 대문자를 사용하여야 한다.

(1) **문자**(letter)

영어의 알파벳 26자(즉 A, B, C 등)를 사용한다.

(2) **숫자**(figure)

아라비아 숫자 10개(즉 0, 1, 2, 3, 4, 5, 6, 7, 8, 9)를 사용한다.

(3) 기호(sign)

① . period

② , comma

③ : colon

③ ' apostrophe

④ / slash; fraction bar

⑤ ? question mark

⑥ + cross; plus sign

⑦ − hyphen; dash

⑧ = double hyphen; equal mark

⑨ (lefthand bracket

⑩) righthand bracket

⑪ × multiplication sign

이와 같은 기호는 전부 유료어수의 1자로 통용되지만 + 기호는 고립하는 기호로 사용할 수 없으며, 미국이나 인도네시아 등에서는 + 기호를 사용하지 않는다.

%는 PERCENT 또는 P/CENT와 같이 하며 " "는 각 apostroph 2개로 하든지 QUOTE 및 UNQUOTE로 표시한다. 또한 Ⅰ, Ⅱ, Ⅲ과 같은 로마숫자는 통용되지 않는다.

3.2 유료어수의 계산

(1) 1어를 10자까지로 한다

CONFIRM (7 letters) ································ 1어(語)
IMPRACTICABLE (13 letters)························ 2어

(2) 문자, 숫자, 기호를 혼용할 경우에도 10자까지 1어로 계산한다

CIF/PC (6 letters)·· 1어
YODR123 (7 letters)······································ 1어
NOVEMBER22ND (12 letters) ······················· 2어
5,000 (5 letters) ··· 1어

2′7″ (5 letters) ······ 1어
USD35,425 (9 letters) ······ 1어
CASE-OF-NEED (12 letters) ······ 2어
BY-AIR (6 letters) ······ 1어
BY AIR ······ 2어
PLEASE CONFIRM BY CABLE ······ 4어
HANOVER PARK SQUARE ······ 3어
HANOVERPARKSQUARE (17 letters) ······ 2어

(3) 어법을 무시한 임의 조합의 용어도 10자까지 1어로 계산한다

KOMELON ······ 1어
ZHENEX ······ 1어

(4) Telex에 사용되는 약어도 10자까지 1어로 계산한다

ASAP (= as soon as possible) ······ 1어
YTLX (= Your Telex) ······ 1어

4. 국제전보의 구성

국제전보를 접수하였을 때에는 발신지와 내용을 잘 파악하여야 한다. 국제전보문은 보통 네 개의 어군으로 구성되어 있다.

ZCZC① HSL067 KEH857② AFPM084③ KRSE④ HL⑤ PWKR⑥ 017⑦ KARACHI⑧ 17/17⑨ 09 1530⑩	서두
LT⑪ SELTRACO SEOUL⑫	취급지정 및 수신인
SHIPPED 500 SETS WALL CLOCKS JULY 5 ORIENTAL KNIGHT ETA BUSAN AUGUST 25⑬ MERCURYCO⑭	본문 및 발신인
COL⑮ 500 SETS JULY 5 AUGUST 25 NNNN⑯	조회

☞ 주

① 국제전보의 시작부호
② 중계번호
③ 발신국 발신번호
④ 착신국 약호, 대한민국 서울을 의미
⑤ 서신전보 cf. CO 통상전보, UR 지급전보
⑥ 발신국 약호
⑦ 국제전보의 유료어수
⑧ 발신지명
⑨ 17/17 분모는 실제의 어수, 분자는 유료어수
⑩ 접수일 및 시간
⑪ 전보의 취급지정
⑫ 수신인 전신약호 및 도시명
⑬ 전보본문
⑭ 발신인명
⑮ 조회
⑯ 국제전보의 종료

5. 국제전보문의 작성요령

국제전보문은 어수가 요금계산기준이 되기 때문에 뜻이 통하는 범위 내에서 생략할 수 있는 단어는 없애고 함축적으로 작성하여야 한다. 따라서 국제전보문은 다음과 같은 요령으로 작성한다.

① 1인칭 대명사의 주어는 생략한다.

We accept your order No.123.
→ ORDER123 ACCEPTED

② 관사, 전치사, 조동사, be동사는 생략한다.

Please inform us by cable whether you have got the Bill of Lading.
→ PLEASE CABLE WHETHER B/L OBTAINED

③ 미래형은 ~ing형으로 한다.

We will effect shipment in July.
→ SHIPPING JULY

④ 의문형은 명령형으로 한다.

Have you shipped the order No.234?
→ CABLE WHETHER ORDER234 SHIPPED

⑤ 수동형의 문장은 능동형으로 한다.

Your immediate reply is requested.
→ REPLY IMMEDIATELY

⑥ 가능성은 ~ABLE형으로 고친다.

We can accept your terms.
→ TERMS ACCEPTABLE

We can abtain orders.
→ ORDERS ABTAINABLE

⑦ 부정형은 UN~, IN~, NON~, IR~, DIS~, ~LESS형을 사용한다.

We can not accept your order.
→ YOUR ORDER UNACCEPTABLE

The market continues quite.
→ MARKET INACTIVE

We can not reduce the price.
→ PRICE IRREDUCIBLE

⑧ 최상급은 ~EST형으로 표현한다.

very soon
→ SOONEST

⑨ 유감은 REGRET로 표현한다.

We regret that the shipment has been delayed because of strike.
→ STRIKE REGRET SHIPMENT DELAYED

We regret that we can not accept your offer.
→ REGRET OFFER UNACCEPTABLE

⑩ 요구 또는 의뢰를 할 경우에는 REQUEST/SOLICIT를 서두 또는 문미에 사용한다.

We would ask you to effect shipment promptly.
→ PROMT SHIPMENT REQUESTED

⑪ 단축표현법을 사용한다.

Reference (= Referring to) our cable July 15
→ ROCJULY15

Reference (= Referring to) yours March 7

→ RYRSMARCH7

as soon as possible
→ ASAP (= SOONEST)

Referring to your letter
→ RYL

Do your best.
→ ENDEVOR (= DO-YR-BEST)

due to the fact that
→ DUE ; OWING

If not
→ UNLESS ; OTHERWISE

in view of
→ VIEW

to this effect
→ ACCORDINGLY

without delay
→ SOON

Your cable dated May 7
→ YOURS MAY/7

in accordance with
→ ACCORDANCE

subject to
→ SUBJECT

at the beginning of March
→ BEGINNING MARCH

at the middle of March
→ MIDDLE MARCH

at the end of March
→ END MARCH

previous to
→ BEFORE

in spite of
→ DESPITE

Send immediately.
→ RUSH ; EXPEDITE

Send by airmail.
→ AIRMAILED

two weeks
→ FORTNIGHT

6. 국제전보문에 의한 무역통신문의 작성 사례

6.1 조회 및 회신(Inquiries and Replies)

(1) 견본요청 조회

[Letter]
Please send us your samples of Wall Clock with best terms.

[Cable]
SEND SAMPLES WALL-CLOCK WITH BEST TERMS

(2) 견본을 송부

[Letter]
In compliance with your inquiry of May 20, we are sending you our samples under separate airmail cover. Shipment will be made within 45 days after receipt of your L/C.

[Cable]
YOURS TWENTIETH AIRMAILING SAMPLES. SHIPMENT 45 DAYS AFTER RECEIPT CREDIT

(3) 최저가격으로 견적요청

〔**Letter**〕

Please quote us your lowest prices, CIF Busan for 700 sets Electric Shavers.

〔**Cable**〕

QUOTE LOWEST CIF BUSAN 700-SETS ELECTRIC SHAVERS

(4) 카달로그와 가격표를 송부

〔**Letter**〕

In reply to your inquiry of May 6, we sent you by airmail our catalogs of stuffed toys with price list.

〔**Cable**〕

YOURS May/6 AIRMAILED CATALOGS WITH PRICELIST

(5) 가격상승예상에 따른 주문독촉

〔**Letter**〕

It is probable that the price will rise for the time being, and it would be your interest to place your order without delay.

〔**Cable**〕

PRICES ADVANCING RECOMMEND IMMEDIATE ORDERING

6.2 청약과 승낙(Offer and Acceptance)

(1) 확정청약

〔**Letter**〕

We offer you firm subject to your acceptance received here by June 30.

〔**Cable**〕

OFFER FIRM SUBJECT ACCEPTANCE HERE JUNE/30

(2) 가격과 선적조건을 제시하면서 확정청약

〔**Letter**〕

We offer you firm subject to your reply reaching us by June 5 for 500 sets of Wall Clocks, at US$800 per set CIF New York for July shipment.

〔**Cable**〕

OFFER FIRM SUBJECT REPLY US JUNE/5 500 SETS WALL-CLOCKS USD800/SET CIF NEW YORK JULY SHIPMENT

(3) 조회를 받고 거래조건을 제시하는 확정청약

〔**Letter**〕

Thank you very much for your cable inquiry of May 10. Accordingly we are pleased to offer you firm subject to your reply received us by May 3 for 700 pairs of Leather Gloves at US$ 500 per pair, CIF Hong Kong.

Shipment will be made within two months after receipt of your L/C. Inspection of the goods will be determined finally by seller.

〔**Cable**〕

THANKS MAY/10 INQUIRY. OFFER FIRM SUBJECT REPLY US 700 PAIRS LEATHER GLOVES USD500 CIF HONG KONG/PAIR. SHIPMENT TWO MONTHS AFTER RECEIPT CREDIT. SELLER'S INSPECTION FINAL

(4) 청약에 대한 반대청약

〔**Letter**〕

Regarding your cable of April 20, other terms and conditions is Okayed. However the prices you quoted are much higher than those of other manufacturers. Therefore, we would be pleased to accept 7,000 pairs of Leather Gloves if you could make the price of US$450 per pair. We look forward to your confirmation.

[Cable]
RYC20 APRIL OKAYED. HOWEVER PRICES TOO HIGH. ACCEPTABLE USD450/PAIR. AWAITING CONFIRMATION

(5) 청약에 대한 승낙

[Letter]
Reference your cable of April 25, we accept the price of US$450 CIF Hong Kong per pair.

[Cable]
RYC25 APRIL ACCEPTED USD450 CIF HONG KONG/PAIR

6.3 주문 및 주문승낙(Order and Acknowledgement of Order)

(1) 전기면도기 주문

[Letter]
We are pleased to place an order with you 500 sets of Electric Shaver, as in your quotation of June 20.

[Cable]
ORDER 500 SETS ELECTRIC SHAVER QUOTED JUNE/20

(2) 전기면도기 주문에 대한 감사

[Letter]
We have received your order of June 27 for 500 sets of Electric Shaver, which we herewith acknowledge with best thanks.

[Cable]
YOURS JUNE/27 500 SETS ELECTRIC SHAVER ACKNOWLEDGED

(3) 파인애플 주문승낙

〔**Letter**〕

We are pleased to receive your cable order of July 3 for 100 cartons of Canned Pineapples US$100 CIF Busan per carton.

〔**Cable**〕

ACKNOWLEDGE CABLE ORDER JULY/3 ONEHUNDRED CARTONS CANNED PINEAPPLES USD100 CIF BUSAN/ CARTON

(4) 주문초과에 따른 주문거절

〔**Letter**〕

We have received with many thanks your order for 1,000 sets of Electric Fans. However our factories are now fully booked and we therefore greatly regret that we can not execute it this year.

〔**Cable**〕

AKCNOWLEDGED ORDER ONETHOUSAND SETS ELECTRIC FANS. HOWEVER FACTORIES FULLY BOOKED REGRET UNEXECUTABLE THIS YEAR

(5) 조건부 주문승낙

〔**Letter**〕

We will accept your order if you allow shipment during September.

〔**Cable**〕

ACCEPTING ORDER FOR SEPTEMBER SHIPMENT

6.4 신용장(Letter of Credit)

(1) 수입상이 수출상 앞으로 신용장발행 사실을 통보

〔**Letter**〕

We inform you that we have opened an irrevocable letter of credit at sight to be opened in your faver covering US$50,000 for Electric Shavers.

〔**Cable**〕

OPENED SIGHT CREDIT YOUR FAVOR USD50,000 ELECTRIC SHAVERS

(2) 신용장 미도착에 따른 신용장발행을 촉구

〔**Letter**〕

We have not yet received your L/C. Please open L/C as soon as possible.

〔**Cable**〕

L/C UNRECEIVED. OPEN L/C ASAP

(3) 선적기일 촉박에 따른 스위프트로 신용장발행을 촉구

〔**Letter**〕

Referring to your order of May 5 for 100 sets of our Personal Computers, we have not yet received your credit covering your order totaling US$100,000.

As the shipping date is drawing near, please open credit by SWIFT immediately.

〔**Cable**〕

RYO MAY5 100-SETS PERSONAL COMPUTERS UNRECEIVED CREDIT FOR USD100,000. OPEN CREDIT BY SWIFT

☞ ㈜

① SWIFT(= Society for Worldwide Interbank Financial Telecommunication) 세계은행간 금융데이터통신협회. 국제간 대금결제 등에 관한 데이터통신의 연결망을 기획하고 운영하는 것을 목적으로 벨기에 법에 의해 설치된 조직이다.

(4) 수입상이 수출상 앞으로 신용장발행 사실을 통보

[Letter]

We are pleased to inform you that we have opened today irrevocable credit No. M0604-005ES-12345 in your favor for US$ 70,000 through Korea Exchange Bank.

[Cable]

OPENED TODAY CREDIT M0604-005ES-12345 YOUR FAVOR USD70,000 THROUGH KEB

6.5 선적통지(Shipping Advice)

(1) 물품선적을 통지

[Letter]

We are pleased to inform you that the 500 sets Electric Fans of your order No.27 have been shipped by s.s. "Moon Star" sailing July 5 from Busan.

[Cable]

500 SETS ELECTRIC FANS ORDERED SHIPPED MOON STAR JULY/5 BUSAN

(2) 선박일정 지연에 따라 선적시기 연장요청

[Letter]

Referring to your telegram of August 20, no vessels are available during September. Moreover, steamship "Mayflower" which is scheduled to sail for your port at the end of September will be delayed to October 8.

May we ship your order on the vessel? We look forward to your reply.

[Cable]

YT-AUG/20 NO-VESSEL AVAILABLE DURING SEPTEMBER.

HOWEVER END SEPTEMBER VESSEL MAYFLOWER WILL BE DELAYED TO OCT/8. MAY WE SHIP. AWAITING REPLY

(3) 주문품 선적가능시기 통보요청

〔Letter〕

Please let us know by cable when you can ship our order No. 35.

〔Cable〕

CABLE WHEN ORDER35 SHIPPABLE

(4) 주문품 전량선적하지 못하였음을 통보

〔Letter〕

We regret to inform you that 200 sets of Personal Computers of your Order No.234 dated June 7, have not been shipped in full today, only 80 sets being dispatched.

〔Cable〕

REGRET ONLY EIGHTY SETS PERSONAL COMPUTERS SHIPPED OF 200 SETS ORDERED JUNE/7

6.6 대금결제(Settlement)

(1) 어음인수 서류인도조건(D/A)의 환어음발행하고 어음인수를 요청

〔Letter〕

We are pleased to advise you that we have drawn on you for US$50,000 under Documents against Acceptance at 30 days after sight and we shall be obliged if you will kindly honor our draft.

〔Cable〕

DRAWN USD50,000 UNDER 30 DAYS D/A REQUEST HONOR

(2) 송장금액 결제를 위한 은행수표 송부

〔Letter〕

In settlement of invoice No.23 dated June 10, we enclose our banker's check for US$1,000.

〔Cable〕

SETTLEMENT JUNE/10 INVOICE 23, ENCLOSED USD1,000

(3) 상대방계정에 지급을 위한 수표 송부

〔Letter〕

In payment of your account, we sent check for US$6,000 and shall be obliged if you acknowledge its receipt and credit us with the amount.

〔Cable〕

SENT CHECK USD6,000 ACKNOWLEDGE RECEIPT CREDITING US

(4) 송금 통보

〔Letter〕

As you instructed us with your cable of May 15, we are remitting US$30,000 to you tomorrow.

〔Cable〕

YCMAY/15 REMITTING USD30,000 TOMORROW

6.7 클레임과 조정(Claim and Adjustment)

(1) 물품이 불만족스러운 상태로 도착한 사실을 통보

〔Letter〕

We regret to inform you that the goods reached us in unsatisfactory state.

〔Cable〕
REGRET GOODS REACHED UNSATISFACTORY STATE

(2) 포장상태 불충분으로 인한 운송중 화물손상을 통보

〔Letter〕
Owing to insufficient packing, the cargoes were badly damaged in transit.

〔Cable〕
OWING INSUFFICIENT PACKING CARGOES BIGDAMAGED TRANSIT

(3) 불만사항을 듣고 놀라움을 표시

〔Letter〕
We are surprised to receive your complaint now.

〔Cable〕
YOUR COMPLAINT SURPRISING

(4) 도착물품 품질저하로 견본과 상이함을 통보

〔Letter〕
We regret to inform you that the goods reached us is far inferior to your sample you submitted. We have, therefore, to claim an allowance of at least 20 percent.

〔Cable〕
MUST CLAIM ALLOWANCE 20-PERCENT BECAUSE YOUR GOODS FAR INFERIOR SAMPLE

(5) 클레임청구금액 결제 촉구

〔Letter〕

In these circumstances, we hereby file a claim with you for the loss in these amount of US$8,000. Kindly contact your principals to meet same and make an early settlement.

〔Cable〕

OUR CLAIM USD8,000. CONTACT PRINCIPALS ACCORDINGLY EARLY SETTLEMENT REQUESTED

7. 국제의례전보 예문

국제전보는 거래선이나 친지간의 축하나 위로를 할 경우에 많이 사용한다. 이와 같은 국제의례전보문은 예의상 약자를 사용하지 아니한다.

7.1 경축전보의 예문

(1) **생일**(Birthday)

① HAPPY BIRTHDAY(생신을 축하합니다)

② CONGRATULATIONS ON THIS HAPPY DAY(행복한 생신을 축하합니다)

③ BEST WISHES FOR YOUR HAPPY BIRTHDAY(행복한 생신을 맞이하시길 기원합니다)

④ HEARTY CONGRATULATIONS ON YOUR BIRTHDAY WISHING YOU GOOD HEALTH(진심으로 생신을 축하드리오며 언제까지나 건강하시길 바랍니다)

⑤ BEST WISHES FOR YOUR BIRTHDAY MAY YOU LIVE LONG PROSPEROUSLY(생신을 축하합니다. 장수하심과 번영을 기원합니다)

⑥ CONGRATULATIONS ON YOUR 50TH ANNIVERSARY(50회의 생신을 축하드립니다)

(2) **출생**(Birth)

① CONGRATULATIONS ON BIRTH OF YOUR SON(아드님의 출산을 축하합니다)

② HEARTY CONGRATULATIONS ON ARRIVAL OF NEW DAUGHTER(따님의 탄생을 진심으로 축하드립니다)

③ VERY PLEASED TO HEAR YOU HAVE FINE YOUNG SON MY SINCERE WISHES TO HIM FOR LONG HAPPY LIFE(옥동자같은 사내 아기의 출산을 듣고 아주 기뻐하고 있습니다. 아기가 오래도록 행복한 일생을 보내게 되기를 기원합니다)

(3) **결혼**(Marriage)

① CONGRATULATIONS ON YOUR HAPPY WEDDING(결혼을 축하합니다)

② MAY YOU HAVE MANY HAPPY RETURNS OF WEDDING ANNIVERSARIES(행복한 결혼기념일을 오래도록 반복하시길 기원합니다)

③ HEARTY CONGRATULATIONS WISH YOU MANY YEARS HAPPINESS(언제까지나 행복하시기를 진심으로 축하드립니다)

④ CONGRATULATIONS OUR VERY BEST WISHES TO HAPPY COUPLE(행복한 커플에 진심으로 축하드립니다)

⑤ CONGRATULATIONS ON YOUR WEDDING BEST WISHES FOR YOUR FUTURE HAPPINESS(결혼을 축하하오며 장래의 행복을 기원합니다)

⑥ MAY HAPPINESS, HEALTH PROSPERITY BE WITH YOU THROUGH YEARS TO COME(지금부터의 행복과 건강, 그리고 번영을 기원합니다)

⑦ SINCERE CONGRATULATIONS ON YOUR SONS WEDDING PLEASE CONVEY OUR BEST WISHES FOR EVERY HAPPINESS IN THEIR NEW LIFE(아드님의 결혼을 진심으로 축하드리오며 새로운 인생에 다복하시도록 기원한다는 뜻을 전하여 주십시오)

(4) **승진과 우승**(Promotion and Success)

① CONGRATULATIONS ON YOUR PROMOTION(승진을 축하합니다)

② HEARTIEST CONGRATULATIONS ON YOUR SPLENDID VICTORY(우승을 진심으로 축하합니다)

③ SINCERE CONGRATULATIONS ON YOUR PROMOTION TO RANK OF VICE-PRESIDENT BEST WISHES FOR YOUR FURTHER SUCCESS(부사장에 영전하신 것을 진심으로 축하드리며 더한 성공 있기를 기원합니다)

④ CONGRATULATIONS ON YOUR APPOINTMENT AS DIRECTOR WISH YOU GREAT SUCCESS IN NEW POSITION AND HOPE OUR MUTUAL RELATIONSHIP STRENGTHENED FURTHER(이사로 취임하신 것을 축하합니다. 새로운 직위에서의 성공을 기원하며, 우리들의 상호관계가 더욱 깊어지기를 희망합니다)

(5) **입학과 졸업**(School Entrance and Graduation)

① CONGRATULATIONS ON YOUR PASSING UNIVERSITY EXAMINATION(대학입학시험 합격을 축하합니다)

② MAY YOUR FUTURE BE AS SUCCESSFUL AS YOUR SCHOOL DAYS HAVE BEEN(귀하의 장래가 학창시절과 같이 훌륭하기를 바랍니다)

③ CONGRATULATIONS ON YOUR GRADUATION WITH HONORS BEST WISHES FOR EVERY SUCCESS HAPPINESS IN FUTURE(영광스러운 졸업을 축하합니다. 앞으로의 성공과 행복을 기원합니다)

(6) **신년인사**(New Year's Greetings)

① I WISH YOU A HAPPY NEW YEAR(새해 복 많이 받으십시오)

② MAY PEACE AND HAPPINESS BE YOURS IN NEW YEAR (새해에 평화와 행복이 함께 하시길 빕니다)

③ MAY NEW YEAR BRING YOU HEALTH, HAPPINESS ALL OTHER GOOD THINGS(새해에는 귀하에게 건강과 행복 그리고 행운이

가득찬 해가 되기를 기원합니다)

④ HOPE NEW YEAR WILL BRING YOU AND YOUR FAMILY EVERY HAPPINESS GOOD HEALTH CONTIUED SUCCESS(새해가 귀하와 가족에게 모든 행복과 건강 그리고 무한한 성공을 가져오기를 기원합니다)

(7) 축하 및 기념일(Holidays and Anniversaries)

① LOVE TO MY VALENTINE(나의 발렌타인(연인)에게 사랑을 담아 보냅니다)

② BEST WISHES FOR HAPPY EASTER(즐거운 부활절 되십시오)

③ MY LOVE AND GREETINGS ON FATHERS AND MOTHERS DAY(어버이날에 사랑과 인사를 보냅니다)

④ LOVE TO THE BEST MOTHER IN THE WORLD(이 세상에서 가장 사랑하는 어머님께 바칩니다)

(8) 성탄축하인사(Christmas Greetings)

① BEST WISHES FOR XMAS AND NEW YEAR FILLED WITH SUCCESS AND HAPPINESS(성공과 행복으로 충만한 성탄과 신년을 축하합니다)

② EVERY GOODWISH FOR MERRY XMAS AND HAPPY NEW YEAR(즐거운 성탄과 행복한 신년을 기원합니다)

③ ALL AFFECTION AND GOOD WISHES FOR MERRY XMAS TO YOU AND YOURS(귀하와 가족에게 즐거운 성탄이 되도록 사랑을 담아 기원합니다)

④ LOVE AND BEST WISHES FOR MERRY XMAS AND HAPPY PROSPEROUS NEW YEAR(즐거운 성탄과 행복하고 번영된 신년이 되시기를 사랑과 함께 축원을 보냅니다)

7.2 조위 및 위로전보의 예문

(1) 조위시의 동정과 위로(Sympathy and Condolences)

① HEARTFELT CONDOLENCES TO YOU(마음으로부터 애도의 뜻

을 표합니다)

② MAY LORD BLESS AND SUSTAIN YOU IN YOUR LOSS(사랑하는 이를 잃고 슬퍼하는 당신께 신의 은총과 가호가 있기를 바랍니다)

③ DEEPLY SHOCKED AND SADDENED TO LEARN OF YOUR WIFES SUDDEN PASSING(부인의 갑작스런 비보에 접하여 놀라움과 슬픔을 감내할 수가 없습니다)

④ GREATLY GRIEVED AT SAD NEWS OF YOUR FATHERS DEATH WORDS FAIL TO EXPRESS MY DEEPEST SYMPATHY(선친의 비보에 마음으로 문상드리며, 어떻게 위로를 드려야 할지 모르겠습니다)

⑤ PLEASE ACCEPT MY HEARTFELT CONDOLENCES ON PRESIDENTS UNTIMELY PASSING PLEASE CONVEY OUR PROFOUND SYMPATHY TO BEREAVED FAMILY(사장님의 돌연한 비보를 접하여 마음으로부터 애도를 표하며 유족 여러분께 문상을 드립니다)

⑥ RECALLING LOOK OF DECEASED IN LIFETIME I TENDER SINCEREST TRIBUTE TO HIS MEMORY(생전에 고인의 모습을 그리면서 고인의 영전에 진심으로 애도의 뜻을 표합니다)

7.3 영접할 경우의 전보 예문

① CONGRATULATIONS ON YOUR SAFE ARRIVAL(무사히 도착한 것을 축하합니다)

② WARMEST AFFECTION TO YOU ALL(모든분들께 따뜻한 애정을 보냅니다)

③ FATHER SERIOUSLY WOUNDED RETURN IMMEDIATELY(부친 중상이므로 즉시 돌아오기 바람)

④ ARRIVING LA KE205 YOUR TIME MAY/20 APPRECIATE MEETING AIRPORT(귀하의 시간으로 5월 20일 KE205편으로 로스엔젤레스에 도착함. 공항에서 뵙겠음)

제 4 부

국제상거래에서의 특수계약 및 기타서신

제 11 장

국제상거래를 위한 특수계약

1. 국제상거래계약서의 일반적 구성내용

1.1 구 성

영미법에 바탕을 둔 계약서는 보통 다음과 같이 구성된다.[1)]

1) 표제(Title of Agreement)

2) 전문(Non-operative Part)
① 일자(date)
② 당사자(parties)
③ 설명조항(recitals; whereas clause)

3) 본문(Operative Part)
① 정의조항(definition clause)
② 주된 계약내용에 관한 조항
③ 기타 계약상 일반조항
(가) 계약기간(period of agreement; duration; term)
(나) 계약의 종료(termination)
(다) 불가항력(force majeure)
(라) 계약의 양도(assignment)
(마) 중재(arbitration)

1) 계약서의 구성내용에 대해서는 土井輝生 編, 「國際契約ハンドブック」中, 岩崎一生, "國際契約のスタイルとドラフティング," 同文館, 1971, pp. 521~564; 대한상사중재원, 「모범상거래계약서집」, 1992, pp. 32~48를 참조

(바) 재판관할(jurisdiction)

(사) 준거법(applicable law; governing law)

(자) 완전합의(entire agreement; integration)

(아) 계약의 수정, 변경(modification; amendment)

(차) 통지(notice)

(카) 기타조항(miscellaneous)

4) 최종부(Final Part)

① 말미문언(testimonium clause)

② 서명(signature)

③ 날인(seal)

1.2 내 용

(1) 표 제

표제는 계약내용을 한눈으로 알아보기 쉽도록 하기 위하여 소제목을 붙인 것이다. 이 표시 자체가 특별한 법적 효과를 갖는 것은 아니며, 계약내용에 영향을 주는 것도 아니다. 표제는 실무상 생략되기도 한다.

(예) Headings in the Agreement have been inserted for convenience of reference only and are not to be used in construing or interpreting this Agreement.

(2) 전 문

1) 일자 및 당사자(Date and Parties)

전문에는 보통 ① 계약체결지, ② 계약체결일자, ③ 당사자, ④ 법인설립준거법, ⑤ 주소, ⑥ 당사자의 약칭 등을 표시한다.

"WITNESSETH"는 고어로서 "This Agreement"의 동사가 된다. "This Agreement is made seventh(7th) day of May, 20___ by and between..."이라는 방식을 따르고 "Witnesseth"를 생략하기도 한다.

한편 계약당사자를 표시하는 데 있어서 개인의 경우에는 그 주소와 성명을, 법인의 경우에는 주된 사무소의 소재지, 정확한 법인명 및 설립준거법을 기재하여야 하며 특히 미국 등 연방국가인 경우 어느 주인지 밝혀야 한다.

또한 법인의 경우 자국법상 유효한 법인으로 존속하고 있는지 여부를 확인하여야 한다. 계약당사자인 법인이 특정회사의 자회사인 경우 그 모회사와의 관계를 확인하여야 하고 중요한 계약인 경우에는 모회사의 이행보증을 받아 두는 것이 좋다.

(예) THIS AGREEMENTS made and entered into in Seoul① on the seventh day of May, 20____ ② by and between ABC INTERNATIONAL CORP., ③ a coporation duly organized and existing under the laws of the Republic of Korea④ and having its principal office at 937, 2-ga Namdaemunro, Chung-gu Seoul, Korea⑤(hereinafter referred to as "PRINCIPAL"⑥), and Mr. Henry Smith Jr. ③ residing at 10 Broadway, New York, NY 11037, U.S.A.⑤(hereinafter referred to as "AGENT"⑥)

WITNESSETH THAT

2) 설명조항(Recitals; Whereas Clause)

설명조항은 당사자가 계약체결에 이른 경위나 목적, 즉 주된 계약내용의 개요를 기재하는 것이다. 원칙적으로 설명조항에 기재된 내용은 특별한 법적 효력을 갖지 아니하며, 따라서 계약내용에도 영향을 미치지 아니한다. 그러나 계약내용이 조항만으로는 불명확한 경우에 설명조항은 계약당사자의 진의를 파악하는 하나의 자료가 될 수 있다. 또 당사자는 "표시에 의한 금반언"(estoppel by representation)의 법리에 따라서 설명조항의 내용에 반하는 사실을 주장할 수 없는 경우가 생길 수 있으므로 설명조항은 되도록 간단하게 하고 불필요한 것은 언급하지 않도록 주의하여야 한다.

(예) WHEREAS, PRINCIPAL is engaged in the business of manufacturing and exporting various Korean-made products (hereinafter referred to as "PRODUCTS") for sale of its majority in the worldwide markets including Indonesia; and WHEREAS, AGENT desires to be appointed an agent to solicit orders for PRODUCTS, and PRINCIPAL is willing to make such appointment, but only subject to the terms and conditions set forth below:

계약서를 영미법에 바탕을 두어 작성할 때, "WHEREAS Clause" 다음에는 대가의 존재를 확인하는 이른바 약인(consideration)을 기재하는 것이 보통이다. 영미법상 약인이란 계약당사자로 하여금 계약을 체결하게 하는 동기, 즉 계약의 원인으로서 당사자 일방에 발생하는 권리, 이익, 이득 또는 상대방이 부담하는 손실, 손해, 책임 등을 말한다. 영미법에서는 요식계약(formal contract) 이외의 단순계약(simple con-tract)에서는 약인이 존재하지 않으면 계약이 성립되지 아니한다.

그러나 당사자가 약인이 존재한다는 뜻을 계약서에 기재하였는가의 여부는 일반적으로 국제상거래계약의 성립 여부와는 상관이 없다. 보통 영국이나 미국과 거래하는 무역계약에서는 약인문제를 고려하여 계약서상에 다음과 같은 문구를 기재하고 있다.

(예) NOW, THEREFORE, in consideration of mutual covenants and promises contained herein, both parties agree as follows:

(3) 본 문

1) 정의조항(Definition Clause)

정의조항은 계약조항 중에서 여러 번 반복 사용되는 용어로서 그것을 표시하는 데 긴 표현을 요할 뿐만 아니라 반복될 때마다 긴 문언을 여러 번 쓰는 번잡함을 피하기 위하여 그 용어의 개념을 정의한 것이다. 정의조항에서 인용할 때의 약호까지도 미리 정하여 두면 편리하다.

(예) Unless the context clearly requires otherwise, the following terms in this Agreement shall have the meanings attributed to them below:

(a) "KNOW-HOW" means
ⓐ rearrangement of machinery layout
ⓑ effective operation of machinery
ⓒ technical improvement of trainning process

(b) "TERRITORY" means the entire territory of Bangladesh

2) 계약의 주된 내용에 관한 조항

계약의 주된 내용은 계약당사자가 계약을 체결함으로써 기도하는 바가 무엇이며 상호 어떠한 권리를 취득하고 의무를 부담하게 되는 것인가는 분명히 하는 계약서의 중심부분을 말하며 다음과 같은 점에 주의할 필요가 있다.

첫째, 당사자가 의도한 바를 빠짐없이 망라한 내용이 약정되고 있는가.

둘째, 당사자가 의도하는 것을 계약서상에 법률적으로 정확히 표현하고 있는가.

셋째, 계약서의 내용이 법령에 위반하여 무효로 될 소지가 없는가.

넷째, 계약서의 내용이 세법상 불리한 취급을 받지 않는가.

3) 기타 계약상 일반조항

(a) 계약기간(Term ; Duration) 계약의 효력발생시기에 대하여 특별히 표시하지 않은 경우에는 계약 전체의 해석보다 당사자의 의사를 추측하여 결정하게 된다. 그러나 계약서작성시 양 당사자가 서명하면서 날짜를 기재하였다면 그 날짜를 계약서작성일로 보며 서명란 옆에 날짜가 기재되어 있지 않았다면 계약서 전문(前文) 중에 있는 날을 계약서작정일로 한다. 한편 계약기간만료에 의하여 계약은 소멸되지만 계약을 갱신할 것을 약정하려고 하는 경우에는 연장절차와 이에 따른 연장기간을 정하여 둘 필요가 있다.

(예) The term of this Agreement shall be three(3) years from the effective date of this Agreement and shall be automatically extended for further three(3) years provided that PRINCIPAL shall give, at least three months prior to termination, a written notice to AGENT.

(b) 계약의 종료(Termination) 계약은 보통 계약의 기간만료, 해제조건의 성취, 약정해제권의 행사 또는 법정해제권의 행사에 의하여 종료, 소멸된다. 계약의 기간만료나 법정해제권의 행사에 의한 계약의 종료는 당연한 것이므로 특별히 기재할 필요가 없으나, 해제조건과 약정해제권의 발생원인에 대하여는 계약종료의 조항에 그 내용을 명시하여야 한다. 해제조건과 약정해제권의 발생원인은 당사자의 합의에 의하여 정할 수 있는 것이므로 신중히 고려하여 장래 발생가능성이 있는 사태 아래서 계약을 종료할 필요가 있는 사유를 빠짐없이 기재하도록 주의하여야 한다.

(예) In the event of breach of this Agreement not cured within ten(10) days from the receipt of notification when the breach consists of a failure to pay a sum due under this Agreement, or in the event of a different material breach of this Agreement not cured within thirty(30) days from the date of notification of such breach, thsi Agreement may be terminated by the aggrieved party.

Either party may terminate this Agreement immediately and without incurring thereby any liability to the other, by merely serving a notice of termination on the other in any of the following events;

(a) if the other party is declared in court or notoriously becomes insolvent or bankrupt;

(b) if a receiver is appointed to take possession of the business or assets of the other party and his appointment is not revoked within fifteen(15) days;

(c) if the other party closes or discontinues business operations relating to the Products for any reason, even beyond its control for more than ninety(90) days.

Termination of this Agreement is without prejudice to any claim for any antecedent breach and to the right of the aggrieved party to recover damage, loss, compensation and all sums payable hereunder.

(c) 불가항력(Force Majeure) 불가항력조항은 영미법상의 프러스트레이션(frustration)에서 유래한다. 영미법의 프러스트레이션의 법리는 당사자의 책임으로 돌릴 수 없는 사유에 의해 사정이 현저하게 달라진 때에 계약조건대로의 내용을 그대로 인정할 수 없기 때문에 계약은 소멸된다는 법리이다. 프러스트레이션의 성립 여부는 구체적인 경우에 따라 결정된다. 따라서 당사자가 계약체결시에 미리 일정한 사유가 발생한 경우에 계약상의 책임을 면한다는 취지를 규정함으로써 프러스트레이션의 성립 여부의 판정을 용이하게 하려는 것이 불가항력조항(Force Majeure Clause)이다.

(예 1) Any delay or failure by either party hereto in the performance here under shall be excused if and to the extent caused by occurrences beyond such party's control, including but not limited to, acts of God, strikes or other labor disturbances, war, sabotage and any other cause or causes, whether similar or dissimilar to those herein specified which cannot be controlled by such party.

(예 2) (a) If the performance of this Agrement or of any obligation hereunder, except the making of payments under or in connection with this Agreement, is prevented, restricted or interfered with by reason of fire, storm, explosion, flood, earthquake, war, rebellion or other casualty or accident; labor dispute, epidemics, quarantine restriction, transportation embargo, law, act, rule, regulation, order, decision, or directive of any government of competent jurisdiction in matters relation to this Agreement or any agency thereof; or any other act or condition whatsoever beyond the reasonable control of the parties hereto, the party so affected, upon giving prompt notice to the other parties, shall be excused from such performance to the extent of such prevention, restriction or interference.

(b) The party so affected, however, shall use its best efforts to avoid or remove such causes of non-performance and to cure and complete performance hereunder with the utmost dispatch whenever such causes are removed.

(c) If due to any law, act, rule, regulation, order or decision of any government or competent jurisdiction or of currency as the debtor and the creditor shall mutually agree or in default of agreement between them in the currency of the country in which the creditor is incorporated.

Any agency or for any other reason, a party hereto is unable to make payment of moneys due to another party hereto in a currency stipulated for the payment of those moneys hereunder, it may discharge the debt by making payment in such other.

(d) 계약의 양도(Assignment) 영미계약법상으로도 계약상의 권리와 의무는 당사자의 의사 또는 법률의 규정에 의하여 일정한 조건하에 제 3 자에게 양도할 수 있다.

따라서 당사자가 계약양도에 대해 별다른 규정을 하지 않은 경우에는 계약양도가 가능하게 되므로 계약양도를 금지하려고 하는 때에는 그 뜻을 계약상에 명기해 두지 않으면 안 된다. 한편 계약양도에 대하여 조건을 붙이거나 일정한 절차를 요할 경우에는 그 조건이나 구체적 절차에 대하여 계약상 명확히 규정하여 둘 필요가 있다.

(예) This Agreement and any rights or obligations arising hereunder may not be assigned by either party without obtaining the prior written consent of the other party.

(e) 중재(Arbitration) 중재조항은 당사자 사이에 관계하는 계약상의 분쟁을, 국가재판소의 재판에 의하여 해결하지 아니하고, 사인(私人)에 의하여 행하여지는 중재판정에 의하여 해결하기로 하는 당사자간의 합의를 기재한 조항이다. 대부분의 나라에서 중재조항이 있는 경우에는 소송의 제기가 있더라도 피고가 중재조항의 존재를 주장(중재의 항변)하면 소송을 각하 또는 정지함과 함께 중재판정을 집행할 의무를 부담한다.

중재조항에는 중재에 붙일 사항, 중재의 장소, 중재기관, 중재절차 등을 명기하여 둘 필요가 있다. 중재기관을 선정함에 있어서는 권위 있는 중재기관의 중재규칙내용을 검토한 후 중재기관을 결정하되 그 기관이 권장하는 중재조항을 계약서에 기재하는 것이 안전하고 확실하다. 대한상사중재원이 권장하고 있는 '표준중재조항'의 예를 보면 다음과 같다.

(예) "All disputes, controversies or differences which may arise between the parties out of or in relation to or in connection with this Contract or for the breach thereof shall be finally settled by arbitration in Seoul, Korea in accordance with the Commercial Arbitration Rules of The Korean Commercial Arbitration Board and under the Law of Korea. The award rendered by the arbitrator(s) shall be final and binding upon both parties concerned.

(f) 재판관할(Jurisdiction) 계약중에 중재조항을 규정하지 않은 경우에는 그 계약을 둘러싼 분쟁은 최종적으로 국가가 행하는 재판에 의하여 해결하게 된다. 또한 중재조항이 존재하더라도 중재에 붙일 범위 외의 사항에 대하여는 마찬가지로 재판에 의하게 된다. 그 경우에 소송을 제기할 재판소를 당사자간에 미리 약정하여 놓은 것이 재판관할이다. 재판관할의 합의가 있는 경우에도 이러한 합의가 관계 당사국에서 유효한지, 선정된 재판소가 외국인(또는 외국법인)의 출소권을 인정하는지 또는 선정된 재판소는 판결의 집행을 처리하기에 적당한지 등을 검토할 필요가 있다.

한편 재판소의 지정을 막연히 한국재판소 또는 미국재판소라고 규정하는 것은 장래 한국 또는 미국의 어느 지방재판소라는 뜻인가의 문제가 생길 소지가 있으므로 이러한 규정방법은 피하고 서울, 뉴욕 등 특정지의 재판소를 지정하여야 한다.

(예) Any and all disputes arising from this Agreement shall amicably be settled as promptly as possible upon consultation between the parties hereto.
The parties hereto agree that, should either party has been in a position to resort to a lawsuit, injunction, attachment, or any other acts of litigation, the Seoul District Court shall have the jurisdiction.

(g) 준거법(Applicable Law; Proper Law; Governing Law)　계약서를 아무리 상세히 작성한다 하더라도 상관습이 다른 국제간에는 계약의 성립 · 이행과 관련하여 해석상 의문이 전혀 없도록 한다는 것은 사실상 어렵다. 따라서 당해계약의 적용법률에 대하여 한국법, 미국법 등 이른바 준거법을 지정하여야 한다.

(예) The formation, validity, construction and the performance of this Agreement are governed by the laws of Republic of Korea.

(h) 완전합의(Entire Agreement; Integration)　계약서의 작성에 있어서 기존계약과의 관계를 검토하고 본 계약이 성립한 이상 기존의 서면 또는 구두에 의한 합의, 교섭, 언질 등은 모두 본 계약에 흡수되고 소멸된다고 약정하여 두는 것이 완전합의조항이다. 이것은 새 계약과 기존계약의 관계를 명확히하는 것으로 후일의 분쟁예방과 해결에 크게 도움을 준다. 이러한 목적을 위하여 완전합의조항을 보통 다음 예와 같이 약정한다.

(예) This Agreement sets forth the entire agreement and understanding between the parties as to the subject matter of this Agreement and merges and supersedes all prior discussions, agreements and understandings of any and every nature between them, and neither party shall be bound by any condition, definition, warranty or representation other than as expressly provided for in this Agreement or as may be on a subsequent date duly set for in writing and signed by a duly authorized officer of the party to be bound.

(i) 계약의 수정 · 변경(Modification; Amendment) 계약서의 수정 · 변경은 구두 또는 서면에 의한 합의로서 이를 행할 수 있다. 그러나 계약서의 내용은 당사자 사이의 권리와 의무에 관하여 매우 중요한 사항이므로 그 내용의 일부 수정변경에 관하여 그 방법과 절차를 미리 약정하여 두는 것이 필요하다.

(예) This Agreement is not changed, modified or amended by the parties of this Agreement except as such change, modification or amendment is in writing and signed by both parties.

(j) 통지(Notice) 계약에 따라서는 일정한 경우에 당사자의 일방이 상대방에 대하여 통지를 할 의무를 부과하는 경우가 있다. 이와 같이 상대방에게 통지의무를 부과하는 조항을 두는 경우에는 그 조항 속에 통지를 할 상대방 주소 · 성명, 통지의 방법, 통지의 효력발생시기 등을 상세히 정할 필요가 있다. 통지의 효력발생시기는 도달주의를 취하고 있는 국가와 발신주의를 취하는 국가가 있는 점을 고려하여야 한다.

(예) Any notice, request, consent, offer or demand required or permitted to be given in this Agreement, must be in writing and must be sufficiently given if delivered in person or sent by registered airmail or by cable confirmed by registered airmailed letter addressed as follow;

The Seller,	Mail Address: E-mail: Fax No. Attention:
The Buyer,	Mail Address: E-mail: Fax No. Attention:

Notice must be deemed to have been given on the date of mailing except the notice of change of address which must be deemed to have given when received.

(k) 기타조항(Miscellaneous)

① 권리포기(Waiver): 권리포기는 일시적으로 어느 계약조건의 이행청구를 하지 않더라도 이로 인하여 그 후의 동 조항 또는 조건의 이행청구권을 포기하는 것으로 간주하여 이를 박탈할 수 없다는 조항이다.

(예) The failure or delay of either party to require performance by the other party of any provision of this Agreement shall not constitute a waiver of, or shall not affect, its right to require performance of such provision.

② 가분성(可分性; Severability): 가분성이란 계약의 일부조항이 중재 또는 법원판결에 의해 실효가 되었더라도 기타 조항의 계속적인 유효성은 조금도 침해되지 않는다는 조항이다. 다만 계약조항의 중요한 부분이 실효가 되는 때에는 계약전부가 실효되는 경우가 있음을 유의하여야 한다.

(예) If any provision of this Agreement or the application of any such provision to any person or circumstance shall be determined by any arbitration or court of competent jurisdiction to be invalid or unenforceable to any extent, ABC Company may upon fifteen(15) days notice elect to (1) terminate this Agreement or (2) continue this Agreement, in which case the remainder of this Agreement or the application of such provision to such person or circumstance (other than those which it is so determined to be invalid and unenforceable), shall not be affected thereby and each provision of this Agreement shall be valid and shall be enforced to the fullest extent permitted by law.

③ 보상(Indemnification): 이것은 어느 일방의 계약불이행이나 제 3 자에 대한 의무불이행으로 발생된 손해에 대하여 배상할 것을 규정하는 조항이다. 경우에 따라서는 계약불이행에 따른 직접적인 피해뿐만 아니라 그 불이행에 따른 기대이익의 상실 등 간접피해까지 배상하도록 규정하는 때도 있다.

(예) In the event either party breaches an obligation under this Agreement or toward a third party, or delays or interferes with the other party in the performance of this Agreement, it shall be liable to the other party, but neither party shall

be liable to the other party for any consequential damages or incidental damages, such as loss of profit.
Each party shall pay all reasonable expenses, including the costs of litigation and attorneys' fees, reasonably incurred by the other party in enforcing this Agreement. In the event a third party commences any proceeding for which a party hereto intends to claim indemnification against the other party, such party shall promptly notify thereof or allow equitable participation by the other party shall reduce the right of indemnification to the extent of actual resultant prejudice.

④ 주권면제특권포기(Waiver of Sovereign Immunity)

i) 국가계약의 개념과 특징: 국경을 넘는 국제거래는 나라가 각각 다른 사인(私人) 또는 민간기업 상호간에 이루어지는 거래가 보통이나 오늘날에 와서는 국가 또는 정부기관과 외국 민간기업간에 이루어지는, 이른바 국가계약(state contract)이 급격히 늘어나고 있는 실정이다. 이는 개발도상국 정부의 강력한 주도 아래 경제개발을 추진하고자 하는 데서 많이 볼 수 있고 자유경제체제하의 선진제국에서도 국가계약을 통하여 통상활동을 증대해 나아가고 있을 뿐만 아니라 특히 사회주의국가나 중앙통제경제국가에서는 국가관리하의 통상활동이 거의 이러한 국가계약에 의하여 이루어지고 있기 때문이다.

국가계약이 갖는 특징은, 첫째로 당사자가 불평등하다는 점(당사자의 일방이 주권을 행사하는 정부 또는 정부기관이므로 상대방 민간기업과는 근본적으로 지위가 크게 다름), 둘째로 계약의 목적이 공공사업적 성격을 띠고 있다는 점(이러한 성격을 국가계약을 concession계약이라고 부름), 셋째로 준거법을 지정할 때 특정국의 법, 법의 일반원칙, 중재제도 중에 어떤 기준을 선택하여야 한다는 점 등이다.

ii) 주권면제특권의 포기조항: 계약 중에 중재조항을 두지 않았거나 또는 중재조항을 두었다 할지라도 중재에 부탁된 범위 외의 계약에 관한 사항은 최종적으로 국가가 행하는 재판에 의하여 그 분쟁을 해결하지 않으면 안 된다.

이 경우 국가계약의 외국인당사자는 상대방 국가(또는 국가기관)를 피고로 하여 소송을 제기한다 해도 상대방 국가는 주권국가라는 것을 이유로 자국 이외의 어떠한 타국의 재판에도 응소하지 않을 수 있다. 그것은 국제법상 주권국가는 상호평등이므로 원칙적으로 어떤 국가든 타국에 대하여 민사·형사상의 재판관할권을 행사할 수 없기 때문이다. 이 원칙을 국가의 재판(관할)권면제 또는 주권면제특권이라고 부른다.

주권면제특권포기조항은 국가인 당사자로 하여금 미리 이러한 재판권면제를 포기하도록 하자는 데 그 목적을 두고 있다. 주권면제특권포기가 가능한 계약은 그 거래내용이 당사자의 순수한 주권적 내지 공적인 것(acta jure imperil)이어서는 아니 되고 상업적·사법적인 것(acta jure gestionis)에 한정된다.

주권면제특권포기조항의 예문은 다음과 같다.

(예) This Agreement constitutes a commercial act made by the Purchaser and the Purchaser is therefore generally subject to setoff, suit, judgment and execution and neither it or its property has the right of immunity from setoff, judgment, attachment or execution on the grounds of sovereignty in regard to its obligations and liabilities under this Agreement. To the extent that the Purchaser or any of its property has or hereafter may acquire any such right to sovereign immunity, the Purchaser hereby irrevocably waives all such right to immunity from legal proceedings, attachment prior to judgment, other attachment, or execution of judgment on the grounds of sovereignty in any action arising hereunder on behalf of itself and all its present and future property.

(4) 최 종 부

1) 말미문언(Testimonium Clause)

계약서의 본문작성이 끝나면 다음과 같은 말미문언을 기재하고 날인증서에 의한 계약서의 경우에는 당사자가 날인을 함으로써, 또는 날인증서가 없는 계약서일 경우에는 당사자의 서명만으로 계약서는 완성된다.

① 날인증서가 있는 계약서의 예

IN WITNESS WHEREOF, the parties have executed this Agreement by causing their corporate seals to be hereunto affixed and duly attested and these presents to be signed by their duly authorized representatives, the seventh day of May 20___.

② 날인증서가 없는 계약서의 예

IN WITNESS WHEREOF, the parties have executed this Agreement in duplicate by their duly authorized representatives, the senventh day of May 20___.

2) 서명(Signature)

(a) 계약당사자가 개인인 경우　계약당사자 자신의 이름 및 자신을 나타내는 특정의 표시를 하면 된다.

(b) 대리인이 계약당사자를 대신하여 서명할 경우　Signed for and on behalf of Tom(본인) by Mary(대리인) his duly authorized attorney in the presence of ; (증인) (증인을 세우지 않을 경우 in the presence of를 삭제함)와 같이 적고 서명한다.

(c) 계약당사자가 법인인 경우　법인이 체결한 계약이 유효하게 성립되기 위해서는 당해 계약을 체결한 법인이 권리능력을 갖고 있을 뿐만 아니라 법인을 대표하는 권한이 있는 자가 서명하여야 한다.

A & B Co., Ltd.
Fred Bialeh
Fred Bialeh
President

3) 날인(Seal)

(a) 개인인 경우　인영(印影)을 날인할 필요는 없지만 영국의 경우에는 서명란 뒤에 검붉은 색의 작은 원형의 지편(紙片)을 붙이기도 하고, 미국의 경우에는 서명란 뒤에 "Seal" 혹은 "LS"(Locus sigilli = Place of the seal) 라고 기입하기도 한다(혹은 LS의 위치에 지편을 붙여도 좋다).

Signed, Sealed and Delivered for and on behalf of Tom Jones
by　*Mary Smith*
Mary Smith　LS

his duly authorized attorney in the presence of
Rober Black
Rober Black

(b) 회사의 경우 사인(common seal)을 날인하고 이사 1명과 비서(secretary)로 하여금 그 앞에서 날인하였음을 보증하고 서명하도록 하여야 한다.

The Common Seal of A&B Co., Ltd.
was hereunto affixed in the presence of

Fred Bialck

Common	Fred Bialck
Seal	Director

John Wheeler
John Wheeler
Secretary

만일 계약서를 작성한 후에 이른바 오기, 탈자 등이 발견되었을 경우 삭제, 삽입 등의 가제 정정은 다음 방법에 의하되 단순한 오기가 아닌, 내용변경이나 정정내용이 많을 경우에는 다시 작성하여야 한다. 즉 삭제의 경우에는 삭제할 위치를 두 줄의 평행선으로 말소하되 말소 전의 문언이 무엇이었는가를 알 수 있도록 할 필요가 있으며, 말소한 위치의 여백에는 양 당사자가 "initial"을 기입하는 것이 통례로 되어 있다. 정정가필의 경우에도 말소한 자리 위의 행간(行間)에 부가할 문언을 가필하되 정정한 위치의 여백에 양 당사자의 "initial"을 기입한다. 계약서 중 일부(또는 몇 장)를 바꿔치기 하는 것을 막기 위하여 각 면(面)마다 양 당사자가 "initial"을 서명하는 경우가 많다.

또한 나라에 따라서는 계약을 체결함에 있어서 특별한 용지를 사용할 것을 의무화하기도 하고 인지세의 납부나 체결된 계약의 등록을 의무화하는 경우도 있다. 그런데 이러한 의무를 위반할 경우에는 단지 벌금에 그치는 것도 있는가 하면 대항력이나 강제집행력에 다소 차이가 있는 경우도 있으므로 이 점에 대해서도 유의할 필요가 있다. 보통 관청에 등기 또는 등록할 필요가 있는 경우에는 공증인(Notary Public)의 공증(notarization)이나 인증(acknowledgement)을 받을 필요가 있다. 이처럼 후일 정당하게 계약서가 작성되었다는 것을 증명하기 위하여는 공증을 받아두는 것이 좋을 것이다.

2. 특허 및 기술도입계약서

LICENSE AND TECHNICAL ASSISTANCE AGREEMENT

LICENSE AND TECHNICAL ASSISTANCE AGREEMENT made by and between America International Co., Inc., a corporation organized and existing under the laws of the State of New York, U.S.A., having an office at 350, Fifth Eve., West, New York, NY 10018, U.S.A (hereinafter referred to as "Licensor"); and Korea Trading Co., Ltd., a corporation organized and existing under the laws of the Republic of Korea, having an office at 1, 1-ga, Sogong-dong, Chung-gu, Seoul, Korea (hereinafter referred to as "Licensee").

WITNESSETH :

WHEREAS, Licensor now manufactures and sells, in the United States of America and elsewhere, a proprietary line of widget sets formed from glass, and a proprietary line of grosbeaks formed from carbon fibers; and

WHEREAS, Licensor own certain trademarks, patent rights, and technological information including know-how, skill and experience relating to said Products as hereinafter defined; and

WHEREAS, Licensee desires to obtain from Licensor the right to use such trademarks, patent rights and technological information to manufacture, use and sell the Products; and also desires to obtain technical assistance from Licensor in the use of such patent rights and technological information, and Licensor is willing to grant such rights and to provide such technical assistance to Licensee all as hereinafter more fully provided,

NOW THEREFORE, in consideration of the covenants herein contained, the parties agree as follows;

☞ 주

Whereas Clause 설명조항
① license 면허, 면허장, 인가, 면허를 내주다.
licensor 기술제공자, 허가자, 인가자 (= licenser)
licensee 기술도입자, 인가받은 사람
② widget 유리제품의 일종
③ grosbeak 탄소섬유제품의 일종

④ carbon fiber 탄소섬유
⑤ proprietary 소유주의, 소유의, 독점의, 소유자, 소유권 cf. proprietary name (상품의)특허명
⑥ trademarks 상표
⑦ patent rights 특허권
⑧ technological information 기술정보
⑨ technical assistance 기술지원

Article 1. Definitions

For the purpose of this Agreement:

1.1 "Products" means the following Licensor products:
(1) all widget sets formed from molten glass and glass fiber, including all series A frames and bottoms, and (2) all grosbeaks formed from carbon fibers, but not including grosbeak casings, bearing or seals.

1.2 "Territory" means the Republic of Korea.

1.3 "Trademarks" means those trademarks specifically identified in Schedule attached hereto which is made a part of this Agreement and such other trademarks as may be inserted in Schedule by mutual agreement from time to time during the life of this Agreement.

1.4 "Patent rights" means all patents and patent applications for inventions, designs, models, or anything patentable, for any country in the world, granted or made at any time prior to the expiration or termination of this Agreement, and which can be used in the manufacture, use, or sale of the Products.

1.5 "Proprietary Information" means the inventions, specifications, production data, engineering drawings, specialized know-how, skill and other secret and confidential technical information which are owned or controlled by Licensor and can be used in the manufacture, use, or sale of the Products.

1.6 "Effective Date" means the date on which (1) this Agreement is executed by Licensor and Licensee, or (2) this Agreement is approved by the Government of the Republic of Korea as contemplated in Article 19 herein whichever is later.

☞ 주

Article 1. definitions 제 1 조 정의
① molten glass 녹은 유리
② bearing or seals 축받이 또는 봉인
③ identified in attached 첨부된 명세에 정의 된
④ design 의장(意匠)
⑤ model 모형, 설계도, 모범, 모형을 만들다, 실용실안(utility model)

⑥ proprietary information 계약정보	⑨ effetive date 계약효력 발생일
⑦ specification 명세서, 특허설명서	⑩ as contemplated 규정된 바에 따라
⑧ drawing 그림, 제도, (어음의)발행	

Article 2. Technology License

2.1 For the duration of this Agreement, and upon the terms and conditions more specifically set forth herein, Licensor hereby grants to Licensee a license with the exclusive right to use the Patent Rights, Proprietary Information, and Trademarks to manufacture, use, and sell the Products in the Territory.

2.2 Licensee may sublicense others to use the Proprietary information, Trademarks, and Patent Rights to manufacture, use, or sell the Products with prior written consent of Licensor, which consent shall not be unreasonably withheld. All sublicensees of Licensee hold their rights contingent on Licensee's rights under this Agreement. Any loss by Licensee of its rights under this Agreement due to termination for breach, or due to any other reason, automatically causes a loss of the same rights by all of Licensee's sublicensees.

☞ 주

Article 2. technology license 제 2 조 기술 사용권 부여	③ contigent ~에 부수하는(= incidental), ~을 조건으로 하는, 불확정의, 우발적인
① withhold 보류하다, 억제하다.	④ breach 위반, 불이행 cf. breach of contract 계약위반
② sublicense 재사용권자	

Article 3. Technical Information

Upon receipt of payment of one hundred thousand United States Dollars(US$100,000), the initial disclosure fee referred to in Article 6 hereof, Licensor shall furnish to Licensee the following technical information and Proprietary Information regarding the Products in such amounts and at such times as shall be necessary for the expeditious production and sale of the Products.

3.1 Advice and assistance with respect to the layout of plant and equipment, together with detailed description of equipment, flow charts, locations and other data to enable Licensee to design a suitable factory;

3.2 Relevant general manufacturing information including designs, specifications and drawings for the Products, specifications for raw materials, and detailed drawings and descriptions for the manufacturing process of the Products as well as parts, molds, jigs and fixtures.

3.3 Relevent performance testing and operating data including information on test equipment, test procedures and other quality control methods; and

3.4 All other information as may be required to understand and/or interpret any of the aforementioned information which information shall be furnished upon request by letter or through personal contract between personnel of Licensor and Licensee during inter-company visits as hereinafter described.

☞ 주

Artcle 3. technical information 제 3 조 기술정보
① disclose 밝히다, 발표하다, 드러내다
disclosure 발표, 폭로
② expeditious 신속한
③ with respect to ~에 대하여는(as regards)
④ flow chart 공정도면
⑤ mold 틀, 주형, 주조
⑥ jig 지그(공작물에 붙어 질삭공구를 세위치에 안내하는 도구)
⑦ fixture 정착물, 비품, 정기대부금

Article 4. Technical Assistance

4.1 Licensor shall grant access to its facilities in the United States of America to personnel of Licensee for the purpose of training such personnel in the methods of manufacture of the Products. It is understood by the parties that as many employees of Licensee as are agreed upon by Licensor and Licensee will be sent to Licensor. Licensor shall be solely responsible for the training of such personnel. The training shall be conducted in the English language and necessary interpreters may be furnished by Licensee at its own expense. In addition, Licensee shall bear all incidental costs and expenses of such personnel such as travel, hotel and meal expenses. Licensor shall assist such Licensee personnel in obtaining any visas required by the U.S.A. immigration authorities.

4.2 Licensor shall, upon request of Licensee, as soon as possible, furnish on location at the plant of Licensee to train Licensee personnel in the methods of manufacture of the Products, technically qualified personnel of Licensor upon notice for no more than an aggregate of ten man working days in twelve (12) months period. Licensee shall pay to Licensor a per diem for each of such personnel while in the Territory in accordance with Schedule agreed otherwise and made a part of this Agreement. Licensee shall also provide a round trip air ticket from and to the point of origin for each such personnel. In addition, Licensee shall pay pursuant to mutual agreement local transportation and reasonable living expense in Korea, including room and meal charges, incurred by such personnel in Korea won if it so desires. Licensor shall notify Licensee within fifteen(15) days of receipt of a request for such technical assistance of the date when such personnel will be sent to Licensee. The round trip air ticket to be provided for each Licensor personnel to be sent to Licensee upon request of Licensee shall be economy class. Licensee shall assist such Licensor personnel in obtaining any visas required by the Korea authorities.

☞ 주

Article 4. technical assistance 제 4 조 기술지원
① incidental cost 체재비용
② immigration authority 이민당국, immgrant(외국으로부터의) 이민, (입국) 이주자, 이주해 오는 cf. emgrant 이주하기 위하여 자국(본국)을 떠나는 사람
③ economy class(여객기의) 2등석(= tourist class)

Article 5. Protection of Proprietary Information

Licensee agrees to keep all Proprietary Information relating to the Products confidential. Licensee may communicate Proprietary Information to its officers, employees, agents, subcontractors, or sublicensees for the proper manufacture, use, and sale of the products, Licensee agrees to take reasonable precautions to keep said Proprietary Information secret.

☞ 주

Article 5 protection of proprietary information 제 5 조 계약정보의 보호	① subcontract 도급 · 하청, 재도급하다. subcontractor 하청계약자, 하청인

Article 6. Disclosure Fee and Royalties

6.1 Licensee shall pay to Licensor a disclosure fee of one hundred thousand Untied States Dollars(US$100,000), which shall be paid in cash within thirty(30) days after the Effective Date of this Agreement.

6.2 Licensee shall also pay to Licensor three percent(3%) of the total net sales by Licensee of the Products up to net sales of amount equal to one million United States Dollars(US$1,000,000) per year; and two percent(2%) of the total net sales of the Products over one million United States Dollars(US$1,000,000) up to net sales of two million United States Dollars(US$2,000,000) per year; and one percent (1%) of the total net sales of the Products in excess of net sales of two million United States Dollars(US$2,000,000) per year.

6.3 For purposes of Subarticle 6.2 hereof the term "net sales" shall mean gross sales less only (1) sales discounts pursuant to applicable trade discount terms, (2) sales price of the defective Products returned, including the value added tax or similar turnover tax, (3) import prices of Licensor's parts components and semi-finished products purchased by Licensee from Licensor, (4) indirect taxes relating to the sales of the Products, (5) carriage charges and insurance premiums incurred in connection with the sale of the Products. For purposes of this Article 6.3, import prices shall mean the CIF prices of such parts, components, and semi-finished products imported by Licensee, plus expenses for customs clearance.

6.4 Payment of the royalties to be made pursuant to Subarticle 6.2 hereof shall be made within sixty(60) days after June 30 and December 31 of each year for the full amount of royalties in respect of the previous six months or part thereof.

6.5 Licensee shall take all necessary steps and pay all necessary fees and expenses to satisfy the laws and requirements of the

Republic of Korea in respect of (1) the payment of fees and royalties or remittance of money hereunder and (2) registering, declaring, reporting and rendering valid this Agreement and any license granted hereunder.

6.6 All payments due hereunder shall be made in Untied States currency at a bank in the United States to be designated by Licensor.

6.7 All payments due to Licensor hereunder shall be converted from Korean currency into United States currency at the telegraphic transfer selling rate of the ABC Bank for the purchase of United States Dollars on the date of remittance.

6.8 All income tax and other taxes required by the laws of the Republic of Korea to be withheld from any payment to be made to Licensor pursuant to this Agreement shall be for the account of Licensor.

☞ 주 ————

Article 6. disclosure fee and royalties 제 6 조 선수금 및 기술사용료
① net sales 순매출액
② gross sales 총매출액
③ value added tax 부가가치세
④ turnover tax 매출세
⑤ semi-finished products 반제품
⑥ customs clearance 통관
⑦ registering, declaring, reporting and rendering valid 등록, 공시, 보고, 발효
⑧ converted A into B A를 B로 환산하다.
⑨ telegraphic transfer selling rate 전신환 매도율

Article 7. Accounting Records

At the time it pays the royalties under Article 6 hereof, Licensee will render to Licensor a written statement of account regarding Licensee's sales of the Products with respect to which royalties shall have accrued during the preceding six months, including the type of products and amount sold. In addition, Licensee will keep records and books of account showing the amount of royalties due to Licensor hereunder.

☞ 주 ————

Article 7. accounting records 제 7 조 회계기록
① accrue (이익 따위가)생기다, (이자가) 붙다.

Article 8. Purchase of Semi-finished Products from Licensor

Licensor hereby grants Licensee an exclusive right to purchase and import for resale in the Territory any and all types of Licensor's widget sets and grosbeaks except those which shall have been actually manufactured by Licensee under this Agreement, and Licensee will use its best efforts to promote their sale. Licensor will supply the same in such quantity as required by Licensee at a price to be agreed upon by the parties.

☞ 주

Article 8. purchase of semi-finished products from licensor 제 8 조 기술제공자로부터의 반제품 구매

Article 9. Purchase of Tools and Equipment from Licensor

Licensor will sell to Licensee upon Licensee's request parts, molds, jigs, fixtures and other tools and equipment used in the manufacture of the Products. In such event, Licensor will sell such tools and equipment Licensee at a price equal to manufacturing cost to Licensor.

☞ 주

Article 9. purchase of tools and equipment from licensor 제 9 조 기술제공자로부터의 기구 및 장비구매

Article 10. Export of Licensee's Products.

10.1 Licensee may export to other countries, with the exception of United States the Products manufactured by Licensee under this Agreement.

10.2 It is understood that parties hereto will enter into a long-term distributorship agreement under which Licensor under this Agreement in order to supply the Products to the United States markets.

☞ 주

Article 10. export of licensee's products 제10조 기술도입자의 제품수출

Article 11. Suits for Infringement

In the event that any suit, action or other proceeding shall be brought against Licensee involving any claim of patent and other industrial property right infringement based upon Licensee's permitted use hereunder of the Trademarks, Patent Rights, or Proprietary Information, Licensor shall at its own expense take charge of the defense of any such claim and of the settlement thereof through counsel of its own choice, but if Licensor fails to defend any such claim, Licensee may do so at Licensor's expense. Licensee will notify Licensor promptly in the event that any such suit, action or other preceding. Licensee is hereby permitted to sue any third party who infringes the Trademarks, Patent Rights, or Proprietary Information within the Territory.

☞ 주

Article 11. suits for infringement 제11조 권리침해소송
① suit 소송(= lawsuit = action), (옷)한 벌, 알맞다, 적합하다.
② industrial property right 공업소유권

Article 12. Developments and Improvements

12.1 Licensor shall communicate to Licensee full details and particulars of all of commercially utilized developments and improvements relating to the Products and the tooks and equipment used to manufacture the Products which, during the life of this Agreement, it owns or controls, or may discover, or may come under its control, or it may receive from other licensees, whether patented or not, and Licensee shall be entitled to the non-exclusive use and benefit thereof without any further payments during and after the life of this Agreement.

12.2 In at any time subsequent to the Effective Date of this Agreement, any invention, development or improvement, relating to the Products licensed hereunder and the tools and equipment used to manufacture the Products, shall become available to Licensee or any of its employees, Licensee shall promptly disclose the same to Licensor, whether patentable or not, and shall furnish to Licensor all relevant information pertaining thereto. Licensee shall have the right to obtain patent protection therefor throughout the world in its own name and at its own expense; provided, however, that Licensor may use such patents throughout the world, except in the Territory, free of charge and non-exclusively, during and after the life of this Agreement.

☞ 주

Article 12. developments and improvements 제12조 기술개발과 기술개량	① entitle 권리(자격)를 주다, be entitled to ~할 자격이 있다.

Article 13. Quality Control

13.1 Licensee shall maintain such standards of quality and workmanship as used by Licensor in its manufacture of products.

13.2 Licensee shall report promptly to Licensor any changes in the design, specifications, material or similar characteristics of the products.

13.3 Licensee shall (1) permit the duly authorized representatives of Licensor to inspect during normal working hours the plant(s) of Licensee, the process of manufacture of the Products, and any Products manufactrued by Licensee and (2) cause to be inspected by the duly authorized representatives of Licensor the plant(s) of any contract manufacture producing the Products or any part thereof.

☞ 주

Article 13. quality control 제13조 품질관리	① workmanship 기량, 솜씨, 세공

Article 14. Warranty on Proprietary Information

14.1 Licensor warrants that the proprietary information furnished to Licensee pursuant to this Agreement is at least equal to that used by Licensor to produce products in the United States.

14.2 During the terms of this Agreement, Licensor shall be

responsible for damages resulting from defective proprietary information and parts furnished to Licensee by Licensor.

14.3 Licensor shall not be responsible for consequential damages resulting from the faulty application of proprietary information by Licensee.

☞ 주

Article 14. warranty on proprietary information 제14조 계약정보의 보증	① defective 결함 있는

Article 15. Exclusive Use of Trademark in Territory

15.1 Licensor shall not permit or license others in the Territory to use the Trademarks with respect to the products whether manufactured by Licensee or not.

☞ 주

Article 15. exclusive use of trademark in territory 제15조 계약지역 내에서의 상품의 독점 사용권

Article 16. Effective Date and Term

16.1 This Agreement shall take effect as of the Effective Date hereof.

16.2 Unless sooner terminated as hereinafter provided, this Agreement shall enter into full force and effect on the Effective Date hereof and shall remain in full force and effect for a period of five years from the Effective Date, after which it shall terminate. This Agreement may, however, be renewed, subject to any necessary government approval, by mutual agreement of the parties hereto for an additional period of three years.

☞ 주

Article 16. effective date and term 제16조 효력발생일 및 존속기간

Article 17. Termination

17.1 At any time if either party to this Agreement shall have defaulted in the performance of its obligations hereunder, the other party may give written notice of such default and such default shall continue, without remedy, for a period of ninety(90) days after such notice, the party who has so given notice of default may thereupon terminate this Agreement forthwith by giving to the other party hereto written notice of termination.

17.2 This Agreement shall terminate forthwith without notice when any of following events occurs to either party ; (1) bankruptcy or insolvency ; (2) the filing of a petition therefor; (3) the making of an assignment for the benefit of creditors ; (4) the appointment of a receiver over any of its assets which appointment shall not be vacated in sixty(60) days thereafter or (5) the filing of any other petition based upon the alleged bankruptcy or insolvency which shall not be dismissed within ninety(90) days thereafter.

☞ 주

Article 17. termination 제17조 계약의 종료
① default 불이행(= neglect), 채무불이행, 불이행하다.
② remedy (권리의)구제 · 배상 · 배상하다, 고치다,
③ bankruptcy or insolvency 파산 또는 지급불능
④ the filing of a petition therefor 그로 인한 파산에 대한 청구
⑤ creditor 채권자
⑥ receiver 관재인, 재산관리인
⑦ vacate 무효로하다, 사퇴하다, 비우다.
⑧ allege 단언하다, 주장하다, ~을 열명하다(= declare).
⑨ dismiss 각하하다, 퇴거시키다, 해고하다. 해산, 퇴장

Article 18. Effect of Termination

18.1 Upon termination of this Agreement for any reason, Licensee shall not make any use of any trade name or trademaks owned by or associated with Licensor.

18.2 Upon termination of this Agreement for breach by Licensee of this Agreement, Licensee shall also make no further use of any of the Proprietary Information or Patent Rights licensed hereunder.

18.3 Upon termination of this Agreement by expiration as provided in Article 17 or, for breach by Licensor of this Agreement, Licensee shall have a permanent, non-exclusive, free license to all of the Proprietary Information or Patent Rights licensed hereunder.

☞ 주

Article 18. effective of termination 제18조 계약종료의 효과

Article 19. Government Approval

19.1 It shall be the resopnsibility of Licensee to abtain promptly from the proper authorities in the Republic of Korea any required governmental approval of this Agreement and this Agreement shall not take effect until such approval is obtained on terms and conditions acceptable to Licensor. Licensee shall advise Licensor immediately of the date of approval of the Government of the Republic of Korea.

19.2 Either party may terminate this Agreement forthwith by written notice if the Government of the Republic of Korea dose not approve it as contemplated in Subarticle 19.1 within six (6) months from the date of its execution by both parties.

☞ 주

Article 19. government approval 제19조 정부의 승인
① shall not take effect 효력이 발생하지 않는다.
② forthwith 곧, 즉시

Article 20. Arbitration

All disputes, controversies, or differences which may arise between the parties, out of or in relation to or in connection with this Agreement, or for the breach thereof, shall be finally settled by arbitration in Seoul, Korea in accordance with the Commercial Arbitration Rules of the Korean Commercial Arbitration Board and under the Law of Korea. The award rendered by the arbitrator(s) shall be final and binding upon both parties concerned.

☞ 주

Article 20. arbitration 제20조 중재
① disputes 분쟁
② controversies 논쟁
③ Commercial Arbitration Rules of the

Korean Commercial Arbitration Board 대한상사중재원의 상사중재규칙	④ award 판정

Article 21. Governing Law

This Agreement shall be construed in accordance with, and all the rights, powers and liabilities of the parties hereunder shall be governed by the laws of the Republic of Korea.

☞ 주

Article 21. governing law 제21조 준거법

Article 22. Notice

Any notice given by either party hereto to the other party shall be deemed to have been sufficiently given by mailing thereof by registered airmail or by the sending thereof by cable, telex or facsimile confirmed by registered airmail to the last known address of such other party. If a party changes its address, notice thereof must be given to the other party.

☞ 주

Article 22. notice 제22조 통지

Article 23. Assignment and Succession

23.1 This Agreement shall not, without the prior written consent of the other party, be assigned by either party, whether in whole or in part.

23.2 This Agreement shall be binding upon and insure to the beneift of either party and its successors and assigness.

☞ 주

Article 23. assignment and succession 제23조 계약의 양도 및 승계

Article 24. Entire Agreement

This Agreement constitutes the entire agreement between the parties, all prior representations having been merged herein, and may not be modified except by a writing signed by a duly authorized representatives of both parties.

☞ ㈜

Article 24. entire agreement 제24조 완전합의
① representation 표시, 설명, 대표 repre-sentative 대표자, 국회의원, 대표하는, 대리의
② merge 합병하다, 잠기게 하다. merger 흡수, 합병, (권리의)혼동(混同)

Article 25. Miscellaneous

25.1 In the event any terms or provisions of this Agreement shall for any reason be invalid, illegal or unenforceable in any respect, such invalidity, illegality or unenforceability shall not affect any other terms or provisions hereof; in such event, this Agreement shall be interpreted and construed as if such term or provision, to the extent same shall have been held invalid, illegal or unenforceable, had never been contained herein.

25.2 The failure of either party hereto to insist upon a strict performance of any of the terms and provisions herein shall not operate as a waiver of any subsequent or future breach of such terms and provisions.

25.3 Licensor or Licensee shall not be liable for non-observance or non-performance of any of the covenants or agreements herein entered into resulting from or caused by labor disputes, riots or civil commotion, fire, war, the elements, embargoes, failure of carriers, inability to obtain material, inability to obtain transportation facilities, acts of God or acts of enemies of the State, compliance with any law, requlation or other governmental command, whether or not valid, or other cause beyond the control of either party whether or not similar to the foregoing.

25.4 The parties hereto shall act in all matters pertaining to this Agreement as independent contracts and nothing contained herein shall constitute either party as the agent of the other.

25.5 Licensor agrees that no other licensee of the Trademarks, Patent Rights, of Proprietary Information for the manufacture of the Products has been or will be offered more favorable terms.

In the event Licensor has offered or offers, during the time this Agreement is it force, more favorable terms than the terms in this Agreement to any licensee anywhere in the world, this Agreement will be deemed to have been amended to the extent necessary to incorporate such more favorable terms in substitution for said terms of this Agreement. Licensee shall be the sole judge of whether terms offered to another licensee are more favorable than the terms of this Agreement.

IN WITNESS WHEREOF, the parties have cause this Agreement to be executed in their corporate names by their duly authorized representatives.

	Licensor,
Signed at Seoul	America International Co., Inc.
This 1st day of June	*John F. Dolan*
20___	John F. Dolan
	President
	Licensee,
Signed at Seoul	Korea Trading Co., Ltd.
This 1st day of June	*Mansu Kim*
20___	Man-su Kim
	President

☞ 주

Artical 25. miscellaneous 제25조 잡칙, 기타사항
① unenforceable 집행 불가능한
② shall be interpreted and construed 해석되어야 한다.
③ observance 준수, 계율, 습관
④ elements 폭풍우, 자연력
⑤ embargoes 수출금지
⑥ acts enemies 적대행위
⑦ command 명령(order), 지배력, 명령하다, 지배하다.
⑧ pertain 속하다, 적합하다, 관계하다. documents pertaining to contracts 계약관계의 서류
⑨ in witness whereof 이에 대한 증거로

3. 합자투자계약서

JOINT VENTURE AGREEMENT

THIS AGREEMENT is entered into this June 1, 20___" by and between Korea Trading Co., Ltd. a corporation organized and existing under the laws of the Republic of Korea (hereinafter referred to as "Korea"), with its principal office at 1, 1-ga, Sogong-dong, Chung-gu, Seoul, Korea hereinafter referred to as "X" and America International Co., Inc., a company organized and existing under the laws of the State of New York, United States of America, with its principal office at 350, Fifth Eve., West, New York, NY 10018, United States of America (hereinafter referred to as "Y").

WITNESSETH :

WHEREAS, X is engaged in the business of promoting the sale and distribution of various goods in Korea; and

WHEREAS, Y, which is engaged in the business of manufacturing and selling the computers and possesses valuable technology, considerable skill and experience relating to the design and manufacture thereof in the United States; and

WHEREAS, the parties hereto desire to establish a company in Korea, for the principal purpose of engaging in the business of manufacturing and selling of the computer.

NOW THEREFORE, in consideration of the mutual covenants and agreements herein contained, X and Y hereto agree as follows:

☞ 주

whereas clause 설명조항
① in consideration of the mutual covenants and agreements 상호 약정과 합의를 약인으로 하여

Article 1. DEFINITIONS

When used in this Agreement, each of the terms set forth in this article shall have the meaning indicated:

1.1 "NEWCO"

The joint stock company to be incorporated under the laws of Korea by the parties hereto in the manner provided in article 3 hereof, and to be known in Korean as "NEWCO Chusik Hoesa" and in English as "NEWCO Co., Ltd."

1.2 "EFFECTIVE DATE"

The date of the signing of this Agreement.

1.3 "ASSOCIATED AGREEMENT"

Those agreements related to this Agreement which are to be entered into between or among X, Y and NEWCO, as the case may be, pursuant to article 3 hereof.

1.4 "SHARES"

Those shares of par value common voting stock which are to be issued by NEWCO to the promoters of NEWCO and the parties hereto in exchange for their respective contributions which are to be made pursuant to article 3 hereof, as well as any additional shares of the capital stock NEWCO which may be issued from time to time pursuant to article 7 hereof or otherwise.

1.5 "AFFILIATE"

Any corporation, other juridical entity, partnership or other business enterprise:

(1) which owns or controls, directly or indirectly, fifty percent (50%) or more of the voting rights with respect to the election of directors of either party hereto;

(2) of which fifty percent (50%) or more of the voting rights with respect to the election of directors is owned or controlloed, directly or indirectly, by a party hereto;

(3) of which fifty percent (50%) or more of the voting rights with respect to the election of directors is owned or controlled, directly or indirectly, by any corporation, other juridical entity, partnership or other business enterprise qualifying under sub-paragraph (1) or (2) above.

☞ 주

Article 1. definitions 제 1 조 정의
① associated agreement 부속계약
② shares 주식
③ par value 액면가격, par 동등, 평가,

액면	⑤ affiliate 방계회사
④ common volting stock 보통의결권부 주식	⑥ juridical entity 법률상의 실체, 즉 법인
	⑦ partnership 조합

Article 2. APPROVALS BY GOVERNMENTS

2.1 Promptly after the execution of this Agreement, Y shall make application to the appropriate authorities of the Korean Government for approvals under the Foreign Capital Inducement Law, of the acquisition by Y of shares of NEWCO and of the technical assistance to be rendered to NEWCO by Y pursuant to certain of the Asociated Agreements, and for such other licenses or approvals therefor under the Foreign Exchange Control Law as may be required by said Law. Such licenses or approvals, if any, must include assurance by the Korean Government of the convertibility and remittance in United States Dollar currency to a bank in the United States of America designated by Y of any and all dividends, royalties, interest payments, reimbursable costs, and repatriated capital and any other payment to Y contemplated under this Agreement and all Associated Agreements, during any period in which any such agreements are in effect. X will extend all reasonable assistance to Y in obtaining such licenses or approvals.

2.2 Promptly after the execution of this Agreement, Y shall prepare and file applications for such rulings, licenses or other app-rovals as it may be required to obtain pursuant to the United States Export Control Act in connection with the disclosure to and use by NEWCO of Y's Technical information in accordance with this Agreement or any of the Associated Agreements.

2.3 Except with respect to the obligation hereby acknowledged by the parties to cooperate in good faith in the diligent prosecution of the applications referred to in paragraphs 2.1 and 2.2 above, this Agreement shall remain wholly executory and conditional until such time as full authorization required by the provisions of Paragraphs 2.1 and 2.2 shall have been obtained.

☞ 주

Article 2. approvals by governments 제 2 조 정부의 인가	② Foreign Exchange Control Law 외국환관리법
① Foreign Captal Inducement Law 외자도입법	③ repatriated capital 출자회수금
	④ prosecution 수행, 경영, 기소, 고발

Article 3. FORMATION OF NEWCO

3.1 Organization and Registration

As soon as practically possible after the Effective Date, X and Y shall cause NEWCO to be organized and registered under the laws of Korea. The registered principal office of NEWCO shall be located at 123, Shinsa-dong, Gangnam-gu, Seoul, Korea. The parties hereto shall colsely cooperate and consult wiht each other with respect to the procedures and particulars of the organization and registration of NEWCO.

3.2 Article of Incorporation and Regulations of the Board of Directors

At the time of the organization and registration of NEWCO pursuant to Paragrahp 3.1 hereof, the parties hereto shall cause NEWCO to adopt the Article of Incorporation annexed hereto and marked as Exhibit and the regulations of the Board of Directors annexed hereto and marked as Exhibit.

3.3 Authorized and Paid-in Capital

At the time of the organization and registration of NEWCO pursuant to Paragraph 3.1 hereof, NEWCO shall have an authorized capital of ₩10,000,000,000 and a paid-in capital of ₩5,000,000,000.

3.4 Capital contributions by X and Y

Of the initial paid-in capital of NEWCO, X and promoters designated by it shall contribute in cash the sum of ₩2,500,000,000. in exchang for the issuance by NEWCO of 500,000 shares of common voting stock of NEWCO having a par value of five thousand Won(₩5,000) per share. Y shall contribute in cash the sum of ₩2,500,000,000, in exchange for the issuance by NEWCO of 500,000. shares of common voting stock of NEWCO having a par value of five thousand Won (₩5,000) per share.

3.5 Formation Costs

All costs and expenses of the formation of NEWCO shall, to the extent the same are not incurred or assumed by NEWCO, be borne equally by the parties hereto. Expense incurred by each party up to time of execution of this Agreement, including travel expenses and legal fees, shall be borne by the party so incurring such expenses.

☞ 주

Article 3. formation of newco 제 3 조 신회사의 설립	④ authorized and paid-in capital 수권자본 및 납입자본
① organization and registration 설립 및 등기	⑤ capital contributions 출자(出資)
	⑥ promoter 발기인
② article of incorporation 법인의 정관	⑦ formation costs 설립비용
③ board of directors 이사회	⑧ assume 가정하다, (책임을)맡다, 취하다.

Article 4. ASSOCIATED AGREEMENTS

Immediately, after the registration of NEWCO, the following agreements shall be entered into between the relevant parties:

(1) License Agreement between Y and NEWCO

(2) Management Assistance Agreement between X and NEWCO

(3) Distributorship Agreement between X and NEWCO

(4) Plant and Equipment Lease Agreement between X and NEWCO

(5) Personnel Transfer Agreement between NEWCO and X

(6) Technical Assistance and Technology Transfer Agreement between NEWCO and Y

☞ 주

Article 4. associated agreements 제 4 조 부속계약	① distributorship agreement 판매계약

Article 5. MANAGEMENT OF NEWCO

5.1 Meetings and Resolutions of Shareholders

Meetings of the shareholders shall be held in Korea or at such other place as the Board of Directors, shall determine subject to the unanimous written consent of the shareholders. Except as otherwise provided by the Articles of Incorporation of NEWCO or as otherwise required by mandatory provisions or Korean law, resolutions of general meeting of the shareholders of NEWCO shall be adopted by a majority vote of the shareholders present at a meeting at which more than half of total number of shares issued are represented in person or by proxy. To the extent now or hereafter permitted by law, shareholders shall have the right to act by written consent in lieu of holding a general shareholders meeting. All other matters concerning shareholders shall be determined in accordance with the Articles of Incorporation of NEWCO, or as otherwise required by mandatory provisions of law.

5.2 The Board of Directors of NEWCO

Except as otherwise required by mandatory provisions of law or provided for in the articles of Incorporation of NEWCO, responsibility for the management, direction and control of NEWCO shall be vested in the Board of Directors of NEWCO. The Board of Directors may delegate authority for management of NEWCO to officers of NEWCO in accordance with resolutions duly passed and as consistant with the Articles of Incorporation and mandatory provisions of law.

(1) The directors of NEWCO shall be elected at general meetings of shareholders. The Articles of Incorporation of NEWCO shall provide for the election of eight Directors and it is understood and agreed by the parties hereto that four(4) of the Directors of NEWCO shall be individuals nominated by X, and four(4) of the Directors shall be individuals nominated by Y.

(2) Meetings of the Board of Directors of NEWCO shall be convened and conducted not less than once during each accounting period of NEWCO. Meetings of the Board of Directors shall be called by the President of NEWCO or such other officer or Directors as may be designated by the Board of Directors; provided, however, that X agrees to cause the President of NEWCO of such other officer of director as may be designated by the Board of Directors as aforesaid and who

has been nominated by X, to convene a Board of Directors meeting at any time when Y indicated that in its opinion there is an important reason for holding such a meeting.

(3) The parties hereto shall cause Directors of NEWCO nominated by them in accordance with Paragraph (2) hereof to submit to the Board of Directors for approval any matter requiring such approval pursuant to the Articles of Incorporation, the next article 6 hereof or regulations of the Board of Directors of NEWCO.

5.3 Representative Directors

NEWCO shall have not more than two(2) Representative Directors who shall be appointed by the Board of Directors of NEWCO from among the members of said Board in the following manner:

(1) The parties hereto shall initially cause the Board of Directors of NEWCO to appoint only one(1) Representative Director, who shall be an individual nominated by X and acceptable to Y.

(2) In addition to the Representative Director elected in accordance with above sub-paragraph (1) hereof, Y shall have the option at any time to request that one of the Directors of NEWCO nominated by Y and acceptable to X shall be elected as the second Representative Director. In the event such request is made by Y, the parties hereto shall immediately cause the Board of Directors of NEWCO to elect such additional Representative Director. Such additional Representative Director shall be resident in Korea and shall be a full-time employee or officer of NEWCO.

5.4 President and Vice-President

(1) NEWCO shall have a President who shall be the representative Director nominated by X and acceptable to Y in accordance with sub-paragraph 5.3(1) hereof. The President shall serve as the Chief Executive of NEWCO and, subject to the authority of the Board of Directors, shall carry out the daily business of NEWCO and shall preside at meetings of the Board of Directors.

(2) NEWCO may have a Vice-President who shall be a Director nominated by Y and acceptable to X. Should an additional Representative Diretor shall serve as the Vice-President. The Vice-President shall assist the President or NEWCO and shall preside at meetings of the Board of Directors in the absence of the President.

5.5 Auditor

NEWCO shall have one(1) statutory auditor who shall be nominated be X and acceptable to Y.

5.6 Cooperation in Election of Directors, Representative Director(s) and Auditor Each of the parties hereto hereby covenants and agrees to vote its shares of NEWCO, and to cause the Directors of NEWCO nominated by it to cast their votes, so as to appoint as Directors, Representative Director(s) and auditor of NEWCO, as the case may be, individulas qualified under the foregoing provisions of this Article 5. In the event of the death, incapacity, resignation or the removal of a Director, Representative Director of Auditor prior to the end of his term of office, each of the parties hereto agrees to vote its shares of NEWCO, and to cause the Directors of NEWCO nominated by it to cast their votes, so as to appoint as his replacement a nominee qualified under the said foregoing provisions of this Article 5.

5.7 Accounting Period and Books of Account

(1) Accounting Period: The accounting period of NEWCO shall commence on January 1st of each year and end on December 31st of the such year: provided, however, that the first accounting period of NEWCO shall commences as of the data of organization of NEWCO pursuant to Paragraph 3.1 hereof and end on December 31st of that year.

(2) Books of Account: NEWCO shall keep accurate books of account and financial and related records in accordance with generally accepted Korean accounting practices, standard and procedures as prescribed by the firm of accountants to be designated pursuant to the following paragraph.

(3) Audit: at the end of each accounting period of NEWCO,

the books of account and records of NEWCO shall be audited, at the expense of NEWCO, by a firm of certified public accountants licensed to practice, and of recognized standing, in Korea, and mutually acceptable to the parties hereto. Such firm of independent public accountants shall prepare for and supply to X and Y certified financial reports suitable for use by each of the parties hereto in connection with its financial and tax reports.

(4) Reporting and Inspection of NEWCO Records: Promptly after the close of each semi-annual period, NEWCO shall submit to each of the parties hereto in the Korean and English languages the balance sheet and profit and loss statement of NEWCO in respect of such semi-annual period. Further, NEWCO shall make available at its principal place of business to each of the parties hereto, or to its designated representatives(s), its books of account and record, if and when either party hereto shall so request.

☞ 주

Article 5. management of newco 제 5 조 신회사의 경영
① meeting and resolutions of shareholders 주주총회 및 의결
② unanimous 만장일치의, 이구동성의, 합의의
③ mandatory provision 강제규정 mandatory 명령의, 위임의, 수임자(= mandatary)
④ proxy 대리(권), 위임장, 대리투표, 대리인 by proxy 대리인으로서 cf. proximo 다음 달의
⑤ in lieu of holding a general shareholders meeting 주주총회개최 대신에
⑥ be vested in ~ 에 귀속되다.
⑦ deligate 취임하다, 파견하다, (채무, 채권을) 전부(轉付)하다.
⑧ resolution 결심, 결의, 결의문, 해결
⑨ convene (회의를)소집하다, 소환하다, 회합하다.
⑩ nominate 지명하다, 지정하다.
⑪ as aforesaid 앞에서와 같이 지정되고
⑫ representative directors 대표이사
⑬ in the event ~의 경우에
⑭ chief executive 수석임원
⑮ statutory auditor 법정감사
⑯ covenant 계약하다, 서약하다, 동의하다. 계약, 날인증서 계약
⑰ incapacity 행위무능력
⑱ resignation 사임
⑲ removal 퇴임
⑳ books of account 회계장부
㉑ Certified Public Accountant(CPA)공인회계사
㉒ Balance Sheet(B/S) 대차대조표
㉓ Profit and Loss Statement(P/L) 손익계산서

Article 6. BUSINESS AND OPERATIONS OF NEWCO

6.1 Corporate Purpose of NEWCO

The corporate purposes of NEWCO shall be to carry out the

business listed in Article X (Corporate Purposes) of its Article of Incorporation annexed hereto and marked as Exhibit. Initially, however, the parties contemplate that NEWCO will engage in the manufacture and sale of products (hereinafter referred to as the "Products") to be produced by it under the license granted by Y in accordance with the License Agreement annexed hereto and marked as Exhibit.

6.2 Sale of Products

NEWCO shall sell its products in Korea only to X in accordance with the Distributorship Agreement annexed hereto and marked as Exhibit and X shall have the exclusive right to distribute NEWCO's products in Korea.

6.3 Export of Products

Except as otherwise specifically agreed to, NEWCO shall have the right to export the Products throughout the word; provided, however, that the quantity of the Products for export and the quantity of the Products or sale to X shall be determined upon consultation of the parties hereto.

6.4 Selling Price for Products

Prices for the Products to be sold to X or to be exported, pursuant to paragraph 6.2 and 6.3 shall be fixed by NEWCO after consultation with X and Y; provided, however, that the prices for the Products so fixed shall be competitive in the market in which the Products are sold.

6.5 Non-Competition

The parties hereto agree not to manufacture or sell or cause its AFFILIATES to manufacture of sell in Korea, either directly or indirectly, any products which are competitive with the Products.

6.6 Plant and Equipment of NEWCO

X shall lease to NEWCO the whole of its laboratory building and manufacturing facilities located in 1-Banwol-Kongdan, Ahnsan, Kyunggi-do, Korea in accordance with the Plant and Equipment Lease Agreement annexed hereto and marked as Exhibit.

6.7 NEWCO Personnel

X shall transfer to NEWCO all of its employees currently assigned to it laboratory in accordance with the Personnel Transfer Agreement annexed hereto and marked as Exhibit.

☞ 주

Article 6. business and operation of newco 제 6 조 신회사의 사업과 활동	① non-competition 경업금지

Article 7. FINANCING

7.1 Working Capital

NEWCO shall obtain its necessary working capital over and above its share capital by commercial borrowing in Korea. If, as a condition to granting any such loan, the lender requires guarantee(s), the parties shall undertake to provide the guarantee(s), each is in proportion to its equity interest in NEWCO. In the event NEWCO is unable to borrow funds considered by X and Y to be necessary, the parties agree to lend (directly or indirectly) to NEWCO the necessary funds in the ratio of their shareholdings in NEWCO up to such amounts as they may from time to time mutually agree upon. Each party shall make each loan to NEWCO, unless otherwise agreed on the same terms and conditions regarding duration, interest, repayment and otherwise, as the corresponding loan made by the other party.

7.2 Manner of Providing Additional Equity Capital

The parties agree that, should it be determined by agreement between them in accordance with sound and prudent business paractices that additional equity capital is required for NEWCO beyond that to be contributed pursuant to Article 3 hereof, such additional equity capital will be provided by X and Y, each in proportion to its equity interest in NEWCO. Such additional capital may be contributed in cash, or upon agreement of the parties, in machinery, other equipment, technology or other contributions in kind at fair market value. Upon the contribution of such capital to NEWCO the parties shall receive additional shares of common voting stock in an amount equal to their contribution.

7.3 Condition for Obligation of Y

Anything to the contrary in this article 7 notwithstanding, Y shall not be required to provide any guarantee, loan or additional equity capital for NEWCO unless and until it shall first obtain such governmental authorizations, licenses or other approvals as may be necessary or desirable under applicable laws or regulations in force at the time; provided, however, that Y agrees to exert its best efforts to obtain such approvals. Should Y fail to obtain such approvals and therefore fail to provide its share of any guarantee, loan or additional equity capital, the parties shall consult to determine further steps, if any, which might be taken; provided that X will beunder no obligation to provide its share of guarantee, loan or additional equity capital.

☞ 주

Article 7. financing 제7조 자금조달
① working capital 운영자금
② share capital 출자자본
③ repayment 변제
④ manner of providing additional equity capital 추가자본 조달방법
⑤ prudent 신중한
⑥ contribution 분담액, 기부, 기고, 기여

Article 8. TRANSFERS OF SHARES

8.1 General Restriction on Transfer, Etc.

Except as otherwise expressly provided for in this Article 8, X and Y mutually covenant and agree not to sell, assign, pledge or in any other manner transfer title of rights to, or otherwise encumber, any of the shares of NEWCO held by them, or preemptive rights to new shares allotted to them, respectively, or to take any action leading to or likely to result in any of the foregoing; provided, however that this restriction shall not be construed as prohibiting a general charge or pledge created upon the whole or the major portion of the assets of X or Y.

8.2 Right of First Refusal

Each party to the extent permitted by law hereby extends to the other party a right of final refusal with respect to the sale of the share of NEWCO held by it. Accordingly if at any time either party desires to transfer all or any portion of the shares of NEWCO held by it, such party shall first offer to sell said shares to the other party. Any such first offer shall be made in writing, and shall state the suggested purchase price per share and other terms and conditions. Further, any such first offer shall state that the offer being made shall remain effective until whichever of the following events shall first occur:

(1) dispatch of written notice of rejection by the party to whom such offer is made of the first offer so extended; or

(2) a lapse of ninety(90) days after the date of receipt of such first offer.

If the terms and conditions proposed by the offer of are not agreeable to the other party, the parties shall negotiate in good faith during the 90 days after the date of receipt of such first offer in an attempt to reach agreement. Acceptance of any such first offer which has been made pursuant to this Paragraph 8.2 shall be effective upon receipt by the party who made such offer of acceptance thereof, if receipt of acceptance occurs within ninety(90) days after the date of receipt of such offer.

8.3 Failure or Refusal to Accept First Offer

If, after a first offer has been extended pursuant to paragraph 8.2 hereof, the offeree shall refuse or fail to accept the offer for all or any portion of the shares of NEWCO so offered, the offeror shall have the right, for a period of one hundred and twenty(120) days, to offer such shares or the remaining portion thereof, as the case may be, to any third party, at the same or higher purchase price per share and on the same terms and conditions as were offered to the other party hereto; provided that any transfer of shares of NEWCO to a third party pursuant to this Paragraph 8.3 shall be conditioned upon the full and unconditional assumption by such third party transferee in writing of all of the obligations of the transferor provided for in this Agreement and all other agreements (or the agreement of the transferor to continue to perform such agreements) entered into pursuant to this Agreement. If the transfer shall not sell all or any portion of the said shares within the said period of one hundred and twenty(120) days or shall wish to sell the same at a lower price and/or different terms and conditions than were offered to the other party hereto, before selling such shares or any of them, the transferor shall first offer such shares to the other party hereto in accordance with the provisions of Paragraph 8.2 hereof.

8.4 General Requirement of Governmental Approvals
Prior to effectuation of any transfer of the share of NEWCO pursuant to the foregoing provisions of this Article 8, both or either of the parties hereto shall make application for and obtain such governmental approvals as shall be necessary in connection with any such transfer as aforesaid or acts or transactions relating thereto.

8.5 Effect of Failure to Obtain Requisite Governmental Approvals
The failure to obtain any governmental license or other approval for which application is made pursuant to Paragraph 8.4 hereof shall in no event be interpreted to give the offeror the right to offer the shares in question to a third party, or otherwise to permit the offeror to sell, assign, pledge or in any other manner transfer title in, or rights to, such shares. Further, in the event that any such governmental approval for which application may be filed as aforesaid shall not have been obtained within ninety(90) days subsequent to the date of filing an application therefor, if the offeror continues to desire to dispose of the shares of NEWCO in respect of which the first offer has been made and accepted, unless the parties hereto otherwise mutually agree, all appropriate procedures shall be instituted leading to the retirement by NEWCO of all shares, including but not limited to the delivery and cancellation of any share certificate representing such shares and the consequent reduction by NEWCO of its paid-in capital. The redemption price for any such shares shall be the

price at which such shares were offered to the other party hereto subject to the relevant law and government ruling.

8.6 Limitation of Obligations upon Sale of Shares

If either party sells or otherwise disposes of all or substantially all of its shares of NEWCO in accordance with the provisions of this Agreement, the obligations and liabilities of such party under this Agreement shall terminate except as otherwise expressly provided herein.

☞ 주

Article 8. transfers of shares 제 8 조 주식의 양도
① predge 담보, 저당, 담보물, 보증, 서약, 저당잡히다, 서약하다.
② encumber 방해하다, 막다, (부채 따위를)지우다(burden).
③ preemptive right 선매권
④ right of first refusal 우선매수권
⑤ with respect to …에 관하여(= concerning)
⑥ in writing 서면의
⑦ dispatch 발송하다, 파견하다.
⑧ lapse (시간의)경과, 소멸, 실효
⑨ in good faith 선의로, 성실히
⑩ pursuant to …에 따라서, …와 일치하여
⑪ transferee 양수인 cf. transferer 양도인
⑫ application 신청, 적용
⑬ in connection with …에 관련하여
⑭ share certificate 주권
⑮ redemption price 상환가격
⑯ dispose of 처분하다, 처리하다
⑰ terminate 종료하다

Article 9. PAYMENT AND TAXES

9.1 Manner and Place of Payments

Any and all payments to be made to Y by NEWCO in consequence of or in connection with the acts or transactions comprehended or contemplated by this Agreement and the Associated Agreements, including but not limited to dividends, royalties, interest payments, reimbursable expenses and repatriated capital, shall be made, except as otherwise provided herein, in Korean Won or in United Stated Dollars at bank or such other address in Korea or in the United States of America, as the case may be, all as may be designated in writing by Y to NEWCO from time to time.

9.2 Withholding Taxes

Any sum required under Korean tax laws to be withheld by NEWCO for the account of Y from payments due to Y shall be withheld and shall be promptly paid by NEWCO to the appropriate tax authorities; and the parties hereto shall cause

NEWCO to furnish Y official tax receipts or other appropriate evidence issued by the Korean tax authorities sufficient to enable Y to support a claim for credit, in respect of any sum so withheld, against United States income taxes.

☞ 주

Artical 9. payment and taxes 제 9 조 지급 및 조세	② dividend 이익배당, 배당금
① manner 방법, 방식	③ withholding tax 원천징수
	④ appropriate tax authority 관할 세무당국

Article 10. CONFIDENTIALITY OF INFORMATION

10.1 Duty of Secrecy and Confidentiality

Except to the extent that disclosures to NEWCO may be permitted by any of the ASSOCIATED AGREEMENT, each party hereto agrees to keep strictly secret and confidential all information obtained from the other party hereto or NEWCO which is designated as confidential by said other party or NEWCO, as the case may be. To that end, all records, copies, reproductions, reprints and translations of such information shall be plainly marked to indicate the secret and confidential nature thereof and to prevent unauthorized use or reproduction thereof.

10.2 Restriction on Use

The parties hereto agree that they shall not use any confidential information obtained from the other party or from NEWCO for any purpose whatsoever except in a manner expressly provided for in any of the ASSOCIATED AGREEMENTS.

10.3 Limitations and Survival of Obligations

Such obligations, as undertaken by the parties hereto pursuant to this Article 10, shall survive termination of this Agreement and shall remain in effect and be binding on the parties hereto for a period of seven(7) years after the termination of this Agreement except for information that becomes part of the public domain or is received from an independent source.

☞ 주

Article 10. confidentiality of information 제10조 기밀보장	기밀보장 의무
① duty of secrecy and confidentiality	② confidentiality 기밀, 비밀
	③ domain 영토, 범위

Article 11. TERM AND TERMINATION

11.1 Term

The term of this Agreement shall begin as of the Effective Date and shall continue in force and effect for an indefinite term thereafter, until NEWCO shall be dissolved or otherwise cease to exist as a separate entity, or until this Agreement is sooner terminated pursuant to the following provisions of this article 11.

11.2 Events of Termination

Sould any of the following events occur, i.e.:

(1) either party becomes insolvent, or files a petition in bankruptcy or for reorganization, or has such a petition filed against which is not dismissed within ninety(90) days; or

(2) either party makes an assignment or like arrangement for the benefit of its creditors, or is dissolved or liquidated (except pursuant to a merger, consolidation, spin-off or like arrangement which in the reasonable opinion of the other party would not have a material adverse effect on the ability of the party to perform its obligations hereunder and under the ASSOCIATED AGREEMENTS and which would not, in the other party's reasonable opinion change the nature of the party in a manner to the substantial detriment of the other party); or

(3) either party commits a breach of this Agreement or the ASSOCIATED AGREEMENTS and such breach has a material and adverse effect on the implementation or performance of this Agreement of the ASSOCIATED AGREEMENT, or on the successful operation of NEWCO, and such breach remains unremdied for sixty(60) days after written notice thereof; or

(4) it becomes illegal for either party to perform its obligations, or receive payments to which it is entitled,

hereunder or under the ASSOCIATED AGREEMENTS;

(5) there arises a difference of opinion between the parties in respect ot any major matter relating to the operation of NEWCO and such difference is not resolved by negotiations in good faith between the parties for a period of ninety(90) days after a shareholders or directors meeting at which meeting the parties could not resolve the difference between them;

then, in the case of 11.2(3) and 11.2(4), the party not in breach or not subject to the illegality, respectively, shall have the option, upon written notice, of purchasing the shares of the other party at fair value as determined by independent appraisal (or as agreed between the parties) subject to the relevant law and government ruling, or of proceeding to a dissolution of NEWCO. In the case of 11.2(1) and 11.2(2) the parties shall, when and if permitted by law, proceed to a dissolution of NEWCO. And in the case of 11.2(5) the parties shall proceed to dissolution of NEWCO unless they agree to a sale of the Shares to one party or the other.

11.3 Survival of Rights, Duties and Obligations

Termination of this Agreement for any cause shall not release either party hereto from any liability which at the time of termination has already accured to the other party hereto or which thereafter may accrue in respect of any act or omission prior to such termination, nor shall any such termination hereof affect in any way the survival of any right, duty or obligation of either party hereto which is expressly stated elsewhere in this Agreement to survive termination hereof.

☞ 주

Article 11. term and termination 제11조 계약기간 및 계약의 종료
① Term 기간, 용어 cf. terms 조건
② effective date 효력발생일
③ force 구속력, 효력, in force 효력이 있는
④ separate entity 독립된 실체
⑤ insolvent 지급불능의, 채무초과의, 파산의
⑥ bankruptcy 파산
⑦ reorganization 조직변경
⑧ petition 신청, 소장, 청원
⑨ merger 흡수합병, 합병, (권리의)혼동(混同)
⑩ consolation 신설합병
⑪ spin-off 신설 자회사주 배분
⑫ breach 위반, 불이행
⑬ share holder 주주
⑭ fair value 공정가격
⑮ appraisal 평가, 감정, 사정
appraiser 평가(감정)인
⑯ dissolution 해산, 해제

Article 12. INTERPRETATION

12.1 Applicable Law

The validity, construction and performance of this Agreement shall be governed by and interpreted in accordance with the laws of Korea.

12.2 Governing Language

This Agreement is executed in both the English and Korean languages. In the event of any difference, discrepancy or conflict between the English and Korean versions of this Agreement, the English version shall be controlling in all respect.

12.3 Arbitration

All disputes, controversies, or differences, which may arise between the parties, out of or in relation to or in connection with this Agreement or for the breach thereof, shall be finally settled by arbitration in Seoul, Korea in accordance with the Commerical Arbitration Rules of The Korean Commercial Arbitration Board and under the Law of Korea. The award rendered by the arbitrator(s) shall be final and binding upon both parties concerned.

12.4 Effect of Heading

The headings to sections and paragraph of this Agreement, excepting those in Article 1 hereof, are to facilitate reference only, do not form a part of this Agreement, and shall not in any way affect the interpretation hereof.

12.5 Entire Agreement and Modification

This Agreement embodies the entire agreement of the parties with respect to the subject matter hereof and supersedes and cancels any and all prior understandings or Agreements, verbal or otherwise, in relation hereto, which may exist between the parties. No oral explanation or oral informmation by either of the parties hereto shall alter the meaning or interpretation of this Agreement. No amendment or change hereof or addition hereto shall be effective or binding on either of the parties hereto unless reduced to writing and executed by the respective duly authorized representatives of each of the parties hereto.

12.6 Non-Waiver

The waiver, express or implied, by either of the parties hereto of any right hereunder or against any failure to perform or breach hereof by the other party hereto shall not consititute or be deemed a waiver of any other right hereunder or against any other failure to perform or breach hereof by such other party, whether of a similar or dissimilar nature thereto.

☞ 주

Article 12. interpretation 제12조 해석	⑥ entire agreement 완전합의
① applicable law 준거법(= governing law = appropriate law)	⑦ modification 수정, 변경
② discrepancy 불일치, 하자	⑧ supersede ~을 대신하다, 대체하다, 면직하다, 폐지시키다.
③ arbitration 중재	⑨ oral explanation 구두설명
④ award 중재판정, 판결	⑩ amendment 변경
⑤ arbitrator 중재인	⑪ non-waiver 권리 불포기

Article 13. MISCELLANEOUS

13.1 Assignment

This Agreement, and all rights and obligations hereunder, are personal as to the parties hereto and shall not be assigned by either of the parties hereto to any third party without the prior written consent thereto by the other party hereto ; provided, however, that either party hereto may assign this Agreement, without such prior consent of the other party hereto, in connection with a transfer of all or substantially all of its shares of NEWCO in accordance with Article 8 hereof, or with an assignment to any corporation acquiring all or substantially all of its assets to or any surviving or newly for med corporation in connection with a merger or amalgamation involving such assigning party, subject to a prior undertaking in writing by the assignee assuming all of the obligations and duties of the assigning party under this Agreement and further subject to the issuance of any governmental authorizations, licenses or rulings then required under applicable law in connection with such assignment.

13.2 Force Majeure

A party hereto shall not be liable to the other party for any loss, injury, delay, damages or other casualty suffered or incurred by the latter due to strikes, riots, storms, fires, explosions, acts of God, war, action of any goverment or any other cause beyond the reasonable control of the party, and failure or delay by either party hereto in performance of any of its obligations under this Agreement due to one or more of the foregoing cause shall not be considered a breach of this Agreement.

13.3 Severability

In the event any term or provision of this Agreement shall for any reason be invaild, illegal or unenforceable in any respect, such invalidity, illegality or unenforceability shall not affect any other terms or provisions hereof ; in such event, this Agreement shall be interpreted and construed as if such term or provision, to the extent, same shall have been held invalid, illegal or unenforceable, had never been contained herein.

13.4 Notices

Except as otherwise provided in this Agreement, all notices required or permitted to be given hereunder shall be in writing and shall be valid and sufficient if dispatched by registered airmail, delivered personally, or sent by telex or cable(confirmed by letter sent the same day).

IN WITHNESS WHEREOF, and having been approved by the Board of Directors of each of the parties, the parties hereto have caused this Agreement to be executed by their duly authorized representatives on the day and year first set forth above.

Exhibits : 1. The Articles of Incorporation
2. The Regulations of the Board of Directors
3. License Agreement between Y and NEWCO
4. Management Assistance Agreement between X and NEWCO
5. Distributorship Agreement between X and NEWCO

6. Plant and Equipment Lease Agreement between X and NEWCO
7. Personnel Transfer Agreement between X and NEWCO
8. Technical Assistance and Technology Transfer Agreement between Y and NEWCO

X,	Y,
Korea Trading Co., Ltd.	America Interational Co., Inc.
Mansu Kim	*John F. Dolan*
Man-su Kim	John F. Dolan
President	President

☞ 주

Article 13. miscellaneous 제13조 잡칙, 기타조항
① assignment 양도
② consent 동의
③ force majeure 불가항력
④ strike 파업
⑤ riot 폭동, 소요
⑥ act of God 천재지변
⑦ severability 가분성, 독립성, 개별성 (severance)
⑧ management assistance agreement 경영협조계약
⑨ plant and equipment agreement 공장 및 장비리스계약
⑩ personnel transfer agreement 인력이전계약
⑪ technology transfer agreement 기술이전계약

4. 의향서(Leter of Intent)

의향서라 함은 복잡한 국제거래계약을 정식체결하기에 앞서 사전에 쌍방의 의향을 정리하여 예비계약을 체결하는 것을 말한다. 의향서는 완전한 계약서로 볼 수 없으므로 거래조건에 대하여 구체적으로 약정한 별도의 계약서를 작성하여야 한다.

September 10, 20___

Letter of Intent

Mr. John Butler
John Butler and Associates
7 East 47th Street, New York

NY 10017, U.S.A.

Dear Mr. Butler :

The purpose of this letter is to state our intent to award a contract, subject to mutual agreement of all terms and conditions thereto, to your firm to perform engineering services as generally described in our Request For Proposal No. STC-123.

Pending issuance of our formal contract, you agree that, as full compensation for services performed, you shal be paid as follows:

a. Actual John Butler and Associates salary cost plus a mark-up factor of 15 percent for payroll taxes, insurance, and other related fringes and a fixed overhead mark-up to be applied to actual salary plus fringes calculated at the rate of 65 percent of all of the aforementioned. The total estimated cost for this Item is US$ 480,000.

b. Other out-of-pocket expenses as may reasonably be incurred at cost without mark-up. Estimated at US$ 250,000.

c. A fixed fee to compensate for profit for the undertaking of the services in the total amount of US$50,000.

We reserve the right to terminate this Letter of Intent for any reason upon notice. In such event, you will be paid in accordance with the terms specified above up to the time of termination plus reasonable expenses which may be incurred in project close out. The amount of fixed fee payable will be calculated in the same ratio that the total fee bears to the total estimated cost of the work.

Please indicate acceptance of this letter by signature of an authorized official of your firm on the duplicate copy hereof and return it to the undersigned.

Sincerely yours,

Acknowledged and Accepted,

John Butler and Associates	Seoul Trading Co., Ltd.
John Butler	*Kilman Park*
John Butler	Kil-man Park
President	President

☞ 주

① The purpose of this letter is to state our intent to award a contract. 이 서신의 목적은 계약을 사정(査定)하기 위한 당사의 의향(意向)을 기술함에 있다.

② mark-up 이윤, 원가에 대한 가산액, 가격인상

③ payroll taxes 급여소득세

④ fringe 언저리 fringe benefit (노동자에 대한) 특별급여

⑤ out of pocket 현금지급의

⑥ estimate 견적, 어림, 평가, 견적하다, 평가하다.

5. 고용계약서(Employment Agreement)

기업은 사용 인력을 채용하면서 고용자와 피고용자간의 근로조건을 반영하여 고용계약서를 체결하여야 당사자간의 이해상충이나 분쟁에 대비할 수 있다. 고용계약서의 작성사례를 보면 다음과 같다.

EMPLOYMENT AGREEMENT

EMPLOYMENT AGREEMENT by and between Seoul Telecom Inc., a corporation duly organized and existing under the laws of the Republic of Korea, and having its principal office at 5, 2-ga, Sogong-dong, Chung-gu, Seoul, Korea(Company) and Mr. Dong-min Kim whose resident registration number is 731201-1050518 and residing in 31, Banpo-dong, Seocho-gu, Seoul 135-141, Korea(Employee).

For good consideration, Company shall employ and the Employee agrees to be employed on the following terms:

1. EFFECTIVE DATE:
   Employment shall commence on November 21, 20___.
2. DUTIES:
   Employee agrees to perform the following duties:

Overseas market expansion and export of mobile phone. Employee shall also perform such further duties as are incidental or implied from the foregoing, consistent with the background, training and qualifications of Employee or may be reasonably delegated as being in the best interests of the Company. The Employee shall devote full time to his employment and expend best efforts on behalf of Company. Employee further agrees to abide by all reasonable Company policies and decisions now or hereinafter existing.

3. TERM:

The Employee's employment shall continue for a period of (two) years, beginning on the effective date of this agreement and ending on ___, 20___.

4. COMPENSATION:

The Employee shall be paid the following compensation:

a) Annual Salary: US$40,000, paid on the payroll schedule existing for other employees.

b) Such bonuses, vacations, sick leave, retirement benefits and expense accounts as stated in the Company manual for other management personnel or as may be decided by the Company if said items are discretionary with the Company.

5. TERMINATION:

This agreement may be earlier terminated upon:

a) Death of Employee or illness or incapacity that prevents Employee from substantially performing for (two) continuous months or in excess of (60) aggregate working days in any calendar year.

b) Breach of agreement by Employee.

6. MISCELLANEOUS:

a) Employee agrees to execute a non-compete agreement as annexed hereto.

b) Employee agrees to execute a confidential information and invention assignment agreement as annexed hereto.

c) This agreement shall not be assignable by either party, provided that upon any sale of the business by Company, the Company may assign this agreement to its successor or employee may terminate same.

d) In the event of any dispute under this agreement, it shall be resolved through binding arbitration in accordance with the rules of the Korean Commercial Arbitration Board under the laws of Korea.

e) This constitutes the entire agreement between the parties. Any modification must be in writing.

IN WITNESS WHEREOF, the parties hereto have duly executed this agreement in two counterparts, each of which may be considered as original, as of the date first here above written.

Signed under seal this 21st day of November, 20___.

(Company)	(Employee)
Seoul Telecom Inc.	
Myungki Park	*Dongmin Kim*
Myung-ki Park	Dong-min Kim
President	

☞ 주

① devote full time 기준노동시간에 전념하다.

② on behalf of Company 회사를 대표(대리)하여

③ successor 후임자, 상속자

④ entire agreement 완전합의

6. 변호사고용계약서(Retainer Agreement)

특수한 국제거래계약에 있어서는 가급적 변호사를 고용하여 자문을 받는 것이 법률적 문제를 최소화할 수 있다. 국제변호사고용계약서의 작성 사례를 보면 다음과 같다.

RETAINER AGREEMENT

AGREEMENT, made this First day of April, 20___ by and between Seoul Trading Co., Ltd., a corporation duly organized and existing under the laws of the Republic of Korea, having its principal place of business at 1, 1-ga, Sogong-dong, Chung-gu, Seoul, Korea (hereinafter referred to as "Client") and Smith & Co., a corporation for the practice of law at 100 Broadway, New York, NY 10015, U.S.A (hereinafter referred to as "Attorney").

WITNESSETH :

WHEREAS, Client desires to retain Attorneys to represent it in certain legal actions brought against it in the State of New York, U.S.A., by Albert, Inc., and

WHEREAS, Attorneys are willing to undertake such engagement; and

WHEREAS, Client and Attorneys desire to set forth the terms and conditions under which Attorneys will so represent Client.

NOW, THEREFORE, in consideration of the mutual promises and undertakings hereinafter set forth, the parties hereto agree as follows:

1. Client hereby retains and employs Attorneys to represent it in defending the lawsuit brought against it by Albert, Inc., which is presently pending in the Supreme Court of the State of New York. This lawsuit claims damages arising from certain transactions among Albert, Inc., Client and others.
2. Client authorizes and empowers Attorneys to make counterclaims, file such legal actions, compromise claims and/or settle claims and actions, all as may be advisable in the judgment of Attorneys, subject, however, to the prior approval of Client.
3. As and for compensation to Attorneys, Client agrees to pay for the services rendered by Attorneys in accordance with hourly rates established from time to time by Attorneys.

4. Legal costs and actual expenses incurred by Attorneys shall be reimbursed by Client.
5. Attorneys shall prepare and furnish invoices to Client on a quarterly basis. Such invoices shall include the fees as well as the costs, expenses and disbursements of Attorneys for the period covered by the invoice. Client shall promptly remit the total invoice amount to Attorneys through its subsidiary or branch in U.S.A., which latter company shall make the actual payment to Attorneys.
6. Either party may, at any time and for any reason, terminate this Agreement by written notice sent registered, air mail or telex. If such notice is given by Client, termination shall be effective on the date received by Attorneys, and Client shall only be liable for fees, costs and expenses up to and including the date of termination. If notice is given by Attorneys, termination shall be effective one month after the date of such notice and Client shall be liable for fees, costs and expenses up to and including thirty(30) days after the date of Attorneys said notice.

IN WITNESS WHEREOF, the parties have executed this Agreement as of the day and year first above written.

Attorney,	Client,
Smith & Co.	Seoul Trading Co., Ltd.
John A. Smith	*Kilman Park*
John A. Smith	Kil-man Park
President	President

변호사고용계약서

(전문생략)

제시된 상호 약속과 확약을 약인으로 하여 양 당사자는 다음과 같이 합의한다.

1. 소송의뢰인은 알버트사에 의해 제기되어 현재 New York 최고재판소에 계류중인 소송을 변호함에 있어 대리할 변호사를 고용하기로 한다. 이 소송은 알버트사, 소송의뢰인 그리고 여타인 간에 어떤 거래로 인하여 발생한 손해를 청구하

는 것이다.

2. 소송의뢰인은 변호사로 하여금 반소(反訴)를 하게 하거나, 그러한 법적 소송을 제기하게 하거나, 청구사항에 대하여 타협하거나 그러한 청구사항이나 소송을 해결하게 할 수 있을 뿐만 아니라, 소송의뢰인의 사전승인을 조건으로 변호사의 결정에 조언할 수 있다.
3. 변호사의 보수로 소송의뢰인은 변호사가 제정한 시간당 요율에 따라 변호사가 제공한 서비스에 대하여 대가를 지급하기로 한다.
4. 변호사에 의해 발생된 법적 비용과 실제 경비는 소송의뢰인이 부담하기로 한다.
5. 변호사는 소송의뢰인에게 분기별로 청구서를 작성하여 제시하기로 한다. 그 청구서에는 청구서에 포함하는 기간 동안 발생한 비용, 경비 및 변호사의 지출금 뿐만이 아니라 보수도 포함한다. 소송의뢰인은 미국소재 자회사나 지점을 통하여 변호사에게 청구금액전액을 송금해야 하며, 자회사나 지점은 변호사에게 실질적 지급을 행하도록 한다.
6. 어느 당사자도 언제 어떠한 이유로도 등기·항공우편 또는 텔렉스에 의한 서면 통보로 이 계약을 종료할 수 있다. 만일 그러한 통지가 소송의뢰인이 하였을 경우에는 변호사가 그 통지를 수령한 그 날짜에 계약이 종료되며, 소송의뢰인은 계약종료일까지 그 종료일을 포함하여 발생한 보수, 비용 및 경비만을 부담하도록 한다. 반면 그러한 통지가 변호사가 할 경우에는 소송의뢰인이 그러한 통지를 받은 후 1개월 뒤 계약이 종료되며, 소송의뢰인은 변호사의 통지를 받은 후 30일간의 보수, 비용 및 경비를 부담하도록 한다.

이에 대한 증거로 양 당사자는 서두에 기재된 연도와 일자에 이 계약서를 작성한다.

변호사,	의뢰인,
스미스 법률사무소	서울무역주식회사
대표이사 존 에이 스미스	대표이사 박길만

7. 화해협정서(Compromise Agreement)

국제상거래에 있어서 분쟁이 발생하여 당사자간에 화해가 이루어지는 경우에는 다음과 같은 화해협정서를 작성하여 두는 것이 좋다.

COMPROMISE AGREEMENT

THIS AGREEMENT made and entered into this first day of October 20___ BY AND BETWEEN America International Co., Inc., a company organized and existing under and by virtue of the laws of New York, having its principal office at 350 Fifth Avenue, New York, NY 10018, U.S.A. (hereinafter referred to as "AIC").

AND

Seoul Trading Co., Ltd., a company organized and existing under and by virtue of the laws of Korea, having its principal office at 1, 1-ga, Sogong-dong, Chung-gu, Seoul, Korea (hereinafter referred to as "STC")

WITNESSETH THAT :

WHEREAS, AIC and STC entered into a certain contract on May 15, 20___ (hereinafter referred to as "the Contract"), whereby AIC agreed to purchase from STC and STC agreed to sell to AIC the goods manufactured by STC (hereinafter referred to as "the Goods").

WHEREAS, in or about June 30, 20___ the Goods were duly delivered by STC to AIC under the Contract,

WHEREAS, in or about September 5, 20___, claims were raised and alleged by AIC against STC in connection with the defects in the Goods accepted by AIC,

WHEREAS, immediately after STC received such claims from AIC, STC sent to Mr. Dolan of AIC, as its representative in order to investigate such defects of the Goods,

WHEREAS, STC has been negotiating with AIC in good faith for amicable settlement of such claims, and

WHEREAS, the parties hereto are desirous of avoiding any disputes, action suit or legal proceeding in connection with such claims as aforesaid.

NOW THEREFORE, in consideration of the mutual covenants and promises hereinafter set forth, the parties hereto agree as follows:

1. Within ten days after the execution of this Agreement, STC shall pay to AIC the sum of US$10,000(US Dollars Ten Thousand Only).

2. AIC shall accept the said sum of US$10,000 in full satisfaction of all claims which AIC has or may have against STC and upon payment to AIC of the said sum of US$10,000. AIC will release and discharge from STC any and all claims for any defects of the Goods and loss or damages sustained by AIC and will not cause dispute or institute, bring or commence any arbitration or legal action, suit or proceeding, in Seoul, Korea or elsewhere, against STC, its representatives, subsidiaries and affiliated companies or any of them for whatsoever reason or reason in connection with any defect of the Goods or in relation to the performance of the Contract.

3. Upon payment of the said sum of US$10,000, any warranty or guaranty, express or implied, in respect to the Goods are hereby declared to be null and void.

4. It is fully confirmed that AIC will well and faithfully perform, pursuant to the provisions of the Contract, its payment to STC of the deferred and unpaid portion of the price of the Goods and interest thereon and any other obligation which AIC may be owing to STC

5. Any and all dispute arising from this Agreement shall be settled by Arbitration to be held in Seoul, Korea, under the laws of Korea in accordance with the rules then obtaining of Korean Commercial Arbitration Board. The award resulting therefrom shall be finally binding upon the parties hereto.

IN WITNESS WHEREOF, the parties hereto have caused these presents to be signed by their respective representatives.

Buyer, Seller,

America International Co., Ltd.	Seoul Trading Co., Ltd.
John F. Dolan	*Kilman Park*
John F. Dolan	Kil-man Park
President	President

화해협정서

(전문생략)

1. 본 협정작성완료 후 10일 이내에 서울무역주식회사(서울)는 미화 일만 불을 아메리카인터내셔널주식회사(미국)에 지급하여야 한다.

2. 미국은 서울에 대하여, 그리고 미국이 상기 미화일만불을 서울로부터 지급받는데 있어 갖거나 가질 수 있는 모든 배상청구권을 행사함으로써 상기 미화일만불을 수취할 수 있다. 미국은 물품의 결함 및 이와 관련하여 입게 된 멸실 또는 손상에 대한 일체의 배상청구권을 서울에게서 철회하거나 해제시킬 권리를 가지며, 서울, 그 대리인, 자회사 및 관련회사나 기타 회사에 대하여 물품의 결함 또는 계약의 이행과 관련한 이유 또는 그 밖의 이유에 관하여 한국 서울 또는 기타 장소에서 논쟁을 일으키거나, 여하한 중재 또는 법적 소송, 법적 절차를 취하거나 제기하거나 개시시키지 않을 권리를 갖는다.

3. 상기 미화일만불의 지급에 관하여, 물품과 관련한 명시 또는 묵시의 담보 또는 보증은 본 협정서에 의거, 효력이 없음을 선언한다.

4. 미국은 본 계약조항에 따라서, 물품대금의 지급연기부분과 미지급부분 및 그에 대한 이자를 서울측에 지불하는 것과 미국이 서울측에 져야 할 기타 의무를 성실하고 신의 있게 이행할 것임을 완전히 확인한다.

5. 본 협정으로부터 발생하는 일체의 분쟁은 대한상사중재원이 규칙에 따라 한국법에 의거, 대한민국 서울에서 중재에 의하여 해결하기로 한다. 이에 의한 판정은 본 협정의 당사자를 최종적으로 구속한다.

이에 대한 증거로, 본 협정의 당사자는 각기 대표자에 의하여 본 협정서에 서명하였다.

매수인,	매도인,
아메리카 인터내셔날주식회사	서울무역주식회사
대표이사 존 에프 돌란	대표이사 박길만

8. 위임장(Power of Attorney)

국제거래계약을 체결함에 있어서 당사자인 본인이 직접 참석할 수 없는 경우에는 부득이 대리인을 참석시킬 수밖에 없다. 이 경우에는 반드시 위임장을 지참하여야 한다. 위임장은 일반적으로 다음과 같이 작성한다.

POWER OF ATTORNEY

KNOW ALL MEN BY THESE PRESENTS that we, Seoul Trading Co., Ltd. a corporation duly organized and existing under and by virtue of the laws of Korea, having the principal office at 1, 1-ga, Sogong-dong, Chung-gu, Seoul, Korea, hereby nominate, constitute and appoint Mr. In-ho Kang as our true and lawful attorney with full power and authority to do on our behalf and in our name such acts as below mentioned:

1. To negotiate, sign, execute, acknowledge, deliver and accept an agreement between Seoul Trading Co., Ltd. and America International Co., Inc.;
2. To perform all other acts, deeds and things that the said attorney may deem necessary and appropriate in connection with the said agreement and for the performance of any of the powers hereby granted; and
3. To designate, with full power of revocation, a substitute or subsitutes under the said attorney for the aforesaid purposes and to delegate and or all of the foregoing powers to such substitute or substitutes.

IN WITNESS WHEREOF, we have caused these presents to be duly signed by our lawful representative on the first day of June, 20___.

Seoul Trading Co., Ltd.
Kilman Park
Kil-man Park
President

위 임 장

대한민국 서울시 중구 소공동 1가 1번지에 본점을 두고, 한국법에 의해 설립, 존속하는 서울무역주식회사는 강인호 씨를 당사를 대리하여 다음과 같은 활동을 하는 법정대리인으로 정히 지명 · 지정한다:

1. 서울무역주식회사와 아메리카인터내셔널주식회사간의 협정사항을 협상 · 서명 · 집행 · 확인 · 인도 · 인수하는 행위.
2. 위에 언급된 협정사항과 관련하여 그리고 정히 위임된 권한의 이행에 필요하고 적절한 여타 행위, 증서 그리고 기타 사항을 이행하는 것.
3. 정당한 위임범위 내에서 앞에서 언급한 목적을 수행하는 데 있어 필요한 폐기, 대체 그리고 여타 대체사항과 관련하여 지정하는 행위, 또한 그러한 대체나 여타 대체사항과 관련하여 제반 또는 어떤 권한의 위임.

이에 대한 증거로 당사는 이 문서를 작성하여 20___년 6월 1일 당사의 법정대표자에 의하여 정히 서명하였다.

서울무역주식회사
대표이사 박길만

제 **12** 장

국제상거래 관련법규의 주요 개념

1. 무역거래조건의 해석에 관한 국제규칙(INCOTERMS 2000)

1.1 서문(INTRODUCTION)

Purpose and Scope of Incoterms

The purpose of Incoterms is to provide a set of international rules for the interpretation of the most commonly used trade terms in foreign trade. Thus, the uncertainties of different interpretations of such terms in different countries can be avoided or at least reduced to a considerable degree.

Frequently, parties to a contract are unaware of the different trading practices in their respective countries. This can give rise to misunderstandings, disputes and litigation, with all the waste of time and money that this entails. In order to remedy these problems, the International Chamber of Commerce first published in 1936 a set of international rules for the interpretation of trade terms. These rules were known as "Incoterms 1936." Amendments and additions were later made in 1953, 1967, 1976, 1980, 1990 and presently in 2000 in order to bring the rules in line with current international trade practices.

It should be stressed that the scope of Incoterms is limited to matters relating to the rights and obligations of the parties to the contract of sale with respect to the delivery of goods sold (in the sense of "tangibles," not including "intangibles" such as computer software).

It appears that two particular misconceptions about Incoterms are very common. First, Incoterms are frequently misunderstood as applying to the contract of carriage rather than to the contract of sale. Second, they are sometimes wrongly assumed to provide for all the duties which parties may wish to include in a contract of sale.

☞ 주

① for the interpretation 해석을 위한
② be unaware of ~을 알지 못하다.
③ trading practices 무역관행(관례)
④ litigation 법정소송
⑤ in order to remedy these problems 이러한 문제들을 해소하기 위하여
⑥ International Chamber of Commerce 국제상업회의소(= ICC)
⑦ with respect to ~에 관하여
⑧ tangibles 유형의, 실체가 있는
cf. intangibles 무형의

1.2 인코텀즈에 규정된 13가지 정형거래조건의 정의

(1) EXW: Ex Works(named place)

"Ex works" means that the seller delivers when he places the goods at the disposal of the buyer at the seller's premises or another named place(i.e. works, factory, warehouse, etc.) not cleared for export and not loaded on any collecting vehicle.

This term thus represents the minimum obligation for the seller, and the buyer has to bear all costs and risks involved in taking the goods from the seller's premises.

However, if the parties wish the seller to be responsible for the loading of the goods on departure and to bear the risks and all the costs of such loading, this should be made clear by adding explicit wording to this effect in the contract of sale.

This term should not be used when the buyer cannot carry out the export formalities directly or indirectly. In such circumstances, the FCA term should be used, provided the seller agrees that he will load at his cost and risk.

☞ 주

① Ex Works (named place) 공장인도 (지정장소)
② at the disposal of 임의 처분(사용)할 수 있는
③ premise(토지 및 부속물)구내, 작업장 내, 가옥, 전제(前提), 전술(前述)한 말
④ not cleared for export 수출통관하지 아니하고
⑤ collecting vehicle 집화차량(集貨車輛)
⑥ The buyer has to bears all costs. 매수인은 제비용을 부담하여야 한다.
⑦ minimum obligation for the seller 매도인의 최소의무
⑧ export formalities 수출절차, 수출수속
⑨ explicit 분명한
⑩ FCA 운송인 인도(= Free Carrier)

(2) FCA: Free Carrier(named place)

"Free Carrier" means that the seller delivers the goods, cleared for export, to the carrier nominated by the buyer at the named place. It should be noted that the chosen place of delivery has an impact on the obligations of loading and unloading the goods at that place. If delivery occurs at the seller's premises, the seller is responsible for loading. If delivery occurs at any other place, the seller is not responsible for unloading.

This term may be used irrespective of the mode of transport, including multimodal transport.

"Carrier" means any person who, in a contract of carriage, undertakes to perform or to procure the performance of transport by rail, road, air, sea, inland waterway or by a combination of such modes.

If the buyer nominates a person other than a carrier to receive the goods, the seller is deemed to have fulfilled his obligation to deliver the goods when they are delivered to that person.

☞ 주

① Free Carrier(named place) 운송인 인도 (지정장소)
② nominate 지정하다(= appoint)
③ loading and unloading 적재 및 양화
④ multimodal transport 복합운송(= combined transport)
⑤ carrier 운송인
⑥ to perform or to procure 이행하거나 주선하다.
⑦ inland waterway 내수로운송

(3) FAS: Free Alongside Ship(named port of shipment)

"Free Alongside Ship" means that the seller delivers when the goods are placed alongside the vessel at the named port of shipment. This means that the buyer has to bear all costs and risks of loss of or damage to the goods from that moment.

The FAS term requires the seller to clear the goods for export.

THIS IS REVERSAL FROM PREVIOUS INCOTERMS VERSIONS WHICH REQUIRED THE BUYER TO ARRANGE FOR EXPORT CLEARANCE.

However, if the parties wish the buyer to clear the goods for export, this should be made clear by adding explicit wording to this effect in the contract of sale. This term can be used only for sea or inland waterway transport.

☞ 주

① Free Alongside Ship (named port of shipment) 선측인도 (지정선적항)

② arrange 준비를 갖추다, 배치하다

③ export clearance 수출통관

(4) FOB: Free on Board(named port of shipment)

"Free on Board" means that the seller delivers when the goods pass the ship's rail at the named port of shipment. This means that the buyer has to bear all costs and risks of loss of or damage to the goods from that point. The FOB term requires the seller to clear the goods for export. This term can be used only for sea or inland waterway transport. If the parties do not intend to deliver the goods across the ship's rail, the FCA term should be used.

☞ 주

① Free on Board (named port of shipment) 본선인도 (지정선적항)

② When the goods pass the ship's rail 물품이 난간을 통과할 때

③ intend to ~할 작정이다

(5) CFR: Cost and Freight(named port of destination)

"Cost and Freight" means that the seller delivers when the goods pass the ship's rail in the port of shipment.

The seller must pay the costs and freight necessary to bring the goods to the named port of destination but the risk of loss of or damage to the goods, as well as any additional costs due to events occurring after the time of delivery, are transferred from the seller to the buyer.

The CFR term requires the seller to clear the goods for export. This term can be used only for sea and inland waterway transport. If the parties do not intend to deliver the goods across the ship's rail, the CPT term should be used.

☞ 주

① Cost and Freight (named port of destination) 운임포함인도 (지정목적항)

② transfer 이전하다, 양도하다.

③ CPT 운송비지급인도(= Carriage Paid To)

(6) CIF: Cost, Insurance and Freight(named port of destination)

"Cost, Insurance and Freight" means that the seller delivers when the goods pass the ship's rail in the port of shipment.

The seller must pay the costs and freight necessary to bring the goods to the named port of destination but the risk of loss of or damage to the goods, as well as any additional costs due to events occurring after the time of delivery, are transferred from the seller to the buyer. However, in CIF the seller also has to procure marine insurance against the buyer's risk of loss of or damage to the goods during the carriage.

Consequently, the seller contracts for insurance and pays the insurance premium. The buyer should note that under the CIF term the seller is required to obtain insurance only on minimum cover. Should the buyer wish to have the protection of greater cover, he would either need to agree as much expressly with the seller or to make his own extra insurance arrangements.

The CIF term requires the seller to clear the goods for export. This term can be used only for sea and inland waterway transport. If the parties do not intend to deliver the goods across the ship's rail, the CIP term should be used.

☞ 주

① Cost, Insurance and Freight (named port of destination) 운임보험료포함인도 (지정목적항)
② procure marine insurance 해상보험계약을 체결하다, 해상보험을 부보(주선)하다.
③ insurance premium 보험료
④ minimum cover 최소담보
⑤ CIP 운송비·보험료지급인도(= Carriage and Insurance Paid to)

(7) CPT: Carriage Paid To (named place of destination)

"Carriage paid to..." means that the seller delivers the goods to the carrier nominated by him but the seller must in addition pay the cost of carriage necessary to bring the goods to the named destination. This means that the buyer bears all risks and any other costs occurring after the goods have been so delivered.

"Carrier" means any person who, in a contract of carriage, undertakes to perform or to procure the performance of transport, by rail, road, air, sea, inland waterway or by a combination of such modes.

If subsequent carriers are used for the carriage to the agreed destination, the risk passes when the goods have been delivered to the first carrier.

The CPT term requires the seller to clear the goods for export. This term may be used irrespective of the mode of transport including multimodal transport.

☞ 주

① Carriage Paid To (named place of destination) 운송비지급인도 (지정목적지)
② subsequent carrier 후속되는 운송인
③ irrespective of ~에 관계없이

(8) CIP: Carriage and Insurance Paid to(named place of destination)

"Carriage and Insurance Paid to..." means that the seller delivers the goods to the carrier nominated by him but the seller must in addition pay the cost of carriage necessary to bring the goods to the named destination. This means that the buyer bears all risks and any additional costs occurring after the goods have been so delivered. However, in CIP the seller also has to procure insurance against the buyer's risk of loss of or damage to the goods during the carriage.

Consequently, the seller contracts for insurance and pays the insurance premium.

The buyer should note that under the CIP term the seller is required to obtain insurance only on minimum cover. Should the buyer wish to have the protection of greater cover, he would either need to agree as much expressly with the seller or to make his own extra insurance arrangements.

"Carrier" means any person who, in a contract of carriage, undertakes to perform or to procure the performance of transport, by rail, road, air, sea, inland waterway or by a combination of such modes.

If subsequent carriers are used for the carriage to the agreed destination, the risk passes when the goods have been delivered to the first carrier.

The CIP term requires the seller to clear the goods for export. This term may be used irrespective of the mode of transport including multimodal transport.

☞ 주

① Carriage and Insurance Paid to (named place of destination) 운송비 · 보험료지급인도 (지정목적지)

② Should the buyer wish to have the protection of greater cover 매수인이 더 큰 담보(보험부보)로 보호받기를 원하는 경우에는

(9) DAF: Delivered at Frontier(named place)

"Delivered at Frontier" means that the seller delivers when the goods are placed at the disposal of the buyer on the arriving means of transport not unloaded, cleared for export, but not cleared for import at the named point and place at the frontier, but before the customs border of the adjoining country. The term "frontier" may be used for any frontier including that of the country of export. Therefore, it is of vital importance that the frontier in question be defined precisely by always naming the point and place in the term.

However, if the parties wish the seller to be responsible for the unloading of the goods from the arriving means of transport and to bear the risks and costs of unloading, this should be made clear by adding explicit wording to this effect in the contract of sale.

This term may be used irrespective of the mode of transport when goods are to be delivered at a land frontier. When delivery is to take place in the port of destination, on board a vessel or on the quay (wharf), the DES or DEQ terms should be used.

☞ 주

① Delivered at Frontier (named place) 국경인도 (지정장소)
② customs 관세, customs border 관세선, customs house 세관 cf. custom 관습
③ adjoining country 인접국
④ quay 부두(= wharf)

(10) DES: Delivered Ex Ship(named port of destination)

"Delivered Ex Ship" means that the seller delivers when the goods are placed at the disposal of the buyer on board the ship not cleared for import at the named port of destination. The seller has to bear all the costs and risks involved in bringing the goods to the named port of destination before discharging. If the parties wish the seller to bear the costs and risks of discharging the goods, then the DEQ term should be used.

This term can be used only when the goods are to be delivered by sea or inland waterway or multimodal transport on a vessel in the port of destination.

☞ 주

① Delivered Ex Ship (named port of destination) 착선인도 (지정목적항)
② not cleared for import 수입통관이 되지 아니한
③ discharge 양륙하다(= unload).

(11) DEQ: Delivered Ex Quay(named port of destination)

"Delivered Ex Quay" means that the seller delivers when the goods are placed at the disposal of the buyer not cleared for import on the quay(wharf) at the named port of destination. The seller has to bear costs and risks involved in bringing the goods to the named port of destination and discharging the goods on the quay(wharf). The DEQ term requires the buyer to clear the goods for import and to pay for all formalities, duties, taxes and other charges upon import.

THIS IS A REVERSAL FROM PREVIOUS INCOTERMS VERSIONS WHICH REQUIRED THE SELLER TO ARRANGE FOR IMPORT CLEARANCE.

If the parties wish to include in the seller's obligations all or part of the costs payable upon import of the goods, this should be made clear by adding explicit wording to this effect in the contract of sale.

This term can be used only when the goods are to be delivered by sea or inland waterway or multimodal transport on discharging from a vessel onto the quay(wharf) in the port of destination. However if the parties wish to include in the seller's obligations the risks and costs of the handling of the goods from the quay to another place (warehouse, terminal, transport station, etc.) in or outside the port, the DDU or DDP terms should be used.

☞ 주

① Delivered Ex Quay (named port of destination) 부두인도 (지정목적항)
② duties 관세(= tariffs)
③ pay for all formalities, duties, taxes and other charges upon import 수입시의 모든 수속절차, 관세, 조세 및 기타 부과금을 지급하다.

(12) DDU: Delivered Duty Unpaid(named place of destination)

"Delivered Duty Unpaid" means that the seller delivers the goods to the buyer, not cleared for import, and not unloaded from any arriving means of transport at the named place of destination. The seller has to bear the costs and risks involved in bringing the goods thereto, other than, where applicable, any "duty" (which term includes the responsibility for and the risks of the carrying out of customs formalities, and the payment of formalities, customs duties, taxes and other charges) for import in the country of destination. Such "duty" has to be borne by the buyer as well as any costs and risks caused by his failure to clear the goods for import in time.

However, if the parties wish the seller to carry out customs formalities and bear the costs and risks resulting therefrom as well as some of the costs payable upon import of the goods, this should be made clear by adding explicit wording to this effect in the contract of sale.

This term may be used irrespective of the mode of transport but when delivery is to take place in the port of destination on board the vessel or on the quay(wharf), the DES or DEQ terms should be used.

☞ 주

① Delivered Duty Unpaid (named place of destination) 관세미지급인도 (지정목적지)
② to this effect 이러한 취지의
③ irrespective of the mode of transport 운송방식에 관계 없이

(13) DDP: Delivered Duty Paid(named place of destination)

"Delivered Duty Paid" means that the seller delivers the goods to the buyer, cleared for import, and not unloaded from any arriving means of transport at the named place of destination. The seller has to bear all the costs and risks involved in bringing the goods thereto including, where applicable, any "duty"(which term includes the responsibility for and the risk of the carrying out of customs formalities and the payment of formalities, customs duties, taxes and other charges) for import in the country of destination.

Whilst the EXW term represents the minimum obligation for the seller, DDP represents the maximum obligation.

This term should not be used if the seller is unable directly or indirectly to obtain the import licence.

However, if the parties wish to exclude from the seller's obligations some of the costs payable upon import of the goods (such as value-added tax: VAT), this should be made clear by adding explicit wording to this effect in the contract of sale.

If the parties wish the buyer to bear all risks and costs of the import, the DDU term should be used.

This term may be used irrespective of the mode of transport but when delivery is to take place in the port of destination on board the vessel or on the quay(wharf), the DES or DEQ terms should be used.

☞ 주

① Delivered Duty Paid (named place of destination) 관세지급인도(지정목적지)
② maximum obligation 최대의무
③ import licence 수입허가(승인)서
④ value-added tax(VAT) 부가가치세

2. 영국 물품매매법(Sale of Goods Act, 1979)

제 2 장 계약의 성립(Part Ⅱ. Formation of the Contract)

매매계약(Contract of sale)

2.—(1) A contract of sale of goods is a contract by which the seller transfers or agrees to transfer the property in goods to the buyer for a money consideration, called the price.

(2) There may be a contract of sale between one part owner and another.

(3) A contract of sale may be absolute or conditional.

(4) Where under a contract of sale the property in the goods is transferred from the seller to the buyer the contract is called a sale.

(5) Where under a contract of sale the transfer of the property in the goods is to take place at a future time or subject to some condition later to be fulfilled the contract is called an agreement to sell.

(6) An agreement to sell becomes a sale when the time elapses or the conditions are fulfilled subject to which the property in the goods is to be transferred.

☞ 주

① contract of sale 매매계약
② property in goods 물품의 소유권
③ money consideration 금전의 대가
consideration 약인(約因), 대가(代價), 대가의 상호교환
④ A contract of sale may be absolute or conditional. 매매계약은 무조건 또는 조건부로 할 수 있다.
⑤ agreement to sell 매매의 협의
⑥ time elapses 시간이 도래하다.
⑦ subject to ~라는 조건(으로)

3. 유엔 해상물품운송조약－함부르그규칙(United Nations Convention on the Carriage on Goods by Sea, 1978)

제 1 조 용어의 정의(Article 1－Definitions)

In this Convention: 1. "Carrier" means any person by whom or in whose name a contract of carriage of goods by sea has been concluded with a shipper.

2. "Actual carrier" means any person to whom the performance of the carriage of the goods, or of part of the carriage, has been entrusted by the carrier, and includes any other person to whom such performance has been entrusted.

3. "Shipper" means any person by whom or in whose name or on whose behalf a contract of carriage of goods by sea has been concluded with a carrier, or any person by whom or in whose name or on whose behalf the goods are actually delivered to the carrier in relation to the contract of carriage by sea.

4. "Consignee" means the person entitled to take delivery of the goods.

5. "Goods" includes live animals; where the goods are consolidated in a container, pallet or similar article of transport or where they are packed, "goods" includes such article of transport or packaging if supplied by the shipper.

6. "Contract of carriage by sea" means any contract whereby the carrier undertakes against payment of freight to carry goods by sea from one port to another; however, a contract which involves carriage by sea and also carriage by some other means is deemed to be a contract of carriage by sea for the purposes of this Convention only in so far as it relates to the carriage by sea.

7. "Bill of lading" means a document which evidences a contract of carriage by sea and the taking over or loading of the

goods by the carrier, and by which the carrier undertakes to deliver the goods against surrender of the document. A provision in the document that the goods are to be delivered to the order of a named person, or to order, or to bearer, constitutes such an undertaking.

8. "Writing" includes, *inter alia*, telegram and telex.

☞ 주

① carrier 운송인
② shipper 송화인
③ actual carrier 실제운송인 cf. contractual carrier 계약운송인
④ has been entrusted by the carrier 운송인에 의해 위탁받았다.
⑤ in relation to ~와 관련하여
⑥ consignee 수화인
⑦ the person entitled to take delivery 인도를 수령할 권리가 있는 자
⑧ has been consolidated in a container 컨테이너 속에 혼재(통합)되었다.
⑨ pallet 팰릿(포장)
⑩ contract of carriage by sea 해상운송계약
⑪ bill of lading 선화증권(= B/L)
⑫ the taking over or loading of the goods 물품(화물)의 수령 또는 선적
⑬ against surrender of the document 서류의 제시와 상환으로
⑭ to order, or to bearer 지시인 또는 소지인에게
⑮ constitutes such an undertaking 그러한 약정을 구성한다. undertake 확약하다, 인수하다.
⑯ writing 서면
⑰ inter alia 그 중에서도, 특히

4. 국제복합운송에 관한 유엔 협약(United Nations Convention on International Multimodal Transport of Goods, 1980)

제 1 장 총칙(Part Ⅰ. General Provisions)

Article 1. Definitions

For the purposes of this Convention:

1. "International multimodal transport" means the carriage of goods by at least two different modes of transport on the basis of a multimodal transport contract from a place in one country at which the goods are taken in charge by the multimodal transport operator to a place designated for delivery situated in a different country. The operations of pick-up and delivery of

goods carried out in the performance of a unimodal transport contract, as defined in such contract, shall not be considered as international multimodal transport.

2. "Multimodal transport operator" means any person who on his own behalf or through another person acting on his behalf concludes a multimodal transport contract and who acts as a principal, not as an agent or on behalf of the consignor or of the carriers participating in the multimodal transport operations, and who assumes responsibility for the performance of the contract.

3. "Multimodal transport contract" means a contract whereby a multimodal transport operator undertakes, against payment of freight, to perform or to procure the performance of international multimodal transport.

4. "Multimodal transport document" means a document which evidences a multimodal transport contract, the taking in charge of the goods by the multimodal transport operator, and an undertaking by him to deliver the goods in accordance with the terms of that contract.

5. "Consignor" means any person by whom or in whose name or on whose behalf a multimodal transport contract has been concluded with the multimodal transport operator, or any person by whom or in whose name or on whose behalf the goods are actually delivered to the multimodal transport operator in relation to the multimodal transport contract.

6. "Consignee" means the person entitled to take delivery of the goods.

7. "Goods" includes any container, pallet or similar article of transport or packaging, if supplied by the consignor.

8. "International convention" means an international agreement concluded among States in written form and governed by international law.

9. "Mandatory national law" means any statutory law con-

cerning carriage of goods the provisions of which cannot be departed from by contractual stipulation to the detriment of the consignor.

10. "Writing" means, *inter alia*, telegram or telex.

☞ 주

① international multimodal transport 국제복합운송
② be taken in charge 관리하에 인수되다.
③ unimodal transport contract 단일운송계약
④ mutimodal transport operator 복합운송인
⑤ act as principal 본인으로 행동하다
⑥ mutimodal transport document 복합운송증권, 복합운송서류
⑦ consignor 송화인
⑧ consignee 수화인
⑨ entitled to take delivery 인도받을 권리를 가진
⑩ pallet 팰릿(포장)
⑪ mandatory national law 강행국내법
⑫ statutory law 성문법
⑬ detriment 손해(= damage), 손실(= loss)
⑭ inter alia 그 중에서도, 특히

5. 복합운송증권에 관한 UNCTAD/ICC규칙(UNCTAD/ICC Rules for Multimodal Transport Document, 1991)

제 1 조 적용범위(Rule 1. Applicability)

The Rules do not apply when they are not referred to it is possible to refer to the Rules even for port to port traffic and when unimodal transport is intended.

Parties having referred to the Rules, and thereby incorporated the Rules into their contract, must avoid inserting stipulations which derogate from the Rules and which thus would be contradictory. It is stated in Rule 1.2 that the parties by referring to the Rules agree that the Rules would supersede anything which has been stated to the contrary.

☞ 주

① UNCTAD 유엔 무역개발회의(= United Nations Conference on Trade and Development)
② ICC 국제상업회의소(= International Chamber of Commerce)
③ port to port traffic 항구간 운송
④ unimodal transport 단일운송
⑤ derogate 훼손하다, 손상하다.
⑥ contradictory 모순된, 상반된
⑦ supersede ~을 대신하다, 지위를 빼앗다, 경질하다, 대체하다, 폐지시키다.

제 2 조 정의(Rule 2. Definitions)

It has been thought that definitions should not include "multimodal transport" but rather focus on the "multimodal transport contract."

The definition of "carrier" is included in order to distinguish any performing carrier — not identical to the MTO — from the MTO.

The definition of "MT document" includes negotiable, non-negotiable transport documents as well as the case where the paper document has been replaced by electronic data interchange messages.

The definition of "delivery" only deals with the situation at the place of destination. Since the shipper controls the handing over of the goods for carriage and problems seldom occur in practice to determine the beginning of the carrier's period of responsibility it is sufficient to refer to the case when the goods are delivered to the consignee and third parties subsequent to carriage.

☞ 주

① multimodal transport 복합운송
② performing carrier 실제운송인
③ MTO 복합운송인(= Multimodal Transport Operator)
④ non-negotiable 비유통의
⑤ electronic data interchange 전자문서교환방식(= EDI)
⑥ consignee 수화인
⑦ subsequent to carriage 운송 이후

6. 영국 해상보험법(Marine Insurance Act, 1906)

제 1 조 해상보험의 정의(Article 1. Marine Insurance Defined)

1. A contract of marine insurance is a contract whereby the insurer undertakes to indemnify the assured, in manner and to the extent thereby agreed, against marine losses, that is to say, the losses incident to marine adventure.

☞ 주

① insurer 보험자, 보험회사(= insurance company = underwriter)
② undertake to indemnify 보상할 것을 약정(확약)하다.
③ assured 피보험자 cf. policy holder 보험계약자
④ in manner and to the extent 방법과 범위 내에서
⑤ marine losses 해상손해
⑥ the losses incident to marine adventure 항해사업에 부수하는 손해

7. 신협회적화약관(New Institute Cargo Clauses, 2009)

제 8 조 운송약관(Clause 8. Transit Clause)

8. 8.1 Subject to Clause 11 below, this insurance attaches from the time the subject-matter insured is first moved in the warehouse or at the place of storage (at the place named in the contract of insurance) for the purpose of the immediate loading into or onto the carrying vehicle or other conveyance for the commencement of transit, continues during the ordinary course of transit and terminates either

8.1.1 on completion of unloading from the carrying vehicle or other conveyance in or at the final warehouse or place of storage at the destination named in the contract of insurance,

8.1.2 on completion of unloading from the carrying vehicle or other conveyance in or at any other warehouse or place of storage, whether prior to or at the destination named in the contract of insurance, which the Assured or their employees elect to use either for storage other than in the ordinary course of transit or for allocation or distribution, or

8.1.3 when the Assured or their employees elect to use any carrying vehicle or other conveyance or any container for storage other than in the ordinary course of transit or

8.1.4 on the expiry of 60 days after completion of discharge overside of the subject-matter insured from the oversea vessel at the final port of discharge, whichever shall first occur.

8.2 If, after discharge overside from the oversea vessel at the final port of discharge, but prior to termination of this insurance, the subject-matter insured is to be forwarded to a destination other than that to which it is insured, this insurance, whilst remaining subject to termination as provided in Clauses 8.1.1 to 8.1.4, shall not extend beyond the time the subject-matter insured is first moved for the purpose of the commencement of transit to such other destination.

8.3 This insurance shall remain in force (subject to termination as provided for in Clauses 8.1.1 to 8.1.4 above and to the provisions of Clause 9 below) during delay beyond the control of the Assured, any deviation, forced discharge, reshipment or transhipment and during any variation of the adventure arising from the exercise of a liberty granted to carriers under the contract of carriage.

☞ 주

① the warehouse or place of storage 창고 또는 보관장소
② during the ordinary course of transit 통상의 운송과정중
③ prior to ~전에(= before)
④ elect to use 사용하기 위하여 선택하다.
⑤ allocation or distribution 할당 또는 분배
⑥ dischage 양화, 양화하다.
⑦ subject to ~라는 조건으로, ~에 따라
⑧ remain in force 유효하게 계속되다(남다).
⑨ provisions 규정
⑩ deviation 이로, 항로변경
⑪ forced discharge 강제양화,부득이한 양화
⑫ reshipment or transhipment 재적재 또는 환적
⑬ from exercise of a liberty 자유재량권의 행사로부터

8. 화환신용장통일규칙 및 관례(Uniform Customs and Practice for Documentary Credits, 2007 Revision)

〔Article 1〕 Application of UCP 600

The Uniform Customs and Practice for Documentary Credits, 2007 Revision, ICC Publication no. 600 ("UCP") are rules that apply to any documentary credit("credit") (including, to the extent to which they may be applicable, any standby letter of credit) when the text of the credit expressly indicates that it is subject to these rules. They are binding on all parties thereto unless expressly modified or excluded by the credit.

〔Article 2〕 Definitions

For the purpose of these rules:

Advising bank means the bank that advises the credit at the request of the issuing bank.

Applicant means the party on whose request the credit is issued.

Banking day means a day on which a bank is regularly open at the place at which an act subject to these rules is to be performed.

Beneficiary means the party in whose favour a credit is issued.

Complying presentation means a presentation that is in accordance with the terms and conditions of the credit, the applicable provisions of these rules and international standard banking practice.

Confirmation means a definite undertaking of the confirming bank, in addition to that of the issuing bank, to honour or negotiate a complying presentation.

Confirming bank means the bank that adds its confirmation to a credit upon the issuing bank's authorization or request.

Credit means any arrangement, however named or described, that is irrevocable and thereby constitutes a definite undertaking of the issuing bank to honour a complying presentation.

Honour means:

a. to pay at sight if the credit is available by sight payment.
b. to incur a deferred payment undertaking and pay at maturity if the credit is available by deferred payment.
c. to accept a bill of exchange ("draft") drawn by the beneficiary and pay at maturity if the credit is available by acceptance.

Issuing bank means the bank the issues a credit at the request of an applicant or on its own behalf.

Negotiation means the purchase by the nominated bank of drafts (drawn on a bank other than the nominated bank) and/or documents under a complying presentation, by advancing or agreeing to advance funds to the beneficiary on or before the banking day on which reimbursement is due to the nominated bank.

Nominated bank means the bank with which the credit is

available or any bank in the case of a credit available with any bank.

Presentation means either the delivery of documents under a credit to the issuing bank or nominated bank or the documents so delivered.

Presenter means a beneficiary, bank or other party that makes a presentation.

[Article 3] Interpretations

For the purpose of these rules:

Where applicable, words in the singular include the plural and in the plural include the singular.

A credit is irrevocable even if there is no indication to that effect.

A document may be signed by handwriting, facsimile signature, perforated signature, stamp, symbol or any other mechanical or electronic method of authentication.

A requirement for a document to be legalized, visaed, certified or similar will be satisfied by any signature, mark, stamp or label on the document which appears to satisfy that requirement.

Branches of a bank in different countries are considered to be separate banks.

Terms such as "first class", "well known", "qualified", "independent", "official", "competent" or "local" used to describe the issuer of a document allow any issuer except the beneficiary to issue that document.

Unless required to be used in a document, words such as "prompt", "immediately" or "as soon as possible" will be disregarded.

The expression "on or about" or similar will be interpreted as a stipulation that an event is to occur during a period of five calendar days before until five calendar days after the specified date, both start and end dates included.

The words "to", "until", "till", "from" and "between" when used to determine a period of shipment include the date or dates mentioned, and the words "before" and "after" exclude the date mentioned.

The words "from" and "after" when used to determine a maturity date exclude the date mentioned.

The terms "first half" and "second half" of a month shall be construed respectively as the 1st to the 15th and the 16th to the last day of the month, all dates inclusive.

The terms "beginning", "middle" and "end" of a month shall be construed respectively as the 1st to the 10th, the 11th to the 20th and the 21st to the last day of the month, all dates inclusive.

〔Article 4〕 Credits v. Contracts

a. A credit by its nature is a separate transaction from the sale or other contract on which it may be based. Banks are in no way concerned with or bound by such contract, even if any reference whatsoever to it is included in the credit.

   Consequently, the undertaking of a bank to honour, to negotiate or to fulfil any other obligation under the credit is not subject to claims or defences by the applicant resulting from its relationships with the issuing bank or the beneficiary.

   A beneficiary can in no case avail itself of the contractual relationships existing between banks or between the applicant and the issuing bank.

b. An issuing bank should discourage any attempt by the applicant to include, as an integral part of the credit, copies of the underlying contract, proforma invoice and the like.

〔Article 5〕 Documents v. Goods, Services or Performance

Banks deal with documents and not with goods, services or performance to which the documents may relate.

☞ 주

① Application of UCP 600 UCP 600의 적용
UCP 600: Uniform Customs and Practice for Documentary Credits, 2007 Revision, ICC Publication no. 600. 2007년 개정 국제상업회의소 간행물 제600호의 화환신용장통일규칙 및 관례. UCP를 보통 "신용장통일규칙"이라고 한다.
② to the extent 범위 내에서
③ standby letter of credit 보증신용장
④ the text of the credit 신용장의 문언(본문)
⑤ is subject to these rules 본 규칙에 따르다, 본 규칙에 준거하다.
⑥ are binding on all parties 모든 관계당사자를 구속하다.
⑦ unless expressly modified or excluded 수정되거나 또는 배제(제외)되지 아니하는 한
⑧ Advising bank 통지은행
⑨ at the request of 요청으로
⑩ Applicant 발행의뢰인
⑪ Banking day 은행영업일
⑫ at the place at which an act subject to these rules is to be performed 본 규칙에 따라 업무가 이행되어 지는 장소에서
⑬ Beneficiary 수익자
⑭ the party in whose favour 수혜를 받는 당사자
⑮ Complying presentation 일치하는 제시
⑯ applicable provisions 적용 가능한 규정
⑰ international standard banking practice 국제표준은행관행(= ISBP)
⑱ Confirmation 확인, confirming bank 확인은행
⑲ definite undertaking 분명한 확약
⑳ honour or negotiate 인수·지급 또는 매입하다.
㉑ upon the issuing bank's authorization or request 발행은행의 수권 또는 요청에 따라
㉒ Credit 신용장(= letter of credit)
㉓ arrangement 약정
㉔ however named or described 명칭이나 기술에 관계없이
㉕ constitutes a definite undertaking 분명한 확약을 구성하다.
㉖ available by sight payment 일람지급에 의하여 사용가능한
㉗ incur a deferred payment undertaking and pay at maturity 연지급을 확약하고 만기일에 지급하다.
㉘ accept a bill of exchange ("draft") 환어음("어음")을 인수하다.
㉙ if the credit is available by acceptance 신용장이 인수에 의하여 사용가능한 경우
㉚ Issuing bank 발행은행
㉛ on its own behalf 자기 자신을 위하여
㉜ Negotiation 매입, 수출환어음(서류) 매입, 할인(= nego)
㉝ nominated bank 지정은행
㉞ advance funds 대금을 선지급하다.
㉟ the banking day on which reimbursement is due to the nominated bank 상환이 지정은행에게 행해져야 하는 은행영업일
㊱ Presenter 제시인
㊲ Interpretations 해석
㊳ For the purpose of these rules 본 규칙을 위하여
㊴ is irrevocable even if there is no indication to that effect 취소불능이라는 표시가 없다 하더라도 취소불능이다.
㊵ may be signed by handwriting, facsimile signature, perforated signature, stamp, symbol or any other mechanical or electronic method of authentication 수기, 모사 서명, 천공 서명, 스템프, 상징 또는 모든 기타의 기계적 또는 전자적 인증방법에 의하여 서명될 수 있다.
㊶ A requirement for a document to be legalized, visaed, certified or similar 공인, 사증, 증명 또는 유사한 서류의 요건
㊷ are considered to be separate banks 독립된(별개의) 은행으로 간주되다.
㊸ competent 유능한
㊹ be disregarded 무시되다.
㊺ both start and end dates 초(시작)일 및 종료일
㊻ maturity date 만기일
㊼ be construed respectively 각각 해석되다.
㊽ by its nature 그 성질상
㊾ any reference 어떠한 참조사항
㊿ contractual relationships 계약관계
51 discourage 제지하다.
52 underlying contract 근거계약, 기초계약
53 proforma invoice 견적송장

9. 전자적 제시를 위한 UCP의 추록 - 버전 1.1 (Supplement to UCP for Electronic Presentation—Version 1.1)

ARTICLE e1. Scope of the eUCP

a. The Supplement to the Uniform Customs and Practice for Documentary Credits for Electronic Presentation ("eUCP") supplements the Uniform Customs and Practice for Documentary Credits(2007 Revision ICC Publication No. 600,) ("UCP") in order to accommodate presentation of electronic records alone or in combination with paper documents.

b. The eUCP shall apply as a supplement to the UCP where the Credit indicates that is subject to eUCP.

c. This version is Version 1.1. A Credit must indicate the applicable version of the eUCP. If it does not do so, it is subject to the version in effect on the date the Credit is issued or, if made subject to eUCP by an amendment accepted by the Beneficiary, on the date of that amendment.

ARTICLE e2. Relationship of the eUCP to the UCP

a. A Credit subject to the eUCP("eUCP Credit") is also subject to the UCP without express incorporation of the UCP.

b. Where the eUCP applies, its provision shall prevail to the extent that they would produce a result different from application of the UCP.

c. If an eUCP Credit allows the Beneficiary to choose between presentation of paper documents or electronic records and it chooses to present only paper documents, the UCP alone shall apply to that presentation. If only paper documents are permitted under an eUCP Credit, the UCP alone shall apply.

ARTICLE e3. Definitions

a. Where the following terms are used in the UCP, for the purposes of applying the UCP to an electronic record presented under an eUCP credit, the term:

i. "appears on its face" and the like shall apply to examination of the data content of an electronic record.

ii. "document" shall include an electronic record.

iii. "place for presentation" of electronic records means an electronic address.

iv. "sign" and the like shall include an electronic signature.

v. "superimposed," "notation" or "stamped" means data content whose supplementary character is apparent in an electronic record.

b. The following terms used in the eUCP shall have the following meanings:

i. "electronic record" means

- data created, generated, sent, communicated, received, or stored by electronic means
- that is capable of being authenticated as to the apparent identity of a sender and the apparent source of the data contained in it, and as to whether it has remained complete and unaltered, and
- is capable of being examined for compliance with the terms and conditions of the eUCP Credit.

ii. "electronic signature" means a data process attached to or logically associated with an electronic record and executed or adopted by a person in order to identify that person and to indicate that person's authentication of the electronic record.

iii. "format" means the data organisation in which the electronic record is expressed or to which it refers.

iv. "paper document" means a document in a traditional paper form.

v. "received" means the time when an electronic record enters the information system of the applicable recipient in a form capable of being accepted by that system. Any acknowledgement of receipt does not imply acceptance or refusal of the electronic record under an eUCP Credit.

☞ 주

① in order to accommodate presentation of electronic records alone or in combination with paper documents 전자기록 자체의 또는 종이문서와 결합된 제시에 적용할 목적으로
② The eUCP shall apply as a supplement to the UCP eUCP는 UCP의 추록으로 적용한다.
③ version 판
④ without express incorporation of the UCP UCP의 원용을 명시하지 아니하더라도
⑤ prevail to the extent that they would produce a result different from application of the UCP UCP의 적용과 다른 결과를 발생시키는 범위내에서 우선한다.
⑥ electronic records 전자기록
⑦ appears on its face 문면상, 문면에 나타나는
⑧ data content 자료 내용
⑨ electronic address 전자주소
⑩ superimposed 부가된
⑪ notation 부기
⑫ capable of being authenticated 인증될 수 있는
⑬ apparent identity 분명한 신원
⑭ unaltered 변하지 아니한
⑮ electronic signature 전자서명
⑯ logically associated with an electronic record 전자기록에 논리적으로 결합시키는
⑰ executed 수행된, 이행된
⑱ authentication 인증, 진정성
⑲ format 형식
⑳ acknowledgement 확인, 확인승낙

ARTICLE e4. Format

An eUCP Credit must specify the formats in which electronic records are to be presented. If the format of the electronic record is not so specified, it may be presented in any format.

ARTICLE e5. Presentation

a. An eUCP Credit allowing presentation of:

i. electronic records must state a place for presentation of the electronic records.

ii. both electronic records and paper documents must also state a place for presentation of the paper documents.

b. Electronic records may be presented separately and need not be presented at the same time.

c. If an eUCP Credit allows for presentation of one or more electronic records, the Beneficiary is responsible for providing a notice to the Bank to which presentation is made signifying when the presentation is complete. The notice of completeness may be given as an electronic record or paper document and must identify the eUCP Credit to which it relates. Presentation is deemed not to have been made if the Beneficiary's notice is not received.

d. i. Each presentation of an electronic record and the presentation of paper documents under an eUCP Credit must identify the eUCP Credit under which it is presented.

ii. A presentation not so identified may be treated as not received.

e. If the Bank to which presentation is to be made is open but its system is unable to receive a transmitted electronic record on the stipulated expiry date and/or the last day of the period of time after the date of shipment for presentation, as the case may be, the Bank will be deemed to be closed and the date for presentation and/or the expiry date shall be extended to the first following banking day on which such Bank is able to receive an electronic record. If the only electronic record remaining to be presented is the notice of completeness, it may be given by telecommunications or by paper document and will be deemed timely, provided that it is sent before the bank is able to receive an electronic record.

f. An electronic record that cannot be authenticated is deemed not to have been presented.

ARTICLE e6. Examination

a. If an electronic record contains a hyperlink to an external system or a presentation indicates that the electronic record may be examined by reference to an external system, the electronic record at the hyperlink or the referenced system shall be deemed to be the electronic record to be examined. The failure of the indicated system to provide access to the required electronic record at the time of examination shall constitute a discrepancy.

b. The forwarding of electronic record by a Nominated Bank pursuant to its nomination signifies that it has checked the apparent authenticity of the electronic records.

c. The inability of the Issuing Bank, or Confirming Bank, if any, to examine an electronic record in a format required by the eUCP Credit or, if no format is required, to examine it in the format presented is not a basis for refusal.

ARTICLE e7. Notice of Refusal

a. i. The time period for the examination of documents commences on the banking day following the banking day on which the Beneficiary's notice of completeness is received.

ii. If the time for presentation of documents or the notice of completeness is extended, the time for the examination of documents commences on the first following banking day on which the bank to which presentation is to be made is able to receive the notice of completeness.

b. If an Issuing Bank, the Confirming Bank, if any, or a Nominated Bank acting on their behalf, provides a notice of refusal of a presentation which includes electronic records and does not receive instructions from the party to which notice of refusal is given within 30 calendar days from the date the notice of refusal is given for the disposition of electronic records, the Bank shall return any paper documents not previously returned to the presenter but may dispose of the electronic records in any manner deemed appropriate without any responsibility.

ARTICLE e8. Originals and Copies

Any requirement of the UCP or an eUCP Credit for presentation of one or more originals or copies of an electronic record is satisfied by the presentation of one electronic record.

ARTICLE e9. Date of Issuance

Unless an electronic record contains a specific date of issuance, the date on which it appears to have been sent by the issuer is deemed to be the date of issuance. The date of receipt will be deemed to be the date it was sent if no other date is apparent.

ARTICLE e10. Transport

If an electronic record evidencing transport does not indicate a date of shipment or dispatch, the date of issuance of the electronic record will be deemed to be the date of shipment or dispatch. However, if the electronic record bears a notation that evidences the date of shipment or dispatch, the date of the notation will be deemed to be the date of shipment or dispatch. A notation showing additional date content need not be separately signed or otherwise authenticated.

ARTICLE e11. Corruption of an Electronic Record after Presentation

a. If an electronic record that has been received by the Issuing Bank, Confirming Bank, or another Nominated Bank appears to have been corrupted, the Bank may inform the presenter and may request that the electronic record be re-presented.

b. If the Bank requests that an electronic record be re-presented:

i. the time for examination is suspended and resumes when the presenter re-presents the electronic record; and

ii. if the Nominated Bank is not the Confirming Bank, it must provide the Issuing Bank and any Confirming Bank with notice of the request for re-presentation and inform it of the suspension; but

iii. if the same electronic record is not re-presented within thirty(30) calender days, the Bank may treat the electronic record as not presented, and

iv. any deadlines are not extended.

ARTICLE e12. Additional Disclaimer of Liability for Presentation of Electronic Records under eUCP

By checking the apparent authenticity of an electronic record, Banks assume no liability for the identity of the sender, source of the information, or its complete and unaltered character other than that which is apparent in the electronic record received by the use of a commercially acceptable data process for the receipt, authentication, and identification of electronic records.

☞ 주

① place for presentation 제시장소
② Beneficiary 수익자
③ deem 간주하다.
④ may be treated 취급되어질 수 있다.
⑤ stipulated expiry date 약정된 유효기일
⑥ be deemed timely 적시로 간주된다.
⑦ provided that －한다면
⑧ hyperlink 하이퍼텍스트 문서 또는 다른 형태의 문서 요소 사이의 연결
⑨ constitute a discrepancy 불일치를 구성한다.
⑩ forwarding 전송, 송부
⑪ pursuant to its nomination 지정에 따른
⑫ inability 불능, 무능력
⑬ basis for refusal 거절 근거
⑭ acting on their behalf 그들을 대신하여 행동하는
⑮ disposition 처분
⑯ appropriate 적절한
⑰ specific 특정한, 구체적인

⑱ date of shipment or dispatch 선적 또는 발송일자
⑲ Corruption 변형, 일그러짐
⑳ Nominated Bank 지정은행
㉑ presenter 제시인
㉒ suspend 정지되다.
㉓ Disclaimer of Liability 의무 면책

10. 추심에 관한 통일규칙(Uniform Rules for Collections, 1995)

제 1 장 총칙 및 정의(A. GENERAL PROVISIONS AND DEFINITIONS)

ARTICLE 1 APPLICATION OF URC 522

a. The Uniform Rules for Collections, 1995 Revision, ICC Publication No.522, shall apply to all collections as defined in Article 2 where such rules are incorporated into the text of the "collection instruction" referred to in Article 4 and are binding on all parties thereto unless otherwise expressly agreed or contrary to the provisions of a national, state or local law and/or regulation which cannot be departed from.

b. Banks shall have no obligation to handle either a collection or any collection instruction or subsequent related instructions.

c. If a bank elects, for any reason, not to handle a collection or any related instructions received by it, it must advise the party from whom it received the collection or the instructions by telecommunication or, if that is not possible, by other expeditious means, without delay.

ARTICLE 2 DEFINITION OF COLLECTION

For the purposes of these Articles:

a. "Collection" means the handling by banks of documents as defined in sub-Article 2(b) below, in accordance with instructions received, in order to:

1 obtain payment and/or acceptance,

or

2 deliver documents against payment and/or against acceptance,

or

3 deliver documents on other terms and conditions.

b. "Documents" means financial documents and/or commercial documents:

1 "Financial documents" means bills of exchange, promissory notes, cheques, or other similar instruments used for obtaining the payment of money;
2 "Commercial documents" means invoices, transport documents, documents of title or other similar documents, or any other documents whatsoever, not being financial documents.

c. "Clean collection" means collection of financial documents not accompanied by commercial documents.

d. "Documentary collection" means collection of:

1 Financial documents accompanied by commercial documents;
2 Commercial documents not accompanied by financial documents.

ARTICLE 3 PARTIES TO A COLLECTION

a. For the purposes of these Articles the "parties thereto" are:

1 the "principal" who is the party entrusting the handing of a collection to a bank;
2 the "remitting bank" which is the bank to which the principal has entrusted the handling of a collection;
3 the "collecting bank" which is any bank, other than the remitting bank, involved in processing the collection;

4 the "presenting bank" which is the collecting bank making presentation to the drawee.

b. The "drawee" is the one to whom presentation is to be made in accordance with the collection instruction.

☞ 주

① General Provisions and Definitions 총칙 및 정의
② ICC Publication No.500 국제상업회의소(= International Chamber of Commerce) 간행물번호 500
③ collection 추심
④ incorporated into the text 본문에 삽입(원용)되다.
⑤ collection instruction 추심지시서
⑥ provision 규정
⑦ be departed from 벗어나다, 위배되다.
⑧ elect 결정하다.
⑨ expeditious means 신속한 수단
⑩ documents against payment and/or against acceptance 어음지급서류인도 및/또는 어음인수서류인도
⑪ financial documents 금융서류
⑫ commercial documents 상업서류
⑬ promissory notes 약속어음
⑭ instruments 증서
⑮ clean collection 무화환추심
⑯ documentary collection 화환추심
⑰ principal 추심의뢰인, 본인
⑱ entrusting the handling 취급을 의뢰하는
⑲ remitting bank 추심의뢰은행
⑳ collecting bank 추심은행
㉑ presenting bank 제시은행
㉒ drawee (환어음)지급인

11. 영국 환어음법(Bills of Exchange Act, 1882)

제 1 장 총칙(PART Ⅰ. PRELIMINARY)

Short title

1. This Act may be cited as the Bills of Exchange Act 1882.

Interpretation of terms

2. In this Act, unless the context otherwise requires, -

"Acceptance" means an acceptance completed by delivery or notification.

"Action" includes a counter claim and set off.

"Banker" includes a body of persons whether incorporated or not who carry on the business of banking.

"Bankrupt" includes any person whose estate is vested in a trustee or assignee under the law for the time being in force relating to bankruptcy.

"Bearer" means the person in possession of a bill or note which is payable to bearer.

"Bill" means bill of exchange and "note" means promissory note.

"Delivery" means transfer of possession, actual or constructive, from one person to another.

"Holder" means the payee or indorsee of a bill or note who is in possession of it, or the bearer thereof.

"Indorsement" means an indorsement completed by delivery.

"Issue" means the first delivery of a bill or note, complete in from to a person who takes it as a holder.

"Person" includes a body of persons whether incorporated or not.

"Value" means valuable consideration.

"Written" includes printed, and "writing" includes print.

Bill of Exchange defined

3. (1) A bill of exchange is an unconditional order in writing, addressed by one person to another, signed by the person giving it, requiring the person to whom it is addressed to pay on demand or at an fixed or determinable future time a sum certain in money to or to the order of a specified person, or to bearer.

(2) An instrument which does not comply with these conditions, or which orders any act to be done in addition to the payment of money, is not a bill of exchange.

(3) An order to pay out of a particular fund is not unconditional within the meaning of this section; but an unqualified order to pay, coupled with (a) an indication of a particular fund out of which the drawee is to reimburse himself or a particular account to be debited with the amount, or (b) a statement of the transaction which gives rise to the bill, is unconditional.

(4) A bill is not invalid by reason—

(a) That it is not dated.

(b) That it does not specify the value given, or that any value has been given therefor.

(c) That it does not specify the place where it is drawn or the place where it is payable.

☞ 주

① preliminary 총칙
② short title 약칭
③ This Act may be cited as the Bill of Exchange Act 1882. 본법은 1882년 환어음법으로 인용될 수 있다.
④ context 문맥
⑤ action 소송
⑥ counter claim and set off 반대소송(반소)과 상계소송(상계소)
⑦ body 법인단체, 조직체 the body corporate 법인(= body of persons)
⑧ bankrupt 파산자
⑨ any person whose estate is vested in a trustee or assignee 재산을 수탁자 또는 수탁인(파산관재인)에게 기탁한 자
⑩ bearer 지참인, 소지인
⑪ bill 어음
⑫ note 약속어음 (= promissory note)
⑬ actual or constructive 현실적 또는 추정적
⑭ holder 소지인
⑮ indorsement 배서(= endorsement)
⑯ Value means valuable consideration. 대가란 유가약인(가치있는 약인)을 의미한다.
⑰ on demand or at an fixed or determinable future time 요구시 또는 확정되거나 결정할 수 있는 장래의 시기에
⑱ sum 금액
⑲ an order to pay out of a particular fund 특정자금으로부터의 어떤 지급명령
⑳ unconditional 무조건의, 절대적인
㉑ be debited 차변기입하다.
㉒ That is not dated. 일부(日附)가 되지 아니한 경우

제 13 장

기 타 서 신

1. 회사안내와 관련된 서신

무역경영활동을 수행하는 과정중 해외에 지점을 개설하거나 회사의 합병 또는 사무실을 이전하는 경우에는 기존 거래선에게 이에 대한 안내를 하여야 한다. 또한 회사의 특별한 기념일이나 모임 등의 행사가 있을 경우에도 거래선 또는 관련자에게 초청장을 발송하게 된다. 다음에는 이와 관련된 서신들의 사례를 살펴보기로 한다.

1.1 새로운 지점 개설안내(Announcing Establishment of a New Branch)

Dear Sirs,

We are pleased to inform you that we have established a new branch of our business in New York in order to cope successfully with our rapid increase of our trade at the following address:

Seoul Trading Co., Ltd., New York Branch
100 Broadway, New York, N.Y. 10015
TEL. No.(1 212) 435-8765 FAX. No.(1 212) 435-2456
E-mail Address. stc@hanmail.net

As manager of the new branch, we have appointed Mr. Young-su Park, who has been engaged in Export Department at our head office in Seoul for ten years.

We ask you to favor us, either through our branch as from the fist of July or direct, with brisk enquires and orders which will always receive our best attention.

Yours very truly,

☞ 주

① engaged in ~에 종사하다.
② brisk enquires and orders 활발한 조회와 주문

1.2 회사의 합병을 통지 (Informing of the Amalgamation of the Companies)

Dear Sirs,

We inform you that we have this day amalgamated the two well-known firms of Korean Garments previously carrying on business under the style respectively of Seoul Garments Co., Ltd. of Seoul, and Seoul Trading Co., Ltd. of Seoul. The combined firms will transfer their offices to more central and commodious premises at the above address, to which all communications after September 20 should be sent.

Needless to say, all liabilities will be met, and the assets be taken over, by the new firm, which will in future trade under Seoul Garments Co., Ltd.

We trust that the kind patronage shown to the firms individually in the past will be extended to them under the new arrangement, and assure you that nothing shall be lacking on our part to merit your favors.

Yours faithfully,

☞ 주

① amalgamate 합병하다(= merge = consolidate), amalgamation = merger = consolidation 합병
② garments 의류
③ commodious premises 편리한 영업장소
④ needless to say 말할 나위 없이, 물론
⑤ liabilities 부채, 채무
⑥ assets 자산
⑦ patronage 후원, 격려, 보호, 장려, 임명권

1.3 회사사무실 이전안내(Announcing the Move of Office Room)

Dear Sirs,

We have moved our business office to a more commodious and spacious office room in the Seoul Building and our new address will be

5th Fl. Seoul Building
25, 2-ga, Myung-dong, Chung-gu, Seoul 100-021, Korea

Communications to be sent to us at the new address after July 10.

Yours truly,

☞ 주

① commodious and spacious office room 안락하고 넓은 사무실

1.4 회사명 변경안내(Announcement of Business Name Change)

Dear Sirs,

As our new letterhead indicates, we have recently changed the name of our business

from Seoul Electronics Co., Ltd. to SEC, Ltd.

There has been no change in management and we will be providing the same products and fine service on which we have built up reputation in the industry. We would appreciate it if you would bring this announcement to the attention of your accounts payable department and direct them accordingly.

Thank you for being one of our valued customers. We appreciate your cooperation in this matter.

Sincerely,

☞ 주

① build up reputation 명성을 쌓아 올리다.
② accounts payable 지급계정 cf. accounts payable 수취계정

1.5 새로운 생산라인에의 초대(Invitation to New Product Line)

(1) 새로운 생산라인 실연(實演) 초대(Invitation to Demo New Product Line)

Dear Sirs,

It is our great pleasure to inform you that our new product line is ready for your inspection.

We believe that you will be delightfully surprised to see some of our latest innovations in both concept and design and invite you to call for an appointment to visit our display room. We will be happy to arrange a demonstration time for you at your convenience.

We will look forward to seeing you soon.

Sincerely,

☞ 주

① product line 생산라인
② innovations 개혁, 혁신
③ display room 전시실(=show room = exhibition room)
④ arrange a demonstration time 선전할 시간을 준비하다.

(2) 새로운 생산라인 축하파티 안내(Party Announcement for New Product Line)

COME CELEBRATE WITH US!

We are previewing our NEW PRODUCT LINE on Friday, September 9, 2005. We will be waiting for you at GUESTHOUSE, at 25, 2-ga, Myung-dong, Seoul, Korea.

The PARTY starts at 14:00 p.m. and continues until 20:00 p.m.

WE WILL WINE YOU AND DINE YOU.

WE ARE LOOKING FORWARD TO SEEING YOU THERE.

☞ 주

① We'll wine and dine you 포도주와 식사 제공함

1.6 회사창립기념일 초대(Invitation to Anniversary)

(1) 정식초대장(Formal Forms of Invitation)

Seoul Trading Co., Ltd.
invite(s) Mr. and Mrs. Robert Smith to attend a dinner in
celebration of the Tenth Anniversary
of the founding of the company
to be held at the
Seoul Park Hotel
on Wednesday the twelfth of May
at 7:00 p.m.

R.S.V.P.
Tel. 02-702-1234

☞ 주

① in celebration 축하하는(= celebrating = to celebrate)
② the founding of the company 회사창립
③ R.S.V.P.(= Répondez, sîl vous plaît = Reply, if you please.) 회답을 바랍니다.

(2) 정식초청장에 대한 승인답장(Acceptance of Formal Invitation)

Mr. and Mrs. Robert Smith
accept with pleasure
the kind invitation
of
a dinner in celebration of the
Tenth Anniversary of the founding of the company
to be held at the
Seoul Park Hotel
on Wednesday the twelfth of May
at 7:00 p.m.

☞ 주

① 답장은 초대장에 기재된 사항을 반복함으로써 당초 초대장내용의 착오를 확인시킬 수 있다.

(3) **정식초청장에 대한 사절답장**(Regret to Formal Invitation)

Mr. and Mrs. Robert Smith
regret that they are unable
to accept
the very kind invitation
of
a dinner in celebration
for Wednesday the twelfth of May

☞ 주

① 거절할 경우에는 초대장의 기재사항을 상세하게 반복하지 않아도 된다.

2. 축하 · 위문 · 감사의 서신

무역업무를 수행하는 과정에 상대방이 기쁘거나 슬픈 일을 당하였을 때 이에 대한 축하나 위문을 하여야 할 경우가 있고, 또한 상대방의 호의에 대하여 특별히 감사의 인사를 전하여야 할 때가 있다. 다음은 이에 대한 서신의 예이다.

2.1 축하의 서신(Letter of Congratulation)

(1) **승진에 대한 축하**(Congratulations on Promotion)

Dear Sirs,

I am delighted to hear of your appointment as managing director of your company. Looking back on your activities so far, I know that your enthusiasm and experience are the heavy qualities that are needed essentially for the position.

Everyone in this office joins me in sending you our heartiest congratulations and best wishes.

Very truly yours,

☞ 주

① managing director 전무이사 ② enthusiasm 열의, 의욕, 열광

(2) 수상에 대한 축하(Congratulations on Award)

Dear Mr. Wallace,

I have been much interested in your recent paper, "Synthetic Rubber: A New Process." The results of your research will contribute significantly to the advancement of the whole automotive industry.

The donors of the Harvey Firestone Award, by giving you its medal this year, have recognized formally the important work you have done.

You have reason to be gratified with this award, for it represents unusual merit in technical research. Please accept my sincere congratulations and those of my staff.

Sincerely yours,

☞ 주

① donor 시상자, 기증자 ② be gratified with 만족시키다, 기쁘게 하다

2.2 위문의 서신(Letter of Condolence or Sympathy)

(1) 조위문(Letter of Condolence)

Dear Gunnar,

My staff and I wish to extend our heartfelt sympathy to you during this period of your bereavement since the passing of your wife, Helen.

Your many friends here at Trading Department join me in offering assistance with special scheduling of your orders at this time. Please do not hesitate to let us know how we may help.

It must be a comfort to have your family so near. May the

memories of your years together sustain you all and bring you strength and peace.

Sincerely yours,

☞ 주

① bereavement 여읨, 사별
We sympathize with you in your bereavement. 삼가 조의(弔意)를 표합니다.

(2) 사고에 대한 위문(Sympathy upon Accident)

Dear Sirs,

We are very sorry to learn of the accident of your President, Mr. John F. Dolan.

Please pass on to him our sincere best wishes for his speedy recovery.

Yours truly,

2.3 감사의 서신(Letter of Gratitude)

(1) 출장중 호의에 대한 감사(Thanks for Courtesy on a Business Trip)

Dear Mr. Sinclair,

Now that I am back in Seoul, I feel that I must write to thank you most warmly for all the kindness and hospitality shown to me in New York.

It was a very great pleasure to have the opportunity of meeting the directors of American Machines and of talking things over personally. I was extremely interested in the various new processes you were good enough to show me and I should appreciate it very much if you would convey my thanks to Mr. Fraser for the trouble he took in his technical explanations.

I hope that before long we shall be receiving you in Korea on a visit to our new plant in Seoul. Let me thank you once again.

Yours sincerely,

☞ 주

① the kindness and hospitality shown to me 저에게 베풀어준 친절과 환대

(2) 조위에 대한 감사(Thanks for Condolence)

Dear Sirs,

Thank you so much for your very kind letter. Mother's death has been an overwhelming blow to us all but we are consoled by the thought that her suffering has come to an end and that she had so many friends who really appreciated her. Your sympathy has brought us great comfort.

Yours sincerely,

☞ 주

① overwhelming blow 크나큰 불행

② all but ~외는 모두

③ console 위로하다(= soothe), 위문하다. 역주대, (라디오 등의) 캐비닛

3. 취직·소개·추천에 관련된 서신

회사에 신입 또는 경력사원으로 취직을 하기 위해서는 회사의 구직광고를 참조하여 취직지원서, 이력서, 자기소개서 및 추천서 등을 준비하여 제출하게 된다. 또한 상거래를 수행하는 과정에 상대방에게 소개장을 지참시켜 특정인을 소개하면서 그에게 호의를 베풀어 주도록 요청할 경우가 있다. 다음에는 취직, 소개 및 추천에 관련된 서신의 예를 살펴보기로 한다.

3.1 취직지원서(Letter of Application for Job)

Gentlemen :

In the April issue of The Korea Times, your company advertised for the position of Manager of International Business Division. Since my training and experience fit me for this position of work, I should appreciate being considered for the opening.

While I was a student in Hankook University, I was given through training in trading company. After taking B.A. at the above University, I worked as assistant manager of export department at Seoul Trading Co., Ltd. Now I am looking for a position of export manager to increase my experience in business.

I have wide knowledge of international trade business and thoroughly experienced in all types of office works. My personal history and related documents are enclosed and if you are interested in my application, please give me an opportunity of personal interview at your convenient time.

Yours truly,

Encls.

☞ 주

① B.A. Bachelor of Arts 학사, 문학사
cf. B.S. Bachelor of Science 이학사
B.L. Bachelor of Law 법학사
B.C. Bachelor of Commerce 상학사
B.B.A. Bachelor of Business Administration 경영학사

② as an official clerk 사무원으로서

3.2 이력서(Personal History; Résumé)

(1) 전직을 위한 이력서

PERSONAL HISTORY

Name: Sang-ho Kim
Sex: Male
Date of Birth: February 15, 1960
Number of Resident Registration: 600215－1120023
Present Address: 102-5, Daechi-dong, Gangnam-gu, Seoul 135-123, Korea
Telephone: 02-517-1234(home)

EDUCATIONAL BACKGROUND

Graduated from Hankook High School, Seoul in February 25, 1978

Entered the Department of International Trade, College of Business, Hankook University, Seoul in March 2, 1978

Graduated from the above college with the B.A. degree in International Trade in February 26, 1984

Entered the Department of International Trade, Graduate School of Hankook University, Seoul in March 3, 1984

Graduated the above Graduate School with M.A. degree in International Trade in February 25, 1987

MILITARY SERVICE

Drafted the R.O.K. Army in March 3, 1979 and Discharged from the Army after serving the whole term in March 2, 1981

EXPERIENCE

Employed as clerical staff, Export Department of Seoul Trading Co., Ltd. in March 1, 1987 and works at present there as assistant manager of the above Department

TECHNICAL QUALIFICATIONS

Earned the First Grade Business English given by the Korea Chamber of Commerce and Industry in October 1, 1983

REFERENCES

Dr. Min-su Park, Prof. of International Trade, Hankook

University (Phone: 02-513-4321)

Min-sup Han, Director of Seoul Trading Co., Ltd. (Phone: 02-810-1234)

I hereby certify the above statement to be true and correct in every detail.

September 1, 20___

Sang ho Kim

Sang-ho Kim

(2) **대학졸업 후 취업을 위한 이력서**

PERSONAL HISTORY
OF
Dong-min Kim

photo

31, Banpo-dong, Seocho-gu, Seoul 135-141, Korea
(Phone: 02-564-0919)

PERSONAL DATA

Date of Birth: December 1, 1973
Number of Resident Registration: 731201-1050518
Permanent Address: 567, Sangsu-dong, Mapo-gu, Seoul 121-047
Family Relations: The second son of Man-suk kim
Sex: Male
Interests: Tennis and Bowling

PROFESSIONAL OBJECTIVE

Accountant or Auditor

EDUCATIONAL BACKGROUND

February 25, 1990. Graduated from Seoul High School, Seoul

March 2, 1990. Entered the Department of Accounting, College of Business Administration, Jeil University, Seoul

February 26, 1996. Will receive B.A. degree in Accounting of the above University
Minor emphasis in Business Administration

WORK EXPERIENCE

Summers 1993 and 1994. Jeil Medical Center, Seoul. Duties: General accounting, accounting analysis, audit, and checking inventory

March 20, 1995 to present. Student assistant in the Accounting Office, Jeil University, working from 10 to 15 hours per week

SCHOOL ACTIVITIES

March 15, 1993. to March 5, 1994. Treasurer of the Jeil Accounting Society

March 5, 1994. to present. Chair of the Jeil English Learning Association

MILITARY SERVICE

March 5, 1991. Enlisted in the R.O.K. Army as a private

March 5, 1993 Discharged from service and placed on the reserve list

REWARD AND PUNISHMENT

March 20, 1995. Awarded and excellence prize in the Nationwide College Student English Speech Contest by the Jeil Herald, Jeil University.

September 1, 1995 to present. Received the Jeil Scholarship from Jeil University.

REFERENCES

Dr. In-su Lee, Prof. of Accounting, Jeil University, Seoul. (Phone : 02-515-7793)

Mr. Nam-ho Kim, Standing Director, Hankook Industrial Co., Ltd., Seoul(Phone : 02-546-2345)

I hereby certify the above statement to be true and correct in every detail.

November 20, 20___

Dongho Kim

Dong-ho Kim

3.3 자기소개서(Letter of Autobiography)

AUTOBIOGRAPHY OF DONG-MIN KIM

31, Banpo-dong, Seocho-gu, Seoul 135-141, Korea
(Phone: 02-564-0919)

I am pleased to introduce myself as an applicant for your company. My name is Dong-min Kim. I was born on December 1, 1973, in Seoul. My family consists of five members—my parents, two sisters, and myself. I am the youngest one in my family. My father, Man-suk Kim, is a 63 year-old principal of Hankook High School in Seoul. He has been as English teacher and school principal all his life. My mother just turned 60 years old last month and she runs a furniture store. My two sisters are both graduate students, one is studying computer science, and the other is studying English literature, at the Graduate School of Jeil University.

I received my elementary and middle school education in Busan, because my father was then school inspector of the Education Board in Pusan. In March 1988, I entered Seoul High School in Seoul. After graduation in February, 1990, I entered the Department of Accounting, College of Business Administration, Jeil University. My college course work was interrupted when I was drafted into the R.O.K. Army in March, 1991. After serving as an infantryman for two years, I was discharged from the service in March, 1993, and returned to college. I will graduate from Jeil University next February with a B.A. degree in accounting, minoring in business administration. I took business subjects along with my main field including (a) Intermatianal Business Management, (b) Business Statistics, (c) International Business Law, (d) Marketing, (e) Computer Programming, and (f) Business English for International Trade.

I believe that I can perform the duties expected of acountants in your company. The combination of a challenging undergraduate program at Jeil University and much work experience will enable me to work effectively and efficiently. I am sure that I could work in a way which would benefit your company and contribute towards achieving the company's goals. My advanced studies in cost accounting will equip me to analyze and communicate financial information of benefit to your company.

Your company's overseas project is an area in which I am deeply interested. Through my college course work in International Finance, International Business Management, Business English for International Trade, and International Business Law, I have learned many knowledge which may be incorporated into the plans of your company. My parttime work experience of accounting has enabled me to apply my education to actual working conditions while gaining insight into the total field of accounting. During my summer job for Jeil Medical Center, I was able to participate in audits and deal with numberous problems in cost procedures. I learned the value of hard work and developed an acute desire to excel. Serving as treasurer for the Jeil Accounting Society helped me to gain valuable exper-ience in financial budgeting and taught me many principles of organization.

As a conscientious person, I always strive to do my best for my employer and colleagues. I am cooperative with others. I am eager to learn, and ambitious to be a productive part of your organization. I believe that I have a great deal to offer your company, and I know that your company has a lot to offer me.

After you've had a chance to verify these things which I've stated about myself in this letter and in the personal history, will you write me frankly about the possibilities of my working for your company?

Thank you very much for your kind attention to my autobiography.

November 20, 20___

Dongmin Kim

Dong-min Kim

☞ 주

① principal 교장, 본인
② infantryman (군대의)보병
③ treasurer 회계원
④ strive 노력하다, 싸우다, 경쟁하다.

3.4 소개장(Letter of Introduction)

(1) 소개장 소지인을 소개하며 협조요청

Gentlemen :

It gives us a great pleasure to introduce to you the bearer of this letter.

Mr. Sang-ho Kim
Export Department of
the Korea Electronics Co., Ltd.

Mr. Kim is leaving for the United States early next week on a business for his firm and also to make a general survey of the markets there.

During his stay in your place, he may call on you for such assistance and advice as you may kindly give him.

We shall very much appreciate any courtesies that you may extend to Mr. Kim.

Very truly yours,

☞ 주

① bearer of this letter 이 서신의 소지자
② on a business 사업상으로
③ courtesy 친절, 호의, 특별대우

(2) 신임 해외영업부장을 소개하며 현지출장시 협조요청

Dear Sirs,

We have recently appointed a new Overseas Sales Manager, Mr. Sang-ho Kim, who will be visiting India, and especially Bengal, at the end of next month. We are writing this to introduce him to you and we should be much obliged if you would extend to him the courtesy and help which you invariably gave to his predecessor, Mr. Dae-min Park.

Mr. Kim is thoroughly conversant with the Indian market and would like to discuss various schemes which he feels might be to our mutual advantage.

Yours sincerely,

☞ 주

① if you would extend to him the courtesy 그에게 호의를 베풀어 주신다면
② invariably 변함없이, 늘
③ predecessor 전임자, 선배
④ conversant with ~에 밝은, ~에 정통하고 있는

3.5 추천서(Letter of Recommendation)

(1) 전직하려는 자를 추천함

Dear Sirs,

Mr. Sang-ho Kim is a very highly motivated person and his zeal and energy rate high among his peers. During his five year service at our company in the capacity of assistant manager in charge of export, he fulfilled his duties obligingly and had helped our company to receive Premier's for outstanding export record.

He has a keen sense of responsibility without losing timely humor amidst business hours. We were very sorry to lose him when he was drafted to the army three years ago, and now I believe he returns back to business circle with more experience and maturity, all of which will add to his credit.

Personally, our company would like to have him back but as he prefers your big organization where he can develop his ability better and get faster promotion, I cannot hold any grudge against him.

He is one of the unusually promising young men, and I wish your company will help him develop himself and in turn be benefited by his service.

Very truly yours,

☞ 주

① highly motivated 동기가 강한
② zeal 열심, 열성, 열중(= ardor)
③ peer 동료
④ obligingly 친절히, 정중히
⑤ amidst business hours 영업시간중에
⑥ draft to the army 군입대하다.
⑦ hold any grudge 원한을 갖다, 불평하다.

(2) 추천의뢰를 받고 함께 근무하였던 자를 추천함

Dear Mr. Dolan :

This is in response to your recent request for a letter of recommendation for Ms. Su-mi Kim who worked for me up until two years ago.

She worked under my direct supervision at Seoul Technologies for a period of six years ending in October 2004. During that period, I had the great pleasure of seeing her blossom from a junior marketing trainee at the beginning, into a fully functioning Marketing, Program Co-ordinator, in her final two years with the company. That was the last position she held before moving on to a better career opportunity elsewhere.

She is a hard-working self-starter who invariably understands exactly what a project is all about from the outset, and how to get it done quickly and effectively. During her two years in the Marketing Co-ordinator position, I cannot remember an instance in which she missed a major deadline. She often brought projects in below budget, and a few were even completed ahead of schedule.

She is a resourceful, creative, and solution-oriented person who was frequently able to come up with new and innovative approaches to her assigned projects. She functioned well as a team leader when required, and she also worked effectively as a team member under the direction of other team leaders.

On the interpersonal side, she has superior written and verbal communication skills. She gets along extremely well with staff under her supervision, as well as colleagues at her own level. She is highly respected, as both a person and a professional, by colleagues, employees, suppliers, and customers alike.

Two years ago, when she announced her resignation to take up a new position with a larger company, we were saddened to see her leave, although we wished her the greatest success in her new undertaking. Even now, two years after her departure, I can state that her presence, both as a person and as an exemplary employee, is still missed here.

In closing, as detailed above, based on my experience working with her, I can unreservedly recommend Ms. Su-mi Kim to you for any intermediate or senior marketing position. If you would like further elaboration, feel free to call me at 81-2-515-5432.

Sincerely,

☞ 주

① supervision 감독, 관리, 지휘 (=direction)
② blossom 전성기, 개화기, 꽃
③ outset 착수, 시작(=commencement)
at the outset 최초에
④ budget 예산안, 예산
⑤ resourceful 재치 있는, 자원이 풍부한
⑥ colleague 동료, 동업자
⑦ resignation 사직, 퇴직
resign from the Cabinet 내각에서 물러나다.
⑧ unreservedly recommend 무조건적으로 추천한다.

(3) 진학하려는 학생을 추천함

To whom it may concern :

I have much pleasure in writing a letter of recommendation for Mr. Dong-kyu Park in support of his application to your

Ph.D. program in international business law.

Mr. Park will receive his Master's degree in international commerce in February of this year. Ever since he entered our undergraduate program, I have been closely associated with him as his professor and academic advisor. He has been a student in my "international commerce," "international business law," and "international contract for sale of goods." In my class, Mr. Park has demonstrated an excellent understanding of the concept and principles of international commerce. He was also a very active participant in the discussion session and attracted my attention with his analytical reasoning ability and academic enthusiasm. He is currently taking my "the law of letters of credit." Among 12 students taking this course, I would rank him in the top 3 percent.

In reference to his personal strengths, Mr. Park is an active and a positive man with sincerity and honesty. He follows through on his commitment. His weakness is being a perfectionist. He sometimes takes his work too seriously and strives too hard for perfection.

Considering Mr. Park's academic ability and personality, I strongly recommend Mr. Park as a participant of your program. If there is additional information that you should like to have concerning Mr. Park, please don't hesitate to contact me.

Sincerely yours,

☞ 주

① to whom it may concern 관계자 귀하
② Ph. D. program 박사학위과정
③ academic advisor (대학 또는 대학원의 논문) 지도교수
④ analytical reasoning ability and academic enthusiasm 분석적인 추리능력과 학문적 열의
⑤ commitment 구속, 위탁, 공약, 범행, 구속영장
⑥ Don't hesitate to contact me. 주저하지 말고 알려 주십시오.

(4) 로스쿨에 지원하려는 학생을 추천함

Letter of Recommendation

January 3, 2010

To whom it may concern :

I have much pleasure in writing a letter of recommendation for Miss Young-hee Park in support of her application to your J.D. program in your law school. I have known her for three years since she started her graduate studies, March 2005 in Pusan National University. After receiving her MA, she continued to study with me in Ph.D. course for one year. I was also her academic advisor in both her graduate courses for MA and Ph.D.

She took my graduate courses such as "International Contracts of Sale," "International Payment Systems," "Customs for Letters of Credit" and "International Commercial Transactions." In all these courses, she distinguished herself by getting the topmost grade. I remember her as a student whose scholastic aptitude was high enough to carry all assignment from me, and the positive participation in class discussion and extra group works must be praised as well as the excellent academic performance.

Her term papers were clearly written; and her presentations in class helped to clarify problems and issues in many other students. She also participated in the workshop titled "Legal Problems of International Commercial Tractions," in order to gain a deeper understanding of her field of interest.

Her Master's thesis, "Formation of Electronic Trade Contracting," is based on review of legal issues or problems such as offer and acceptance, the time and places of formation, formal requirement of writing and signature in the formation of electronic contracting. Not only dose the content of her thesis deserve to be praised, but her efforts and skills in dealing with legal problems are worth noting.

Based on all her academic and personal accomplishments, I am proudly saying that she is the one whom I can recommend to you without reservation. I hope that you will give kind attention to her application at your school.

If you need more information about her, please feel free to contact me. Thank you.

Sincerely yours,

Won-jin Kang, Ph.D.
Professor of International Commerce
Dept. of International Trade, Graduate School
Pusan National University
Tel.: 82-51-510-2573, E-mail: wonjkang@pusan.ac.kr

☞ 주

① J.D. 법학박사(전문학위) (Juris Doctor의 준말=Doctor of Law)
② Ph.D. 철학박사(학술학위) (Doctor of Philosophy의 준말) 보통 Ph.D. in Economics(경제학박사), Ph.D. in Education(교육학박사) 등으로 사용된다.
③ topmost 최고의(=highest)
④ scholastic 학교의, 대학의, 연구의
⑤ aptitude 적성, 소질
⑥ assignment 숙제, 과제, (권리의)양도
⑦ without reservation 숨김 없이, 거리낌 없이

부 록

부 록

I. 무역영어를 시험과목으로 하는 각종 자격시험[1)]

1. 무역영어 검정시험(주관: 대한상공회의소)[2)]

(1) 시험의 특성

국경없는 무한경쟁의 시대에서 대외교역 확대를 위해서는 무역에 관한 전문지식이 필수적임. 무역영어 검정은 무역관련 영문서류의 작성·번역 등 영어구시 능력은 물론 무역 실무지식을 평가하는 국가공인사격 시험임.

(2) 응시자격 : 제한 없음

(3) 시험내용

등급	시험방법	시험과목	출제형태	시험시간
1급	필기시험	영문해석 영작문 무역실무	객관식 75문항	90분
2급	필기시험	영문해석 영작문 무역실무	객관식 75문항	90분
3급	필기시험	영문해석 영작문 무역실무	객관식 75문항	90분

1) 각종 자격시험 대비를 위한 무역영어연습(문제 및 해설)은 강원진, 「무역영어연습」, 박영사, 2001을, 무역실무연습(문제 및 해설)은 강원진, 「무역실무연습」, 삼영사 2001을 각각 참조 바람.
2) http://license.korcham.net/main_frame.asp

(4) 합격기준

매과목 100점 만점에 평균 60점 이상(단, 1급은 과목당 40점 미만인 경우 불합격)

(5) 검정기준 개요

자격명칭		검정기준
무역영어	1급	4년제 대학 경상계열 졸업자로서 대기업의 무역실무관리 책임자로서 갖추어야 할 무역실무 전반에 관한 지식
	2급	전문대학 및 경상계열 재학생으로서 기업의 무역실무자로서 갖추어야 할 지식
	3급	실업계열 고등학교의 기본적으로 갖추어야 할 지식

(6) 시험과목별 문제수 및 제한시간

등급별	검정방법	시험과목	문제수(항)	제한시간(분)	출제방법
1급	필기시험	영문해석 영작문 무역실무	25 25 25	90분	객관식
2급	필기시험	영문해석 영작문 무역실무	25 25 25	90분	객관식
3급	필기시험	영문해석 영작문 무역실무	25 25 25	90분	객관식

2. 관세사 자격시험(주관: 관세청)[3]

(1) 시험의 특성

관세사자격은 관세사시험에 합격한 자에게 주어지며 관세사시험은 제1차시험과 제2차시험으로 구분하여 행하여짐. 관세사시험에 합격한 자는 한국

3) http://www.customs.go.kr/

관세사회에서 시행하는 실무수습을 이수한 후 관세사등록절차를 거쳐 관세사 업무를 개시할 수 있음.

(2) 시험과목 및 시험방법

제1차 시험(객관식)	제2차 시험(주관식)
1. 내국소비세법 2. 관세법개론(FTA특례법 및 한·칠레 FTA특례법 포함) 3. 회계학(회계원리, 회계이론) 4. 무역영어	1. 관세법(환급특례법 포함, 관세평가 제외) 2. 관세율표 및 상품학 3. 관세평가 4. 무역실무(대외무역법 및 외국환거래법 포함)

(3) 합격자 결정

합격자결정은 1차시험 및 2차시험 모두 매과목 100점을 만점으로 하여 매과목 40점 이상인 자로 전과목 평균 60점 이상

(4) 시험의 시행 및 공고

시험은 매년 1회 이상 실시하며 관세청장은 시험의 일시·장소·방법 기타 필요한 사항을 시험 시행일 30일 전까지 공고

3. 국제무역사 자격시험(주관: 한국무역협회)[4)]

(1) 시험의 특성

국내유일의 종합무역실무능력 인정시험

무역담당인력의 업무능력 강화

무역업계 진출을 위한 자격증

4) http://www.tradecampus.com

(2) 시험내용

교시	시험과목	세부내역	시험시간	시험방법	수준
제1교시	무역규범(50)	통관 및 관세환급, 대외무역법, 전자무역	09:30~11:00 (90분)	객관식	무역실무 2년 경력자가 60% 이상 득점할 수 있는 수준
	무역결제(50)	대금결제, 외환실무			
제2교시	무역계약(50)	무역계약, 무역운송, 해상보험	11:20~12:50 (90분)		
	무역영어(50)	무역영어			

주: 시험과목란 ( )의 숫자는 문항수

(3) 시험자격

교시별 과락(40점 미만)없이 전체 평균 60점 이상

(4) 시험대상

무역업체 임직원, 대학생, 일반희망자 등(학력 및 경력 제한 없음)

(5) 응시원서 교부 및 접수

무역아카데미 홈페이지를 통한 인터넷 접수

(6) 시험장소

서울, 부산, 대전, 충남, 충북, 광주전남, 전북, 대구경북, 경남

(7) 합격자 발표

무역아카데미 홈페이지(http://www.tradecampus.com)에 게재

＊ 자격증 교부: 무역아카데미 사무국 및 한국무역협회 각시도지부(신분증 지참)

II. Glossary of International Trade Terms

[A]

A.A. Automatic Approval

A.A.R. Against All Risks

Abandonment The act of refusing delivery of a shipment so badly damaged in transit that it is worthless; Or damage to a vessel that is so severe that it is considered a constructive total loss. Abandonment signifies that the owners of the ship and cargo are generally liable to make a pro rata contribution to any losses sustained or expenses incurred where any property or a part of the ship has been sacrificed for the common welfare and safety of the ship and cargo in general.

About In connection with documentary credits "about" means a tolerance of plus/minus 10% regarding the documentary credit value, unit price or the quantity of the goods, depending on the context in which the tolerance is mentioned.

Acceptance Acceptance of a bill of exchange occurs when the drawee commits himself to pay by putting his signature on the bill of exchange. The drawee's signature alone is a valid acceptance and is usually made across the left margin of the bill of exchange.

Acceptance* An unconditional assent to an offer; Or An assent to an offer conditioned on only minor changes that do not affect any material terms of the offer; Or Receipt by the consignee of a shipment thus terminating the common carrier liability.

Acceptance Letter of Credit Documentary credits which, in addition to the other documents, require presentation of a term draft drawn on the bank nominated as the accepting bank under the documentary credit.

Accepted Draft A bill of exchange accepted by the drawee (acceptor) by putting his signature (acceptance) on its face. In doing so, he commits himself to pay the bill upon presentation at maturity.

Accepting Bank A bank who by signing a time draft accepts responsibility to pay when the draft becomes due. In this case the bank is the drawee (party asked to pay the draft), but only becomes the acceptor (party accepting responsibility to pay) upon acceptance (signing the draft).

Acceptor The person on whom a bill is drawn and who is thereby ordered to pay; when the bill is accepted by him. The party that signs a draft or obligation, thereby agreeing to pay the stated sum at maturity.

Accession This refers, in general, to the process of a country joining the GATT. During accession to the GATT, a country accords tariff and other concessions that are its "price of admission". to the GATT. Although accession to the GATT binds a country to the Genera.

Accommodation Note Or Paper A commercial instrument of debt that is issued by or for an accommodated party (who is expected to pay the debt) and that contains the name of the accommodation party.

Accounts Payable A current liability representing the amount owed by an individual or a business to a creditor(s) for merchandise or services purchased on an open account or short-term credit.

Accounts Receivable Money owed a business enterprise for merchandise or services bought on open account.

Acquisition The purchase of complete or majority ownership in a business enterprise, usually by another business enterprise.

Act Of God An act of nature beyond man's control such as lightning, flood, earthquake or hurricane. Many shipping and other performance contracts include a "force majeure" clause which excuses a party who breaches the contract due to acts of God."

Additional Insured An individual or entity that is not included as an insured under the insurance policy of another, but may be added to provide a certain degree of insurance protection.

Adhesion Contract Contract with standard, often printed, terms for sale of goods and services offered to consumers who usually cannot negotiate any of the terms and cannot acquire the product unless they agree to the terms.

Adjuster A person who investigates and settles losses for an insurance company, or may be hired independently to resolve any issues (leverage) between the insurance company adjuster and the insured.

Adjusting The investigation process of settling claims by an insurance company.

Ad Valorem Literally: according to value. Any charge, tax, or duty that is applied as a percentage of value.

Ad Valorem Duty(Specific Rate Duty; Compound Rate Duty) Ad valorem duties are set according to an item s value. Ad Valorem Duties are a Customs duty assessed as a percentage rate or value of the imported merchandise. They are applied to almost all industrial goods and a few agricultural commodities. "Specific rate" tariffs are impose at a fixed rate per unit, regardless of value. "Compound rate" tariffs involve a mixture of the ad valorem and specific rates.

Advance Payment Guarantee Under normal circumstances submitted by the seller's bank in the form of an obligation to pay (guarantee). Serves as a guarantee against any claims by the purchaser versus the seller for reimbursement of a downpayment made by the former p rior to delivery of the goods. The right to reimbursement of the downpayment arises in the event of non-delivery of the goods or delivery which is not in compliance with the contract. Further explanations can be found in the SBC brochure "Bank guarantees".

Advising Bank The bank which receives a letter of credit or amendment to a letter of credit from the issuing bank and forwards it to the beneficiary.

A.F. Advanced Freight

A.F.A.A. As far as applicable

Affiliate A business enterprise located in one country which is directly or indirectly owned or controlled by a person of another country.

Affreightment The hiring or chartering of all or part of a vessel for the transport of goods.

Affreightment Contract An agreement by a steamship line to provide cargo space on a vessel at a specified time for a specified price to accommodate an exporter or importer, who then becomes liable for payment even if he is later unable to make the shipment.

Afloat Refers to a shipment of cargo which is currently on board a vessel between ports(as opposed to on land).

aft At or towards the rear of a ship.

After Date A notation used on financial instruments (such as drafts or bills of exchange) to fix the maturity date as a fixed number of days past the date of drawing of the draft. If an exporter draws a draft and stipulates a payment "30 days after date", the draft is due 30 days from the date on which it.

After Sight A notation on a draft that indicates that payment is due a fixed number of days after the draft has been presented to the drawee.

Agency Relation in which one person acts for or represents another by the latter's authority, either in the relationship of principal and agent, master and servant or employer and independent contractor.

Agent A person or legal entity with the proper authorization to act on behalf of another person or legal entity.

Aggregate Deductible A deductible in some property and health insurance contracts which all covered losses during a year are figured together and an insurer pays only when the aggregate deductible amount is exceeded.

Air Cargo Agent A type of freight forwarder who specializes in air cargo and acts for airlines that pay him a fee (usually 5%). The Air Cargo Agent is registered with the International Air Transport Association (IATA).

Air Freight Forwarder A type of freight forwarder who specializes in air cargo. The Air Freight Forwarder usually consolidates the air shipments of various exporters, charging them for actual weight and deriving his profit by paying the airline the lower consolidated rate.

Air Waybill Transport document issued for carriage by air in the form of confirmation of acceptance of goods for carriage. Not a negotiable instrument. The conditions of carriage are uniformly laid down in the Warsaw Agreement of 12.10.1929 and the subsequent additional protocols. House air waybills are also common (explanation see under this term).

Such bills are non-negotiable and do not convey title to the goods as do "To Orders" bills of lading used by ocean and land carriers. The title passes to the party to whom the goods are consigned.

Allowance An amount paid by the seller as restitution or reimbursement if the receiving party was dissatisfied with the shipment for any number of reasons: faulty packaging, late arrival, etc.

All risks Insurance "against all risks". This clause is often specified in documentary credits. Banks accept insurance documents in which this clause appears even if the same document excludes coverage of certain risks.

All Risks Coverage All Risks Coverage, a type of marine insurance, is the broadest kind of standard coverage, but excludes damage caused by war, strikes, and riots.

Alongside A phrase referring to the side of a ship. Goods to be delivered "alongside" are to be placed on the dock or lighter within reach of the transport ship's tackle so that they can be loaded aboard the ship. Goods are delivered to the port of embarkation.

Alternative Tariff A tariff with two or more rates for the same goods, to and from the same points, with the discretion to use the lowest of the charges.

ANF Arrival Notification Form

Antidumping Duty A duty assessed on imported merchandise which is subject to an antidumping duty order. The antidumping duty is assessed on an entry-by-entry basis in an amount equal to the difference between the United States price of that entry and the foreign market value.

Apron Area of the airport where planes are parked for loading and unloading.

A/R All risks. Against all risks

Arbitrage The practice of exchanging the currency of one country for that of another or a series of countries to gain an advantage from the differences in exchange rates.

Arbitration An agreement for taking and abiding by the judgment of selected persons in some disputed matter, instead of carrying it to established tribunals of justice. And the award shall be binding upon both parties concerned.

Arbitration Clause A clause in a sales contract outlining the method under which disputes will be settled.

Arson The willful and malicious act of burning, or attempt to burn, any structure or property, usually with with criminal or fraudulent intent.

A/S After sight, Account Sales.

Assessment The imposition of antidumping duties on imported merchandise.

Assets Any funds, goods, property, rights of actions, securities, or resources of any kind owned by an insurance company.

Assignment A legal transfer of one person's interest in an insurance policy to another person.

Assignment under the documentary credit The beneficiary of a documentary credit is entitled to assign his/her claims to any of the proceeds that they may be entitled to, or portions thereof, to a third party. Usually the beneficiary informs the issuing or advising bank that his/her claims or partial claims under the documentary credit were assigned and asks the bank to advise the assignee (third party) that it has acknowledged the assignment. The assignment of proceeds under the documentary credit as described here is to be distinguished from the transfer of the documentary credit pursuant to Art. 48 UCP. The validity of the assignment is not dependent on the bank's approval. In contrast, the transfer requires the agreement of the nominated bank. An assignment is possible regardless of whether the documentary credit is transferable.

@ At (referring to price)

A.T.L. Actual Total Loss

Automated Clearinghouse The Automated Clearinghouse (ACH) is a feature of the Automated Broker Interface which is a part of Customs' Automated Commercial System. The ACH combines elements of bank lock box arrangements with electronic funds transfer services to replace cash.

Aux. Auxiliary Vessel

A/v Average, ad valorem (according to value)

Aval see under joint and several guarantee

Average Adjuster Average Adjuster is an expert in loss settlement in marine insurance, particularly with regard to hulls and hull interest as well as general average.

Award The decision or determination rendered by arbitrators or commissioners, or other private or extra judicial deciders, upon a controversy submitted to them.

AWB Air Waybill

[B]

B. or B/- Bale, Bag

Back-to-Back Documentary Credit The back-to-back documentary credit is not a type of documentary credit specifically covered under the UCPDC. It is a separate documentary credit which is opened on the basis of and on the same terms as an already existing (original) credit, i.e. back-to-back.

Bailee Person or concern having the possession of personal property entrusted to him by the owner of said property.

Bailment A delivery of goods or personal property by one person (the bailor) to another (the bailee) on an express or implied contract and for a particular purpose related to the goods while in possession of the bailee, who has a duty to redeliver them to the bail.

Balance Of Payments A statement identifying all the economic and financial transactions between companies, banks, private households and public authorities of one nation with those of other nations of the world over a specific time period.

Bale A large bundle of compressed and bound goods, such as cotton.

Banker's Acceptance A banker's acceptance is a draft drawn on and accepted by a bank. Depending on the bank's creditworthiness, the acceptance becomes a financial instrument which can be discounted.

Banker's Draft Draft payable on demand and drawn by or on behalf of the bank itself; it is regarded as cash and cannot be returned unpaid.

Bank for International Settlements "BIS, established in 1930, promotes cooperation among central banks in international financial settlements. Members include: Australia, Austria, Belgium, Bulgaria, Canada, Czechoslovakia, Denmark, Finland, France, Germany, Greece, Hungary, Iceland, Irela"

Bank Guarantees Unilateral contract between a bank as guarantor and a beneficiary as warrantee in which the bank commits itself versus the beneficiary to pay a certain sum if a third party fails to perform or if any other specified event resulting in a default fails to take place.

Bank Release A document issued by a bank, after it has been paid or given an acceptance, giving authority to a person to take delivery of goods.

Bankruptcy The condition of a legal entity that does not have the financial means to pay their incurred debts as they come due.

Bareboat Charter The charter of a vessel where the character party has the right to use his own master and crew on the vessel.

Barge A flat bottomed cargo vessel primarily used on rivers and canals.

Barratry The intentional misconduct of the ship's master or crew; includes theft, intentional casting away of vessel, or breach of trust.

Barter Trade in which merchandise is exchanged directly for other merchandise or services without use of money.

base cargo Relatively heavy cargo stowed at the bottom of a hold to provide a ship with stability when at sea or a minimum quantity of cargo required by a shipping line for calling at a port for loading.

B.B.cl. Both to blame collision clause

B/D Bank Draft, Bar Draft (grain trade)

B/E Bill of Exchange, Bill of Entry

Bearer The person in possession.

Beneficiary An individual or company who gains upon the opening of a letter of credit.

Beneficiary The designation by the owner of a life insurance policy that indicates who will receive the proceeds upon the insured' s death or when a policy endowment matures.

Berth The place beside a docking area where the ship is secured and cargo can be loaded or unloaded.

Bid Bond Guarantee established in connection with international tenders. Guanrantees fulfillment of the offer.

Bilateral Clearing Agreement A bilateral clearing agreement is a government-to-government reciprocal trade arrangement whereby two nations agree to a trade turnover of specified value over one or more years. The value of the products trade under the agreement is denominated in account

Bill of Exchange (B/E) Bill of Exchange is an order sent by the drawer to the drawee stating that the drawee will pay on demand or at a specified time the amount shown on the bill. Bill of Exchange is an unconditional order in writing, addressed by one person to another, signed by the person giving it, requiring the person to whom it is addressed to pay on demand or at a fixed or determinable future time a sum certain in money to, or to the order of a specified person or the bearer.

Bill of Lading (B/L) A document issued by a shipowner to a shipper of goods. It serves as a receipt for the goods, contract of carriage, and document of title. A transport document signed by the ship's master or his agent, or by the carrier or its agent, which is considered a title document. Confirms receipt of the goods and the conditions under which carriage was carried out. Release of the goods at the stipulated port of destination takes place only against presentation and handing over of a correctly endorsed original of the bill of lading. Bill of Lading sets forth the terms of contract between the shipper and the carrier for the conveyance of goods.

Bill of Sale A written document by which a party legally transfers ownership of goods to another party.

Binder A written or oral contract issued temporarily to place insurance in force until a permanent policy is issued. When an oral binder is issued, you should request a written one to follow.

Binding GATT Article 11 provides that signatories may "bind" tariff rates by including them in schedules appended to the GATT. Once a duty is bound, it may not be raised beyond that bound level without compensating affected parties.

Black Market Buying or selling of products that violate government restrictions.

Blanket Contract A policy that covers an insured's property at several different locations.

Blockade Prevention of commercial exchange by physically preventing carriers from entering a specific port or nation.

B.O. Buyer's option, Branch Office

B/O Brought over

Boiler and Machinery Insurance Coverage for loss arising out of malfunction, the operation of pressure, mechanical, and electrical equipment. Most property insurance policies exclude these types of risks.

Bolero Bills of Lading Electronic Registry Organisation. Bolero intends to establish a technological environment in which paper bills of lading and other trade documentation may be replaced by electronic messages. The technological environment will be supported by a legal framework. It is envisaged that shipowners, charterers and other companies involved in international trade who wish to use Bolero will be parties to a contractual arrangement contained in a Bolero Rule Book.

Bona Fide In or with good faith, honesty, and sincerity.

Bona Fide Holder An individual or institution that has negotiated a draft and that looks to the drawee for payment.

Bona Fide Holder for Value One who has taken the negotiable documents in good faith for a valuable consideration in the ordinary course of business and when it was not overdue.

Bond A three party contract that guaranteeing that if the principal fails to perform as obligated to, the obligee (person whom duty would be owed), will be financially protected by the issuer of the bond. We can assist you with your bond needs.

Bonded Warehouses The U.S. Customs Service authorizes bonded warehouses for storage or manufacture of goods on which payment of duties is deferred until the goods enter the Customs Territory. The goods are not subject to duties if reshipped to foreign points.

Bond of Indemnity An agreement made with a carrier that relieves them of any liability incurred under stated conditions.

Bonded Warehouse An approved warehouse used for the storage of goods until duties are paid or the goods are properly released.

Booking The act of recording arrangements for the movement of goods by vessel.

Bound Rates Tariff rates resulting from GATT negotiations or accession which are appended to the GATT in the form of a 'loose-leaf' tariff schedule and are enforceable under Article 11 of GATT.

Boycott Refusing to deal commercially with a person, firm, or country.

bow Curved forward part of a ship.

B/P Bills Payable

Breach of Contract A breach of contract committed by one of the parties is fundamental if it results in such detriments to the other party as substantially to deprive him of what he or she is entitled to expect under the contract.

Breakage A monetary allowance that a manufacturer allots for compensation to a buyer for goods damaged in shipment.

Breakbulk Cargo Cargo that is shipped as a unit but not containerized.

Broker One who represents an insured and who may render solicitation, negotiation, or services that deal with a contract of insurance on behalf of the insured.

Brussels Tariff Nomenclature A once widely used international tariff classification system which preceded the Customs Cooperation Council Nomenclature (CCCN) and the Harmonized System Nomenclature (HS). The BTN was changed in name only to the CCCN in 1976.

B/s Bags, Bales

Bulk Cargo Bulk cargo is unbound as loaded and carried aboard ship; it is without mark or count, in a loose unpackaged form, and has homongeneous characteristics.

Bulk Cargo Cargo that is made up of one commodity; examples include grain, oil, and ore.

Bulk Carrier A vessel designed for the shipment of bulk cargo.

Bulk Sale The transfer of a large amount of inventory in a single transaction not in the usual course of business.

Bunker Adjustment Factor(BAF) An adjustment in shipping charges to offset price fluctuations in the cost of bunker fuel.

[C]

C/- Case

C.A.D. Cash Against Documents

C&F Cost and Freight

C.&I. Cost and Insurance

Captain' s Protest A document prepared by the captain of a vessel upon arrival in port that notes any unusual conditions encountered during the voyage; relieves the ship owner of liability.

Captive Insurance Company A company formed to insure the risks of a parent company. This is usually done when business insurance for a certain commercial risk cannot be obtained through markets.

Cargo Agent An agent appointed by an airline shipping line to solicit and process international air and ocean freight for shipments.

Cargo Insurance An insurance policy protecting cargo being transported by carrier.

Carnets Customs documents permitting the holder to carry or send sample merchandise temporarily into certain foreign countries without paying duties or posting bonds. Foreign customs regulations vary widely; in some countries, duties and extensive customs procedures on sample products may be avoided by obtaining an ATA Carnet. The ATA Carnet is a standardized international customs document used to obtain duty-free temporary admission of certain goods into the countries that are signatories to the ATA Convention. Under the ATA Convention, commercial and professional travelers may take commercial samples; tools of the trade; advertising material; and cinematographic, audiovisual, medical, scientific, or other professional equipment into member countries temporarily without paying customs duties and taxes or posting a bodn at the border of each country visited. The carnets are generally valid for 12 months.

Carriage Paid To Carriage paid to (CPT) and carriage and insurance paid to (CIP) a named place of destination. Used in place of CFR and CIF, respectively for shipment by modes other than water.

Carrier Company whose business is the transport of goods. The carrier is usually liable for the whole transport route he covers, regardless of whether the goods are carried by his own and/or other means of transport. The UCP requires that most transport documents are issued by the carrier or his agent or by the captain/master or his agents.

Cartage Agent A ground service which provides transport and delivery of freight in areas not directly served by air or ocean.

Case of Need An important term used in the instructions for the collection of foreign drafts given by exporters to banks. It states what procedure the collecting bank is to follow in case difficulties arise in connection with the collection of the draft. Often the bank will be referred for instructions to the exporter s sales representative in the market.

Cash Against Documents (C.A.D.) A method of payment for goods in which documents transferring title are given to the buyer upon payment of cash to an intermediary acting for the seller, usually a commission house. This is Term in a sales contract that provides for the seller to delivery shipping document and title to a bank for release to the buyer delivers to the bank a receipt from the seller verifying that the seller has received payment.

Cash In Advance (C.I.A.) A method of payment for goods in which the buyer pays the seller in advance of the shipment of the goods. Usually employed when the goods are built to order, such as specialized machinery.

Cash Surrender Value The amount of money received when the policyowner surrenders a life insurance policy with cash value.

Casualty Insurance The type of insurance concerned with the legal liability for losses caused by injury to others or damage to property of others.

Casus Major A major casualty that is usually accidental, such as flood or shipwreck.

Catastrophe An event which loss is of extraordinary magnitude, such as a hurricane or tornado.

CCCN Customs Cooperation Council Nomenclature

Cede The transfer of all or part of a risk written by an insurer to a reinsurer.

Certificate of Analysis A Certificate required by some countries as proof of the quality and composition of food products or pharmaceuticals. The required analysis may be made by a private or government health agency. The certificate must be legalized by a foreign consul of the country concerned, as is the case with such similar certificates as the phytosanitary certificate.

Certificate of Inspection A document certifying that merchandise (such as perishable goods) was in good condition immediately prior to shipment. Pre-shipment inspection is a requirement for importation of goods into many developing countries.

Certificate of Insurance A document issued to a member of a group insurance plan, outlining the insurance benefits and principal provisions of the policy.

Certificate of Origin(C/O) Certain nations require a signed statement as to the origin of the export item. Such certificates are usually obtained through a semiofficial organization such as a local chamber of commerce. A certificate may be required even though the commercial invoice contains the information.

Certification/Legalization Official certification of the authenticity of signatures or documents in connection with documentary credits, such as certificates of origin, commercial invoices, etc. by chambers of commerce, consulates and similar recognized government authorities.

c.f.(=cft) Cubic feet. X

c.f. * Carried forward

Allowance An amount paid by the seller as restitution or reimbursement if the receiving party was dissatisfied with the shipment for any number of reasons: faulty packaging, late arrival, etc.

CFR Code of Federal Regulations, Cost and Freight

CFS Container Freight Station

CFS/CFS (Poer to Pier) The terms CFS/CFS means cargo delivered by break—bulk to Carrier s CFS to be packed by Carrier into containers and to be unpacked by Carrier from the container at Carrier s destination port CFS.

C.G.S.A. Carriage of Goods by Sea Act

Charter Party Renting of an entire vessel or part of its freight space for a particular trip or stipulated period of time. The contract between the owner of a ship and the individual or company chartering it. Among other specifications, the contract usually stipulates the exact obligations of the ship-owner(loading the goods, carrying the goods to a certain point, returning to the charter with other goods, etc.); or it provides for an outright leasing of the vessel to the charterer, who then is responsible for his own loading and delivery. In either case, the charter party sets forth the exact conditions and requirements agreed upon by both by both sides.

Charter Party Contract (B/L) Contract according to which the precisely designated freight room of a ship or the whole ship is leased by the owner to a charterer for a specific period or a specific journey. If a ship is chartered without crew this is a bare boat charter. The freight documents issued by the current charterer or his authorized party are called "charter party B/L".

C.I. Consular Invoice

CIF Cost, Insurance and Freight

C.I.F. & E. Cost, Insurance, Freight and Exchange

C.I.F.C.& I. Cost, Insurance, Freight, Commission and Interest

CIM An internationally standardized freight document issued in rail transport. CIM stands for "Convention Internationale concernant le transport des Marchandises par chemin de fer". The agreement has been in force since 1.1.1965 and constitutes the legal basis for the conclusion of freight contracts in international rail goods transport with one and the same freight documents.

CISG Convention on Contracts for the International Sale of Goods

Claused bill of lading Clauses on bills of lading which note the deficient condition of the goods and/or the packaging.

Clean bill of lading Bill of lading which does not contain clauses or notations declaring a defective condition of the goods and/or the packaging.

Clean Draft A draft to which no documents have been attached.

Clearance The completion of customs entry requirements which results in the release of goods to the importer.

CMR Abbreviation for "Convention relative au contrat de transport international de Marchandises par Route". Transport document issued for shipment by road (Road waybill).

C/N Consignment Note. Cover Note. Credit Note

C/O Certificate of Origin. Cash order. Case oil

C.O.B. Cargo on Board

C.O.D. Cash on Delivery

Coinsurance Two meanings here: (1) In property insurance, a clause that states the insured will share in losses to the extent that he is underinsured at the time of loss, (2) In medical insurance, the insured person and the insurer share the covered procedures under a policy in a specified ratio (80 percent by the insurer and 20 percent by the insured).

Collateral Property acceptable as security for a loan or other obligation.

Collection The presentation for payment of an obligation and the payment thereof.

Com. Commission

Combined Bill of Lading/Combined Transport Document Document for combined transport which covers at least two different modes of transport. As of recently the term "Multimodal Transport Document" is increasingly being used.

Commercial Invoice The commercial invoice is a bill for the goods from the seller to the buyer. These invoices are often used by governments to determine the true value of goods for the assessment of customs duties and are also used to prepare consular documentation. Governments using the commercial invoice to control imports often specify its form, content, number of copies, language to be used, and other characteristics.

Commercial Invoice* Invoice of the supplier which refers to the goods delivered or the service carried out for the purchaser. The description of the goods or service in the invoice must match exactly that in the documentary credit. In all other documents the goods or service description may be made in general terms, not inconsistent with the description of the goods in the credit. Incoterms, etc. stated in the documentary credit are to be noted in the commercial invoice.

Common Carrier Common Carrier is one who is engaged in the trade of carrying goods on a regular business and who holds himself as ready to carry for anyone who may wish to employ him.

Common Point A location serviced by two or more transportation lines.

Concession A tariff reduction, tariff binding, or other agreement to reduce import restrictions; usually accorded pursuant to negotiation in return for concessions by other parties.

Concealed Damage Damage to the contents of a package which appears in good condition from an external view.

Concealed Loss Loss from a package bearing concealed damage.

Conference line Ocean shipping companies whose ships travel according to firmly established schedules along fixed routes. Uniform transport rates are established between the shipping lines. Such agreements are usually called conferences. The conference lines are therefore the shipping routes agreed by the conferences.

Confirmation (of documentary credits) In addition to the commitment of the issuing bank the advising bank makes its own, independent payment commitment when it adds its confirmation.

Confirmation will only be added to irrevocable documentary credits, usually available with the advising bank. If confirmation of the documentary credit is desired, the applicant must state this expressly in his/her documentary credit application. The confirming bank assumes the credit risk of the

issuing bank as well as the political and transfer risks of the purchaser's country. See under these three terms.
If a documentary credit does not contain a confirmation request by the issuing bank, in certain circumstances the possibility exists of confirming the documentary credit "by silent confirmation", i.e. without the issuing bank's knowledge.
Without confirmation of the documentary credit, the advising bank will forward the documentary credit to the beneficiary without taking on its own commitment.

Confirmation of Reimbursement Confirmation by the reimbursing bank to the bank authorized to pay, accept or negotiate that the former will honour the latter's requests for reimbursements under the documentary credit. The reimbursing bank thus makes a commitment to pay.

Confirmed Letter of Credit A letter of credit, issued by a foreign bank, whose validity has been confirmed by an American bank. An exporter whose payment terms are a confirmed letter of credit is assured of payment even if the foreign buyer or the foreign bank defaults.

Confirming Confirming is a financial service in which an independent company confirms an export order in the seller's country and makes payment for the goods in the currency of that country. Among the items eligible for confirmation are the goods; inland, air, and ocean transportation costs; forwarding fees; custom brokerage fees; and duties. Confirming permits the entire export transaction from plant to end user to be fully coordinated and paid for over time. It is mainly a European practice.

Congestion Surcharge An overcharge for the cargo bound for the congested port.

Consequential Loss A financial loss occurring as the result of some other loss. Also known as an indirect loss.

Consgt. Consignment

Consideration One of the elements that make up an insurance contract, consideration is the offer made by the insurance company to the insured for payment of the premium and the statements made by the prospective policyholder on their application.

Consignee The person or firm named in a freight contract to whom goods have been consigned or turned over. For export control purposes, the documentation differentiates between an "intermediate" consignee and an "ultimate" consignee.

Consignment Delivery of merchandise from an exporter (the consignor) to an agent (the consignee) under agreement that the agent sell the merchandise for the account of the exporter. The consignor retains title to the goods until sold. The consignee sells the goods for commission and remits the net proceeds to the consignor.

Consignment Contract Bailment of goods to another (bailee) for sale under agreement that bailee will pay bailor for any sold goods and will return any unsold goods.

Consignment note The consignment note is often understood to mean the CMR in the case of documentary credits. The transport documents to be presented should, however, be precisely stated, as other documents such as the railway bill, etc. could otherwise be considered to be valid.

Consignor (=Shipper) The consignor is understood to be the party who delivers the goods in his/her own name to the carrier (e.g. shipowner) based on a freight contract. The shipper will usually be either the exporter or his/her forwarder. The shipper is usually also the party in whose name the shipment is carried out and who appears as the consignor in the transport document. This terms used to describe any person who consigns goods to himself or to another party in a bill of loading or equivalent document. A consignor might be the owner of the goods, or a freight forwarder who consigns goods on behalf of his principal.

Consolidator Forwarder who gathers mixed cargo in order to better utilize the space in transport containers.

Consolidated Container A shipping container that contains cargo from numerous shippers for delivery to numerous consignees.

Consolidation The combining of smaller shipments from a central location into a single shipment that is sent to a destination point at a lower shipping rate.

Consular Invoice A document, required by some foreign countries, describing a shipment of goods and showing information such as the consignor, consignee, and value of the shipment. Certified by a consular official of the foreign country, it is used by the country's customs officials to verify the value, quantity, and nature of the shipment.

Container A uniform, sealed, reusable metal "box" in which merchandise is shipped by vessel, truck, or rail.

Container* In documentary operations, loading into containers is relevant to the extent that this may be taken into account when examining documents. Example: Even if a documentary credit prohibits transhipment banks will accept bills of lading/sea waybills which indicate transhipment, provided that the goods were shipped in containers, trailers or LASH barges (lighter aboard ship) and that the whole ocean carriage is covered by one and the same bill of lading/sea waybill.

Container Load(CL) A shipment of cargo that according to weight or volume, will fit any number of standard containers.

Contingent Liability Any liability arising out of work done by independent contractors for a firm. The firm could be liable for the work done by an independent contractor if the activity is illegal, the situation did not permit delegation of authority, or the work is inherently dangerous.

Contract Bond A bond used to guarantee the performance of a construction contract and the payment of all materials and labor bills.

Contract Carrier Excluding common carriers, any person who under special contract will transport passengers or goods for agreed upon compensation.

Contracting Parties Contracting parties are the signatory countries to the GATT. These countries have accepted the specified obligations and privileges of the GATT agreement.

Conversion Privilege A right given to an insured person who can change insurance without evidence of medical insurability, usually to an individual policy upon termination of coverage, under a group contract.

Convertibility Ease of exchanging one currency for that of another nation or for gold.

C/P Charter Party, Custom of Port (grain trade)

Correspondent Bank A bank which is a depository for another bank and which performs various banking services for its depositor throughout the world.

Co-Signer Person responsible for repaying a debt if the borrower defaults.

Cost and Freight Cost and Freight to a named overseas port of import. Under this term, the seller quotes a price for the goods that includes the cost of transportation to the named point of debarkation. The cost of insurance is left to the buyer's account. (Typically used for ocean shipments only. CPT, or carriage paid to, is a term used for shipment by modes other than water.) Also, a method of import valuation that includes insurance and freight charges with the merchandise values.

Cost, Insurance and Freight(CIF) Cost, insurance, and freight to a named overseas port of import. Under this term, the seller quotes a price for the goods (including insurance), all transportation, and miscellaneous charges to the point of debarkation for the vessel. (Typically used for ocean shipments only. CIP, or carriage and insurance paid to, is a term used for shipment by modes other than water.)

Costs of Manufacture In the context of dumping investigations, the costs of manufacture, COM, is equal to the sum of the materials, labor and both direct and indirect factory overhead expenses required to produce the merchandise under investigation.

Countertrade Countertrade is an umbrella term for several sorts of trade in which the seller is required to accept goods, serivces, or other instruments or trade, in partial or whole payment for its products. This is a well known phenomenon in East-West trade, but is increasingly being practiced worldwide. Forms include barter, buy-back or compensation, offset requirements, swap, switch, or triangular trade, evidence or bilateral clearing accounts. Some include offsets as a form of countertrade; others make a distinction based on the view that countertrade is a reciprocal exchange of goods and services used to alleviate foreign exchange shortages of importers and that offsets are used as a means for advancing industrial development objectives and may include equity investments. In counterpurchase (one of the most common forms of countertrade), exporters agree to purchase a quantity of goods from a country in exchange for that country's purchase of the exporter's product. The goods being sold by each party are typically unrelated but may be equivalent in value. In a compensation or buy-back deal, exporters of heavy equipment, technology, or even entire facilities agree to purchase a certain percentage of the output of the facility. Barter is a simple swap of one good for another. Switch trading is a complicated form of barter, involving a chain of buyers and sellers in different markets.

Countervailing Duty An extra charge that a country places on imported goods to counter the subsidies or bounties granted to the exporters of the goods by their home governments. The duty is allowed by the Code on Subsidies and Countervailing Duties negotiated at the Tokyo Round, if the importing country can prove that the subsidy would cause injury to domestic industry. U.S. countervailing duties can only be imposed after the International Trade Commission has determined that the imports are causing or threatening to cause material injury to a U.S. industry.

Cover Note(C/N) Often also called "broker's cover note". Document issued by insurance companies or insurance brokers in lieu of insurance policies or insurance certificates which serves as proof of usual insurance notification and represents cover approval. Cover notes may be accepted under documentary credits only when they are expressly permitted.

CPT Carriage Paid To

Credit Card A rectangular piece of plastic used instead of cash or checks authorizing payment for goods and services.

Credit Grantor Person or business furnishing consumer goods and/or services on credit.

C/S Cases

C.T.L. Constructive Total Loss

Custody Bill of Lading A bill of lading issued by American warehouses as a receipt for goods stored.

Customs Broker A service company that transacts customhouse formalities on behalf of an importer. In the United States, a customs broker must be licensed by the Treasury Department and pass a government examination covering a board range of knowledge, including all phases of import regulations, rate of duties, customs law, etc.

Customs Cooperation Council Nomenclature A customs tariff nomenclature formerly used by many countries, including most European nations but not the United States. It has been superseded by the Harmonized System Nomenclature to which most major trading nations, including the U.S., adhere.

CY/CFS(Door to Pier) The term CY/CFS means containers packed by shipper off Carrier's premises and delivered by shipper to Carrier's CY, all at shipper s risk and expense and unpacked by Carrier at the destination port CFS.

CY/CY(House to Door) The term CY/CY means containers packed by shipper off Carrier's premises and delivered by shipper to Carrier's CY and accepted by consignee at Carrier's and unpacked by consignee off Carrier's premises, all the risk and expense of cargo.

[D]

D/A Documents Against Acceptance

D/D Demand Draft, Delivered at Docks, Damage Done

Dead Freight The amount paid by a shipper for that part of the vessel's capacity which he does not occupy although he has contracted for it.

Debit Card Purchases are deducted directly from the consumer's personal checking account.

Declarations Information such as name, description, and location of insured property, premiums payable, coverage amounts, are placed on what agents call the Declarations Page.

Deductible The amount which a policyholder agrees to pay, per claim or per accident, toward the total amount of an insured loss.

Deferred Payment Letter of Credit A letter of credit that allows the buyer to take possession of goods by agreeing to pay the issuing bank at a fixed future date.

Del Credere Agency A sales agent who, for a certain percentage over and above his sales commission, will guarantee payment to the person for whom he is selling, on shipments made to the seller's customer's. Type of agency who makes himself responsible for any bad debts through insolvency, etc. This usually offers a higher commission and also has a considerable bearing on the exporter's methods of payment.

Delivered Duty Paid(DDP) While the term "Ex Works" signifies the seller's minimum obligation, the term "Delivered Duty Paid", when followed by words naming the buyer's premises, denotes the other extreme — the seller's maximum obligation. The term "Delivered Duty Paid" may be used irrespective of the mode of transport. If the parties wish that the seller should clear the goods for import but that some of the cost payable upon the import of the goods should be excluded — such as value added tax (VAT) and/or other similar taxes — this should be made clear by adding words to this effect (e.g., "exclusive of VAT and/or taxes").

Delivery The act of transferring physical possession.

Delivery Order(D/O) A document from the consignee, shipper, or owner of freight ordering the delivery of freight to another party.

Demise A lease of property; a demise charter is a bareboat charter.

Demurrage Excess time taken for loading or unloading a vessel, thus causing delay of scheduled departure. Demurrage refers only to situations in which the charter or shipper, rather than the vessel's operator, is at fault. Amount of money paid to the shipowner by the charterer, shipper or receiver, as the case may be, for failing to complete loading and/or discharging within the time allowed in the voyage charter party.

Derrick Lifting equipment on board a ship generally used for loading and discharging cargo.

Despatch An agreed upon amount of money that is paid by the shipowner to the shipper or receiver, when loading or discharging is performed faster than the allotted time.

Devanning The unloading of cargo from a container.

d.f. Dead Freight

Discharge The unloading of passengers or cargo from a vessel, vehicle, or aircraft.

DISH Data interchange in Shipping

Distributor An agent who sells directly for a supplier and maintains an inventory of the supplier's products.

D/O Delivery Order

Dock Loading or unloading platform at an industrial location or carrier terminal.

Dock Receipt A receipt given for a shipment received or delivered at a shipment pier. When delivery of a foreign shipment is completed, the dock receipt is surrendered to the vessel operator or his agent and serves as basis for preparation of the Ocean Bill of Lading.

Doctrine of Independence Credits, by their nature, are separate transactions from the sales or other contract(s) on which they may be based and banks are in no way concerned with or bound by such contract(s), even if any reference whatsoever to such contract(s) is included in the Credit. Consequently, the undertaking of a bank to pay, accept and pay Draft(s) or negotiate and/or to fulfill any other obligation under the Credit, is not subject to claims or defences by the Applicant resulting from his relationships with the Issuing Bank or the Beneficiary.

Documents Against Acceptance(D/A) Instructions given by a shipper to a bank indicating that documents transferring title to goods should be delivered to the buyer (or drawee) only upon the buyer's acceptance (signature on) of the attached draft.

Documentary Collection A documentary collection is the instruction of the seller to his bank to collect the value of the documents from the purchaser by handing over the documents against payment or an undertaking to pay. In this context the instructions relating to the payment terms may state either "documents against payment" or "documents against acceptance of a draft". The bank acts as a fiduciary and makes every effort to ensure that payment is received. In contrast to the documentary credit, in the case of documentary collections the banks are liable only for the correct execution of the collection instructions, and do not make any commitment to pay themselves. Documentary collections are subject to the regulations of the Uniform Rules for Collections (URC), Brochure No. 522, revised 1995, of the International Chamber of Commerce in Paris.

Documentary Credit A documentary credit is the written assurance of a bank on the instructions of the applicant (purchaser) to the beneficiary (seller) to pay a specific amount in the agreed currency provided the beneficiary submits documents in conformity with the documentary credit within the prescribed deadlines.

Draft (Bill of Exchange) A written, unconditional order for payment from one person (the drawer) to another (the drawee). It directs the drawee to pay a specified sum of money, in a given currency, at a specific date to the drawer. A Sight Draft calls for immediate payment (on sight) while a Time Draft calls for payments at a readily determined future date.

Drawback Drawback is a rebate by a government, in whole or in part, of customs duties assessed on imported merchandise that is subsequently exported. Drawback regulations and procedures vary among countries.

Drawee The individual or firm on whom a draft is drawn and who owes the indicated amount.

Drawer The individual or firm that issues or signs a draft and thus stands to receive payment of the indicated amount from the drawee.

Dropoff The delivery of a shipment by a shipper to a carrier for transportation.

Dropoff Charge A charge made by a transportation company for delivary of a container.

Dry-Cargo Container Any shipping container designed to transport goods other than liquids.

Dumping The sale of a commodity in a foreign market at less than fair value. Dumping is generally recognized as unfair because the practice can disrupt markets and injure producers of competitive products in an importing country. Article VI of the GATT permits imposition of antidumping duties equal to the difference between the price sought in the importing country and the normal value of the product in the exporting country. With price-to-price dumping, the foreign producer can use its sales in the high-priced market (usually the home market) to subsidize its sales in the low-priced export market. The price difference is often due to protection in the high-priced market. Price-cost dumping indicates that the foreign supplier has a special advantage. Sustained sales below cost are normally possible only if the sales are somehow subsidized.

Dunnage Materials placed around cargo to prevent breakage or movement.

Duty A tax imposed on imports by the customs authority of a country. Duties are generally based on the value of the goods (ad valorem duties), some other factors such as weight or quantity (specific duties), or a combination of value and other factors (compound duties).

dwt Deadweight tonnage

[E]

E. & O.E. Errors and omissions excepted

EDI Electronic Data Interchange.

EDIFACT Electronic Data Interchange for Administration, Commerce, and Transportation EDIFACT is an international syntax used in the interchange of electronic data. Customs uses EDIFACT to interchange data with the importing trade community.

E.E. Errors excepted

Electronic Commerce A system of integrated communications, data management, and security services that allow business applications within different organizations to automatically interchange information.

Electronic Funds Transfer System of transferring funds from one account to another using electronic pulses instead of paper.

Embargo A prohibition upon exports or imports with respect to specific products or specific countries.

Endorsement A notation of transfer usually on the back of a document signed by the endorser. The documentary credit frequently calls for the following documents which are transferred by endorsement: a) bill of exchange b) bill of lading c) insurance document

Endorsement in Bank 1. Commonly used on a bank check, an endorsement in blank is an endorsement to the bearer. It contains only the name of the endorser and specifies no particular payee. 2. Also, a common means of endorsing bill of lading drawn to the order of the shipper. The bill are endorsed "For …".

Escalation Clause If during the performance of this agreement the seller's costs of delivering the goods to the buyers increase unexpectedly by more than three percent from the contract due to fluctuations in currency exchange rates, increases in the cost of raw materials, oil or other energy sources, taxes or other governmental charges, or any other similar factors beyond the reasonable control of the parties concerned, then the prices shall be proportionally increased, unless otherwise agreed.

Escape Clause A provision within the GATT (Article XIX) that allows a country try to suspend tariff or other concessions when certain imports injure or threaten to injure domestic producers of competitive goods or services. Section 201 of The Trade Act of 1974 codifies Article XIX in U.S. law.

Escrow Account An escrow account is a special bank account into which earnings from sales (e.g., convertible currency proceeds from exports) are accumulated. These revenues are set aside for subsequent acquisition of goods and services from a foreign supplier. The escrowed money, usually interest-bearing, is disbursed by the bank to the foreign supplier under payment terms and against documents specified in the supplier's sale contract.

Estoppel Legal doctrine that prevents a person from denying the truth of a previous representation of fact, especially when such representation has been relied on by the one to whom the statement was made.

ETA Estimated (or Expected) time of Arrival

ETD Estimated (or Expected) time of Departure

Eurobond A bond issued in a foreign currency, different than the one in which the bond is sold.

Exclusive Agent An agent who is employed by one and only one insurance company

Ex Factory A sale term where the buyer gains ownership of goods when they leave the vendor' s dock.

Ex Mill (Ex Warehouse, Ex Mine, Ex Factory) The seller is obligated to place the specified quantity of goods at the specified price at his mill loaded on trucks, railroad cars or any other specified means of transport. The buyer must accept the goods in this manner and make all arrangements for transportation.

Export License A government document (also known as an "Individual Validated License") authorizing exports of specific goods in specific quantities to a particular destination. This document may be required in some countries for most or all exports and in other countries only under special circumstances.

Export Subsidies Generally, direct government payments or other economic inducements given to domestic producers of goods that are sold in foreign markets. The GATT recognizes the export subsidies may distort trade, unduly disturb normal commercial competition, and hinder the achievement of GATT fair trade objectives; but it does not clearly define what practices constitute export subsidies.

Exporter An individual or company that transports goods or merchandise from one country to another in the course of trade.

Ex Works Ex Works at a named point of origin (examples are: ex factory, ex mill, ex warehouse). Under this term, the price quoted applies only at the point of origin and the seller agrees to place the goods at the disposal of the buyer at a specified place on the date or within the period fixed. All other charges are for the account of the buyer.

[F]

Factor An agent who receives merchandise under a consignment or bailment contract, who sells it for the principal or in the factor's own name, and who is paid a commission for each sale.

Factoring This means that a bank makes an independent promise to pay, accept, or negotiate letter of Credit issued by another bank when the documents named in the credit are delivered to it. Factoring is the process in which the firm buys the outstanding invoices of a manufacturer's customers, keeps the accounts, then obtains payment. Factoring is the discounting of a foreign account receivable that does not involve a draft. The exporter transfers title to its foreign accounts receivable to a factoring house for cash at a discount from the face value. Factoring is often done without recourse to the exporter. Export factoring allows an exporter to ship on "open account," by which goods are shipped without guarantee of payment (that is, a letter of credit). The factor assumes financial ability of the customer to pay and handles collections on the receivables.

F.A.Q. Fair Average Quality

F.A.S. Free Alongside Ship

FCA Free Carrier

FCL (= Full Container Load) In contrast to the LCL (= Less than Container Load) (explanation see under "LCL") the carrier/shipowner takes an already fully loaded container for carriage from the shipper (exporter).

FDA Food and Drug Administration.

Feeder Vessel A vessel which is used to connect to a line vessel which directly services a port.

FI Free In

FIATA Federation Internationale des Associations de Transitaires, et Assimilies

FIO Free In and Out

F.I.O.S. Free In and Out Stowed

F.I.O.S.T. Free In and Out Stowed and/or Trimmed

F.I.O.T. Free In and Out Trimmed

Floating Policy Floating Policy is an insurance policy where the name or names of the ships, the commodities of cargo, the specific amounts and ports of loading and discharging of every voyage are not specified.

FOB Free on Board

Force Majeure The title of a standard clause in marine contract exempting the parties for non-fulfillment of their obligations as a result of conditions beyond their control, such as earthquakes, floods, or war.

Foreign Trade Zones FTZs are the U.S. form of free trade zones. These zones are restricted-access sites in or near ports of entry, that operate under public utility principles to create and maintain employment by encouraging operations in the U.S. which might otherwise have been carried on abroad. Goods brought into a zone for a bona fide Customs reason are exempt from state and local ad valorem tax. The zones are licensed by the Commerce Department's Foreign-Trade Zones Board and operate under the supervision of the Customs Service. Quota restrictions do not normally apply to foreign goods stored in zones, but the Board can limit or deny zone use in specific cases on public interest grounds. Domestic goods moved into a zone for export may be considered exported upon entering the zone for purposes of excise tax rebates and drawback. A foreign trade "subzone" is a non—contiguous zone site located at a manufacturing plant.

Forfaiting Forfaiting is a form of supplier credit in which an exporter surrenders possession of export receivables, which are usually guaranteed by a bank in the importer's country, by selling them at a discount to a "forfaiter" in exchange for cash. These instruments may also carry the guarantee of the foreign government. In a typical forfaiting transaction, an exporter approaches a forfaiter before completing a transaction's structure. Once the forfaiter commits to the deal and sets the discount rate, the exporter can incorporate the discount into the selling price. Forfaiters usually work with bills of exchange or promissory notes, which are unconditional and easily transferable debt instruments that can be sold on the secondary market. Three primary differences between export factoring and forfaiting are: —Factors usually want access to a large percentage of an exporter's business, while most forfaiters will work on a one-shot basis; —Forfaiters generally work with medium and long-term receivables (180 days to seven years), while factors work with short-term receivables (up to 180 days). Payment terms usually reflect the type of product involved: forfaiters usually work with capital goods, commodities, and large projects; factors work mostly with consumer goods. —Most factors do not have strong capabilities in developing regions of the world where legal and financial frameworks are inadequate and credit informaiotn is not readily available through affiliate factors. However, since forfaiters usually require a bank guarantee, most are willing to work with receivables from these countries. See: Factoring.

Foul Bill of Lading A receipt for goods with the indication that they were received damaged or short in quantity; Claused bill of lading which shows on its face that the goods and/or packaging were damaged or that there was a shortage at the time of shipment.

F.P.A. Free of Particular Average

Franchise (in connection with insurances) If, for example, an insurance certificate states that insurance is subject to a franchise of 5%, claims will only be payable if any losses exceed this figure. Insurance documents indicating a franchise are accepted under documentary credits as long as they are not expressly prohibited.

Free Alongside Ship(FAS) Free Alongside Ship, FAS, at a named port of export. Under FAS, the seller quotes a price for the goods that includes charges for delivery of the goods alongside a vessel at the port of departure. The seller handles the cost of unloading and wharfage; loading, ocean transportation, and insurance are left to the buyer. FAS is also a method of export and import valuation.

Free Carrier(FCA) Free Carrier, FCA, to a named place. This term replaces the former "FOB named inland port" to designate the seller's responsibility for the cost of loading goods at the named shipping point. It may be used for multimodal transport, container stations, and any mode of transport, including air.

Free In(FI) A pricing term indicating that the charterer of a vessel is responsible for the cost of loading goods onto the vessel.

Free In and Out(FIO) A pricing term indicating that the charterer of a vessel is responsible for the cost of loading and unloading goods from the vessel.

Free Of Capture And Seizure (F.C. & S.) An insurance clause providing that loss is not insured if due to capture, seizure, confiscation and like actions, whether legal or not, or from such acts as piracy, civil war, rebellion and civil strife.

Free of Particular Average(FPA) F.P.A., a type of marine insurance, is the minimum coverage in use and covers total and partial losses if the ship carrying an exporter's goods is involved in a collision or fire, or is stranded or sunk.

Free on Board(FOB) Free On Board at a named port of export. The seller quotes the buyer a price that covers all costs up to and including delivery of goods aboard a vessel at a port. FOB is also a method of export valuation.

Free Out (F.O.) Cost of unloading a vessel is borne by the charterer.

Free port Separate area within a port where goods which have been imported may be held without duty payment.

Free Ports Free ports are a form of free trade zone that usually encompass an entire port area (examples include Hong Kong and Singapore).

Freight All Kinds(FAK) FAK is a shipping classification. Goods classified FAK are usually charged higher rates than those marked with a specific classification and are frequently in a container which includes various classes of cargo.

Freight Forwarder An independent business which handles export shipments for compensation. At the request of the shipper, the forwarder makes the actual arrangements and provides the necessary services for expediting the shipment to its overseas destination. The forwarder takes care of all documentation needed to move the shipment from origin to destination, making up and assembling the necessary documentation for submission to the bank in the exporter's name. The forwarder arranges for cargo insurance, makes the necessary overseas communications, and advises the shipper on overseas requirements of marking and labeling. The forwarder operates on a fee basis paid by the exporter and often receives an additional percentage of the freight charge from the common carrier. An export freight forwarder must be licensed by the Federal Maritime Commission to handle ocean freight and by the International Air Transport Association (IATA) to handle air freight. An ocean freight forwarder dispatches shipments from the United States via common carriers, books or arranges space for the shipments, and handles the shipping documentation.

Freight Notation Reference on the transport document which indicates whether the freight costs were paid in advance by the shipper (="freight prepaid") or are to be paid by the consignee when the goods arrive at the destination (="freight payable at destination") ("freight collect"). In charter contracts notations such as "freight payable as per charter party", etc. are also common.

F.S.R. & C.C. Free of strikes, riots and civil commotions

Full set All the originals of a particular document (normally bills of lading). The number of originals is usually indicated on the document itself.

fwd. Forward

[G]

General Average(G/A) In ocean marine insurance, a loss incurred for the common good that is shared by all parties to the venture.

G/A con. General average contribution

G/A dep. General average deposit

Gang A group of stevedores under a supervisor who are assigned to load or unload a portion of a vessel.

Gantry Crane A specialized machine for the raising or lowering of cargo mounted on a structure spanning an open space on a ship.

General Agreement on Tariffs and Trade(GATT) The GATT is a binding contract among over 100 governments. GATT was established in 1947 as an interim measure pending the establishment of the International Trade Organization, under the Havana Charter. The International Trade Organization (ITO) was never ratified by Congress. Operating in the absence of an explicit international organization, GATT has provided the legal framework for international trade with its primary mission being the reduction of trade barriers. Headquarters offices are in Geneva, Switzerland.

Generalized System of Preferences(GSP) The Generalized System of Preferences, GSP, is a framework under which developed countries give preferential tariff treatment to manufactured goods imported from certain developing countries. GSP is one element of a coordinated effort by the industrial trading nations to bring developing countries more fully into the international trading system. The U.S. GSP scheme is a system of nonreciprocal tariff preferences for the benefit of these countries. The U.S. conducts annual GSP reviews to consider petitions requesting modification of product coverage and/or country eligibility. United States GSP law requires that a beneficiary country's laws and practices relating to market access, intellectual property rights protection, investment, export practices, and workers rights be considered in all GSP decisions.

General License These are licenses, authorized by the Bureau of Export Administration, that permit the export of goods and technology to specified countries without the need for a validated license. No prior written authorization is required and no individual validated license is issued. There are over twenty different types of general licenses, each represented by a symbol. The reason so many general licenses exist is to accommodate the various exporting situations that the Bureau of Export Administration has determined should not require an Individual Validated License.

General Tariff A tariff that applies to countries that do not enjoy either preferential or most-favored-nation tariff treatment. Where the general tariff rate differs from the most-favored-nation rate, the general tariff rate is usually the higher rate.

G.M.B. Good merchantable brand

G.M.Q. Good merchantable quality

Grace Period The period allowed to avoid any finance charges by paying off the balance in full before the due date.

Grandfather Clause The General Agreement on Tariffs and Trade (GATT) provision that allows the original contracting parties to exempt from general GATT obligations mandatory domestic legislation which is inconsistent with GATT provisions, but which existed before the GATT was signed. Newer members may also "grandfather" domestic legislation if that is agreed to in negotiating the terms of accession. (U.S. legislation also provides for "grandfather clauses.")

Green Card An identity card (visa) issued by the U.S. Immigration and Naturalization Service entitling a foreign national to enter and reside in the United States as a permanent resident.

Gross 12 dozen or 144 articles.

Gross Weight The full weight of a shipment, including goods and packaging. Compare Tare Weight.

GSP Form A (= Generalized Systems of Preferences certificate of origin Form A) Certificate of origin used under preferential trade agreements with developing and newly industrialized countries.

Guarantee An agreement by the producer to replace the product, repair it, or give back the purchase price if the product proves unsatisfactory within a stipulated period.

[H]

Hard Currency A currency which is sound enough to be accepted internationally and which is usually fully convertible.

Harmonized System(HS) The Harmonized Commodity Description and Coding System (or Harmonized System, HS) is a system for classifying goods in international trade, developed under the auspices of the Customs Cooperation Council. Beginning on January 1, 1989, the new HS numbers replaced previously adhered-to schedules in over 50 countries, including the United States. For the United States, the HS numbers and four additional digits are the numbers that are entered on the actual export and import documents. Any other commodity code classification number (SITC, end-use, etc.) are just rearrangements and transformations of the original HS numbers.

Harter Act Legislation protecting a ship's owner against claims for damage resulting from the behavior of the vessel's crew, provided the ship left port in proper condition.

Hatch The opening in the deck of a vessel witch gives access to the, cargo hold.

House Air Waybill (HAWB) In air transport business the so-called "House Air Waybill (HAWB)" is common today. It is issued by forwarding agents for air freight consolidated shipments. The HAWB is deemed to be equivalent to the AWB in documentary operations as long as it is clear that the issuer assumes liability as the carrier or acts as the agent of the named carrier.

House Bills of lading House bills of lading are issued by forwarding agents who consolidate several cargoes belonging to different owners of forming the subject-matter of different export transactions in one consignment.

H.S.S.C. Heating, sweating and spontaneous combustion

H.W.D. Heavy weather damage

[I]

IATA International Air Transport Association

I.C.C. International Chamber of Commerce, Institute Cargo Clauses

ICD Inland Vontainer Depot; Inland Clearance Depot

Ice Clause An ice clause is a standard clause in the chartering of ocean vessels. It dictates the course a vessel master may take if the ship is prevented from entering the loading or discharge port because of ice, or if the vessel is threatened by ice while in the port. The clause establishes rights and obligations of both vessel owner and charterer if these events occur.

Indent A requisition for goods, enumerating conditions of the sale. Acceptance of an indent by a seller constitutes his agreement to the conditions of the sale.

IMO International Maritime Organization

Implied Conditions Certain implied conditions are not written into marine insurance policies, but they are so basic to understanding between underwriter and assured that the law gives them much the same effect as if written.

Import Restrictions Import restriction, applied by a country with an adverse trade balance (or for other reasons), reflect a desire to control the volume of goods coming into the country from other countries may include the imposition of tariffs or import quotas, restrictions on the amount of foreign currency available to cover imports, a requirement for import deposits, the imposition of import surcharges, or the prohibition of various categories of imports.

In Bond Goods are held or transported in bond under customs control either until import duties or other charges are paid, or in order to avoid paying such duties or charges. (Example:

Canadian goods are transported in bond through the United States for export to a third country to avoid paying United States customs duties.) Bonded warehouses are available at more ports for storing goods awaiting payment of import duty, or export.

Incoterms Maintained by the International Chamber of Commerce (ICC), this codification of terms is used in foreign trade contracts to define which parties incur the costs and at what specific point the costs are incurred.

Indent A requisition for goods, enumerating conditions of the sale. Acceptance of an indent by a seller constitutes his agreement to the conditions of the sale.

Inherent Vice An insurance term referring to any defect or other characteristics of a product which could result in damage to the product without external cause. Insurance policies may specifically exclude losses caused by inherent vice.

Inland Bill of Lading A bill of lading used in transporting goods overland to the exporter's international carrier. Although a through bill of lading can sometimes be used, it is usually necessary to prepare both an inland bill of lading and an ocean bill of lading for export shipments.

Inspection Certificate A document confirming that goods have been inspected for conformity.

Installment Contact This contract is one which requires or authorizes the delivery of goods in separate lots to be separately accepted, even though the contract contains a clause 'each delivery is a separate contract' or its equivalent.

Installment Shipments Successive shipments permuted under letters of credit. Usually they must take place within a given period of time. If not shipped within that period, the credit ceases to be available automatically unless otherwise authorized in the letter of credit.

Instrument Any written document that gives formal expression to a legal agreement or act.

Insurable Value insurable value is the prime cost of property insured, plus the expenses of and incidental to shipping and the charges of insurance upon the whole.

Insurance Certificate This certificate is used to assure the consignee that insurance is provided to cover loss of or damage to the cargo while in transit.

Insured A person or organization, covered by an insurance policy, including the "named insured" and any other parties for whom protection is provided under the policy.

Insurer(=Assurer) The party to the insurance contract who promises to pay losses or benefits, or any corporation engaged primarily in the business of furnishing insurance to the public.

International Air Transport Association(IATA) IATA, established in 1945, is a trade association serving airlines, passengers, shippers, travel agents, and governments. The association promotes safety, standardization in forms (baggage checks, tickets, weigh bills), and aids in establishing international airfares. IATA headquarters are in Geneva, Switzerland.

International Standards Organization The ISO, established in 1947, is a worldwide federation of national bodies, representing approximately 90 member countries. The scope of the International Standards Organization covers standardization in all fields except electrical and electronic engineering standards, which are the responsibility of the IEC, International Electrotechnical Commission. Together, the ISO and IEC form the specialized system for worldwide standardization — the world's largest nongovernmental system for voluntary industrial and technical collaboration at the international level. The result of ISO technical work is published in the form of International Standards. There are, for example, ISO standards for the quality grading of steel; for testing the strength of woven textiles; for storage of citrus fruits; for magnetic codes on credit cards; for automobile safety belts; and for ensuring the quality and performance of such diverse products as surgical implants, ski bindings, wire ropes, and photographic lenses.

Invoice A document identifying the buyer and seller; includes all relevant information such as number, date, shipping date, mode of transport, etc.

Irrevocable (documentary credit) Documentary credits issued subject to UCP 500 are deemed to be irrevocable unless expressly marked as revocable. Irrevocable documentary credits may not be amended or cancelled without the agreement of the parties involved.

ISDN Integrated Services Digital Network

ISO International Standards Organization/International Organization for Standardization

Issuing Bank A bank which opens a straight or a negotiable letter of credit. This bank assumes the obligation to pay the beneficiary or a correspondent bank if the documents presented are in accordance with the terms of the letters of Edit.

[J]

Jettison Act of throwing overboard part of a vessel's cargo or hull in hopes of saving a ship from sinking.

Joint Venture A combination of two or more individuals or legal entities who undertake together a transaction for mutual gain or to engage in a commercial enterprise together with mutual sharing of profits and losses; or a form of business partnership involving joint management and the sharing of risks and profits as between enterprises based in different countries.

[L]

L/A Letter of authority. Landing account. Lloyd's agent

Landbridge The movement of containers from a foreign country by vessel, transiting a country by rail or truck, and then being loaded aboard another vessel for delivery to a second foreign country.

LASH (= Lighter Aboard Ship) A system for carrying loaded barges or lighters on ocean voyages. Floatable large container (= lighter) used in the combined ocean and inland waterway transport of goods. Lighters are transported on specially constructed ships.

Latent Defect A hidden or concealed defect one which could not be discovered by reasonable and customary inspection; one not apparent on face of goods, product, document, etc.

LCL (Less than Container Load) In contrast to the "Full Container Load" (explanation under "FCL") goods too small to fill a container are loaded by the carrier at a container freight station with other compatible goods received from various exporters for delivery to the same destination.

Lease A written document containing the conditions under which the possession and use of real and/or personal property are given by the owner to another for a stated period and for a stated consideration.

Legalization Certification of papers (e.g. commercial invoices and certificates of origin) by the Consulate or Embassy of the importing country, usually in the exporter's or seller's

Letter of Credit(L/C) A financial document issued by a bank at the request of the consignee guaranteeing payment to the shipper for cargo if certain terms and conditions are fulfilled. Normally it contains a brief description of the goods, documents required, a shipping date, and an expiration date after which payment will no longer be made. —An Irrevocable Letter of Credit is one which obligates the issuing bank to pay the exporter when all terms and conditions of the letter of credit have been met. None of the terms and conditions may be changed without the consent of all parties to the letter of credit. —A Revocable Letter of Credit is subject to possible recall or amendment at the option of the applicant, without the approval of the beneficiary. —A Confirmed Letter of Credit is issued by a foreign bank with its validity confirmed by a U.S. bank. An exporter who requires a confirmed letter of credit from the buyer is assured payment from the U.S. bank in case the foreign buyer or bank defaults. —A Documentary Letter of Credit is one for which the issuing bank stipulates that certain documents must accompany a draft. The documents assure the applicant (importer) that the merchandise has been shipped and that title to the goods has been transferred to the importer.

Letter of Credit (Confirmed) A letter of audit issued by one bank to which another bank added its irrevocable confirmation to pay, thereby obligating itself in the same manner as the opening bank. For example, "we hereby confirm this credit and undertake to pay drafts drawn in accordance with the terms and conditions of the letter of credit."

Letter of Credit (Deferred Payment) A letter of credit issued for the purchase and financing of merchandise, similar to acceptance letter of credit, except that it requires presentation of sight drafts which are payable on installment basis usually for periods of 1 year or more. Under this type of credit, the seller is financing the buyer until the stipulated time his drafts can be presented to the bank for payment. There is a significant deference in the bank's commitment, depending on whether the negotiating bank advised or confirmed the letter of credit.

Letter of Credit (Negotiable) A letter of credit issued in such form that it allows any bank to negotiate the documents. Negotiable credits incorporate the opening bank's engagement, stating that the drafts will be duly honored on presentation, provided they comply with ail terms of the credit.

Letter of Credit (Non-Cumulative) A revolving letter of credit which prohibits the amount not utilized during the specific period to be available in the subsequent periods.

Letter of Credit (Revocable) This type of letter of credit is not as legally binding as an irrevocable credit. It can be modified or canceled without the beneficiary's consent, unless the negotiation has already taken place. The issuing bank must honor the drafts negotiated before the notice of revocation or amendment has been made. Negotiability is restricted to the advising bank and confirmation is usually not available.

Letter of Credit (Revolving) A credit which includes a provision for reinstating its face value after being drawn under within a stated period of time. This kind of credit facilitates the financing of on going regular purchases.

Letter of Credit (Standby) One issued for the express purpose of effecting payment in the event of default. The issuing bank is prepared to pay but does not expect to as long as the underlying transaction is properly fulfilled.

Letter of Credit (Traveler's) A letter of credit which is issued by a bank to a customer preparing for an extended trip. The customer pays for the letter of credit at the time of issuance, and a bank issues the letter for a specified period of time in the amount purchased. The bank furnishes a list of correspondent banks where drafts against the letter of credit will be honored. The bank also identifies the customer by exhibiting a specimen signature of the purchaser in the folder enclosing the list of correspondent banks. Each bank, which honors a draft, endorses on the letter of credit the date when a payment was made, the bank's name, the amount drawn against the letter of credit, and charges the issuing bank's account.

Letter of Credit-Acceptance Financing An acceptance transaction unrelated to a letter of credit, created for the purpose of borrowing, is referred to as acceptance financing. In contrast to direct loans, the bankers acceptance provides a vehicle of financing customers without the use of bank funds. By accepting a draft the bank merely adds its name to a bill which then can be used to raise funds by selling in the open market.

Letter of Indemnity (LOI) (Usually as an indemnity for missing bill of lading) It serves to protect the carrier/owner financially against possible repercussions in connection with the release of goods without presentation of an original bill of lading. A letter of indemnity is used in cases in which the goods arrive at the port of destination before the original bills of lading. The issuance of the letter of indemnity allows the purchaser to take immediate delivery of the goods, thus saving himself time, additional demurrage, storage expenses, insurance costs, etc. Further explanations can be found in the SBC brochure "Bank guarantees".

Letter of Intent A document that describes the preliminary understanding between parties who intend to make a contract or join together in another action.

Licensing Agreement A contract whereby the holder of a trademark, patent, or copyright transfers a limited right to use a process, sell or manufacture an article, or furnish specialized services covered by the trademark, patent or copyright to another firm.

Lien A legal hold or claim of one person on the property of another as security for a debt or charge. The right given by law to satisfy debt. (A lien must be paid and released).

Lift-On Lift-Off (Lo/Lo) To load and discharge cargo by lifting it on and off a ship via cranes. This is the method generally used for containers.

Lighter An open or covered vessel which transfers cargo between ship and shore, used mainly in harbors and inland waterways. Lighters are generally used for shorter hauls than barges.

Lighter Aboard Ship A floatable large container (lighter) used in the combined ocean and inland waterway transport of goods.

Lighterage The loading or unloading of a ship by means of a lighter, especially when shallow waters prevent an ocean going vessel from entering a waterway.

Liner Bill of Lading Title document, issued by or on behalf of a shipping company, covering shipment on a vessel plying a regular route against a published sailing schedule.

Liner A vessel carrying passengers and cargo that operates on a route with a fixed schedule. The word "liner" is derived from the term "line traffic" which denotes operation along definite routes on the basis of definite, fixed schedules; a liner thus is a vessel that engages in this kind of transportation, which generally involves the haulage of general cargo as distinct from bulk cargo.

Liner Terms Conditions under which shipping companies transport goods. The amount payable for carriage of the goods (freight) includes the cost both for loading and discharge of the vessel.

Liquidated Damages A sum of money that a contracting party agrees to pay to the other party for breaching an agreement, particularly important in a contract in which damages for breach may be difficult to assess.

Litigation Legal action, including all proceedings therein. Contest in a court of law for the purpose of enforcing a right or seeking a remedy.

Lkge & Bkge Leakage and Breakage

Lloyds Of London An association of English insurance underwriters, the oldest of its kind in the world. Not in itself an insurance company.

Lloyd's Registry An organization maintained for the surveying and classifying of ships so that insurance underwriters and other interested parties may know the quality and condition of the vessels offered by insurance or employment.

L.M.C. Lloyd's Machinery Certificate

Loading The physical placing of cargo into carrier's container, or onto a vessel.

Longshoreman A laborer who loads and unloads ships at a seaport.

Ltd. Limited (Liability)

Lump-Sum Payment within one taxable year of the entire balance payable to a beneficiary.

[M]

Mala Fide In bad faith; a seller's representation that goods are usable for a particular purpose when in fact the seller knows that the goods are not.

Manifest(M/F) A statement listing all the consignments on board a vessel; Document containing a full list of a ship's cargo that is extracted from the bill of lading. A copy, known as the outward manifest is kept with the Customs authorities at the port of loading. Another copy, known as the inward manifest is kept at the discharge port.

Marine Cargo Insurance Broadly, insurance covering loss of, or damage to, goods at sea. Marine insurance typically compensates the owner of merchandise for losses in excess of those which can be legally recovered from the carrier that are sustained from fire, shipwreck, piracy, and various other causes. Three of the most common types of marine insurance coverage are "free of particular average" (f.p.a.), "with average" (w.a.), and "All Risks Coverage."

Mate's Receipt (M/R) Declaration by a ship's officer in the name of the shipping company that certain goods have been received for shipment (and sometimes shipped on board). Not a title document. Used as an interim document until the bill of lading is issued.

Measurement Cargo A cargo on which the transportation charge is assessed on the basis of measurement.

Metric Ton 1,000 kilograms.

Microbridge A landbridge movement in which cargo originating/destined to an inland point is railed or trucked to/from the water port for a shipment to/from a foreign country.

Minibridge Movement of cargo from a port over water then over land to a port on an opposite coast.

Minimum Charge The lowest rate applicable on each type of cargo service no matter how small the shipment.

M.I.P. Marine Insurance Policy

Moor To secure a vessel to an anchor, buoy, or pier.

Moorage Charges assessed for mooring a vessel to a pier or wharf.

Most Favored Nation Treatment (MFN) When one country accords another most-favored-nation status, it agrees to extend that country the same trade concessions it grants to any other MFN recipients. For example, in the tariff area, goods from a country accorded MFN status by the U.S. would be assessed the lower column 1 duties in the U.S. tariff schedule. This concept may apply to non-tariff measures as well. GATT members have agreed to accord each other MFN status. Preferential treatment accorded to developing countries, customs unions, and free trade areas all represent allowable exceptions to the MFN concept.

M.S. Motor Ship, Machinery Survey

M/s Months after Sight

MTO Multimodal Transport Operator

Multilateral Trade Negotiations (MTN) Eight rounds of multilateral trade negotiations have been held under GATT auspices since 1947. Each negotiation has had the goal of reducing or eliminating tariffs among signatory countries. The Tokyo and Uruguay Rounds have focused on non-tariff measures as well.

Multimodal Transport Shipping which includes at least two modes of transport, such as shipping by rail and by sea.

[N]

N.C.V. No Commercial Value

N.D.W. Net Dead Weight

N.E. Not exceeding

Negligence The failure to use the reasonable care that a prudent person would have used under the same or similar circumstances.

Negotiable Anything that can be sold or transferred to another for money or as payments of a debt.

Negotiable Instruments The following documents are typical negotiable instruments: bills of lading, warehouse receipts (if marked negotiable), bills of exchange, etc. which may be transferred to another party by endorsement (see also under this term).

Negotiable bill of lading Bill of lading transferred by endorsement.

There are three possibilities:

— to XY & Co. or their order.

— to the order of XY & Co.

— to order, without the name of the party. In this case the bill remains to the order of the shipper until he endorses it. These types of bills of lading are usually endorsed on the reverse (Explanation and sample see under "Endorsement"). The opposite of a negotiable bill of lading is the straight bill of lading.

Negotiable Warehouse Receipt A certificate issued by an approved warehouse that guarantees the existance and the grade of a commodity held in store.

Negotiation In banking, negotiation means the sale and purchase of bills of exchange and documents. In documentary operations negotiation means the giving of value for drafts and other documents by the bank authorized to negotiate. The negotiating bank has the right of recourse to the beneficiary of the documentary credit if cover is not received from the issuing bank, unless the negotiating bank has agreed to negotiate without recourse to the beneficiary, or has confirmed the credit.

Negotiation against Letter of Indemnity One of the ways how to deal with discrepancies by the negotiating bank. In this case, the exporter must be a valuable customer of the negotiating bank. Once negotiation is effected under this way, the exporter will be fully responsible for the consequence of the discrepancy.

Negotiation credit Documentary credit available by negotiation. Explanation under "Availability under documentary credits"

Negotiable instruments An instrument such as draft, promissory note, check or bill of exchange which is transferable from one person to another in good faith for a consideration.

Net Cash Payment for goods sold usually within a short period of time with no deduction allowed from the invoice price.

Net Weight Weight of the goods only which does not include their packing.

N.O.C. Notice of Cancellation

Non-negotiable Instruments Non-security/title documents. Ownership of the document alone does not entitle the holder to receive the goods named therein (e.g. non-negotiable sea waybill, air waybill, forwarder's receipt, etc.).

Non-Tariff Barriers NTBs are market access barriers that result from prohibitions, restrictions, conditions or specific requirements and make exporting products difficult and/or costly. The term covers any restriction or quota, charge, or policy, other than traditional customs duties, domestic support programs, discriminatory labeling and health standards, and exclusive business practices which limit the access of imported goods. NTBs may result from government or private sector actions.

NonVessel Owning Carrier(NVOC) An NVOC is a firm which consolidates and disperses international containers that originate at, or are bound for, inland ports.

Notary Public A person commissioned by a state for a stipulated period to administer certain oaths and to attest and certify documents.

Notify Party Notify Party is usually the seller's agent in the buyer's country who should be advised by the shipping company when the vessel arrives. Group, whose name and address appear in a bill of lading, who is to be notified by the shipping company of the arrival of goods at the discharge port. There is normally a box on the bill of lading where the details of the notify party are inserted.

NVOCC(= Non Vessel-Owning/Operating Common Carrier) A carrier issuing bills of lading for carriage of goods on vessels which he neither operates nor owns.

[O]

O.B.O. Oil/Bulk/Ore carrier

Ocean Bill of Lading A receipt for the cargo and a contract for transportation between a shipper and the ocean carrier. It may also be used as an instrument of ownership which can be bought, sold, or traded while the goods are in transit. To be used in this manner, it must be a negotiable "Order" Bill-of-Lading. —A Clean Bill-of-Lading is issued when the shipment is received in good order. If damaged or a shortage is noted, a clean bill-of-lading will not be issued. —An On Board Bill-of-Lading certifies that the cargo has been placed aboard the named vessel and is signed by the master of the vessel or his representative. On letter of credit transactions, an On Board Bill-of-Lading is usually necessary for the shipper to obtain payment from the bank. When all Bills-of-Lading are processed a ship's manifest is prepared by the steamship line. This summarizes all cargo aboard the vessel by port of loading and discharge. —An Inland Bill-of-Lading (a waybill on rail or the "pro forma" bill-of-lading in trucking) is used to document the transportation of the goods between the port and the point of origin or destination. It should contain information such as marks, numbers, steamship line, and similar information to match with a dock receipt.

Ocean Freight Differential OFD is the amount by which the cost of the ocean freight bill for the portion of commodities required to be carried on U.S. flag vessels exceeds the cost of carrying the same amount on foreign flag vessels. When applied to agricultural commodities shipped under Food for Peace, OFD is the amount paid by the Commodity Credit Corporation.

OEM Original Equipment Manufacture

Offer A proposal that is made to a certain individual or legal entity to enter into a contract, that is definite in its terms, and that indicates the offeror's intent to be bound by an acceptance.

On Board "Notation on a bill of lading indicating that the goods have been loaded on board of shipped on a named ship. In the case of received for shipment bills of lading, the following four parties are authorized to add this "on board" notation: (1) the carrier, (2) the carrier's agent, (3) the master of the ship, and (4) the master's agent."

In the case of received for shipment bills of lading, the following four parties are authorized to add this "on board" notation:

- the carrier
- the carrier's agent
- the master of the ship
- the master's agent

On deck Notation on the bill of lading which indicates that the goods have been loaded on the deck of the ship. Documents with an "on deck" notation will only be accepted if expressly authorized in the credit.

Open Account A trade arrangement in which goods are shipped to a foreign buyer before, and without written guarantee of, payment. Because this method poses an obvious risk to the supplier, it is essential that the buyer's integrity be unquestionable.

Open Insurance Policy A marine insurance policy that applies to all shipments made by an exporter over a period of time rather than to a single shipment.

Open Policy A cargo insurance policy that is open contract; i.e., it provides protection for all an exporter s shipments afloat or in transit within a specified geographical trade area for an unlimited period of time, until the policy is canceled by the insured or by the insurance company. It is "open" because the goods are shipped also are detailed at the time. This usually is done in a document called a marine insurance certificate.

Open Top Container Shipping container that has an open top instead of a solid roof to enable cargo, such as timber, to be loaded from the top. The container is covered by waterproof sheeting while in transit.

Optional Cargo Cargo that is destined for one of the ship's discharge ports, where the exact port is not known when the goods are loaded. The optional cargo is stowed so that it can be removed at any of the optional ports without disturbing other cargo.

Order Bill A bill of lading that states that goods are consigned to the order of the person named in the bill.

Original Bill of Lading Bill of lading that bears the original signature of the master of a ship or his agent.

[P]

P/A Particular average. Power of attorney. Private account

Pac. Pacific coast ports

Packing List A document prepared by the shipper listing the kinds and qualities of merchandise in a particular shipment.

Pallet A platform with or without sides, on which a number of packages or pieces may be loaded to facilitate handling.

Palletizing The loading and securing of a number of sacks, bags, boxes or drums on a pallet base.

P. & I. Protection and Indemnity

P. & L. Profit and Loss

Parol Oral expression. A parol contract is one that is verbal only and that has not been put into writing by the parties.

Particular Average comprehends all loss occasioned to ship, freight, and cargo, which has not been wholly or partly sacrificed for the common safety or which does not otherwise come under the heading of general average or total loss.

Partnership An unincorporated business owned and operated by two or more persons, who may have general or limited liability according to the agreement of the partnership.

Patent A grant by law to an inventor of a device of the right to exclude other persons from making, using, or selling the device.

Patent Cooperation Treaty The Patent Cooperation Treaty, PCT, is a worldwide

Payee The person or organization to whom a check or draft or note is made payable.

Payer The party primarily responsible for the payment of the amount owned as evidenced by a given negotiable instrument.

Performance bond Usually 10% of the contract value. The beneficiary (buyer of the services and/or the goods) will claim financial restitution under the bond if the principal (supplier of the services and/or goods) fails to comply with the terms and conditions of the contract.

Pier-to-Pier Shipment of cargo by carrier from orgin pier to discharge pier.

Piggyback The transportation of truck trailers and containers on specially equipped railroad flat-cars.

P/L Partial Loss

P/N Promissory Note

Policyholder The person who owns a life insurance policy. This is usually the insured person, but it may also be a relative of the insured, a partnership or a corporation.

Port of Discharge The port at which a shipment is off loaded by a transportation line.

Port-to-Port Bill of Lading Marine/Ocean bill of lading which covers the transport of goods between two ocean ports.

p.p. Per procurationem (on behalf of)

Pre-advice At the request of the applicant the issuing bank may give a pre-advice of issuance and/or amendment of a documentary credit. A pre-advice is usually marked with a reference such as "Full details to follow". Unless otherwise stated, the pre-advice irrevocably commits the issuing bank to issue/amend the credit in a manner consistent with said pre-advice.

Premium The sum paid by a policyholder to keep their insurance policy in force.

Prepaid A notation on a shipping document indicating that shipping charges have already been paid by the shipper to the carrier.

Probate A court-supervised process of validating or establishing distribution of assets of a deceased including the payment of outstanding obligations.

Pro-Forma Invoice An invoice provided by a supplier prior to the shipment of merchandise, informing the buyer of the kinds and quantities of goods to be sent, their value, and important specifications (weight, size, and similar characteristics).

Product Groups Commodity groupings used for export control purposes.

Proof of Delivery Information provided to payor containing name of person who signed for the package with the date and time of delivery.

Protest The means by which an importer, consignee, or other designated party may challenge a customs decision.

Proximate Cause The effective cause of loss or damage; an unbroken chain of events between the occurrence and damage.

Punitive Damages A court awarded amount that exceeds the economic losses and general damages of a defendant and is intended solely to punish the plaintiff because of reckless or malicious acts.

Purchase Order(P/O) A purchaser's written offer to a supplier formally stating all terms and conditions of a proposed transaction.

[Q]

Qlty Quality

Qty Quantity

Quantitative Restrictions Explicit limits, or quotas, on the physical amounts of particular commodities that can be imported or exported during a specified time period, usually measured by volume but sometimes by value. The quota may be applied on a selective basis, with varying limits set according to the country of origin, or on a quantitative global basis that only specifies the total limit and thus tends to benefit more efficient suppliers.

Quarantine The term during which an arriving ship or airplane, including its passengers, crew and cargo, suspected of carrying a contagious disease, is held in isolation to prevent the possible spread of the disease.

Quay A structure built for the purpose of mooring a vessel; also called a pier.

Quota A limitation on the quantity of goods that may be imported into a country from all countries or from specific countries during a set period of time.

[R]

Rail Waybill Freight document that indicates goods have been received for shipment by rail.

Rebating Giving any valuable consideration (commission) to a prospect or insured as an inducement to buy.

Received for Shipment Bill of Lading Confirms only receipt of the goods but not their actual loading on board. This type of bill of lading can be accepted under documentary credits only if this is expressly permitted or if the credit stipulates a document covering multimodal transport. Otherwise, "received for shipment" bills of lading must show an additional "On board" notation in order to be accepted as an ocean bill of lading.

Red Clauses The inclusion of a "red clause" in a letter of credit enables the beneficiary to avail itself of the credit standing of the buyer. Initially this clause was so unusual that its presence was highlighted in red ink; hence the name. Through a red clause, the beneficiary is allowed to draw funds from the credit prior to effecting shipment.

Reimbursement Payment of the expenses actually incurred as a loss covered by the policy.

Reimbursing Bank The bank named in the documentary credit from which the paying, accepting or negotiating bank may request cover after receipt of the documents in compliance with the documentary credit. The reimbursing bank usually does not have a commitment to pay unless it has confirmed the reimbursement instruction. The issuing bank is not released from its commitment to pay through the nomination of a reimbursing bank. If cover from the reimbursing bank should not arrive in time, the issuing bank is obliged to pay (also any accrued interest on arrears).

Reinsurance The acceptance by one or more insurers of a portion of the risk underwritten by another insurer.

Restricted Letter of Credit A letter of credit which is restricted to a bank specifically mentioned.

Revocable Documentary Credit Revocable documentary credits must be clearly marked by the issuing bank. They may be revoked at any time until their utilization (see under "Availability under documentary credits"). Due to the low level of security they are extremely rare in practice.

Revolving Documentary Credit With a revolving documentary credit the issuing bank undertakes to reinstate the credit after each drawing or time period (e.g. monthly). The number of utilizations and the period of time within which these must take place are specified in the documentary credit. The revolving documentary credit is used when a purchaser wishes to have certain partial quantities of the ordered goods delivered at specified intervals (multiple delivery contract) and when multiple documents are presented for this purpose. Such credit may be cumulative or non-cumulative.

Road Waybill Transport document that indicates goods have been received for shipment by road haulage carrier.

Roll-On/Roll-Off(RO/RO) A category of ships designed to load and discharge cargo which rolls on wheels. System of loading and unloading a ship where the cargo is driven on and off ramps.

Royalty Compensation for the use of a person's property based on an agreed percentage of the income arising from its use.

R.S. & C.C. Roits, Strikes and Civil Commotions

Rye Terms(R.T.) Rye Terms are a kind of quality terms. Rye Terms are developed for the sale of grain.

Running Down Clause Additional coverage which can be added to an Ocean Marine Hull policy to provide protection for damage to another ship caused by collision.

[S]

Safeguards The General Agreement on Tariffs and Trade (GATT) permits two forms of multilateral safeguards: (a) a country's right to impose temporary import controls or other trade restrictions to prevent commercial injury to domestic industry, and (b) the corresponding right of exporters not to be deprived arbitrarily of access to markets. Article XIX of the GATT permits a country whose domestic industries or workers are adversely affected by increased imports to withdraw or modify concessions the country had earlier granted, to impose, for a limited period, new import restrictions if the country can establish that a product is "being imported in such increased quantities as to cause or threaten serious injury to domestic producers," and to keep such restrictions in effect for a such time as may be necessary to prevent or remedy such injury.

Said to contain (s.t.c.)/said to weigh (s.t.w.)/shipper's load and count Clauses in transport documents which exclude liability of the carrier for the consistency of the description of the goods or the weight of the goods actually loaded, e.g. goods in containers. This provides protection to the carrier against claims by the consignee.

Salvage Compensation paid for the rescue of a ship, its cargo or passengers from a loss at sea; or the act of saving a ship or its cargo from possible loss; or property saved from a wreck or fire.

S. & H/exct. Sundays and holidays excepted in lay days

S. & L. Sue & Labor (charges)

Sea Damaged(S.D.) Sea Damaged Terms are developed for the sale of grain.

S.d. Short Delivery

SDR Special Drawing Right

Seal A mark or sign that is used to witness and authenticate the signing of an instrument, contract, or other document.

Sea Waybill Transport document which is not a document of title/negotiable document. The sea waybill indicates the "on board" loading of the goods and can be used in cases where no ocean bill of lading, i.e. no document of title is required. For receipt of the goods, presentation of the sea waybill by the consignee named therein is not required, which can speed up processing at the port of destination.

Seaworthiness The fitness or safety of a vessel for its intended use.

SED Shipper's Export Declaration

Seizure The act of taking possession of property.

SHEX Sundays and Holidays Excepted

SHinc Sundays and Holidays Included

Shipping Order(S/O) Instructions of shipper to carrier for forwarding of goods.

Shipper The company or person who ships cargo to the consignee.

Short Form Bill of Lading A bill of lading on which the detailed conditions of transportation are not listed in full.

Short Form of Transport Documents Transport documents which do not contain all of the conditions of the contract of carriage and/or refer to such conditions as being contained in a source document other than the transport document.

Short Weight Notation of a shipment's weight as less than noted on the original bill of lading, indicating loss during shipment.

Sight Draft An unconditional order in writing, addressed by one person to another, signed by the person giving it, requiring the person to whom it is addressed to pay on demand a sum certain in money to or to the order of a specified person, or to bearer.

Silent Confirmation (of documentary credits) In addition to the commitment of the issuing bank the advising bank can, by silent confirmation, enter into its own, independent commitment to pay or accept. In contrast to the confirmed documentary credit, in this case there is no confirmation instruction given by the issuing bank. Silent confirmations are thus purely agreements between the beneficiary and the "silently confirming" bank. In order to enforce its claim, the "silently confirming" bank requires the assignment of all the rights of the beneficiary under the letter of credit.

SITC Standard International Tariff Classification

S.K.D. Semi Knocked Down

S/L.C. Sue and Labor Clause

S/L.Ch. Sue and Labor Charges

Smart Card An electronic prepaid cash card, usually sold at banks and are exchanged at face value.

Soft Clause Clauses in the documentary credit which make it impossible for the beneficiary (seller) to meet the conditions of the documentary credit on his own and independently of the purchaser.

Example: The goods must be accepted prior to shipment by a representative of the purchaser. The name of the representative is made known via an amendment in the documentary credit at a later stage. It is not recommended for exporters to agree to this type of request.

S.R. & C.C. Strikes, Riots and Civil Commotions

Standard International Trade Classification(SITC) The SITC was developed by the United Nations in 1950 and is used solely by international organizations for reporting international trade. The SITC has been revised several times; the current version is

Revision 3.

Standby Letter of Credit The standby letter of credit is very similar in nature to a guarantee. The beneficiary can claim payment in the event that the principal does not comply with its obligations to the beneficiary. Payment can usually be realized against presentation of a sight draft and written statement that the principal has failed to fulfil his obligations. With this instrument the following payments and performances, among others, can be supported:

– repay funds borrowed or advanced

– fulfil subcontracts

– undertake payment of invoices made on open account.

Standby letters of credit are subject to the UCPDC, Art. 1.

Stevedore A person having charge of the loading and unloading of ships in port.

Stowage The arranging and packing of cargo in a vessel for shipment.

Straight Bill of Lading A nonnegotiable bill of lading that designates a consignee who is to receive the goods and obligates the carrier to deliver the goods to that consignee only. Straight Bill of Lading is issued in the nameof a specified consignee, and it is, therefore, interpreted that there is no intention of the shipper to transfer the ownership of the goods to anyone but the consignee.

Stuffing The loading of cargo into a container.

Subsidiary Any organization more than 50 percent of whose voting stock is owned by another firm.

Subsidiary (for transport insurances) The goods are covered for the same period or journey and against the same dangers with two insurers. The non-contractual transport insurer has secondary liability, i.e. compensates only for damages not covered by the other insurance.

Subsidies GATT does not directly define subsidies. The U.S. regards a subsidy as a bounty or grant paid for the manufacture, production, or export of an article. Export subsidies are contingent on exports; domestic subsidies are conferred on production without reference to exports. While governments sometimes make outright payments to firms; subsidies usually take a less direct form (R&D support, tax breaks, loans on preferential terms, and provision of raw materials at below-market prices).

Surety A bond, guaranty, or other security that protects a person, corporation, or other legal entity in cases of anothers default in the payment of a given obligation, improper performance of a given contract, malfeasance of office, and others.

Survey To examine the condition of a vessel for purposes of establishing seaworthiness and/or value.

Swaps Swaps take dozens of forms but often entail the exchange of one type of asset or payment for another. Some of the more common forms are: cross—border; currency; debt—for—charity; debt—for—commodity; debt—for—debt; debt—for—development; debt—for—equity; debt—for—export; debt—for—local—currency; debt—for—nature; discount; dual currency; interest rate; inward; premium; reverse; and vanilla. Minor variation in names is common.

SWIFT Society for Worldwide Interbank Financial Telecommunication

[T]

Tale Quale (T.Q.) Tale Quale Terms are a modification landed quality terms. Tale Quale means that the grain is to be sound and in good condition when shipped, but the buyer must accept it "as it is" for condition when delivered. The buyer therefore assumes the damage risk. This term does not mean, as a rule, that any quality can be delivered. But it means that if the seller can prove or the arbitrators decide that the contract or customary quality was delivered aboard the ship, the buyer has no right to claim damages except in those cases where it can be proved that the ship was not in condition to carry the goods or that they were stowed in negligent manner. The contract on Tale Quale usually contains a clause providing for shipment in good condition, but Tale Quale as regards on arrival.

Tare Weight The weight of a container and/or packing materials without the weight of the goods it contains.

Tariff A tax assessed by a government in accordance with its tariff schedule on goods as they enter (or leave) a country. May be imposed to protect domestic industries from imported goods and/or to generate revenue. Types include ad valorem, specific, variable, or some combination.

Tax Haven A nation offering low tax rates and other incentives for individuals and businesses of other countries.

Technology Transfer This term is used to characterize "the transfer of knowledge generated and developed in one place to another, where is it is used to achieve some practical end." Technology may be transferred in many ways: by giving it away (technical journals, conferences, emigration of technical experts, technical assistance programs); by industrial espionage; or by sale (patents, blueprints, industrial processes, and the activities of multinational corporations).

Tender A small vessel which serves a larger vessel in a port for the purpose of supplying provisions and carrying passengers from ship to shore.

Tenor The period between the formation of a debt and the date of expected payment.

Terminal The area at the end of a rail, ship, air, or truck line which serves as a loading, unloading, transfer point, and storage/repair facillity.

TEU Twenty-foot Equivalent Unit

Third Party Documents In documentary operations, documents which indicate as the consignor of the goods a party other than the beneficiary of the credit are referred to as "third party documents". Banks accept third party transport documents.

Through Bill of Lading A single bill of lading covering receipt of the cargo at the point of origin for delivery to the ultimate consignee, using two or more modes of transportation. Bills of lading where transhipment takes place en route but which cover the entire carriage of the goods from the port of loading to the final destination.

Time Draft A draft maturing ether a specified number of days after sight (that is, after presentation to the drawee and acceptance by him) or a specified number of days after the date of the draft. Examples: "120 days after date."

T.L.O. Total Loss Only

T.L.V.O. Total Loss of Vessel Only

Tolerances (in amounts, quantities, unit prices) The UCP stipulate the tolerances allowed with regard to amounts, quantities and prices in documentary transactions.

T/O Transfer Order

To Order A term on a financial instrument or title document indicating that it is negotiable and transferrable.

T.P.N.D. Theft, Pilferage and Non-Delivery

T.Q. Tale Quale

Tracking A carrier's system of recording movement intervals of shipments from origin to destination.

Trailor A vehicle without motor power designed to be drawn by another vehicle.

Tramp Steamer A steamship which does not operate under any regular schedule from one port to another, but calls at any port where cargo may be obtained.

Transfer Risk Currency measures of foreign governments which make it impossible for the debtor to allocate and transfer foreign exchange abroad. Transfer risks can be covered through use of bank guarantees, confirmed documentary credits, export credit agencies, etc.

Transferable (letter of credit) In the case of a transferable documentary credit, the beneficiary named therein may request the issuing or nominated bank to transfer all or part of the documentary credit to another beneficiary. A credit can only be transferred if it is expressly designated as "transferable" by the issuing bank. This type of documentary credit enables intermediaries (first beneficiaries) to offer security in the form of documentary credits to their suppliers (second beneficiaries).

Transfers (mail, wire, cable) Transfers are the remittance of money by a bank to be paid to a party in another town or city.

Transhipment (in documentary credits) Even if the documentary credit prohibits transhipment, banks will accept bills of lading/sea waybills which indicate that transhipment may or will occur, provided that according to the bill of lading/sea waybill the goods were transported in containers, trailers or LASH barges and that the entire journey is covered by a single bill of lading.

In all other transport documents except charter party bills of lading and courier and post receipts, transhipment is allowed even if the documentary credit prohibits it, provided that the entire transport route is covered by a single document.

Transport Documents All types of documents evidencing acceptance, receipt and shipment of goods. Examples: bill of lading, air waybill, rail waybill, etc.

Traveler' s Checks A form of check especially designed for travelers, including persons on vacation and business trips.

Triangular Trade Trade between three countries, in which an attempt is made to create a favorable balance for each.

Trust Receipt(T/R) A declaration by a client to a bank that ownership in goods released by the bank are retained by the bank, and that the client has received the goods in trust only. Used extensively in letter of credit financing, this is a document or receipt in which the buyer promises to hold the property received in the name of the bank releasing it to him, while the bank retains title to the goods. The merchant is called the trustee, the bank the entruster. Trust receipt are used primarily to permit an importer of good standing to take possession the merchandise for resale, before he pays the issuing bank.

Turnkey Contract An agreement under which a contractor agrees to complete a product so that it is ready for use when delivered to the other contracting party.

T/S Transhipment

T.T. Telegraphic Transfer

[U]

UCP Uniform Customs and Practice for Documentary Credits. The version valid as of 1.1.1994 is the 1993 revision, brochure no. 500, of the International Chamber of Commerce (ICC) in Paris. Please ensure that the documentary credits opened in your favour are expressly subject to the UCP. The UCP is binding for all parties and covers documentary credits and standby credits. A complete copy of these regulations can be obtained from us.

Ultimo Day The last business day or last stock trading day of a month.

UN/CEFACT United Nations Centre for Trade Facilitation and Electronic Business. UN/CEFACT, a United Nations body, has a global remit. It encourages close collaboration between governments and private business to secure the interoperability for the exchange of information between the public and private sector. It has developed: The UN Layout Key for Trade Documents and the international standard for electronic date interchange.

UNCITRAL United Nations Commission on International Trade Law

Unclean Bill of Lading Explanation see under "Claused bill of lading"

Unconfirmed (documentary credit) The issuing bank does not require confirmation of the documentary credit by the advising bank. The advising bank therefore makes no commitment to pay, accept or negotiate.

Underwriter (in connection with insurances) Authorized signatory of an insurance company. Known primarily on the British Lloyd' s insurance market, where brokers offer the underwriter risks with whom they negotiate the conditions.

UN/EDIFACT The EDIFACT Programme is a United Nations' standards initiative and stands for Electronic Data Interchange for Administration, Commerce and Transport. The aim is to develop structured messages, in logical "faimily" groupings, to exchange business data.

UNIDROIT International Institute for the Unification of Private Law

United Nations Conference On Trade And Development A part of the UN General Assembly which promotes international trade and seeks to increase trade between developing countries and countries with different social and economic systems.

United States Code (USC) A set of volumes containing the official compilation of U.S. law. are also local offices of the U.S. Government Printing Office in major U.S. cities.

Unitization The practice or technique of consolidating many small pieces of freight into a single unit for easier handling.

Unloading The physical removal of cargo from carrier's container.

Unrestricted Letter Of Credit A letter of credit which may be negotiated through any bank of the beneficiary's choice.

URC Uniform Rules for Collections. The version valid as of 1.1.1996 is the 1995 revision, brochure no. 522, of the International Chamber of Commerce (ICC) in Paris.

Please ensure that the collections opened in your favour are expressly subject to the URC. The URC is binding for all parties and covers documentary collection. A complete copy of these regulations can be obtained from us.

URR Uniform Rules for Bank-to-Bank Reimbursements. The version valid as of July 1, 1996 is the 1995 revision, brochure no. 525, of the International Chamber of Commerce (ICC) in Paris. Please ensure that the collections opened in your favour are expressly subject to the URC. The URC is binding for all parties and covers documentary collection.

Uruguay Round The eighth round of multilateral trade negotiations concerning the General Agreement on Tariffs and Trade (GATT). The Uruguay Round (so named because meetings began in Punta del Este, Uruguay in 1987) concluded in December, 1993 after seven years of talks with 117 member nations.

Usuance The time allowed for payment of an international obligation.

Usance Draft Term in the Anglo—American areas for a term draft.

Usance Letters of Credit Documentary credits which are not available by sight payment and which are therefore available against

— acceptance of a term bill of exchange

— or in certain usages by deferred payment

[V]

Valuation Charges Transportation charges assessed shippers who declare a value of goods higher than the value of the carriers' limits of liability.

Value-Added Tax(VAT) An indirect tax on consumption that is assessed on the increased value of goods at each discrete point in the chain of production and distribution, from the raw material stage to final consumption. The tax on processors or merchants is levied on the amount by which they increase the value of items they purchase and resell.

V.C. Valuation Clause

Vendor A company or individual that supplies goods or services.

Vessel Ton A unit of measurement in the shipping industry assuming that 100 cubic feet of cargo equals one ton.

Visa A license issued by the government of an exporting country for the export to a specific importing country of a certain quantity of a quota controlled commodity subject to a voluntary export restriction or a voluntary restraint agreement.

V.L.C.C. Very Large Crude Carrier

Voluntary Export Restriction An understanding between trading partners in which the exporting nation, in order to reduce trade friction, agrees to limit its exports of a particular good. Also called voluntary restraint agreement.

[W]

W.A. With Average

Warehouse Receipt An document listing the goods or commodities deposited in a warehouse. It is a receipt for the commodities listed, and for which the warehouse is the bailee. Warehouse receipts may be either non-negotiable or negotiable.

Warranty A promise by a contracting party that the other party can rely on certain facts or representations as being true.

Warsaw Convention An international multilateral treaty which regulates, in a uniform manner, the conditions of international transportation by air.

Waybill A document prepared by a transportation line at the point of a shipment, showing the point or origin, destination, route, consignor, consignee, description of shipment and amount charged for the transportation service, and forwarded with the shipment, or by direct mail, to the agent at the transfer point or waybill destination.

Weather Working Days(WWD) Weather working days indicate that laydays do not count when adverse weather conditions prevail thereby preventing loading or discharging to take place.

Webb-Pomerene Association Associations engaged in exporting that combine the products of similar producers for overseas sales. These associations have partial exemption from U.S. anti-trust laws but may not engage in import, domestic or third country trade or combine to export services.

Wharfage A charge assessed by a pier or dock owner for handling incoming or outgoing cargo.

With Average A marine insurance term meaning that a shipment is protected from partial damage whenever the damage exceeds 3 percent (or some other percentage). If the ship is involved in a major catastrophe, such as a collision, fire or stranding, the minimum percentage requirement is waived and the insurance company pays for all of the damage.

W/M Weight and /or Measurement

W.O.B. Washed Overboard

World Intellectual Property Organization (WIPO) One of the 15 "specialized agencies" of the United Nations system of organizations. WIPO, located in Geneva, is responsible for the promotion of the protection of intellectual property (copyrights, trademarks, patents) throughout the world through cooperation among states, and for the administration of various "Unions," each founded on a multilateral treaty and dealing with the legal and administrative aspects of intellectual property.

World Trade Organization(WTO) Provisions to establish the WTO were reached in the Uruguay Round of the General Agreement on Tariffs and Trade(GATT). The WTO is scheduled to be established no later than 1997 as an international organization of comparable stature to the World Bank and the International Monetary Fund. The Organization is expected to facilitate implementation of trade agreements reached in the Uruguay Round by bringing them under one institutional umbrella, requiring full participation of all countries in one new trading system, and providing a permanent forum to discuss new issues facing the international trading system. The WTO system will be available only to countries which: (a) are contracting parties to the GATT, (b) agree to adhere to all of the Uruguay Round agreements, and (c) submit schedules of market access commitments for industrial goods, agricultural goods, and services.

W.W.D. Weather Working Days

[X]

XS Loss Excess Loss Reinsurance

[Y]

Y.A.R. York/Antwerp Rules, 1950

[Z]

Zip Code A numerical code, established by the U.S. Postal Service, used for the purpose of routing and to identify delivery zones. Some U.S. carriers apply this code for freight in the same manner.

III. 주요 무역용어

[A]

@(ad=at, to) 단가를 ~로, ~와 교환으로

A1(first class) 제1급

A.A.(Automatic Approval) 자동승인

abandonment 위부(委付)

A/C(Account Current) 당좌계정

acceptance 인수(引受), 수락

accreditee 신용수령인, 수익자

act of God 천재(天災)

ad hoc arbitration 임시기관중재

ad valorem 종가(從價)

ad valorem duty 종가세

ad valorem freight 종가운임

advising bank 통지은행

against all risks 전위험담보

agency agreement 대리점계약

agent commission; agency commission 대리점수수료

agent; agency 대리점

agreement; contract 계약

agreement on general terms and conditions 일반거래조건협정(서)

air cargo; air freight 항공화물

airfreight forwarder 항공운송주선인

ALB(America Land Bridge) 아메리카 랜드 브리지

allowance 허용범위

A.M.(Ante Meridiem) 오전

A/N(Arrival Notice) 화물도착통지서

A/P(Authority to Pay) 어음지급수권서

A/P(Authority to Purchase) 어음매입수권서

AP Bond(Advance Payment Bond) 선수금 환급보증(금)

applicant 신용장발행의뢰인

application for space 선복신청

appreciation 평가절상

appropriation 충당

A/R(All Risk) 전위험담보

arbitration 중재

arbitration 중재

arbitrator 중재인

A/S(at sight) 일람출급

ascertained goods 특정물

assured; insured 피보험자

assurer; insurer 보험자

ATL(Actual Total Loss) 현실전손

Attn.(= Att. = Attention) 참조

atty.(attorney) 대리인

average 해손(海損), 분손(分損)

award 판정

AWB(Air Waybill) 항공화물운송장

[B]

back to back L/C 동시발행 신용장

BAF(Bunker Adjustment Factor) 유가할증료

bailee 수탁자
balance 잔금, 잔고
bank credit 은행신용
banker's credit 은행신용장
bank reference 은행신용조회처
bankruptcy 파산
bareboat charter 나용선계약
barter system 할당제
B-Bond(Bid Bond) 입찰보증(금)
B/E(Bill of Exchange) 환어음
bearer 소지인
beneficial duty 편익관세
beneficiary 수익자
berth terms 적양화비용 선주부담
b/f(brought forward) 전기이월
bid 입찰
bid bond(B-Bond) 입찰보증(금)
bill bought 매입어음
bill for collection 추심어음
BIS(Bank for International Settlements) 국제결제은행
B/L(Bill of Lading) 선화증권
blank endorsement 무기명배서, 백지배서
B/L date 선화증권 발행일
Blvd.(boulevard) 대로, 한길
B/N(Bank Note) 은행권
bona-fide holder 선의의 소지인
bonded area 보세구역
bonded factory 보세공장
bonded shed 보세창고
bonded transportation 보세운송
bonded warehouse 보세창고
both to blame collision clause 쌍방과실약관
bottomry bonds 모험대차
bottom 선복(船復), 바닥
B/P(bill payable) 지급어음
brand 통명(通名)
breakage 파손
B/S(Balance Sheet) 대차대조표
bulk cargo; bulky cargo 살물(撒物)
bunker surcharge 유가할증료
business standing 영업상태
buyer's credit 매수인신용
buyer's sample 매수인견본
buying agent 매입대리점, 수입대리점
B.V.(private company) 개인회사(독일)
BWT(Bonded Warehouse Transaction) 보세창고인도조건 거래

[C]

cable 전보
CAF(Currency Adjustment Factor) 통화할증료
cancellation 취소
captain's protest 선장의 해난보고서
care mark 주의표시
cargo insurance 적화(화물)보험
carriage; freight; fare 운임
carrier 운송인
catalog(ue) 카탈로그
CBM(Cubic Meter) 입방미터
CCC(Customs Cooperation Council) 관세협력이사회
certificate of measurement 용적증명서
certificate of weight 중량증명서
CFR(Cost and Freight) 운임포함인도
CFS(Container Freight Station) 컨테이너화물조작장

cft(cubic feet) 입방피트
Chamber of Commerce 상업회의소
check 수표
chief mate 일등항해사
CIF(Cost, Insurance and Freight) 운임보험료 포함인도
CIF&C(Cost, Insurance, Freight and Commission) 운임보험료 및 수수료 포함인도
CIF&E(Cost, Insurance, Freight and Exchange) 운임보험료 및 환비용 포함인도
CIF&I(Cost, Insurance, Freight and Interest) 운임보험료 및 이자 포함인도
CIP(Carriage, Insurance Paid to) 운송비·보험료지급인도
circular letter 권유장, 안내장
CL(container load) (1개의) 컨테이너
claimant 클레임제기자
claimee 클레임피제기자
claim 클레임
clean B/L 무사고 선화증권
Clean Bill of Exchange 무화환어음
clean credit 무담보신용장, 무화환신용장
clearing house 어음교환소
CMI(International Maritime Committee) 국제해사위원회
C/N(Credit Note) 대변표
c/o(care of) …씨 방(댁)
C/O(Certificate of Origin) 원산지증명서
C.O.D.(Cash on Delivery) 현품상환지급
code book 전신암호서
Co-Insurance 공동보험
collecting bank 추심은행
Comm.(Commission) 수수료
Commercial Credit Agency(=Mercantile Agency) 상업흥신소
commercial invoice 상업송장
commercial L/C 상업신용장
commission 수수료
common law 보통법
Compensation Trade 구상무역
compromise 타협
compulsory arbitration 강제적 중재
conciliation 조정
conditional offer 조건부청약
conference 해운동맹
conference line 정기선, 동맹선사
confirmation of cable 전보확인
confirmed L/C 확인신용장
confirming bank 확인은행
consideration 약인(約因)
consignee 수화인(受貨人)
consignment 위탁판매
constructive delivery 추정적 인도
consular fee 영사증명료
consular invoice 영사송장
container 컨테이너, 용기
container load (1개의) 컨테이너
container load cargo 컨테이너 화물
contamination 오염
contingency freight insurance 미필운임보험
contingency insurance 미필이익보험
contract; agreement 계약
contract note 매매계약서
contract rate system 계약운임제
COOC(Contact with Oil &/or Other Cargo) 유류 및 타물과의 접촉
correspondent bank 환거래은행

contract of sale 매도계약
counter offer 반대청약
counter sample 반대견본
counter trade 연계무역
countervailing duty; compensatory duty 상계관세
courier 특사(特使)
cover note 보험부보각서
CP(Counter Purchase) 대응구매
C/P(Charter Party) 용선계약(서)
C.P.A.(Certified Public Accountant) 공인회계사
CPT(Carriage Paid To) 운송비지급인도
CQD(Customary Quick Dispatch) 관습적 조속하역
craft clause 부선약관
credit information 신용보고서
credit inquiry 신용조회
credit standing 신용상태
c/s(cases) 상자
CT(Container Terminal) 컨테이너터미널
C/T(=CTN=Carton) 종이포장상자
CTL(Constructive Total Loss) 추정전손
CTO(Combined Transport Operator) 복합운송인
cub.ft(cubic foot) 입방피트
custom house 세관
customs(duties) 관세
customs broker 통관업자
customs clearance 통관
customs duty 관세
customs invoice 세관송장
CY(Container Yard) 컨테이너 야적장

[D]

D/A(Documents against Acceptance) 어음인수서류인도조건
DAF(Delivered At Frontier) 국경인도
damage 손해
date of payment; due date 지급기일, 만기일
date of shipment; time of shipment 선적일자, 선적기일
D/D(Demand Draft) 요구불어음
DDP(Delivered Duty Paid) 관세지급인도
DDU(Delivered Duty Unpaid) 관세미지급인도
dead freight 부적운임(不積運賃)
deferred payment 연지급(延支給)
Deferred Rebate System 운임연불제
Definite Policy 확정보험증권
delayed shipment 선적지연
del credere agent 지급보증대리점
del credere commission 지급보증수수료
delivery 인도
demand draft 요구불어음(송금환)
demise charter 선박임대차
demurrage 체선료
DEQ(Delivered Ex Quay) 부두인도
DES(Delivered Ex Ship) 착선인도
description 명세
designated bonded area 지정보세구역
Despatch Money 조출료
destination 목적지
devaluation 평가절하
devanning 해체, 용기에서 꺼냄

deviation 이로, 항로변경
direct steamer 직항선
dirty B/L 사고부선화증권
disclosure 고지(告知)
discount 할인
dishonored bill 부도어음
distributorship agreement 판매점 계약
distributor 판매점
dividend 배당(금/율)
D/N(Debit Note) 차변표
D/O(Delivery Order) 화물인도지시서
do. (ditto) 위와 같음
doc.(documents) 서류
documentary bill [of exchange] 화환어음
documentary clean bill 무화환어음
documentary clean credit 무화환 신용장
documentary credit; documentary L/C 화환신용장
Domestic Credit 내국신용장
domestic demand 국내수요
D/P(Documents against Payment) 어음지급서류인도조건
D/R(Dock Receipt) 부두수령증
draft; bill of exchange 환어음
draft at 30 d/s 일람 후 30일 출급 환어음
draw back 관세환급
drawee 어음지급인
drawer 어음발행인
draw 어음을 발행하다
duplicate 부본
duty free 무세, 면세
duty of declaration 고지의무
duty paid 관세지급
duty unpaid 관세미지급
duty 관세
DWT(Dead Weight Tonnage) 재화중량톤수

[E]

E/D(Expiry Date) 유효기일
EDI(Electronic Data Interchange) 전자문서교환
enclosure(s); enc.; encl(s). 동봉물
endorsement in blank 무기명배서, 백지이서
endorsement 배서, 이서
endorser 배서인, 이서인
engagement clause 대금지급확약문언
English Ton 영국톤
enquiry; inquiry 조회, 문의
E.&O.E(Errors and Omissions Excepted) 오류탈락은 제외함
equity 형평
escrow L/C 기탁신용장
estimate 견적서
ETA(Expected Time of Arrival = Estimated Time of Arrival) 도착예정일
ETD(Expected Time of Departure = Estimated Time of Departure) 출발(항)예정일
eUCP(Supplement to UCP 500 for Electronic Presentation) 전자적 제시를 위한 UCP 500의 추록
Ex(from; at) ~에서, ~으로부터
excess 소손해면책
exchange commission 환가료
exchange market 외환시장
exchange rate 환율

exchange risk　환위험
exclusive agency agreement　총대리점계약, 독점대리점계약
exclusive agent　총대리점, 독점대리점
exclusive distributor; sole distributor　일수판매점, 독점판매점
exclusive distributorship agreement　일수판매점계약, 독점판매점계약
exclusive selling agent　일수판매대리점, 독점판매대리점
ex dock　부두인도
ex factory　공장인도
ex go-down　창고인도
ex mill　공장(제분소)인도
ex pier　잔교(棧橋)인도
export bounty　수출장려금
E/D(Export Declaration)　수출신고(서)
export duties　수출세
export insurance　수출보험
E/L(Export License)　수출승인(서)
E/P(Export Permit)　수출허가(서)
ex quay　부두인도
ex ship　착선인도
Extended Cover　연장담보약관
Extraneous Risk　특약담보위험
EXW(Ex Works)　공장인도
ex warehouse　보세창고인도
ex wharf　부두인도
ex works　공장인도

[F]

F.A.Q.(Fair Average Quality)　평균중등품질
F.C.S.C.(Free from Capture and Seizure Clause)　포획나포부담보약관
FAS(Free Alongside Ship)　선측인도
FCA(Free Carrier)　운송인인도
F. Forward; freight (to) collect　운임 후 지급
FIATA(International Federation of Forwarding Agent Association)　운송주선인협회국제연맹
financial standing　재정(자산)상태
F.I.O.(Free In and Out)　적양화비화주부담
firm offer　확정청약
fixture memo　선복확약서
floating policy　선명미정보험
FOB(Free On Board)　본선인도
FOB Vessel(Free On Board Vessel)　본선인도
FOR(Free On Rail)　철도인도
force majeure clause　불가항력조항
force majeure　불가항력
foreign exchange bank　외국환은행
foreign exchange rate　환율
foreign exchange　외국환
forwarding agent　운송대리인
FOT(Free On Truck)　화차인도
foul B/L; dirty B/L　사고부선화증권
foul M/R　사고부본선수취증
F.P.A.(Free from Particular Average)　분손(단독해손)부담보
franchise　소손해면책
franco　반입인도
free offer　불확정청약
freight collect　운임 후 지급
freight conference　운임협정
freight forwarder　운송주선인

freight prepaid 운임선지급
freight rates 운임률
freight space 선복(船腹)
frustration 계약목적 달성불능(좌절), 이행불능

[G]
G/A(General Average) 공동해손
general cargo 일반화물
general credit 일반신용장, 자유매입신용장
general terms and conditions of business 일반거래조건
G.M.Q.(Good Merchantable Quality) 판매적격품질
governing low 준거법
grace period 은혜일수
great gross 12×12×12 = 728개
gross profit 총이익
gross ton 총톤
gross weight 총중량
GSPCO(Generalized System of Preferences Certificate of Origin) 일반특혜관세 원산지증명서(=Form "A")

[H]
hatch cargo 선창화물
heat damage 열손해
heavy cargo 중량화물
honor 어음의 인수(지급)
house bill 자사어음
Hull Insurance 선박보험

[I]
IATA(International Air Transport Association) 국제항공운송협회
Ibid.(ibidem = in the same place) 같은 원천에서, 같은 곳에서
I/C(Inspection Certificate) 검사증명(서)
ICC(Institute Cargo Clause) 협회적화약관
ICC(International Chamber of Commerce) 국제상업회의소
ICD(Inland Container Depot) 내륙컨테이너운송기지
I/D(Import Declaration) 수입신고서
I/L(Import Licence) 수입승인(서)
imaginary profit 희망이익
import duties 수입세
import quota 수입할당
Improvement Trade 가공무역
in bond 보세인도
Inc.(incorporated) …(주식) 회사
Incl.(Include; Incl = Enclude) ~을 포함하다.
INCOTERMS(International Rules for the Interpretation of Trade Terms → International Commercial Terms에서 따옴) 무역거래조건의 해석에 관한 국제규칙
indemnity 보상
indent 위탁매입(매입주문)
indent invoice 위탁매입송장
industrial property 공업소유권
inferior quality 품질불량
Inherent Vice of Nature 고유한 하자 또는 성질
inquiry 조회
instalment shipment 할부선적
institute clauses 협회약관
insurable interest 피보험이익
insurable value 보험가액
insurance 보험

insurance certificate　보험증명서
insurance premium rate　보험료율
insurance premium　보험료
insured amount(= sum insured)　보험금액
insured　피보험자
insurer　보험자
in transit　운송중
inventory　재고품, 재산목록
invitation to treat　청약의 유인
invoice　송장
invoice amount　송장금액
in your favor　귀하를 수익자로 하여
IOU(I Owe You)　차용증
I/P(Import Permit)　수입허가(서)
I/P(Insurance Policy)　보험증권
irrevocable L/C　취소불능신용장
issuing bank; opening bank　신용장발행은행
ITE(Inland Transit Extension)　내륙운송연장담보

[J]

JETRO(Japan External Trade Organization)　일본무역진흥회
jettison　투화(投貨)
joint venture　합병기업, 합병회사
jurisdiction　재판관할권

[K]

KOTRA(Korea Trade and Investment Promotion Agency)　대한무역투자진흥공사

[L]

L.(Libra = pound)　파운드(영국화폐)
landed quality terms　양륙품질조건
landed quantity terms　양륙수량조건
landed weight terms　양륙중량조건
latent defect　잠재하자
laydays　정박기간
Lbs.(Libras=pounds in weight)　파운드(중량)
L/C(Letter of Credit)　신용장
LCL(Less than Cargo Load) cargo　컨테이너 1대 미달화물
L/G(Letter of Guarantee)　수입화물선취보증서, 보증장
leads and lags　외환수급 의도적 촉진/지연
leakage　누손
lengthy cargo　장척화물
Letter of Attorney　위임장
L/I(Letter of Indemnity)　파손화물보상장
L/I(Letter of Indication)　서명감
LIBO(London Interbank Offered Rate)　런던은행간금리
licensing agreement　기술도입계약
lien　유치권
lighter　부선
lighterage　부선비용
limited liability company　유한책임회사, 주식회사
limited partnership　합자회사
liner　정기선(정기항공기)
liner terms(= berth terms)　적양화비선주부담
list price　가격표
Lloyd's　로이즈
Lloyd's Underwriters' Association　로이즈 보험자 협회
local credit　내국신용장

loco 현장인도
long shore man 항만노무자
LT(Letter Telegram) 서신전보
L/T(Long Ton) 영국톤
Ltd.(Limited) 유한책임회사, 주식회사
lump sum charter 총괄운임용선계약

[M]

maintenance bond 하자보증
margin 담보금, 보증금
maximum quantity acceptable 인수가능 최대량
marine insurance 해상보험
marine risks 해상위험
mark(s) 화인(貨印)
market fluctuation 시가변동
market research 시장조사
measuring and weighing 검수, 검량
memorandum 각서
Memorandum Clause 면책률약관
Messrs.(Messieurs) Mister의 복수
M/F(manifest) 적화목록
MIP(Marine Insurance Policy) 해상보험증권
mixture or cargo 화물의 혼적
M/L(more or less clause) 과부족용인조항
Mmes.(Mesdames) 부인(Mrs.의 복수)
mooring 계선(繫船)
more or less terms 수량과부족용인조건
M/R(Mate's Receipt) 본선수령증, 선장수령증
MTO(Multimodal Transport Operator) 복합운송인
Multimodal Transport 복합운송
M/S(Motor Ship) 발동기선
M/T(Mail Transfer) 우편송금환
M/T(Measurement Ton) 용적톤
M/T(metric ton) 프랑스톤(= 2,204 lbs.)

[N]

negotiable B/L 유통선화증권
negotiable instrument 유통증권
negotiating bank 매입은행
negotiation 환어음매입
net net weight 정미중량
net weight 순중량
non-delivery 불착
non-negotiable B/L 비유통선화증권
notifying bank; advising bank 통지은행
notify party 착화통지처
N/P(Notary Public; No Responsibility) 공증 ; 책임없음
N.V.(public corporation) 일반법인, 공공법인(독일)
NVOOC(Non-Vessel Operating Common Carrier) 운송수단 비보유 운송인

[O]

ocean B/L 해상선화증권
ocean freight 해상운임
offer 청약
offer subject to being unsold 미판매조건청약
offer subject to prior sale 선착순판매조건청약
offer subject to seller's confirmation 매도인확인조건청약

on board B/L 본선적재 선화증권
on board notation B/L 본선적재부기 선화증권
on board notation 본선적재부기
on deck cargo 갑판적화물
open cover 예정보험, 포괄보험
open credit(Open L/C) 자유매입신용장
opening bank(=issuing bank) 신용장발행은행
open policy; floating policy 포괄예정보험〔증권〕
optional cargo 양륙지선택화물
order 주문
order B/L 지시식선화증권
order sheet 주문서
original sample 원견본
original 정본
overdraft 당좌대월

[P]

p.a.(=per annum) 연리 cf. 5% p.a.年利 5分
P/A(Power of Attorney= Letter of Attorney) 위임장
package 포장
packing credit 전대(선대)신용장
packing list 포장명세서
packing 포장
parcel post 소포우편
partial loss 분손
partial payment 분할지급
partial shipment 분할선적(=instalment shipment)
particular average 단독해손(單獨海損)
patent 특허
payment 지급
payment in advance 선지급
payment on credit 후지급
payment terms 지급조건
P-Bond(Performance Bond) 계약이행보증(금)
pence rate 지급계정시세
peril 위험
perils clause 위험약관
perils insured against 피보험위험, 담보위험
perils of the sea 해상고유의 위험
piece goods 옷감
pilferage 절도, 발화(拔貨)
piracy 해적행위
P.M.(Post Meridiem) 오후
P/N(Purchase Note) 매약서(買約書)
P.O. Box 사서함
port authorities 항만관리자
port charge 항비
port mark 목적항 기호
port of call 기항지
port of destination 목적항
port of discharge 양륙항
port of shipment; shipping port 선적항
P.P.(Per Procuration; by proxy) 대리인으로서
premium 보험료
price list 가격표
price terms 가격조건
prima facie evidence 추정적 증거
primage 선장사례금(운임할증)
prime L/C 원신용장
principal 본인
Principal to Agent 본인 대 대리인
proforma invoice 견적송장, 시산송장

promissory note 약속어음
prompt shipment 즉시선적
provisional policy 개별예정보험
Prox.(Proximo) 다음달의
proximate cause 근인주의
P.S.(Post Scritum = postscript) 추신
P.T.O.(Please Turn Over) 뒷면을 보시오
Pty(Proprietary Company) (호주 등에서의) 주식회사
public weigher 공인검량인

[Q]
quality terms 품질조건
quantity discount 수량할인
quantity terms 수량조건
quotation 가격

[R]
RAFTD(Revised American Foreign Trade Definition) 개정미국무역정의
ratification 추인
rebate 되돌려주는 돈
receipt 영수증
received B/L 수취식 선화증권
red clause L/C 전대(선수금) 신용장
reimbursement 상환
reimbursement claim 상환청구
reimbursement draft 상환어음
Re-Insurance 재보험
remarks 적요
remittance 송금
replacement; substitute 대체품
repudiation 이행거절
restricted credit; special credit 매입제한신용장
retailer 소매상
retaliatory duty 보복관세
revenue stamp 수입인지
Revised American Foreign Trade Definitions 개정미국무역정의
revocable credit 취소가능신용장
revolving L/C 회전신용장
RFWD(Rain and Fresh Water Damage) 우담수손해
Ro/Ro(Roll on/Roll off) 경사로를 통한 차량진입형 하역방식
Round-about Trade 우회무역
R.S.V.P.(= Répondez sil vous plaît = Reply, if you please.) 회답하여 주십시오.
R/T(Rye Terms) 양륙품질조건
running laydays 연속정박기간

[S]
S/A(Shipping Advice) 선적통지(서)
S/D(Shipping Date) 선적기일
S/D(Sight Draft) 일람출급환어음
S/O(Shipping Order) 선적지시서
S/T(Short Ton) 미국톤(= 2,000 lbs.)
SA(Corporation) (프랑스, 스페인에서) 법인
safeguard 긴급수입제한
sale by brand 상표매매
sale by description 설명매매
sale by sample 견본매매
sale by specification 명세서매매
sale by standard 표준품매매
sale by trade mark 상표매매
sale on consignment 위탁판매
sales agent 판매대리점

sales contract 판매계약
sales invoice 판매송장
sales note 매약서(賣約書)
Salvage Loss Settlement 구조물차감보상
sample 견본
Sanitary Certificate 위생증명서
S.D.(Sea Damaged) 선적 및 양륙 품질조건의 절충조건
Sea Waybill 해상화물운송장
seaworthiness 내항성(耐航性)
selling agent 판매대리점
SGA(Sale of Goods Act) 영국 물품매매법
S.H.E.X(Sundays Holidays Excepted) 일요일, 공휴일 제외함(하역시)
shipment sample 선적견본
shipped B/L 선적선화증권
shipped quality terms 선적품질조건
shipped quantity terms 선적수량조건
shipped weight terms 선적중량조건
shipper 송화인
shipping agent 선적대리점
shipping documents 선적서류
shipping instructions 선적지시서
shipping marks 화인(貨印)
shipping port; port of shipment 선적항
shipping sample 선적견본
ship's master 선장
ship's space; shipping space 선복(船腹)
shut out 부적화물(不積貨物)
sight bill(draft) 일람출급어음
simple contract 단순계약
sole agent (총)일수대리점
sole distributor; exclusive distributor 일수판매점
SOS(Save Our Souls=save our ship) 구조해 주시오
S.P.A.(Corporation) (이태리에서의) 법인
specific duty 종량세
specific goods 특정물
special endorsement 기명이서, 기명배서
specification(s) 명세서
spot exchange rate 현물환률
S.R.C.C.(Strikes, Riots Civil Commotion) 동맹파업 폭동·소요 위험
stale B/L 기간경과선화증권
stand-by credit 보증신용장
Sterling Pound 영국파운드
stevedore 선내하역인부
stevedorage 선내하역인부임
stockholder 주주
storage 보관료, 창고료
stowage 적부(積付)
straight B/L 기명식선화증권
subrogation 대위(代位)
sue and labo(u)r clause 손해방지조항
Sue and Labour Charges 손해방지비용
sundries 잡화
surcharge 할증료
surveyor 감정인
survey report 감정보고서
sweat damage 땀에 의한 손해
SWIFT(Society for Worldwide Interbank Financial Telecommunication) 세계은행간 금융 데이터 통신협회

sworn measurer 선서검량인

[T]

tallyman 검수인
tally sheet 검수서
tare 포장용기
tariff 관세, 관세율
tariff rate 운임률
Tariff Quota System 관세할당제도
T.C.(Telegraphic Collation=collated Telegram) 대조전보
T.D.(Time Deposit) 정기예금
technical assistance agreement 기술지원계약
telegram; telegraph 전보
tenor 환어음의 만기일
term bill 기한부어음
terms and conditions 거래조건
terms of payment 지급조건
Through B/L 통선화증권
time bill 확정일부어음
time charter 정기용선
time of shipment; date of shipment 선적기한(기일)
T.L.O.(Total Loss Only) 전손담보
to the order of shipper 송화인지시식
total loss 전손
T.P.N.D.(Theft, Pilferage and Non Delivery) 도난, 발화, 불착
T.Q.(Tale Quale) 선적품질조건
T/R(Trust Receipt) 수입화물대도(輸入貨物貸渡)
trade mark 상표
trade reference 동업자조회
trade terms 거래조건
tramp; tramper; tramp ship 부정기선
trans(s)hipment 환적(換積)
transaction as principal to principal 본인대 본인거래
transaction 거래, 매매, 계약
transferable credit 양도가능신용장
transit clause 운송약관
transit trade 통과무역
Traveller's Credit 여행자신용장
trial order 시험적 주문
T.S.V.P.(Tournez síl vous Plaît = please turn over) 뒷면을 보십시오
T/T(Telegraphic Transfer) 전신송금환
T.T.B. Rate(Telegraphic Transfer Buying Rate) 전신환매입률
T.T.S. Rate(Telegraphic Transfer Selling Ratc) 전신환매도율
Turn-key Contract 일괄수주방식계약

[U]

UCC(Uniform Commercial Code) 미국 통일상법전
UCP(Uniform Customs and Practice for Documentary Credits) 화환신용장통일규칙
U.K.(United Kingdom) 영연방, 영국
Ult.(Ultimo=last month) 지난달
unascertained goods 불특정물
UNCITRAL(United Nations Commission on International Trade Law) 유엔국제무역법위원회
unconfirmed L/C 미확인신용장
under reserve negotiation 유보부매입

underwriter　보험업자
unknown clause　내용미지조항
unvalued policy　금액미정보험
URC(Uniform Rules for Collections) 추심에 관한 통일규칙
urgent telegram　긴급전보
usance bill　기한부어음
usance credit; usance L/C　기한부신용장

[V]

valued policy　금액평가보험증권
vessel　선박, 본선
VIP(Very Important Person)　귀빈
viz.(videlicet = namely)　즉
voluntary export restraints　수출자율규제
voyage charter　항해용선
V.P.(Vice-President)　부사장
v.s.(versus)　대(對)

[W]

WA(With Average)　단독해손담보; 분손담보
Waiver　국적선불취항증명서, 포기
warrant　창고증권
warranty　담보; 담보책임
war risks　전쟁위험
Warsaw-Oxford Rules　와르소·옥스포드 규칙
Waybill　운송장
Weight Ton　중량톤
wholesale price　도매가
wholesaler　도매상
without recourse L/C　상환청구불능신용장
with recourse L/C　상환청구가능신용장
WOB(Washing Over Board)　갑판유실
WPA(With Particular Average) 단독해손담보(= WA)
WSRCC(War, Strikes, Riots and Civil Commotions)　전쟁, 파업, 폭동 및 소요(위험)
W/W Clause(Warehouse to Warehouse Clause)　창고간약관
WWD(Weather Working Days) 호천하역일

[X]

XP(Expres Paye = express paid) 속달
XX(good quality = all of double strength)　양질임
XXX(very good quality = all of triple strength)　매우 양질임
XXXX(best quality)　극상임

[Y]

Y.A.R.(York-Antwerp Rules) 요크·엔트워프 규칙
Y.B.(Year Book)　연보

참 고 문 헌

1. 한국문헌

강원진, 「무역계약」, 박영사, 2006.

_____, 「무역결제론」, 박영사, 2007.

김동엽, 「무역영어」, 신영사, 1994.

김복문, 「신모범무역영어」, 세기문화사, 1988.

김성욱, 「국제무역영어」, 박영사, 1987.

김안식, 「국제텔렉스 · 케이블 전산화시스탬」, 신광출판사, 1981.

_____, 「신무역통신론」, 박영사, 1991.

김재하, 「무역영어 통신예문」, 학문사, 1982.

김정수, 「무역영어」, 형설출판사, 1983.

대한상사중재원, 「모범상거래계약서집」, 1992.

무역영어연구회, 「무역영어통신문」, 상지사, 1991.

박대위, 「무역영어」, 법문사, 1977.

손태빈, 「무역실무영어」, 일신사, 1991.

송면 · 김천식, 「최신무역영어」, 박영사, 1995.

송용섭 · 유병위, 「신무역영어」, 무역경영사, 1978.

시사영어사, 「무역실무영어대전」, 시사영어사, 1994.

양영환 · 오원석, 「무역영어」, 삼영사, 1987.

우성구, 「무역영어」, 박영사, 1983.

조병중, 「무역영어연습」, 학문사, 1992.

전창원, 「최신무역영어」, 일신사, 1991.

최봉혁, 「국제전신영어」, 대왕사, 1988.

_____, 「최신무역영어」, 국제무역연구원, 1995.

한국관세연구소, 「월간 관세」, 1996.

한국무역협회, 「국제무역 계약사례」, 2003.

___________, 「무역실무평가시험문제집」, 1995.

한주섭, 「현대무역영어」, 동성사, 1984.

홍무부, 「영문국제계약」, 경영문화원, 1985.

2. 일본문헌

大久保隆三,「貿易英語と實務」, 同文館, 1966.

藤田榮一,「商業英語演習」, 大修館書店, 1987.

岩崎一生,「英文契約書」, 同文館, 1988.

羽田三良,「貿易通信の難所」, 商業英語出版社, 1961.

齊藤祥男,「實踐貿易英語通信」, 世界書院, 1977.

中村新吾,「模範貿易英語」, 東洋經濟新報社, 1961.

中村己喜人,「商業英語演習」, 同文館, 1985.

村 敎三・村 光三,「輸出入契約書の解說」, 大成出版社, 1980.

平田重行,「商業英語」, 同文館, 1980.

3. 구미문헌

Adams Robert L. *Cover Letter*, Bob Adams. Inc., 1995.

Alexander Hamilton Institute, *Manual of Purchasing Policies and Procedures*, 1994.

Aurner Robert R., *Effective Communication in Business*, 3rd ed., South Western Publishing Compony, 1950.

Bills of Exchange Act, 1882.

Branch Alan E., *Import/Export Documentation*, Chapman and Hall, 1990.

Busto del Charles, *ICC Guide to Documentary Credit Operations*, ICC Publishing S.A., 1994.

Crouch W. George and Zetler Robert L., *A Guide to Technical Writing*, The Ronal Press Company, 1954.

Deakin Brian, *Letter Writing in English*, The Camelot Press, Ltd., 1976.

Gavin & Sabin, *Reference Manual for Stenographers and Typists*, Forth ed., McGraw-Hill Book Company, 1970.

Geffner Andrea B., *Business Letters the Easy Way*, Barron's Educational Series, Inc., 1991.

International Rules for the Interpretation of Trade Terms, 1990.

Leggett Glenn, Mead Davic C. and Charvat William, *Handbook for Writers*, 3rd ed., Prentice-Hall, Inc., 1964.

Lyn R. Clark, Kenneth Zimmer, Joseph Tinervia, *Business English and Communication*, 7th ed., McGraw-Hill Book Compony, 1988.

Marine Insurance Act, 1906.

Memcxvll, *The Executive's Complete Portfolio of Letters*, Bureau of Business Practice, Inc., 1977.

Merriam-Webster's *Guide to Business Correspondence*, Meriam-Webster, Inc, 1988.

Menning J.H. and Wilkinson C.W. *Communicating through Letters and Reports*, 3rd., Richard D. Irwin, Inc., 1963.

Riebel John P., *How to Successful Business Letters*, 2nd ed., Acro Publishing Company, Inc., 1977.

Sale of Goods Act, 1979.

Taintor Sarah Augusta and Monro Kate M., *The Secretary's Hand-book*, 8th ed., The MaCmillan Company, 1967.

Takemitsu Toya, *English for International Business*, Nanun-do, 1981.

UNCTAD/ICC Rules for Multimodal Transport Document, 1991.

Uniform Commercial Code, 1995.

Uniform Customs and Practice for Documentary Credits, 1993.

Uniform Rules for Collections, 1995.

United Nations Convention on Contracts for International Sale of Goods, 1980.

United Nations Convention on International Multimodal Transport of Goods, 1980.

United Nations Convention on the Carriage of Goods by Sea, 1978.

저자약력

강원진(姜元辰) 교수

부산대학교 상과대학 무역학과 졸업
연세대 석사, 중앙대 경영학 박사(국제상학 전공)
미국 University of Washington, School of Law 객원교수
부산대학교 국제전문대학원 원장
대한상사중재원 중재인
한국국제상학회 회장
한국무역학회 부회장
한국무역상무학회 및 국제e-비즈니스학회 부회장
한국무역학회 및 한국국제상학회 논문심사위원장
중앙인사위원회 국가공무원고시 출제위원
관세청 관세사자격시험 출제위원
대한상공회의소 무역영어검정시험 출제위원
삼성생명 자문위원
정부 수출입절차 간소화작업위원
현, 부산대학교 무역국제학부 교수

[주요 저서 및 논문]

국제상무론(법문사)
신용장론(박영사)
국제무역상무론(법문사)
무역계약론(박영사)
무역실무(박영사)
무역영어(박영사)
전자결제시스템(삼영사)
무역결제론(박영사)
무역실무연습(삼영사)
무역영어연습(박영사)
국제상거래론-공저(삼영사)
국제통상과 국제거래론-공저(두남)
"eUCP 세정 이후 전자적 제시 적용상의 문제점에 관한 연구",
「국제상학」 제23권 제2호, 한국국제상학회, 2008. 등 다수.

저자 홈페이지 http://wonjins.net

제 5 판
무역영어

1996년	3월	10일	초판발행
2000년	3월	10일	개정판발행
2003년	2월	20일	제3판발행
2005년	8월	30일	제4판발행
2008년	2월	25일	제5판발행
2010년	8월	30일	중판발행

저 자 강 원 진
발행인 안 종 만
발행처 (株) 博 英 社
서울특별시 종로구 평동 13-31번지
전화 (733)6771 FAX (736)4818
등록 1959. 3. 11. 제300-1959-1호(倫)
www.pakyoungsa.co.kr e-mail : pys@pakyoungsa.co.kr

정 가 33,000원 ISBN 978-89-7189-588-7